Objektorientierte Programmierung
für Dummies

Marcus Bäckmann

Objektorientierte Programmierung für Dummies

Die Deutsche Bibliothek –
CIP-Einheitsaufnahme

Ein Titeldatensatz für diese Publikation ist
bei Der Deutschen Bibliothek erhältlich

ISBN 3-8266-2984-1
1. Auflage 2002

© Copyright 2002 by mitp-Verlag/ Bonn,
ein Geschäftsbereich der verlag moderne industrie Buch AG & Co.KG/ Landsberg
Original English language edition text and art copyright © 2001 by Hungry Minds, Inc.
All rights reserved including the right of reproduction in whole part or in part in any form.
This edition published by arrangement with the original publisher, Hungry Minds, Inc.,
909 Third Avenue, New York, NY 10022, USA.

Printed in Germany

Cartoons im Überblick

von Rich Tennant

Seite 23

Seite 75

Seite 261

Seite 147

Seite 379

Seite 425

Seite 477

Fax: 001-978-546-7747
Internet: www.the5thwave.com
E-Mail: richtennant@the5thwave.com

Inhaltsverzeichnis

Einführung

Herzlich willkommen zu *Objektorientierte Programmierung für Dummies*. Mit C++, sollte man hier noch ergänzen. Erschlägt Sie der Sprachumfang von C++ und Sie wollen endlich mal wissen, wie Sie zu der objektorientierten Welt vorstoßen können? Haben Sie bereits erste Programme und Progrämmchen in C++ geschrieben, aber irgendwie verfolgt Sie die ganze Zeit das ungute Gefühl, dass Ihre Arbeit noch nicht rund ist?

Dann sollten Sie dieses Buch lesen, denn ausgehend von in Trainingssituationen aufgetretenen Problemen und Fragen werden Sie Schritt für Schritt mit konkreten Problemlösungsstrategien vertraut gemacht. Sie werden nicht die Syntax der Sprache C++ in 20 Tagen lernen – Sie werden objektorientiertes Programmieren in C++ für das ganze Leben lernen!

Macht C++ überhaupt noch Sinn?

Es gibt viele Sprachen, die sich das Siegel der Objektorientierung auf die Stirn gemalt haben: Java, C#, Object-Pascal (bekannt aus Delphi), Ada, sogar das neue Visual Basic.NET wird objektorientiert arbeiten. Einige dieser genannten Sprachen sind jüngeren Datums als C++.

Doch C++ hält sich weiterhin hartnäckig in der Software-Welt, zu finden sowohl auf großen Mainframe-Rechnern als auch auf vielen Büro-PCs. Das liegt vielleicht daran, dass C++ weiterhin als eine Sprache betrachtet wird, die eben für viele Leute und Anwendungen geeignet ist.

Mit ein Grund ist die Kompatibilität zur Sprache C, der Standardsprache vieler Betriebssysteme. Man kann mit vorhandenen C-Kenntnissen sehr schnell die Syntax und die Symbolik von C++ verstehen und lernen.

Es ist die Mächtigkeit, die Möglichkeit, Dinge auf verschiedenen Wegen zu lösen, die C++ so vielseitig macht, aber auch immerwährende Gefahr mit auf den Weg gibt. Bjarne Stroustrup, der Entwickler der ersten C++-Generation, sagte einmal:

> »C makes it easy to shoot yourself in the foot;
> C++ makes it harder, but when you do it blows your whole leg off.«

Einfache Erkenntnis: Je komplexer, desto größer die Gefahren. Aber umso größer auch die Chancen. Und die werden Sie durch dieses Buch nutzen lernen.

Dummies? Dummies!

Überall findet man diesen komischen Kerl mit Glotzaugen auf gelben Buchcovern. Sind Dummies-Leser dumm? Nein. Dummies-Leser (und natürlich auch Leserinnen) haben es einfach satt, sich durch Bücher durchzuquälen, die Erfolg übers Wochenende oder in 21 Tagen versprechen, aber die wichtigen Fragen des Lebens nicht beantworten. Dummies-Leser wollen Lösungen, keine Versprechungen.

Über den Aufbau dieses Buches

Das Buch besteht aus sieben Hauptteilen, von denen jeder Teil drei oder mehr Kapitel enthält. Jeder Teil beschäftigt sich mit einem abgeschlossenen Problembereich, so dass Sie auch gleich mit einem Teil in der Mitte oder am Ende beginnen können.

Teil I: Objektorientierte Programmierung

Im ersten Teil befassen Sie sich mit der Begriffswelt der Klassen und Objekte sowie den möglichen Beziehungen zwischen Klassen und Objekten. Nicht nur die Verbindung von Klassen auf gleicher Ebene wird erläutert, Sie erfahren auch, was es mit den Begriffen der Vererbung und der virtuellen Funktionen auf sich hat, und wie man dadurch anpassbare Klassenstrukturen erstellt. Alle Zusammenhänge werden mit dem grafischen Hilfsmittel der UML auch optisch präsentiert.

Teil II: Der Lebenslauf und Leidensweg eines Objekts

Aus einer Klasse entsteht zur Laufzeit des Programms ein Objekt. In diesem zweiten Teil wird ausführlich erläutert, wie Objekte entstehen, initialisiert und irgendwann einmal auch wieder entsorgt werden. Besonderer Augenmerk wird darauf gelegt, was sich bei der Erzeugung und Zerstörung ganzer Klassenhierarchien im Hintergrund abspielt und wie Sie dort eingreifen können. Das Kopieren ganzer Objekte kommt übrigens ebenfalls dabei vor – falsch angewendet kann da viel schief gehen –, darum erfahren Sie hier viele neue Informationen über richtiges Kopieren. Geht im Programm einmal etwas schief, so müssen Sie sich mit der Ausnahmebehandlung befassen, C++ bietet dafür mit dem Themengebiet der Exceptions umfangreiche Hilfsmittel.

Teil III: Gefährliche Tiefen

Die Existenz und Benutzung von Objekten bedeutet noch nicht, dass bereits die ganze Sprache C++ in ihrem vollen Umfang ausgenutzt wird. Knifflige Details gibt es in dunkler Tiefe zu entdecken, unter anderem das Gebiet der Operatorüberladung – es dient dem Zweck, Ihre Programme für Sie besser lesbar zu machen, dies sollten Sie sich nicht entgehen lassen. Über die Anwendung von nur klassenbezogener Funktionen und Variablen gehen Sie danach zurück zu den Wurzeln von C++ und entdecken, wie man auch in C objektorientiert programmieren kann. Erfahren Sie dabei, was C++ für Sie alles automatisch im Hintergrund erledigt.

Ein Objekt alleine macht noch keinen Sommer, zur Bearbeitung konkreter Aufgaben müssen Sie immer wieder Objekte übergeben oder hin und her reichen, damit jeder Teil des Algorithmus seine Informationen ablegen kann. Effiziente Übergabe von Objekten, ohne allzu viel Rechenzeit sinnlos zu vergeuden, eine weitere Perle, die Sie in den Untiefen von C++ finden werden. Auch die oft zu Unrecht gescholtene Mehrfachvererbung wird Ihnen begegnen und erfahren Sie dabei auch gleich, wie moderne Betriebssysteme Daten mit Hilfe von Software-Schnittstellen austauschen.

Während Sie wieder an die Oberfläche zurückschwimmen, bekommen Sie noch wichtige Hilfsmittel zur Fehlersuche und Beseitigung an die Hand – und noch besser, auch einiges zur Fehlervermeidung.

Teil IV: Generische Programmierung - gener ... generi ... was?

Sagenumwoben ist die Standardbibliothek von C++, allgemein als STL bekannt. Viel Großes hört man von ihr, doch nur wenige nutzen die STL tatsächlich – dabei ist die Furcht unbegründet. Lernen Sie mit Hilfe von Listen, dynamischen Arrays, Schlangen und Stacks, die STL anzuwenden und zu nutzen. Und vermeiden Sie es künftig, Algorithmen selbst zu basteln, wenn Sie doch die fertigen Klassen und Funktionen der STL nutzen können.

Um diesen Baum der Erkenntnis ersteigen zu können, erfahren Sie zuvor ausführlich, wie Templates in Funktionen und Klassen angewendet werden. Ganz nebenbei wird in einigen Beispielen noch dargelegt, wie Sie mit Hilfe des MVC-Modells Ihre Applikation so aufbauen, dass sie übersichtlich und leicht portierbar wird.

Teil V: Kochrezepte für Gourmets

Sprachmittel und Bibliotheken alleine sind interessant und deren Kenntnis ist wichtig. Im fünften Teil werden Sie aber bestimmte Lösungswege für typische und alltägliche Probleme der objektorientierten Programmierung kennen lernen. Sie erfahren eben, wie man die OOP tatsächlich anwendet und nicht nur darüber redet. Zentrales Hilfsmittel für das Design Ihrer Programme sind dabei einige Entwurfsmuster, die an Hand realer Beispiele erklärt und dargestellt werden.

Teil VI: Finale furioso

Nach der Lehre folgt in Teil VI das Meisterstück, erfahren Sie nun, wie Sie die Daten Ihrer Programme mit Hilfe von XML dauerhaft auf der Festplatte verewigen können und wie moderne Datenformate aussehen.

Eine kleine Simulation eines Biotops, angefüllt mit Wölfen und Schafen, bildet den krönenden Abschluss Ihrer Bemühungen. Eine komplette Simulation, gemeinsam entwickelt vom Blatt Papier bis hin zum lauffähigen Programm. Sie wenden dabei die meisten in den fünf Teilen vorher kennen gelernten Hilfsmittel in einem einzigen Projekt an, erleben, wie ein Programm modelliert und realisiert wird. Wer zeigt Ihnen sonst so was?

Teil VII: Der Top-Ten-Teil

Jedes Dummies-Buch besitzt einen Teil, der sich um die Zahl zehn dreht – eine Art Top Ten der wichtigsten Fakten, für Sie als kurze Referenz oder zum schnellen Nachblättern. Die zehn nützlichsten Internet-Adressen, zehn Tipps zur Fehlervermeidung, zehn Ratschläge, wie Sie Ihre Programme unlesbar und unverständlich machen und zehn wichtige Elemente des statischen Klassendiagramms der UML finden Sie in diesem Teil.

Programme in diesem Buch

Wenn Sie programmieren lernen wollen, sollten Sie zunächst nicht tippfaul sein – gönnen Sie sich die Übung und tippen Sie die Programme ab. Auf diese Weise hat meine Generation der C64- und Atari-

Jünger die Programmierung gelernt. Dagegen sind die Listings in diesem Buch relativ kurz gehalten und Sie werden wegen der unvermeidbaren Tippfehler auch viel Erfahrung über Fehlerbeseitigung gewinnen.

Falls Sie es dagegen etwas ruhiger angehen lassen wollen, so können Sie alle Programme auch von der Homepage des Verlages downloaden (unter www.mitp.de oder direkt: www.mitp.de/dummies/2984/2984.htm). Jedes Programm wurde auf zwei Compilern getestet und die downloadbaren Programme sollten auf jeden Fall funktionieren – im Buch kann es sein, dass durch die unvermeidbaren Fehlerteufel vielleicht hier und dort noch mal ein Setzfehler in Listings eingebaut wurde.

Besondere Symbole in diesem Buch

 Bei diesem Symbol finden Sie technische Informationen, die Sie überspringen können.

 Hier wird ein neuer Begriff erstmalig verwendet.

 Laden Sie dieses Beispielprogramm aus dem Netz. Der Verlag bietet auf seiner Homepage alle Beispiele zum Download an – zu finden unter http://www.mitp.de oder, wenn Sie nicht gerne Umwege gehen, unter http://www.mitp.de/dummies/2984/2984.htm. Dort werden Sie außerdem noch auf zwei Bonuskapitel stoßen.

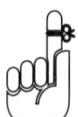 Dies sollten Sie sich merken.

 Dies *nicht* zu tun – daran sollten Sie unbedingt denken.

 Ein kleiner Vorschlag oder Tipp wartet neben diesem Symbol auf Sie.

 Hier gibt es eine Beschreibung, wie ein Beispielprogramm arbeitet.

 Ein Programmbeispiel funktioniert auf einem bestimmten Compiler nicht, weil dieser den C++-Standard zu wenig oder falsch unterstützt.

Über den Leser

So wie Sie als Leser gewisse Erwartungen an den Autor haben, hat dieser auch gewisse Erwartungen an den Leser. Ich gehe in diesem Buch davon aus, dass

✔ Sie bereits erste kleinere Programme in C++ geschrieben haben und mit der grundlegenden Syntax der Sprache C++ vertraut sind.

✔ Sie Kenntnisse haben, wie man sie typischerweise aus einem Einsteigerbuch oder einem der vielen Tutorials im Internet beziehen kann.

✔ Sie keine Lust haben, zunächst 50 Seiten nur zu lesen, wie man mit cout Texte am Bildschirm ausgibt und for-Schleifen knüpft, sondern dass Sie gleich mit Klassen und Objekten loslegen wollen.

✔ Sie Ihren Compiler bereits bedienen können und wissen, wie Sie aus einigen Programmdateien ein lauffähiges Programm erzeugen.

Persönliche Anmerkungen

Bereits seit 1997 betreibe ich im WWW einen Webauftritt, der nur ein Thema kennt: Programmierung mit C und C++. Im Forum wurden mittlerweile schon über 100.000 Beiträge rund um C++ und die damit verbundenen Fallen erstellt. Im Laufe der Zeit erkennt man als täglicher Leser dieser Fragen die Probleme, die »dort draußen« bestehen, und macht auch die traurige Erfahrung, dass trotz vieler guter Bücher diese Fragen anscheinend nicht wirklich beantwortet werden. Es sind die kleinen Dinge, die Kniffe, die Tricks. Eben das, was man als Erfahrungswissen bezeichnet, aber nirgendwo geschrieben findet.

Bedanken möchte ich mich bei meinem Fachlektor Benjamin Kaufmann, den Besuchern des Forums als HumeSikkins bekannt, der penibel und grausam korrekt kleine Abweichungen und Nachlässigkeiten meinerseits korrigierte. Auch nicht zu vergessen die anderen Seitenbesucher, die mit ihrem umfangreichen Wissen zu C++ dem Forum und damit letztlich auch diesem Buch zu seinem Inhalt verhalfen: Fux, Bashar, volkard, tunichtgut und alle anderen, deren Auflistung schon ein eigenes Buch füllen würde.

Ein großes Dankeschön meiner Frau Sabine, die mir die zahllosen Sitzungen vor dem Bildschirm zur Tages- und zur Nachtzeit ermöglichte und mich regelmäßig von Spinnweben und Staub befreite. Leider musste ich ihr versprechen, in den nächsten Monaten kein neues Buchprojekt zu beginnen.

Und nun wünsche ich Ihnen viel Spaß mit *Objektorientierte Programmierung für Dummies*.

Teil I

Objektorientierte Programmierung

The 5th Wave · By Rich Tennant

In diesem Teil ...

Habe nun, ach! Philosophie,
Juristerei und Medizin
Und leider auch Theologie
Durchaus studiert, mit heißem Bemühn.
Da steh ich nun, ich armer Tor!
Und bin so klug als wie zuvor.

(Goethe: Faust)

Steht bei Ihnen auch noch Informatik auf der Liste? Falls ja, hat es Sie noch härter als Faust getroffen. Durchgequält durch C++ haben Sie sich, viele Bücher gewälzt, beherrschen den Umgang mit den ganzen Schlüsselwörtern. Aber es ist alles so viel, so unübersichtlich, und viele Dinge ergeben irgendwie keinen Sinn? Dagegen wird in diesem Teil etwas getan. Sie erfahren zunächst einmal, was überhaupt die ganzen Grundlagen für die praktische Programmierung bedeuten, und was Sie unbedingt tun müssen, aber auch, was Sie zunächst einmal für längere Zeit vergessen dürfen.

Dieser Teil wird Ihnen in erster Linie die Grundbegriffe von Klassen, Objekten und Vererbung näher bringen.

Ein Dummies-Menschenkind in der Welt der Objekte

In diesem Kapitel

▷ Begegnen Sie erstmalig dem Objekt in freier Wildbahn

▷ Treffen Sie gleich den nächsten wichtigen Begriff der Klasse

▷ Werden die grundlegenden Beziehungen zwischen Objekten vorgestellt

▷ Erfahren Sie, wie man seine objektorientierten Gedanken grafisch mit der UML darstellen kann

▷ Wird Ihnen ein Beispiel geliefert, wie man Objekte erkennt

»**D**as objektorientierte Paradigma hat ausgehend von den abstrakten Datentypen viele weitere Ideen in die Software-Entwicklung eingeführt, die zu grundlegenden Änderungen bezüglich des Programm- und Systemdesigns führten.«

Tolle Sache, das. Der Satz gewinnt einen Preis für den sinnlosesten Gebrauch des Wortes »Paradigma«, aber anfangen kann man nicht so viel damit. Ähnliches haben Sie bestimmt schon in Vorlesungen gehört oder in dicken Büchern gelesen. Unser gemeinsames Ziel wird es sein, diese Begriffswelt mit Leben zu füllen. Wenn der Prof dann diesen Spruch wieder loslässt, können Sie eiskalt kontern: »Herr Professor, ich halte OOP weniger für ein Paradigma, sondern eher für eine Philosophie«.

Sind wir nicht alle ein bisschen Objekt?

Zentrales Element der objektorientierten Programmierung und Analyse ist – wie sollte es auch anders sein – das *Objekt*. Was ist dieses Objekt eigentlich?

Betrachtet man eine Problemstellung, die man durch ein Programm lösen will, so fallen einem bei der Betrachtung gewisse Gegenstände, gewisse Dinge der Problemwelt auf. Streng wissenschaftlich nennt man dies auch *objektorientierte Analyse, OOA*.

Angenommen Sie wollen eine Simulation einer Verkehrskreuzung erstellen. Schauen Sie aus dem Fenster, was sehen Sie da: Autos, LKWs, Fußgänger. Mehrere Ampeln, Fußgänger und wieder Fußgänger. Die Straße selbst, die Häuser am Straßenrand. Alle diese einzelnen Gegenstände, die Sie sehen können, sind Objekte. Gekennzeichnet ist jedes dieser Objekte durch Eigenschaften, bei den Autos kann dies der Typ und die Farbe sein. Die Ampel besitzt zum aktuellen Zeitpunkt einen *Zustand*, sie ist rot oder grün. Jedes Objekt besitzt eine eigene Identität, Sie können also zum Beispiel die verschiedenen Ampeln an den Ecken unterscheiden.

 Es gibt dazu eine sehr simple Faustformel für die objektorientierte Modellierung: Man spricht (notfalls ein Selbstgespräch) über die zu modellierende Problemwelt. Jedes Substantiv, also jedes Hauptwort, das man dabei erwähnt, ist ein mögliches Objekt. Die Sache funktioniert für den Anfang schon mal recht gut, allerdings verliert man dabei ein bisschen leicht den Kern des Problems aus dem Auge. Nicht alles, was einem hier auffällt, ist auch ein zur Lösung des Problems relevantes Objekt. Nehmen Sie erneut die Straßenkreuzung: Für die Modellierung einer Verkehrssimulation spielen die Häuser am Straßenrand keine Rolle, sie müssen nicht in das OO-Modell einbezogen werden. Anders sieht es aus, wenn unser Verkehrsmodell zum Beispiel die Geräuschkulisse ermitteln will, dann spielen die Häuser plötzlich doch eine Rolle.

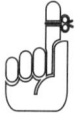 Objekte zu erkennen ist also gar nicht so schwer, man beschränkt sich aber auf die Eigenschaften der Objekte, die auch für die Problemlösung relevant sind. Die Geschwindigkeit der Autos ist relevant für eine Geräuschanalyse oder für eine Verkehrsflusssimulation – dafür benötigt man die Farbe der Autos nicht. Stellt man aber die Situation für einen Hollywood-Film als 3D-Grafik dar, ist die Farbe durchaus ein notwendiges Merkmal der Auto-Objekte.

Jetzt wenden Sie sicherlich ein, dass Ihnen das für eine Kreuzung klar ist. Dass die Ampel ein Objekt darstellt, ist schon relativ logisch und nahe liegend. Die wenigsten Leute haben ein Problem damit, Szenen aus der realen Welt in ein OO-Modell umzusetzen. Viel schwieriger ist das mit abstrakten Szenen.

Ein weiteres Beispiel: Öffnen Sie den Dateimanager einer beliebigen grafischen Oberfläche. Welche Objekte erkennt man nun? Dateien und Verzeichnisse, aber auch Laufwerke. Dateien haben Eigenschaften wie Namen und Datum. Es kommen noch mehr Objekte ins Spiel – verschiedene Fenster, mit Eigenschaften wie Titelleisten und Überschriften, sowie verschiedene Symbole und Menüs. Auch der Zugriff auf eine schreibgeschützte Datei, der dem System eine Warnung entlockt, führt uns zu einem Objekt: Denn die Dialogbox mit dem darin enthaltenen Symbol und dem Warnungstext stellt ein Objekt dar. Sehr schön kann man hier auch erkennen, dass ein Objekt andere Objekte umfassen kann, ein Fenster enthält Datei- und Verzeichnis-Objekte, aber auch das Menü. Eine Dialogbox enthält verschiedene Buttons, auf die man klicken kann, auch hier handelt es sich um Objekte, die in andere Objekte eingebettet sind.

✔ Betrachtet man ein zu modellierendes Problem, so sind alle vorkommenden Gegenstände und Elemente, die man konkret identifizieren kann, Kandidaten für Objekte.

✔ Man modelliert nur die Objekte und die Eigenschaften, die auch etwas zur Lösung der Aufgabe beitragen. Weniger ist oft mehr.

✔ Es ist nicht so, dass man jedes Objekt auch immer anfassen kann. Die Geldzahlung zwischen zwei Konten ist genauso ein Objekt wie eine zu kopierende Datei. Beide sind nicht direkt mit Händen zu greifen, im OO-Modell würden aber beide zu Objekten.

Schicken wir die Objekte in die Schule

Erinnern Sie sich noch an das Deutschbuch der 1. Klasse? »Schau Uli, das rote Auto. Das Auto ist rot.« Perfekt ... passt genau zu unserer Verkehrskreuzung. Wenn die Ampel rot ist, stehen davor einige Auto-Objekte, ein rotes, ein blaues, silbern ist ja auch wieder in. Sie erkennen drei einzelne Objekte, die alle eine eigene Identität besitzen. Andererseits sind Sie ja auch nicht den ersten Tag auf der Welt, auch bei geringer Programmier-Erfahrung weiß man schon bald, dass es keine gute Idee wäre, dies dreimal getrennt zu programmieren. Denn egal ob rot, grün oder blau – es sind ja nur Autos.

Ausgehend von derartigen Überlegungen kommt man rasch zum wohl zweitwichtigsten Begriff der objektorientierten Welt, der *Klasse*.

Klassen führt man dann in sein OO-Modell ein, wenn man bestimmte Objekte erkennt, diese aber als Einzelobjekte keine wirklich tragende Rolle spielen. Wie die Autos an der Kreuzung. Es spielt für die Simulation nicht wirklich eine Rolle, ob das Auto von seinem Besitzer (oder Besitzerin) »Quietscheentchen« genannt wird. Das Objekt bleibt im Modell anonym und wird daher durch eine Klasse repräsentiert. Gehen Sie noch mal über zu einem abstrakteren Beispiel aus der Welt der grafischen Oberflächen. Die vorher schon erwähnten Dateien und Ordner sind schöne Beispiele für anonyme Objekte, die man zu Datei- oder Verzeichnis-Klassen zusammenfassen kann. Oder auch die Anzahl der gerade laufenden Prozesse des Betriebssystems, die in einer Warteschlange hängen.

Was ist nun mit den ansprechbaren Objekten? Im Fall der Kreuzung gibt es zum Beispiel vier konkret ansprechbare Ampel-Objekte, die man als »Ampel-Nord«, »Ampel-Süd« usw. identifizieren kann. Auch zu diesen Objekten definiert man jeweils Klassen, was im Falle der Ampeln einen recht Zeit sparenden Effekt hat – alle vier Ampelobjekte können nämlich der gleichen Klasse »Ampel« angehören, was überflüssigen Code vermeidet. Das kennt man auch aus der strukturierten Programmierung, man vergibt den Namen einer Struktur einmal, aber legt davon verschiedene Variablen an. Dies hier ist der gleiche Gedanke.

Wenn Sie schon einmal mit Datenbanken zu tun hatten, eine Klasse entspricht dort dem »Schema« und Objekte der »Ausprägung«.

Zurück zum Fallbeispiel grafische Oberfläche, die gerade kopierte Datei, für die so eine schöne Animation angezeigt wird, ist ein konkretes Objekt, dem man eine Dateiklasse zuordnet. Auch jedes Dialogfenster, das sich öffnet, zum Beispiel eine Messagebox mit einem Warnungstext, ist individuell ansprechbar, ein konkretes Objekt. Man legt daher für dieses Dialogfenster eine entsprechende Dialogklasse an.

✔ Gleichartige Objekte, die man bei der Analyse entdeckt, fasst man zu Klassen zusammen. Wesentliches Merkmal dieser Objekte ist, dass sie nicht mit einem eigenen Namen im Modell auftreten. Denken Sie hierbei an die Schrauben in einem Schubkasten. Sie sehen Schrauben-Objekte und fassen diese zu einer Klasse der Schrauben zusammen.

✔ Auch konkret ansprechbare Objekte bekommen eine Klasse zugeordnet, mit der sie über eine so genannte *Instanziierungsbeziehung* verbunden sind. Dazu im nächsten Kapitel mehr. Viel mehr.

✔ Das statische OO-Modell setzt sich also aus Objekten und Klassen zusammen, die miteinander in Beziehung stehen.

✔ Die objektorientierte Sichtweise macht aus ehemals toten Ansammlungen von Daten lebendige und selbstverantwortliche Einheiten.

Ein gutes Verhältnis zur Verwandtschaft

Aller guten Dinge sind drei, sagt der Volksmund. Fehlt noch ein wesentlicher Begriff aus der OO-Welt? Natürlich die *Vererbung*. Was wären Klassen ohne Vererbung. Was wäre die Welt ohne Vererbung? Die Eltern könnten ihre unangenehmen Eigenschaften ja gar nicht an die Kinder weitergeben. Halt – das ist auch die Motivation innerhalb der objektorientierten Programmierung. Das OO-Modell soll ein Abbild eines Ausschnitts aus der realen Welt darstellen. Da es in der Realität Weitergabe von Eigenschaften im Rahmen der Vererbung gibt, war es nur konsequent, ein ähnliches Denkmuster in die OO-Modelle einzuführen.

 Das Ziel der Vererbung ist eigentlich ganz einfach: Es geht darum, später einmal dem Programm Komplexität und damit Codezeilen zu ersparen. Wenn verschiedene Objekte ähnliche Dinge tun, so ist es auch logisch, dies nur ein einziges Mal zu programmieren. Realisiert wird diese Zusammenfassung gemeinsamer Strukturen und Fähigkeiten durch eine *Vererbungsbeziehung* von Klassen. Die Klasse, von der geerbt wird, nennt man auch *Oberklasse*, die erbende Klasse bezeichnet man als *Unterklasse*. Die Unterklasse übernimmt alle Eigenschaften oder Fähigkeiten der Oberklasse. Vorteil ist der, dass man etwas nur einmal realisiert, aber es allen abgeleiteten Unterklassen zur Verfügung stellt.

Bei der Verkehrskreuzung erkennen Sie Gemeinsamkeiten bei gewissen Objekten: Autos und LKWs besitzen gemeinsame Eigenschaften wie Geschwindigkeit, Modell, Anzahl der Fahrer. Es bietet sich an, diese Gemeinsamkeiten in einer Oberklasse Fahrzeug zusammenzufassen. Klingt doch logisch, oder? Ich muss die Geschwindigkeit nicht den Klassen Auto und LKW als Eigenschaft beibringen. Es reicht, wenn eine Oberklasse dieser beiden Klassen diese Eigenschaft und die damit verbundenen Fähigkeiten besitzt. Auch bei den Ampeln können Sie so was finden ... zum Beispiel kann man die Fußgängerampel von der Verkehrsampel *ableiten*. *Ableitung* ist ein anderes Wort für Vererbung, die Unterklasse wird von einer Oberklasse abgeleitet. Die Fußgängerampel unterscheidet sich in der Signalfolge, besitzt aber ansonsten noch alle Eigenschaften der normalen Ampel.

Betrachtet man diese Vererbungsbeziehungen, so gibt es einen wesentlichen Unterschied dabei: Von der Oberklasse Fahrzeug gibt es keinerlei Objekte in unserem Modell. Von Fahrzeug gibt es keine Objekte, nur von Auto oder LKW. Eine solche Klasse nennt man *abstrakte Klasse*. Die Konstruktion Ampel und Fußgängerampel fällt nicht unter diese Kategorie, da hier von beiden Klassen Objekte erzeugt werden.

Vererbung ermöglicht noch eine weitere Spezialisierung, die die eigentliche »Killer-Applikation« für Vererbung darstellt. Sie haben das Wort bestimmt schon mal gehört: *Polymorphie*. Es ist eine logische Konsequenz der Vererbung. Führen Sie für das Auto noch mal zwei weitere Unterklassen ein, `Auto-Schaltgetriebe` und `AutoAutomatikgetriebe`. Beide Klassen besitzen eine Operation »anfahren«. Will ich in der Verkehrssimulation meinen Stau nach der Rotphase wieder in Schwung bringen, sage ich jedem Objekt »anfahren«. Aber in einem Auto mit Automatikgetriebe ist dies anders realisiert als in einem Auto mit Schaltgetriebe, unter der Operation »anfahren« versteht jede Klasse der beiden Klassen etwas anderes, als Aufrufer sagt man trotzdem immer nur »anfahren«. Das ist Polymorphismus. Die Objekte wissen selbst für sich, was sie unter der Operation verstehen und tun müssen.

Konkrete sprachliche Realisierungsmittel für Polymorphismus lernen Sie in Kapitel 3 kennen, sowie in Kapitel 5, 8, 10 und eigentlich dem ganzen Rest des Buches.

Brauchen Sie noch ein Beispiel für Polymorphismus, das näher an der Computerwelt liegt? Denken Sie an einen Desktop, der viele Fenster verwaltet. Alle Fenster sind von einer gemeinsamen abstrakten Oberklasse Window abgeleitet, wobei jedes Fenster je nach Typ und Inhalt immer durch eine eigene spezielle Klasse verkörpert wird. Wenn ein Fenster in den Vordergrund kommt, muss der Inhalt neu gezeichnet werden. Jedes Fenster besitzt dafür eine Operation »Paint«, die aber natürlich für jedes Fenster anders aussieht. Das Fenster für eine Alarmmeldung stellt sich anders dar als das Fenster für eine grafische Darstellung. Das ist aber dem Desktopmanager ganz egal, er ruft ganz stur immer vom aktiven Fensterobjekt »Paint« auf, ohne sich um mehr zu kümmern. Der Polymorphismus ermöglicht es, dass immer die zur jeweiligen Klasse gehörende richtige »Paint«-Operation ausgeführt wird.

✔ Man fasst die gemeinsamen Eigenschaften und Fähigkeiten von Klassen in so genannten Oberklassen zusammen. Die Unterklassen erben diese Eigenschaften und Fähigkeiten.

✔ Gibt es von Oberklassen keinerlei Objekte im Modell, so nennt man diese Klassen abstrakte Klassen.

 Vererbung soll kein Selbstzweck sein. Eine Zusammenfassung gemeinsamer Eigenschaften von Klassen in einer Oberklasse soll immer noch einen Bezug zum realen System haben. Ich kann natürlich zwei Klassen Vogel und Auto über eine Oberklasse verbinden, die die Eigenschaft Farbe besitzt. Aber Vogel und Auto hat im realen System eine Gemeinsamkeit wie Fisch und Fahrrad. Also erzeugt man hierfür nicht eine gemeinsame Oberklasse, auch wenn es einzelne Gemeinsamkeiten gibt.

 Polymorphismus ermöglicht es Unterklassen, die von einer gemeinsamen Oberklasse abstammen, bestimmte Operationen anders auszuführen. Jede Unterklasse führt intern andere Schritte aus, aber von außen wird die Operation immer mit dem gleichen Namen aktiviert.

 Um während der Laufzeit des Programms Polymorphismus zu ermöglichen, bedient man sich in C++ des Hilfsmittels der so genannten *späten Bindung*. Kapitel 3 befasst sich sehr ausführlich damit.

Zeichenstunde: UML

Sie merken recht rasch, dass diese Formulierungen wie Klassen, Objekte, Vererbung in den Texten sehr abstrakt klingen. Lange Bandwurmsätze – Texte. Ein Computerprogramm besteht aus Text. Kann man sich Text gut vorstellen? Probieren Sie es aus:

> »Hans ist Vater von Max, dessen Schwester Lea einen Hund mit dem Namen Bello besitzt. Dieser ist wesentlich lauter als der Vogel von Inge, Leas Mutter. Inges Schwester hat kürzlich Thomas geheiratet, nachdem sie sich von Friedolin getrennt hatte. Friedolin war doch eher der Katzenliebhaber, anders als seine damalige Ehefrau Michaela.«

Wenn Sie diese gegenseitigen Beziehungen darstellen wollen, wie machen Sie das? Mehrfach durchlesen, Augen zumachen und sich ein Bild vorstellen? Oder gar gleich zum Bleistift greifen? Ich gebe Ihnen eine alternative Darstellungsform in Abbildung 1.1.

Wesentlicher Unterschied ist, dass man hier diese Beziehungen – die ja recht komplex werden – viel leichter sieht. Man kann auch mit einer solchen Grafik viel schneller die Aussage beantworten, wer denn nun die Tante von Max ist.

Die Kurzgeschichte der UML - Unified Modeling Language

Gerade für die objektorientierte Software-Entwicklung gab und gibt es sehr viele Möglichkeiten, die Zusammenhänge und Abhängigkeiten von Objekten durch ein Modell darzustellen. Zu nennen wären hier die Namen:

1. Booch mit der Booch-Methode

2. Jacobson mit OOSE (Object-Oriented Software Engineering)

3. Rumbaugh mit OMT (Object Modeling Technique)

4. Die Methode von Coad-Yourdon

Alle Methoden zur Modellierung und Darstellung funktionierten, aber keine war richtig rund. Ab 1990 begannen die Jungs, jeweils Elemente der anderen Methoden in ihre eigene einzubauen. Grady Booch arbeitete bei Rational Software, als Rumbaugh 1994 ebenfalls zu Rational ging. Ein Jahr später kam dann noch Jacobson dazu. Wahrscheinlich hat man die in einen Raum gesperrt und ihnen gesagt, sie dürften erst wieder heraus, wenn sie eine einheitliche Methode entwickelt hätten. Im Januar 1997 entstand dann als Produkt die UML, die *Unified Modeling Language*, in der Version 1.0, die auch gleich standardisiert wurde. Inzwischen sind sie sogar schon bei Version 1.4 angekommen.

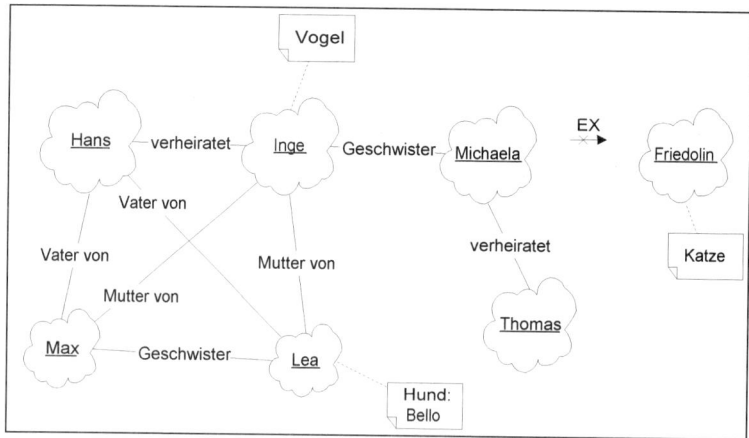

Abbildung 1.1: Lustige Familienverhältnisse

Über die UML könnte man Bücher schreiben (na ja, es gibt sogar schon einige dazu), Sie werden hier nicht so tief in UML einsteigen und nur die Oberfläche anritzen. Die UML enthält unter anderem zur Beschreibung objektorientierter Modelle verschiedene Diagrammtypen, wovon ich nun regelmäßig eines benutzen werde, um bestimmte Codebeispiele besser zu verdeutlichen.

Die UML unterteilt ihre Diagramme in zwei Gruppen, in die *statischen Diagramme* und die *dynamischen Diagramme*. Erstere benutzt man, um den immer vorhandenen festen Zusammenhang zwischen den vorkommenden Elementen auszudrücken. Man unterteilt dies noch feiner:

1. Klassendiagramm

2. Objektdiagramm

3. Komponentendiagramm

4. Einsatzdiagramm

Die dynamischen Diagramme modellieren das Zusammenspiel der beteiligten Elemente, also alles, was passiert, wenn das Programm läuft und eine Aufgabe bearbeitet werden soll. Als Hilfsmittel kann man hier auf fünf Diagramme zurückgreifen:

1. Anwendungsfalldiagramm (bekannter als *Use-Cases*)

2. Sequenzdiagramm

3. Kollaborationsdiagramm

4. Zustandsdiagramm

5. Aktivitätsdiagramm

Wir werden hier für die Verdeutlichung von Zusammenhängen Klassen- und Objektdiagramme verwenden, damit Sie Übung mit der Notation bekommen und die Vorteile solcher Grafiken erkennen können. Außerdem können Sie dann ganz lässig Ihre Hand heben, wenn mal in einer Diskussionsgruppe jemand fragt »Kennt sich schon jemand mit der UML-Notation aus?«

Noch ein kurzes Wort zu den dynamischen Diagrammen, auf die ich hier aus Platzgründen nicht eingehen kann (meine Lektorin gab als Limit vor: auf jeden Fall dünner als die Bibel) – das Anwendungsfalldiagramm können Sie sich als eine Art Flussdiagramm zwischen Objekten und Klassen vorstellen. Sozusagen ein Flussdiagramm für Objekte und Klassen. Das Zustandsdiagramm wiederum ist ein Flussdiagramm für den inneren Zustand des Objekts, in dem also nur die inneren Werte betrachtet werden. Sie können sich bestimmt vorstellen, dass man mit zwei derartigen Flussdiagrammen schon fast alle dynamischen Möglichkeiten eines Programms modellieren kann.

Mit Hilfe der UML kann man auf eine Sammlung grafischer Darstellungsmöglichkeiten zurückgreifen, um Zusammenhänge zwischen objektorientierten Begriffen in Grafiken zu verdeutlichen.

✔ Der gute Jim Rumbaugh betont ständig, dass man seinen Namen nicht wie »Rambo« aussprechen soll, das kann er wohl überhaupt nicht ab. Hier hat mich mein Fachlektor gefragt, wie denn nun? »Rohmbuh«.

Viele Leute spötteln darüber, aber erfahrene Entwickler wissen: »Der beste Editor ist immer noch der Bleistift.« Machen Sie sich eine Skizze der beteiligten Objekte, zeichnen Sie Linien für die Beziehungen ein. Denken Sie darüber nach, ob Sie die Zeichnung nicht vereinfachen können. Schalten Sie erst dann den Computer ein und starten Sie Ihren Editor.

Wenn Sie in einem professionellen Umfeld arbeiten, scannen Sie die handschriftlichen Skizzen doch einfach ein – in Windeseile erhalten Sie dadurch schon einmal eine vorläufige Dokumentation, wie das Programm aufgebaut ist.

✔ In Kapitel 29 finden Sie einen Überblick über die zehn wichtigsten Elemente der UML-Klassendiagramme.

Ein Flugzeug hebt ab

Als ich erstmalig mit der objektorientierten Analyse in Kontakt kam, lernte ich diese an einem Beispiel kennen, das ich so einleuchtend fand, dass ich es Ihnen nicht vorenthalten will. Um die Beziehungen zwischen den Objekten und Klassen darzustellen, verwenden Sie auch gleich ganz heftig das Klassendiagramm der UML. Es ist wirklich ein schönes Beispiel, Airforce One kommt auch darin vor.

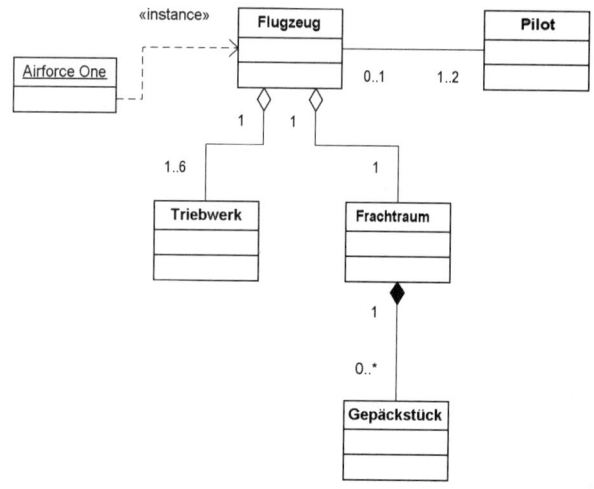

Abbildung 1.2: UML-Ansicht der Airforce One und einiger Details

Ich fasse kurz alle Einzelelemente von Abbildung 1.2 im Schnelldurchlauf zusammen:

1. Airforce One ist ein Objekt der Klasse Flugzeug, dies wird durch den Pfeil auf die Klasse Flugzeug dargestellt.

2. Die Klasse Flugzeug besitzt zwischen 1 und 6 Triebwerke, ein Triebwerk gehört immer zu einem Flugzeug. Die Anzahl, wie viele Objekte der Klasse hier möglich sind, steht jeweils immer an der Klasse.

 Diese Beziehung nennt man *Aggregation*, es handelt sich um eine *wird benutzt von*-Beziehung. Wichtig dabei ist, dass keines der Objekte für das andere verantwortlich ist, die Objekte können auch für sich alleine existieren.

3. Die Klasse Flugzeug besitzt genau einen Frachtraum, der nur zu einem Flugzeug gehört.

4. Im Frachtraum befinden sich zwischen 0 und vielen (das *) Gepäckstücke, während ein Gepäckstück nur in einem Frachtraum liegen kann.

 Diese Beziehung nennt man *Komposition*, es handelt sich um eine *ist Teil von etwas*-Beziehung. Wichtig dabei ist, dass das »große« Teil die Existenz der »kleinen« Teile kontrolliert. Ohne großes Teil gibt's keine kleinen Teile. Dies ist ein wesentlicher Unterschied zur Aggregation.

5. Zu jedem Flugzeug gehören 1 oder 2 Piloten, während ein Pilot nur in einem (1) Flugzeug oder keinem (0) sitzen kann, wenn er z.B. dienstfrei hat.

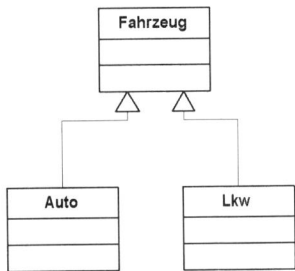

Abbildung 1.3: Darstellung der Vererbung

Im Ampelbeispiel wurde so viel von Fahrzeugen und LKWs gesprochen, Abbildung 1.3 zeigt noch einmal den Zusammenhang zwischen der Oberklasse Fahrzeug und den beiden abgeleiteten Unterklassen Auto und LKW.

Mit diesen beiden Beispielen haben Sie bereits ungefähr 68,3 % aller wichtigen Objekt- und Klassenbeziehungen kennen gelernt. Ziel einer objektorientierten Untersuchung der realen Welt ist es letztlich immer, Objekte und Klassennamen zu finden und deren Zusammenhänge zu erkennen. Die Diagramme der UML helfen dabei, die Beziehungen und Abhängigkeiten zu verdeutlichen. Mehr Beispiele dazu gibt es noch in Teil VI. Wie man diese Dinge in ein C++-Programm umsetzt, damit beschäftigt sich ab jetzt das ganze Buch.

✔ Ein Objekt einer Klasse besitzt einen Pfeil mit der Beschriftung <<instance of>> in Richtung der Klasse.

✔ Klassen und Objekte werden durch Kästen mit drei Bereichen dargestellt, im oberen Bereich steht der Name der Klasse oder der Name des Objekts. Bei einem Objekt ist der Name unterstrichen.

✔ Wofür die restlichen zwei Bereiche zuständig sind, werden Sie noch sehen.

✔ Zusammengesetzte Klassen haben eine Linie zu der »kleineren« Klasse. Am Linienende der größeren Klasse ist eine Raute gezeichnet.

✔ Eine nicht ausgefüllte Raute zeigt an, dass die größere Klasse eine *Aggregation* ist. Dass die Klasse also kleinere Teile enthält.

✔ Eine ausgefüllte Raute zeigt an, dass die größere Klasse eine *Komposition* aus der kleineren Klasse darstellt, dies ist eine Verschärfung der Aggregation, da hier die größere Klasse »Herrscher« über die kleineren Teile ist. Typisch dafür sind Behälterklassen.

✔ Die Zahlen am Ende der Linien geben die Anzahl der Objekte an, die für diese Beziehung eine Rolle spielen.

✔ Ist am Ende einer Verbindungslinie keine Raute eingezeichnet, so bedeutet dies, dass die Objekte gleichberechtigt sind. Sie können unabhängig voneinander existieren und beeinflussen sich nicht bezüglich der Lebensdauer.

✔ Bei einer Vererbung zeigt eine Pfeilspitze von der Unterklasse hin zur Oberklasse.

✔ Für eine Übersicht verweise ich noch mal auf Kapitel 28 im Top-Ten-Teil.

Neue Namen für alte Hüte?

»Objektorientiert hier, objektorientiert da, alles ganz neu, alles ganz toll.« Das sagen die einen. Die anderen meinen dazu: »Alles schon da gewesen, früher hat man auch programmieren können.«

Der fundamentale Unterschied ist ein bisschen schwer zu vermitteln, weil man doch allzu leicht in Werbephrasen abrutscht. Denken Sie nur an den ersten Absatz dieses Kapitels, wo OOP, objektorientierte Programmierung, als Paradigma bezeichnet wurde. Wenn dies die ganze Begründung für diese inzwischen auch nicht mehr so neue Betrachtungsweise sein soll, na, ich danke.

Strukturen und daraus abgeleitete Strukturvariablen kennen alle Programmiersprachen der so genannten »funktionalen Generation«, also Sprachen wie Pascal (record) und C (struct).

Zunächst die Vererbung – eine völlig neue Möglichkeit. Damit können verschiedene Datentypen den gleichen Code ausführen, gleichzeitig kann man aber den auszuführenden Code an eine spezielle Form anpassen. Denken Sie an zwei Klassen LKW und PKW, die beide über das gemeinsame Erbe einer Fahrzeugklasse verbunden sind. Gemeinsame Eigenschaften kann das Fahren sein oder die Anzahl der Sitzplätze. Individuell anpassen könnte man aber die Operation »Starte den Motor«, die bei jeder Gruppe ganz anders ausfallen wird.

Alter Code kann neuen Code aufrufen, ohne dass der alte Code davon wissen muss oder etwas davon bemerkt. Das werden Sie im Kapitel über die so genannten virtuellen Methoden entdecken.

Geändert hat sich auch die grundsätzliche Vorgehensweise. Bei Sprachen wie dem klassischen Basic, Pascal oder C steht die Abfolge der Funktionsaufrufe im Vordergrund. Arbeit wird dadurch erledigt, indem man Funktionen nacheinander aufruft. In der Welt der Objekte ist die Idee anders: Man schickt dem Objekt eine Nachricht, dass es etwas tun muss. Auto – starte den Motor. Sesam, äh, Fenster – öffne dich. Dadurch verändert sich der innere Zustand des Objekts, die Daten im Objekt verändern sich entsprechend.

Noch nicht überzeugt? Denken Sie an die Möglichkeiten, die sich für die Zerlegung anbieten. Objekte finden, erkennen, woraus diese bestehen, festlegen, was das Objekt tun muss. Mit anderen Objekten verknüpfen. Dies nach und nach getan führt letztlich zum fertigen Programm. Dies hat ganz und gar nichts mehr mit dem EVA-Prinzip zu tun, Eingabe – Verarbeitung – Ausgabe, wie es in der Schule im ersten Informatikunterricht gelehrt wird. Das Programm entwickelt sich aus einzelnen Objekten nach und nach, wie aus Legosteinen.

Noch mal im Schnelldurchlauf die wichtigsten Konzepte auf einen Blick:

1. **Objekte:** Jedes »Ding« aus der realen Welt wird in der objektorientierten Analyse als Objekt modelliert.

2. **Klassen:** Gleichartige Objekte fasst man zu Klassen zusammen, die die Fähigkeiten und die Erzeugungsmöglichkeiten definieren.

3. **Vererbung:** Klassen können Eigenschaften und Fähigkeiten von anderen Klassen erben, um zu den vorhandenen Dingen neue hinzuzufügen.

4. **Polymorphie:** Hinter dem gleichen Namen können sich verschiedene Operationen verbergen, das Objekt weiß schon, was es tun muss und entscheidet selbst, welche Funktion die richtige ist.

5. **Späte Bindung:** Ist das technische Hilfsmittel in C++, um zur Laufzeit des Programms die Polymorphie zu realisieren.

6. **Kapselung:** Jedes Objekt bewacht seinen inneren Zustand alleine und gibt nur über genau definierte Kanäle nach außen die Möglichkeit, diesen Zustand zu verändern. Es kapselt sich ab.

Fassen wir das also als Ausklang von Kapitel 1 zusammen.

✔ OOP ist ein Paradigma. Was auch immer. Ein blödes Wort.

✔ Objektorientierte Programmierung führt die neuen Möglichkeiten der Vererbung ein.

✔ Abweichend von der funktionalen Sichtweise erledigen OO-Programme ihren Job dadurch, dass den beteiligten Objekten gesagt wird, was zu tun ist. Wie dies im Inneren abläuft, interessiert den Aufrufer nicht.

✔ Das Objekt selbst besitzt einen inneren Zustand, der durch Anregungen von außen (durch Nachricht über eine auszuführende Aktion) verändert werden kann.

Wieso eigentlich nicht »klassenorientierte Programmierung«?

In diesem Kapitel

▶ Lernen Sie die Klasse als Träger der wichtigen Informationen in der OOP kennen

▶ Erfahren Sie, wie man Klassen Werte und Operationen zuordnet, so dass sie mit Leben gefüllt werden

▶ Begegnen Sie erstmals dem Konstruktor und den Sichtbarkeitsbereichen

▶ Erfahren Sie, in welchen Dateien der Programmcode abgelegt wird

▶ Erzeugen Sie aus den Klassen Objekte

Sie sind in C++ ja bereits den ersten Objekten begegnet. Ist Ihnen da eigentlich schon mal aufgefallen, dass man zwar von objektorientierter Programmierung und von Objekten spricht, es aber kein Schlüsselwort object in C++ gibt? Dagegen ist es so, immer wenn Sie mit Objekten zu tun haben, taucht das Schlüsselwort class auf. Eigentlich seltsam, wieso die OOP nicht »klassenorientierte Programmierung« heißt. Wir beginnen zunächst mal damit, die Klassen zu zerlegen, vielleicht kommt uns dann nach und nach die Erkenntnis, wieso man von OOP spricht, aber mit Klassen arbeitet.

Der Inhalt macht die Klasse

Betrachten Sie einen Heizöltank, den Sie simulieren wollen. In unserem OO-Modell benötigt man dafür eine Klasse FuelOilTank. Offensichtlich hat so ein Tank ein Attribut, das den aktuellen Füllstand beschreibt. Übrigens, dieses Beispiel ist mir eingefallen, weil ich unbedingt daran denken muss, nächste Woche Heizöl zu bestellen. Sonst sitze ich in der nächsten Heizperiode in einer kalten Wohnung und das Attribut wäre auf den Wert 0 gefallen. O.k., ist notiert, weiter im Text.

Nennen Sie das Attribut zur Angabe des Füllstandes in Litern m_Volume. In C++ nennt man ein Attribut häufiger *Membervariable* oder *Instanzvariable*. Abbildung 2.1 zeigt das zugehörige statische Klassendiagramm in UML.

Ich führe hier eine Regel für die Benennung von Membervariablen ein, die ich für alle Beispiele einhalten werde: Die Namen von Membervariablen beginnen immer mit einem Präfix m_ als Abkürzung für »member«. Diese Regel ist ein bisschen – ich will's nicht leugnen – MFC-lastig und stammt aus der Microsoftwelt (die MFC ist eine Klassenbibliothek der Firma Microsoft und hört auf den schönen Namen *Microsoft Foundation Classes*). Es ist aber nicht unüblich, Membervariablen mit einem Präfix zu versehen, so dass man sie sofort von normalen lokalen und globalen Variablen und Objektnamen unterscheiden kann.

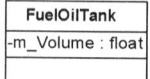

Abbildung 2.1: Die Klasse Heizöltank im statischen Klassendiagramm der UML

Definiert wird die Klasse dann ganz einfach in der folgenden Form:

```
class FuelOilTank
{
private:
    float m_Volume;
};
```

 Membervariablen sind niemals `public`, sondern immer `private`. Später werden Sie noch sehen, dass auch `protected` erlaubt ist, aber auch darauf sollte man verzichten.

✔ Sie müssen sich bei der Benennung Ihrer Membervariablen nicht an die vorgestellten Regeln halten. Sie sollten sich aber auf jeden Fall eine einfache Regel ausdenken und diese immer durchhalten. Es ist nichts schlimmer als ständige Änderungen in der Namensgebung von Klassen, Objekten und Variablen, am besten noch gemischt innerhalb einer einzigen Datei.

✔ Im obigen Fall können Sie das `private` auch weglassen – wenn keine Angabe des Sichtbarkeitsbereichs in der Klassendefinition erfolgt, gilt immer `private` als Voreinstellung.

✔ Attribute von Klassen werden im UML-Klassendiagramm im mittleren der drei Bereiche des »Klassenkästchens« dargestellt.

Vom Erzeugen

Wenn Sie sich vorstellen, dass ein Objekt in einem Modell einen inneren Zustand hat, dann fragen Sie sich natürlich auch, wie es erstmalig in diesen Zustand kommt. Zum Beispiel Ihr Heizöltank, als gute Firma liefern Sie Ihren Tank immer mit 1.000 Litern Anfangsfüllung aus. Wie bekommen Sie diesen Wert in den Tank?

Diese Frage wäre sicherlich spannend, wenn Sie den ersten Tag auf der Welt wären. Sind Sie aber nicht, so weit kennen Sie sich schon aus: Dazu verwendet man den *Konstruktor*. Der Konstruktor wird immer als Erstes aufgerufen, sobald aus der Klasse ein Objekt erzeugt wird.

Der Konstruktor einer Klasse sieht aus wie eine normale Funktion, mit zwei Ausnahmen:

1. Er besitzt keinen Rückgabetyp, also kein `void`, `int` oder `double` als Returnwert

2. Der Name dieser speziellen Funktion ist immer identisch mit dem Namen der Klasse

```
class FuelOilTank
{
private:
    float m_Volume;
```

```
public:
   FuelOilTank();
};
```

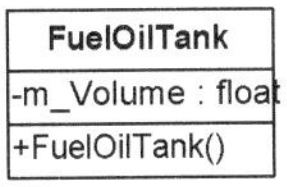

Abbildung 2.2: Erweiterung der Klasse FuelOilTank um einen Konstruktor

Innerhalb des Konstruktors führen Sie zum Beispiel eine Variableninitialisierung durch und benachrichtigen die Allgemeinheit von der Erzeugung eines neuen Öltanks. Wo das Ganze im Programm auftaucht, sehen Sie gleich. Abbildung 2.2 zeigt die Ansicht der Klasse in UML.

```
FuelOilTank::FuelOilTank()
{
   m_Volume = 1000.0f;
   cout << "Wieder ein neuer Tank" << endl;
}
```

✔ Sobald aus der Klasse ein Objekt erzeugt wird, erfolgt ein Aufruf des Konstruktors. Später werden Sie sehen, dass hier genau genommen stehen muss: »einer der Konstruktor*en*«.

✔ Konstruktoren sind Memberfunktionen innerhalb von Klassen, besitzen aber keinen Rückgabewert.

✔ Der Name von Konstruktoren ist immer der Name der Klasse.

✔ Üblicherweise ist der Sichtbarkeitsbereich von Konstruktoren public, da man sonst kein Objekt aus der Klasse erzeugen könnte.

✔ Eng verwandt mit dem Konstruktor ist der *Destruktor*, der als letzte Funktion aufgerufen wird, wenn das Objekt zerstört wird. Der Name des Destruktors setzt sich aus einer Tilde ~ und dem Namen der Klasse zusammen. In diesem Fall können Sie damit nicht so viel anfangen, weil die Öltank-Klasse keine besonderen Arbeiten benötigt.

```
FuelOilTank::~FuelOilTank()
{
   cout << "Und ab zum Schneidbrenner" << endl;
}
```

Natürlich muss zuvor auch der Destruktor in der Klassendefinition bekannt gemacht worden sein:

```
class FuelOilTank
{
private:
   float m_Volume;
public:
   FuelOilTank();
   ~FuelOilTank();
};
```

✔ Der Name des Destruktors benutzt das Symbol ~, das in C und C++ für die Operation »NOT« steht. Destruktor ist also der »NOT«-Konstruktor – sehr originell. Auch Destruktoren sind in der Regel public.

Öffentlichkeitsarbeit

Objekte besitzen außer den Attributen, die ihren Zustand speichern, noch die Möglichkeit zur Ausführung von gewissen Funktionalitäten. Man bezeichnet diese Funktionalitäten auch als *Dienste*. Da die Klasse die Spezifikation eines Objekts darstellt, werden diese Dienste in der Klassendefinition spezifiziert.

Genug der theoretischen Vorrede, schauen Sie sich ein Beispiel an. Abbildung 2.3 zeigt die ganze Sache als statisches UML-Klassendiagramm.

```
class FuelOilTank
{
private:
    float m_Volume;
    float m_MaxVolume;
public:
    FuelOilTank();
    float getVolume();
    void setVolume(float volume);
    bool isEmpty();
    bool leaktest();
    void refuel(float addVolume);
};
```

FuelOilTank
-m_Volume : float
-m_MaxVolume : float
+FuelOilTank()
+getVolume() : float
+setVolume(in volume : float) : void
+isEmpty() : bool
+leaktest() : bool
+refuel(in addVolume : float) : void

Abbildung 2.3: Die Klasse `FuelOilTank` mit einigen öffentlichen Diensten

Dienste kann man in verschiedene Gruppen einteilen:

1. *Standarddienste* benutzt man für den lesenden und schreibenden Zugriff auf die Attribute von Klassen. Hierzu gehören im obigen Beispiel die `set`- und `get`-Methoden, aber auch `isEmpty`.

2. *Algorithmische Dienste* beschreiben spezielle Fähigkeiten einer Klasse, einen komplexen Ablauf durchzuführen. Vielleicht war der Öltank doch kein gutes Beispiel ... so viele komplexe Fähigkeiten außer »auslaufen« besitzt der ja nicht. Der Dienst `leaktest` gehört zu dieser Gruppe.

3. *Zustandsabhängige Dienste* hängen am aktuellen Objektzustand. Unter Umständen ist eine Ausführung sogar nicht möglich, weil die Voraussetzungen nicht gegeben sind. `refuel` gehört zu dieser Kategorie.

Ach ja, vielleicht sollte ich es noch erwähnen, kein Mensch sagt in C++ zu den Diensten *Dienst*. Eigentlich sagt jeder, den ich kenne, dazu *Memberfunktion* oder *Methode*.

Beachten Sie die hier vorgeschlagene Namensgebung: Zum Schreiben und Lesen von Attributen werden Methoden benutzt, die mit dem Präfix set oder get beginnen – je nach Richtung. Um Boolesche Zustände, also Eigenschaften der Form ja/nein oder true/false abzufragen, beginnen die Funktionen mit dem Präfix is. Sie müssen sich nicht an diese Regeln halten, aber sie machen *sehr* viel Sinn. Sie erleichtern dem Leser der Klassendefinition auf den ersten Blick die Übersicht über die Möglichkeiten und Eigenschaften der Klasse.

✔ Dienste beziehungsweise Memberfunktionen sind public – anders machen sie auch keinen Sinn, denn sonst könnten sie ja niemandem dienen. In Ableitungshierarchien gibt es auch noch Methoden mit Sichtbarkeitsbereich protected, diese dienen als Schnittstellen zu den abgeleiteten Klassen.

✔ In UML werden alle Memberfunktionen im unteren Drittel der Klasse angegeben. Die Sichtbarkeit public wird durch ein vorangestelltes + deutlich gemacht, die Sichtbarkeit private durch ein vorangestelltes -. Apropos, ein protected wird mit # visualisiert. Abbildung 2.4 zeigt den grundsätzlichen Aufbau einer solchen Klassendarstellung.

Abbildung 2.4: Grundsätzliche Darstellung einer Klasse im statischen UML-Diagramm

Die erlaubten Zudringlichkeiten

Bisher war die Sache ja recht fies, Ihnen mit den Definitionen und Bildchen den Mund wässrig zu machen, ohne die Implementation der Memberfunktionen zu liefern. Springen wir gemeinsam gleich ins kalte Wasser, mit Hilfe der ausprogrammierten Funktionen wird rasch klar werden, warum welche Funktion einer bestimmten Dienstklasse zugeordnet wird.

Beginnen Sie mit den Standarddiensten von FuelOilTank.

```
float FuelOilTank::getVolume()
{
   return m_Volume;
}
void FuelOilTank::setVolume(float volume)
{
   if ( volume <= m_MaxVolume &&
        volume >= 0.0f )
      m_Volume = volume;
}
bool FuelOilTank::isEmpty()
{
   return (m_Volume <= 0.01f);
}
```

In der Funktion `isEmpty` lernen Sie gleich noch einen Trick kennen – vergleichen Sie `float`- oder `double`-Variablen niemals mit ==. Fließkommawerte wie `float` und `double` erzeugen immer Rundungsfehler, würde die Zeile `m_Volume == 0.0f` lauten, so käme bei einem Wert von `0.00001` nämlich für `isEmpty false` heraus! Sicherlich keine gute Sache, denn für diesen Wert kann man den Tank durchaus als leer betrachten. Vergleichen Sie also Fließkommazahlen immer nur mit <= und >=, aber nie mit ==.

Wahrscheinlich schreien Sie jetzt ohnehin schon laut auf, wenn Sie die Sache mit dem `getVolume` sehen. Was für ein Aufwand ... für jede Variable noch eine Funktion. Der nachstehende graue Absatz erklärt Ihnen den Hintergrund für diesen ganzen Aufstand.

Die Datenkapselung privater Daten

Die Gretchenfrage ist doch, warum macht man die ganzen Attribute nicht einfach `public` und es ist gut? Schließlich könnte man dann ohne den ganzen Schnickschnack auf `m_Volume` aus dem obigen Beispiel zugreifen.

Die Idee hinter der Kapselung von privaten Daten ist, dass man eine eindeutige Schnittstelle schafft, um Werte innerhalb der Klasse zu ändern. Niemand – und damit ist wirklich niemand gemeint – kann `m_Volume` ändern, ohne dass er über `setVolume` geht. In der Implementation von `setVolume` wurde das auch gleich benutzt, um eine Bereichsprüfung durchzuführen. Niemand kann dem Tank einen Inhalt verpassen, der außerhalb eines gültigen Bereichs liegt. Legt man dagegen die Variable `m_Volume` offen, so kann jeder tun und lassen, was er will. -500 Liter Tankfüllung wären kein Problem – verbunden mit netten Problemen, sobald weitere Operationen damit erfolgen. Ähnlich sieht es aus mit der Implementation von `isEmpty`, wer wollte schon ständig diesen Vergleich schreiben, um festzustellen, ob der Tank leer ist?

Ein anderer Vorteil kommt im Moment noch nicht zur Geltung, man kann ihn aber leicht demonstrieren. Ändern Sie die Implementation von `isEmpty`, indem Sie ein weiteres `bool`-Attribut `m_IsEmpty` der Klasse `FuelOilTank` ergänzen. Dann könnte man `setVolume` und `isEmpty` auch so programmieren:

```
void FuelOilTank::setVolume(float volume)
{
    if ( volume <= m_MaxVolume &&
         volume >= 0.0f )
      m_Volume = volume;
    m_IsEmpty = (m_Volume <= 0.01f) ? true : false;
}
bool FuelOilTank::isEmpty()
{
    return m_IsEmpty;
}
```

Die Implementation der Funktionen wurde geändert, aber die Schnittstellen bemerken davon gar nichts. Stellen Sie sich das bei einem direkten Variablenzugriff auf `m_Volume` vor, dies bedeutet Suchen&Ersetzen für die nächsten Tage und viele nette neue Fehler.

Eine mögliche Implementation für den Lecktest wäre:

```
bool FuelOilTank::leaktest()
{
    static volumeAtLastTest = 0;
    bool leak = false;
    if (volumeAtLastTest > m_Volume)
    {
        leak = true;
    }
    volumeAtLastTest = m_Volume;
    return leak;
}
```

Bisschen primitiv, dieser Lecktest. Ein Verbrauch von Öl ist nicht vorgesehen und wird als Leck erkannt. Was soll's, Sie wollen hier ja keine Tanksimulation programmieren.

```
void FuelOilTank::refuel(float addVolume)
{
    if ( (m_Volume + addVolume) <= m_MaxVolume )
    {
        for (int i = 0; i < 100; i++)
        {
            cout << "*gluckgluckgluck*" << endl;
        }
        m_Volume += addVolume;
    }
}
```

Haben Sie auch schon davon gehört, dass C++ langsam ist, weil man nie direkt auf die Variablen zugreift? Unsinn, lassen Sie sich davon keine Angst machen. Der Zugriff mit einer kleinen kurzen `get`-Methode auf eine Variable wird von einem optimierenden Compiler so gut übersetzt, dass es nur einige Taktzyklen länger dauert, als direkt auf die Variable zuzugreifen. Es gibt keinen Grund, wegen der Rechenzeit hier einen Kompromiss einzugehen, dies ist am falschen Ende gespart.

✔ Die Datenkapselung von Attributen ermöglicht es, die Implementation von Memberfunktionen zu ändern, ohne dass der Aufrufer deswegen gleich sein Programm neu schreiben muss.

Einige Entwickler benennen ihre Membervariablen nicht mit einem Präfix `m_`, sondern nur mit einem `_`. Warum auch nicht? Wieder andere geben Membervariablen überhaupt kein Präfix, dann heißt die Membervariable `m_Volume` in diesem Falle nur `volume`. Wie unterscheidet man dann den Parameter `volume` in der Methode `setVolume` von der Membervariable `volume`? Ein `volume = volume` erfüllt den Zweck wohl kaum, da kommt der Compiler ins Schleudern. Dafür stellt man der Membervariablen den `this`-Zeiger vor, um einen Unterschied herzustellen:

```
void FuelOilTank::setVolume(float volume)
{
    this->volume = volume;
}
```

Über `this` wird immer das aktuelle Objekt adressiert, folglich muss das `volume` hinter `this->` immer die Membervariable sein. Ziemlich trickreich ...

✔ Ob man Membervariablen über `m_Volume` oder `this->m_Volume` anspricht, macht für das Programm keinen Unterschied, intern werden die gleichen Maschinenanweisungen verwendet, das Programm wird dadurch nicht langsamer.

✔ Öffentliche Schnittstellenmethoden kanalisieren alle Zugriffe auf Attribute – kein Eintritt ohne Eintrittskarte, Schwarzfahren ist nicht erlaubt.

✔ Statische Variablen innerhalb von Funktionen – auch von Memberfunktionen – behalten ihren Wert. Beim nächsten Aufruf der Funktion steht noch immer der letzte Wert des vorigen Aufrufs in der Variablen. Damit sind Konstruktionen wie in `leaktest` möglich, wo der letzte Füllstand immer bis zum nächsten Aufruf aufgehoben wird.

✔ Kapselung (oder auf Englisch *information hiding*) ist unser Freund, nicht unser Feind. Es geht nicht darum, uns das Gute vorzuenthalten oder dies gar zu verstecken. Vielmehr werden Sie vor den bösen und komplizierten Details geschützt.

Gleicher Name, andere Parameter

C++ brachte eine Neuerung mit sich, die auf den schönen Namen *Überladung* hört. Das klingt schon nach Ärger. Überladung. Was bedeutet das für eine praktische Anwendung? Man kann den gleichen Funktionsnamen zum Beispiel innerhalb einer Klasse mehrfach verwenden. Aber jeweils mit verschiedenen Parametern. Der Compiler findet dann selbstständig den richtigen Weg, um herauszufinden, welche der in Frage kommenden gleichnamigen Funktionen gemeint sein kann.

```
class FuelOilTank
{
...
public:
    void refuel(float addVolume);
    void refuel(const string& addVolume);
};
```

In diesem Programmausschnitt wurde eine zweite Funktion `refuel` definiert, die als Parameter für die zusätzliche Ölmenge auch einen String aufnehmen kann. Das macht dann Sinn, wenn Sie vom Benutzer eine Eingabe bekommen und diese gleich an die Klasse weiterreichen möchten. Der Compiler kann dann den Aufruf von `refuel(400.0)` und `refuel("500")` auseinander halten, da er einmal sieht »float-Parameter, also Funktion 1« und dann »string-Parameter, also Funktion 2«.

Ausprogrammiert würde die zweite `refuel`-Funktion zum Beispiel so:

```
#include <sstream>
using namespace std;

void FuelOilTank::refuel(const string& addVolume)
{
    stringstream sstream(addVolume);
```

```
    float volume;
    sstream >> volume;
    refuel(volume);
}
```

Um die Klasse `stringstream` nutzen zu können, muss der Header `sstream` inkludiert werden, außerdem benötigt man den Namensbereich `std`. Sie kommen zu diesen lästigen Details im Kapitel über die Standardbibliothek von C++. Der Streamoperator `>>` im Beispiel wandelt den String in eine `float`-Zahl um, womit nun wiederum die bereits bekannte Funktion `refuel` mit dem `float`-Parameter aufgerufen wird.

✔ Überladung von Funktionen ermöglicht es, den gleichen Funktionsnamen mit anderen Parametern noch einmal zu verwenden.

 Es ist sinnvoll, dass alle gleichnamigen Funktionen auch eine gleiche Aktion durchführen und sich wirklich nur in den Parametern unterscheiden. Es wäre sehr unklug, zum Beispiel in `refuel(const string&)` den Lecktest durchzuführen. Kein Mensch kann das hinterher noch verstehen, am wenigsten Sie oder ich.

 Versuchen Sie wie im obigen Beispiel immer, alle weiteren überladenen Funktionen auf einer einzigen Funktion abzustützen. Im Beispiel konvertiert die Funktion mit `string`-Parameter nur den Parameter, verwendet dann aber zur eigentlichen Aktion die ursprüngliche `refuel`-Funktion. Auch hier wäre es taktisch sehr ungeschickt, alles zweimal zu programmieren. Versuchen Sie möglichst oft, bereits vorhandene Dienste der Klasse wieder zu nutzen.

 Unterscheiden sich überladene Funktionen nur im Returntyp, meckert der Compiler. Folgende Überladungen wären nicht zulässig:

```
bool isEmpty();
int isEmpty();
```

Technischer Hintergrund dafür ist, dass der Compiler den Returntyp anders verwaltet als die Parameter, und er daher nicht eindeutig erkennen kann, welche Funktion nun tatsächlich gemeint ist. Vor allem, welche Methode soll hier aufgerufen werden?

```
FuelOilTank MyTank;
MyTank.isEmpty(); // bool oder int?
```

 Noch ein kleiner Hinweis: Man achte bei Überladung auf implizite Konvertierungen. Sonst erhält man schnell Mehrdeutigkeiten.

```
void Func(float f) {cout << "float" << endl;}
void Func(int i) {cout << "int" << endl;}
double d = 29.9;
Func(d);
```

Dieser Aufruf von `Func(d)` ist mehrdeutig und ein Fehler. Denn es gibt eine automatische Konversion von `double`-Zahlen nach `float` und ebenso nach `int`. Der Compiler würde die Zahl automatisch umwandeln, aber welche Umwandlung ist hier richtig? Er kann sich nicht entscheiden und schreit Zeter und Mordio.

Echte Programmierer sind faul, Teil I

Es gibt noch viel mehr Goodies im Schatzkästchen von C++ – relativ ähnlich ist die Idee, *Defaultparameter* einzuführen. In der Definition einer Funktion kann man hier für einen oder mehrere Parameter Vorgabewerte angeben. Lässt man beim Aufruf den Parameter weg, so wird ganz automatisch der Vorgabewert hierfür eingesetzt, ohne dass man ihn von Hand schreiben muss.

Das können Sie für `setVolume` ausnutzen, wo Sie ein klein bisschen am Rädchen drehen:

```
void setVolume(float volume = 0);
```

Und schon wird ein Aufruf von `setVolume()` automatisch in ein `setVolume(0)` umgewandelt. Sie können aber auch ruhig einen anderen Wert vorgeben. In der Implementation ändert sich gar nichts, das ist auch logisch. Schließlich wird beim Aufruf bereits der Defaultwert mitgeliefert, die aufgerufene Funktion bemerkt keinen Unterschied.

✔ Defaultparameter können immer nur »von rechts« definiert werden. Haben Sie eine Funktion `function(int a, float b)`, so wäre folgender Defaultparameter unzulässig:

```
function(int a = 5, float b);
```

✔ Sind für eine Funktion mehrere Defaultparameter definiert, so werden diese bei Funktionsaufrufen von rechts gefüllt. Nehmen Sie die Deklaration `function(int a, float b = 2.0f, char c = 'a')`, dann sind folgende Möglichkeiten zulässig:

```
function(5, 3.0, 'b')
function(5, 3.0) wird zu function(5, 3.0, 'a')
function(8) wird zu function(8, 2.0, 'a')
```

Gleichzeitige Nutzung von Defaultparametern und Funktionsüberladung kann zu Konflikten führen. Es lässt sich sehr leicht ein Beispiel konstruieren, das der Compiler nicht mehr aufdröseln kann.

```
void function(int a, float b = 5.0f);
void function(int a);
```

Im Prinzip handelt es sich um eine Überladung, einmal gibt es die Funktion `function(int, float)` und dann `function(int)`. Rufen Sie aber nun einfach ganz frech `function(4711)` auf, so weiß der Compiler nicht, was gemeint ist. Meinen Sie `function(4711)` oder `function(4711, 5.0)`? Er kann es nicht entscheiden – und daher schreit er ein wenig bei diesen Fällen.

Da ändert sich nicht besonders viel

Veränderungen sind Übel! Diesen Spruch hört man gerne, wenn die Leute sich über die Jugend und die vielen neumodischen Dinge beklagen. Auch Klassen mögen dies nicht, womit sie in einer langen Reihe konservativer Würdenträger stehen. Zugriff erlaubt, aber bitte ohne Änderung.

Diese Einschränkung hat sogar ihre Berechtigung. Denken Sie an unsere Funktionen `getVolume` oder `isEmpty` der Öltank-Klasse. Hier werden nur aktuelle Werte ausgelesen, aber keinerlei Änderungen von Attributen vorgenommen. Diese Art von Memberfunktionen nennt man auch *konstante Methoden*, um auszudrücken, dass sie den Objektzustand unverändert, also konstant lassen. Natürlich gibt's dafür auch eine Möglichkeit, das in C++ mit Hilfe des bereits bekannten Schlüsselworts const entsprechend zu markieren. Ändern Sie die beiden Funktionen:

```
class FuelOilTank
{
...
public:
    float getVolume() const;
    bool isEmpty() const;
};
```

Diese Änderung spiegelt sich auch in der Implementation wider, wo ebenfalls noch das Schlüsselwort const angehängt werden muss:

```
float FuelOilTank::getVolume() const
{
    return m_Volume;
}
bool FuelOilTank::isEmpty() const
{
    return (m_Volume <= 0.01f);
}
```

Innerhalb von konstanten Funktionen dürfen keine Membervariablen beschrieben oder verändert werden, der Compiler erzeugt sonst einen Fehler. Versuchen Sie folgende Änderung und wundern Sie sich nicht über die Fehlermeldung:

```
float FuelOilTank::getVolume() const
{
    m_Volume += 10;
    return m_Volume;
}
```

Innerhalb von konstanten Funktionen dürfen ebenfalls nur andere konstante Memberfunktionen aufgerufen werden. getVolume darf also isEmpty aufrufen, weil isEmpty ebenfalls const ist. Ein Aufruf von leaktest innerhalb von getVolume dagegen ist nicht erlaubt. Stellen Sie sich das als eine Art Verantwortung vor: Eine konstante Methode garantiert, dass sie nichts am Objekt ändert. Dies bedeutet, dass sie nur lesend auf Attribute zugreifen und nur weitere konstante Vorgänge aufrufen darf.

Das Schlüsselwort const muss hinter die Parameterliste der Funktion geschrieben werden, und zwar bei der Deklaration und bei der Implementation der Funktion. Ansonsten gibt es je nach Konstellation Compiler- oder Linkerfehler.

 Setzen Sie grundsätzlich für alle Methoden, die nur lesend auf das Objekt zugreifen, konstante Methoden ein. Sie verhindern dadurch, dass aus Versehen eine als lesend gedachte Methode vielleicht doch mal einen Wert verändert. Die Gefahr von Seiteneffekten verringert sich dadurch erheblich.

Finger weg von meinen privaten Methoden

Kennen Sie die Ideallänge einer Funktion? Man kann sich leicht vorstellen, dass so eine Bandwurm-funktion mit 300 Zeilen in Punkto Übersichtlichkeit nicht gerade der Hit ist. Erinnert bisschen daran, nach Fasching die Luftschlangen wegzukehren ... sieht nett aus, aber gibt verdammt viel Schmutz.

Hier eine Faustformel: Wenn die Funktion nicht mehr auf den Bildschirm passt, ist sie zu lang. Eine Funktion sollte mit einem Blick erfassbar sein.

Pech, wenn Sie einen kleinen Bildschirm haben. Sie wissen nun auch, warum bei Programmierern 21"-Monitore so beliebt sind. Wenn ein Programmierer zu Ihnen sagt, er könne auf so einem kleinen Moni-tor nicht programmieren, dann meint er in Wirklichkeit, er wäre nicht in der Lage, seine Funktionen zu zerlegen. Kündigen Sie ihm daraufhin die Freundschaft und/oder den Job.

Wenn Sie ein bisschen den Überblick über den Umfang der Klasse `FuelOilTank` verloren haben, so können Sie ihn sich in den Dateien KAP02/FUELOILTANK.H und KAP02/FUELOILTANK.CPP anschauen.

✔ Auch innerhalb von Klassen gelten grundsätzliche Regeln der Programmierung weiter. Fassen Sie Aufgaben, die Sie in anderen Memberfunktionen mehrfach ver-wenden, in einer privaten Funktion zusammen. Sie können diese dann innerhalb jeder Memberfunktion der Klasse aufrufen.

✔ Gruppieren Sie längere Abläufe so, dass Sie Teilaufgaben in Funktionen verlagern. Auch diese Funktionen zur Ausführung der Teilaufgaben werden `private` ge-macht.

✔ Eine Memberfunktion mit Sichtbarkeitsbereich `private` kann nie von außerhalb der Klasse aufgerufen werden, sie ist für alle anderen unsichtbar.

Wohin mit dem Krempel?

Ordnung ist bekanntlich das halbe Leben, es macht wohl durchaus Sinn, dass man seine Klassen auch ordentlich in Dateien ablegt. Aus C und C++ kennen Sie bereits die beiden grundlegenden Dateitypen: H-Dateien und C- bzw. CPP-Dateien, oder fachmännischer: *Deklarationsdateien* und *Implementationsdateien*.

In den meisten Einsteigerbüchern zu C++ finden Sie Klassendefinitionen der folgenden Art, die dann in einer H-Datei zusammengefasst sind:

```
class Student
{
private:
    string m_Name;
public:
    Student()
    {
        m_Name = "";
    };
```

```
   string getName()
   {
      return m_Name;
   };
   /* blabla */
};
```

Das ist die häufigste Form, wie Klassendefinitionen und die Ausprogrammierung der Funktionen zu finden ist. Sieht übersichtlich aus und ist im Buch sehr platzsparend. Leider ist es in keinster Weise praxisgerecht und entspricht nicht dem, wie man in der freien Wildbahn tatsächlich arbeitet. Man versucht nämlich normalerweise, die Deklaration von der Implementation zu trennen. Sie kennen das vom Hausmüll, da werfen Sie ja Glas und Kunststoff auch in zwei verschiedene Behälter. Bauen Sie die obige Miniklasse mal ein wenig um, dass sie nach einem richtigen »Software Engineer« aussieht ...

Deklaration und Implementation

Unter der _Deklaration_ versteht man in der Programmierung ganz allgemein die Beschreibung und den Aufbau der vorkommenden Klassen, Typen und Funktionen. Welche Parameter es gibt, in welcher Reihenfolge, wie die ganzen Bezeichner und Funktionen heißen. Man könnte es mit der Beschriftung einer Verpackung vergleichen – man erfährt, um was es geht, aber sieht nicht den Inhalt.

Die _Implementation_ dagegen umfasst die eigentliche Programmierung der ganzen Dinge, die in der Definition beschrieben wurden. Also der eigentliche Packungsinhalt, der im Falle eines Puddings schmeckt oder im Falle eines Programms die Arbeit verrichtet.

Die Klasse besteht aus folgenden Zeilen:

```
class Student
{
private:
   string m_Name;
public:
   Student();
   string getName() const;
};
```

Dieser Teil kommt in die Headerdatei. Dateiname? STUDENT.H, ist irgendwie logisch. Die Implementation landet in der CPP-Datei, genannt STUDENT.CPP:

```
#include "student.h"
Student::Student()
{
   m_Name = "";
}
string Student::getName() const
{
   return m_Name;
}
```

Damit wird die Sache schon dramatisch übersichtlicher. Fehlt noch eine Kleinigkeit, die Sie vielleicht aus C kennen – man muss seine Header vor mehrfacher Inkludierung schützen. Denn #include fügt einfach nur eine Datei an der entsprechenden Stelle ein. Bei einem größeren Programm könnte es viele #include "student.h" geben und dann findet der Compiler bei der Übersetzung mehrfach eine Definition der Klasse Student. Und dann motzt er. Bekanntlich kann man die Mehrfachinkludierung durch Makros verhindern:

```
#ifndef _STUDENT_H
#define _STUDENT_H
class Student
{
private:
    string m_Name;
public:
    Student();
    string getName() const;
};
#endif
```

Bei der ersten Inkludierung ist das Makro _STUDENT_H noch nicht definiert und es wird die Definition der Klasse Student bearbeitet sowie _STUDENT_H definiert. Alle folgenden Inkludierungen kennen dann _STUDENT_H und überspringen alle Zeilen bis zum #endif. Und schon kann es keine Mehrfach-definition mehr geben.

✔ Die Klassendefinition einer Klasse wird in die Headerdatei mit der Endung .H geschrieben, die Implementation der Klasse steht in einer Datei mit der Endung .CPP. Als Dateiname wählt man üblicherweise den Namen der Klasse, also STUDENT.H und STUDENT.CPP.

Definieren Sie niemals mehr als eine Klasse pro Headerdatei, auch wenn im Prinzip mehr möglich wären. Sie machen es sich sonst sehr schwer, eine Klasse in einem anderen Projekt zu verwenden. Implementieren Sie auch immer nur eine Klasse pro Datei, vermischen Sie niemals mehrere Klassen.

✔ Schützen Sie Ihre Headerdateien vor einer Mehrfachinkludierung durch Makros. Setzen Sie zu Beginn der Datei die Zeilen

```
#ifndef _KLASSENNAME_H
#define _KLASSENNAME_H
```

und an das Ende der Headerdatei ein

```
#endif
```

Wählen Sie den Makronamen so, dass er den Klassennamen enthält, in unserem Beispiel hatte ich _STUDENT_H gewählt. Dies ist aber nur in der Headerdatei notwendig! Dieser Schutz gegen Mehrfachinkludierung trägt auch den schönen Namen *include guard*.

Einige andere Sprachen wie Java und C# kennen diese Trennung nicht, dort wird Implementation und Deklaration der Klassen in eine einzige Datei geschrieben. Ob das gut oder schlecht ist, darüber streiten die Experten noch.

✔ get- und set-Methoden schreibt man manchmal wegen der Kürze auch direkt in den Header, also in die Klassendefinition. So wäre hier auch

```
string getName() const {return m_Name;}
```

denkbar - achten Sie auf die Strichpunkte am Zeilenende. Wenden Sie dieses Verfahren wirklich nur für Funktionen an, die maximal ein oder zwei Anweisungen ausführen. Der Compiler übersetzt diese Art Funktionen *inline*, das bedeutet er kopiert hier den Code mehrfach. Macht man längere Funktionen inline, so wird der Code größer. Ideal sind inline-Funktionen für set-, get- und is-Methoden.

Backe, backe ein Objekt, die Klasse hat gerufen

»Wer will guten Kuchen backen,
der muss haben sieben Sachen.«

(Volkslied)

Na da haben wir aber Glück gehabt ... um ein Objekt zu erzeugen, braucht man viel weniger als sieben Zutaten. Eine reicht aus – die Klasse. Aus der Klassendefinition heraus kann man bereits ein Objekt erzeugen. Betrachten Sie den Zusammenhang programmtechnisch, so lernen Sie drei Dinge:

1. Jedes Objekt gehört zu einer Klasse

2. Die Klasse besitzt die Information über die Dienste und Attribute, die sie ausführen kann, aber sie selbst ist leblos und nicht direkt ansprechbar

3. Das Objekt entsteht, wenn man es aus einer Klasse heraus erzeugt. Dieses Objekt kann man dann auch ansprechen und mit ihm arbeiten

Man nennt das aus einer Klasse erzeugte Objekt auch *eine Objektinstanz (oder kurz: Instanz) einer Klasse.*

Direkte Instanziierung von Objekten

Staunen Sie über das Wort in der Überschrift? Instanziierung, da hat meine Rechtschreibprüfung sofort gemeckert. Ein Fachbegriff, der eigentlich »eine Instanz bilden« bedeutet – eben instanziieren. Nun gut. Wundern Sie sich nicht, wenn Sie in diesem Zusammenhang auch über das Wort »Instantiierung« stolpern, dies hat die gleiche Bedeutung, beruht aber auf einer brutalen Eindeutschung des englischen Begriffs »to instantiate«, der »instanziieren« heißt. Soweit noch Fragen? Keine? Gut.

Um eine Objektinstanz zu erzeugen, gibt es zwei Wege. Der einfachste Weg ist hierbei der, dass man einfach den Klassennamen hinschreibt, gefolgt vom Namen des Objekts:

```
{
    Student student;
    Student zweiterStudent;
}
```

Gewöhnen Sie es sich an, den Namen von Klassen und Objekten nach einem Schema festzulegen. Ich bevorzuge hier die Großschreibung aller Klassennamen und die Kleinschreibung der Objektnamen. Außerdem sollte man am Objektnamen erkennen können, zu welcher Klasse er gehört. Das macht es Ihnen leichter, das Programm zu lesen.

Wie Sie sehen, ist diese Art der Instanziierung identisch zum Anlegen einer Variablen. Die geschweiften Klammern können dabei zu einer Funktion, einem `if` oder sonstigen Anweisungen gehören. Wichtig ist, dass es die Objekte `student` und `zweiterStudent` so lange gibt, bis die nächste } erreicht wird. Danach wird das Objekt automatisch zerstört und jede weitere Verwendung von `student` würde vom Compiler mit einem Fehler bemängelt. Abbildung 2.5 zeigt die Instanziierung der beiden Studenten in UML.

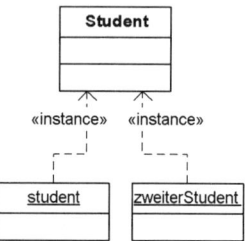

Abbildung 2.5: Objektinstanzen in UML

Aus technischer Sicht ist es wichtig zu wissen, dass eine Objektinstanz dieser Form auf dem *Stack* abgelegt wird.

Der Stack

Jeder Mikroprozessor besitzt ein spezielles Register, eine Art Variable, in der er den Stackpointer verwaltet. Es handelt sich beim Stack um einen Speicherabschnitt, in dem alle Zwischenvariablen abgelegt werden. Ruft das Programm eine Funktion auf, so werden alle aktuellen Werte der Prozessorarbeitsregister auf dem Stack abgelegt, danach die Funktionsparameter. Dann wird die Funktion angesprungen.

Innerhalb der Funktion wird so viel Speicher auf dem Stack reserviert, dass alle lokalen Variablen ebenfalls genug Platz haben. Alle lokalen Variablen und Objekte erhalten also ihren Speicher auf dem Stack.

Ist die Funktion beendet, wird der Stack wieder aufgeräumt und Stück für Stück abgebaut. Nach dem Ende der Funktion steht der Stackpointer wieder auf der gleichen Adresse wie zu Beginn des Funktionsaufrufs. Daher kann man auf dem Stack keine Werte dauerhaft speichern, es handelt sich sozusagen um das Schmierpapier der Programmführung.

Abbildung 2.6 zeigt den Aufbau des Stacks innerhalb einer Funktion.

Jeder Prozess innerhalb des Betriebssystems erhält seinen eigenen Stackbereich, der aber nicht beliebig groß ist. Man geht hier in der Regel von bis zu einem Megabyte für den Stack aus. Beachten Sie, dass weitere Funktionsaufrufe diesen Stapel immer weiter erhöhen, erst nach Ende der Funktion wird das zuletzt aufgelegte Paket wieder abgebaut.

```
void addSum(int num1, int num2)
{
    int sum;
    sum = num1 + num2;
    return sum;
}

int main()
{
    cout << addSum(5, 8);
    return 0;
}
```

Abbildung 2.6: Lage lokaler Variablen und Parameter auf dem Stack

Instanziierung von Objekten über Zeiger

Zeiger, das böse Wort. Wissen Sie, warum viele Leute lieber Java als C++ programmieren? Weil es dort (auf den ersten Blick) keine Zeiger gibt. Ehrlich, das ist wirklich wahr. Sei's drum, so leicht lassen wir uns nicht einschüchtern. Bilden Sie die gleichen Objektinstanzen wie zuvor, aber unter Verwendung von Zeigern:

```
{
    Student* pStudent = new Student();
    Student* pZweiterStudent = new Student();
    delete pStudent;
    delete pZweiterStudent;
}
```

Gewöhnen Sie sich an, für Zeiger auf Objekte für den Namen ein Präfix im Namen anzugeben, ich bevorzuge ein p für »pointer«. Man kann damit sofort den Unterschied zwischen pStudent und student sehen.

Sie sehen einen wesentlichen Unterschied – nein, ich meine nicht das *. Der Typ der Variablen ist Student*, weil es sich um Zeiger auf Objekte der Klasse Student handelt. Das ist aber nur ein Detail. Wesentlich ist folgender Unterschied: Sie müssen die angelegten Objektinstanzen selbst von Hand freigeben, es geschieht nicht automatisch.

Zudem besteht ein Unterschied bezüglich des Speicherortes: Der Speicher der Objekte, auf die pStudent und pZweiterStudent zeigen, liegt auf dem *Heap*.

✔ Objektinstanzen können über die Angabe der Klasse und eines Objektnamens erzeugt werden. Diese Objekte werden auf dem Stack angelegt und sind nur verfügbar, so lange man sich innerhalb des aktuell gültigen Anweisungsblocks { } befindet. Beim Verlassen des Blocks wird das Objekt automatisch zerstört.

Der Heap

Der *Heap* ist der Speicher, der den Begriff »Arbeitsspeicher« am besten trifft. Falls Ihr Rechner monsterhafte 1.024 MB RAM besitzt, so wird die Masse des Speichers, während das Programm läuft, dem Heap zugeordnet sein. Die so genannte *Heapverwaltung* des Betriebssystems besitzt eine Liste aller noch nicht benutzten Speicherbereiche des RAM. Erzeugt man mit new ein Objekt, so liefert einem die Heapverwaltung über eine ausgefeilte Verwaltungsmethode einen Zeiger auf einen Speicherbereich. Dieser Speicherbereich steht dann dem Heap so lange nicht mehr zur Verfügung, bis er mit delete zurückgegeben wird. Unter C heißen die Funktionen zur Speicherreservierung und -freigabe übrigens malloc und free.

Da für eine Speicherallokation auf dem Heap ein wenig mehr Arbeit geleistet werden muss, ist die Erzeugung eines Objekts geringfügig (wir sprechen nur von wenigen Prozessorzyklen) langsamer als auf dem Stack. Dafür kann ein Objekt aber die ganze Programmlaufzeit über auf dem Heap liegen bleiben, seine Existenz ist nicht auf den Bereich von Anweisungsblöcken oder Funktionen beschränkt.

✔ Objektinstanzen können mit Hilfe von new angelegt werden, ein Zugriff auf das Objekt ist dann mit Hilfe von Objektzeigern möglich. Diese Objekte liegen auf dem Heap und müssen explizit mit delete freigegeben werden.

Zu jedem new muss es im Programmablauf irgendwo auch ein delete geben. Fehlt ein delete, so wird dem Heap immer mehr Speicher entzogen und irgendwann ist kein Speicher mehr verfügbar.

Sprachen wie C# und Java besitzen einen so genannten *Garbage Collector*, der das delete automatisch aufruft. Dadurch muss man selbst nie delete aufrufen. Klingt auf den ersten Blick bequem, hat aber gewisse Nachteile, weil man die Kontrolle über den Zeitpunkt der Freigabe an den Garbage Collector abgibt.

Nun kommen wir gleich zur Vererbung – der anderen Möglichkeit, Beziehungen zwischen Klassen aufzubauen.

Vererbung und abstrakte Klassen

In diesem Kapitel

▷ Befassen wir uns mit der Vererbungsbeziehung zwischen Klassen

▷ Begegnen Sie den Begriffen und Anwendungen der Laufzeit-Polymorphie in der Gestalt virtueller Funktionen

▷ Lernen Sie die Sichtbarkeitsbereiche im Falle der Vererbung kennen

▷ Erfahren Sie, wie man abstrakte Klassen in C++ realisiert

▷ Verabschieden Sie sich von der `switch`-Anweisung und ersetzen diese durch objektorientierte Konstruktionen

*I*m ersten Kapitel haben Sie in der Form der Vererbung bereits eine Möglichkeit gesehen, wie man Code mehrfach verwenden kann (Vererbung), aber auch, wie man gezielt einzelnen Objekten eine spezielle Ausführung einer Aktion mitgeben kann (Polymorphie). Es fehlt aber noch die anschauliche Darstellung, wie das in C++ tatsächlich aussehen kann, und welche Auswirkungen dies hat.

Objekte und ihre Familien

Die Vererbung lernten Sie im Kapitel 1 mit den Klassen Fahrzeug, Auto und LKW erstmalig kennen. Doch ein solches Einsatzgebiet mit abstrakten Klassen ist schon die kompliziertere Verwendung der Vererbung. Halten wir's mit Heinz Sielmann und widmen wir uns der heimischen Tierwelt.

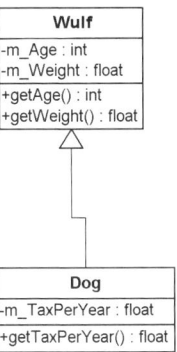

Abbildung 3.1: Wussten Sie, dass der Hund vom Wolf abstammt?

In unserem Fall ist die Klasse Dog von der Oberklasse Wulf abgeleitet. Der Hund, als ordentliches Lebewesen, besitzt gewisse steuerliche Verpflichtungen, eine jährliche Hundesteuer. Dieses Attribut kommt bei der abgeleiteten Klasse hinzu, ebenso eine get-Methode, um das Attribut zu erfragen. Programmieren Sie unsere Wölfe und Hunde doch mal in C++ aus.

```
#ifndef _WULF_H
#define _WULF_H
class Wulf
{
public:
   Wulf()
   {
      m_Age = 0;
      m_Weight = 10.0f;
   }
   int getAge() const {return m_Age;};
   float getWeight() const {return m_Weight;};
private:
   int   m_Age;
   float m_Weight;
};
#endif
```

Listing 3.1: KAP03/WULF.H

```
#ifndef _DOG_H
#define _DOG_H
#include "wulf.h"
class Dog : public Wulf
{
public:
   Dog()
   {
      m_TaxPerYear = 100.0f;
   }
   float getTaxPerYear() const
      {return m_TaxPerYear;};
private:
   float m_TaxPerYear;
};
#endif
```

Listing 3.2: KAP03/DOG.H

```
#include "dog.h"
#include <iostream>
using namespace std;
int main()
{
   Dog KommissarRex;
   cout << "Alter:  " << KommissarRex.getAge()
        << endl;
   cout << "Gewicht:" << KommissarRex.getWeight()
        << endl;
   cout << "Steuer: " << KommissarRex.getTaxPerYear()
```

```
            << endl;
    return 0;
}
```

Listing 3.3: KAP03/DOGWULF.CPP

Das kleine Demoprogramm zeigt uns rasch, wo der Hase läuft. Abgeleitete Klassen erhalten zusätzlich noch die Attribute der Oberklasse, ebenso die Memberfunktionen. Beachten Sie, dass getAge nur in der Klasse Wulf deklariert wurde, nicht in der Klasse Dog. Der Zugriff auf getAge über ein Objekt der Klasse Dog ist erlaubt, weil eine Ableitungsbeziehung zwischen den beiden Klassen besteht.

✔ Klassen leitet man ab, indem man hinter die class-Anweisung einen Doppelpunkt, einen Sichtbarkeitsbereich (dazu gleich mehr) und den Klassennamen der Oberklasse schreibt.

Abgeleitete Klassen erhalten alle Attribute und Methoden der Oberklasse, sie *erben* diese.

✔ Es ist erlaubt und auch logisch, dass die abgeleitete Klasse zusätzliche eigene Attribute und Methoden besitzt, die neu hinzukommen.

Beachten Sie, dass die Unterklasse Dog keinen Zugriff auf die privaten Attribute der Oberklasse hat. Folgende Änderung von getTaxPerYear wäre nicht erlaubt:

```
const float getTaxPerYear() const
    {return m_Age * 20.0f;};
```

Benötigt eine Funktion innerhalb der abgeleiteten Klasse Zugriff auf das Alter, so muss es mit Hilfe von getAge geholt werden:

```
const float getTaxPerYear() const
    {return getAge() * 20.0f;};
```

✔ Vielleicht wundern Sie sich, warum ich die Attribute von Wulf nicht protected mache. Darauf kommen wir gleich, einen Moment Geduld noch.

Beachten Sie, dass für das Beispiel in diesem Abschnitt keine Datei WULF.CPP oder DOG.CPP existiert. Der Code für die get-Methoden wurde direkt in den Header geschrieben. Dies nennt man *Inline-Code*, im Abschnitt *Wohin mit dem Krempel* in Kapitel 2 wurde dies erstmalig verwendet.

Bei Vererbung: Freibeträge beachten!

Ihnen ist sicherlich aufgefallen, dass bei der Ableitung einer Unterklasse von einer Oberklasse in C++ noch zusätzlich ein Sichtbarkeitsbereich angegeben wird:

```
class SubClass : public    MainClass;
class SubClass : protected MainClass;
class SubClass : private    MainClass;
```

Weiterhin kann bei Variablen und Memberfunktionen einer Klassenfunktion ebenfalls die Sichtbarkeitsbereiche als `public`, `protected` und `private` angegeben werden. In der abgeleiteten Klasse ändert sich dann die Sichtbarkeit entsprechend der Art und Weise, mit welchem Sichtbarkeitsbereich man abgeleitet hat. Was das für Sie bedeutet? Unheil. Damit kommen nämlich für die Sichtbarkeitsbereiche immerhin

3 mal (wie wird abgeleitet)

3 mal (wie war der Sichtbarkeitsbereich in der Oberklasse)

= 9 Möglichkeiten heraus, welcher Sichtbarkeitsbereich in der Unterklasse vorliegt. Schluck. Nicht gerade sonderlich benutzerfreundlich. Seien Sie froh, dass Sie hier kein C# machen, dort gibt's auch noch den Sichtbarkeitsbereich `internal`, was die Zahl auf nette 16 Möglichkeiten hochhebt.

In der folgenden Tabelle ist aufgelistet, was aus einem speziellen Sichtbarkeitsbereich der Oberklasse wird, je nach Art der Ableitung.

Sichtbarkeit in Oberklasse \ Ableitung	public	protected	private
public	public	protected	private
protected	protected	protected	private
private	kein Zugriff	kein Zugriff	kein Zugriff

Tabelle 3.1: Veränderung des Sichtbarkeitsbereichs bei Ableitung

 Das Programm KAP03/VISIBILITY.CPP erlaubt Ihnen diesbezüglich einige Spielereien, so dass Sie das selbst testen können.

Glücklicherweise kann man die vielen Möglichkeiten auf einige elementare Merkregeln zusammenschrumpfen – im Alltag begegnen einem viel weniger Möglichkeiten, als C++ beherrscht.

✔ Einmal `private`, immer `private`. Das ist schon einmal sehr brauchbar, da einfach zu merken: Sobald eine Methode oder Membervariable in einer Klasse `private` gesetzt wurde, besitzt keine wie auch immer abgeleitete Unterklasse darauf Zugriff.

✔ Die Angabe des Sichtbarkeitsbereichs bei der Ableitung als `public` reicht die Sichtbarkeit von Memberfunktionen und -variablen unverändert an die Unterklasse weiter.

 Im Normalfall verwenden Sie als Sichtbarkeit bei der Ableitung immer `public`.

✔ Öffentliche Vererbung sollte immer eine *Ist-ein-Ersatz-für*-Beziehung ausdrücken (*is substitutable for*). Ein Quadrat ist zwar auch ein Rechteck, Quadrat sollte aber nicht von Rechteck erben.

 Man kann eine Unterklasse auch `private` ableiten, dies ist auch als »Ist-ein« bekannt. Private Vererbung lässt sich vom Einsatz her kaum davon unterscheiden, dass man in der Unterklasse von der Oberklasse einfach ein Memberobjekt einrichtet. Sie sollte aber nur verwendet werden, wenn die abgeleitete Klasse virtuelle Methoden überschreiben muss oder wenn sie

Zugriff auf `protected`-Elemente benötigt. Ansonsten sollte Komposition (also eine Klasse benutzt die Oberklasse als Memberobjekt) immer der privaten Vererbung vorgezogen werden.

✔ Vermeiden Sie den Sichtbarkeitsbereich `protected` für Ihre Membervariablen, machen Sie die Membervariablen immer `private`. `public` ist wegen der fehlenden Zugangskontrolle ohnehin un- klug. Falls eine Unterklasse Zugriff auf eine Membervariable der Oberklasse benötigt, so muss sie sich den Wert über eine `get`-Methode holen. Machen Sie dies zu einem Designgrundsatz Ihrer Klassen.

✔ Im UML-Klassendiagramm wird `public` mit einem vorangestellten +, `private` mit einem - und `protected` mit einem # gekennzeichnet.

✔ Öffentliche Vererbung sollte niemals im Sinne der Code-Wiederverwendung der Basisklasse gesche- hen. Vielmehr geht es darum, dass alter Code neuen Code benutzen kann, ohne davon wissen zu müssen – mit freundlicher Unterstützung durch die späte Bindung.

Virtuelle Realitäten und virtuelle Funktionen

Der Höhepunkt der Vererbung erscheint dann in unserem Blickfeld, wenn man sich mit der *Polymor- phie* befasst. Genau genommen mit der *Laufzeit-Polymorphie*, weil dies während der Laufzeit des Pro- gramms stattfindet. Zu Beginn haben Sie schon kurz gehört, dass dies eine Möglichkeit darstellt, dass sich hinter einem Funktionsaufruf verschiedene Aktionen verbergen. Das klingt sehr abstrakt und benö- tigt sofort ein kleines Beispiel, um das Prinzip zu verstehen.

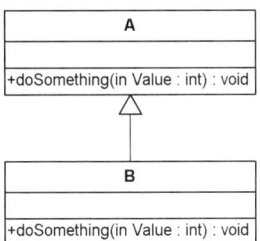

Abbildung 3.2: Zwei einfache Klassen mit einer virtuellen Funktion

```
#include <iostream>
using namespace std;

class A
{
public:
    virtual void doSomething(int Value)
    {
        cout << "wir sind in A: " << Value << endl;
    }
};

class B : public A
{
```

```
public:
   virtual void doSomething(int Value)
   {
      cout << "wir sind in B: " << Value << endl;
   }
};

int main()
{
   A objectA;
   B objectB;
   A* pA;
   pA = &objectA;
   pA->doSomething(999);
   pA = &objectB;
   pA->doSomething(123);
   return 0;
}
```

Listing 3.4: KAP03/VIRTUAL.CPP

Der eigentliche Trick liegt hier nicht in der Definition der Klassen A und B. Sie sehen dort nur jeweils zwei gleichnamige Memberfunktionen doSomething, die mit dem Schlüsselwort virtual gekennzeichnet sind. Das Lustige an diesem Beispiel ist die Ausgabe am Bildschirm – der Zeiger pA besitzt immer den Typ A*, zeigt auf ein Objekt der Klasse A.

```
wir sind in A: 999
wir sind in B: 123
```

Trotzdem wird beim zweiten Aufruf von doSomething die Methode der Klasse B aufgerufen. Polymorphie. Möglich gemacht durch die so genannte *späte Bindung*.

Im nächsten Abschnitt sehen Sie noch weitere Beispiele und Verwendungen von virtuellen Funktionen – dies hier war nur der erste Streich, der zweite folgt sogleich.

 Ist die Funktion einer Klasse virtuell, so wird dies mit dem Schlüsselwort virtual gekennzeichnet.

 Führen Sie das Beispiel von oben noch einmal aus, aber löschen Sie vorher das Schlüsselwort virtual aus den beiden Klassendefinitionen.

```
wir sind in A: 999
wir sind in A: 123
```

✔ Nun wird in beiden Fällen A::doSomething aufgerufen, da die späte Bindung ausgeschaltet ist. Welche Funktion nun aufgerufen wird, wird nur über den Typ von pA festgelegt, und das ist immer ein Zeiger auf die Klasse A.

✔ Beim Aufruf virtueller Funktionen wird die Funktion nicht einfach stur aufgerufen, sondern mit dem Hilfsmittel der späten Bindung wird geprüft, zu welcher Klasse das Objekt gehört. Das Objekt führt seine Klassenzugehörigkeit mit sich mit. Damit kann die passende Funktion des Objekts aufgerufen werden.

✔ Will man in einer Klassenhierarchie eine virtuelle Funktion einführen, so muss in allen abgeleiteten Klassen der Name, die Parametertypen, Anzahl der Parameter und der Rückgabetyp übereinstimmen.

✔ Im UML-Diagramm sieht eine virtuelle Methode nicht anders aus als eine gewöhnliche nicht-virtuelle Methode.

Vorstehende Regel besitzt eine Ausnahme: Wenn eine virtuelle Methode einer Basisklasse Base einen Zeiger oder eine Referenz auf die Basisklasse liefert (also Base* oder Base&), so darf die virtuelle Methode in der abgeleiteten Klasse Derived einen Zeiger oder eine Referenz auf die abgeleitete Klasse liefern (also Derived* oder Derived&). Dies nennt sich *Covariant Return Types* und wird übrigens vom Microsoft Visual C++ nicht unterstützt.

In der Klasse B wäre das Schlüsselwort virtual bei doSomething nicht notwendig. Sobald in einer Oberklasse eine Memberfunktion als virtual gekennzeichnet wurde, sind alle Memberfunktionen gleichen Namens und gleicher Parameteranzahl in den abgeleiteten Klassen automatisch virtual. Ich halte es aber für eine kluge Entscheidung, das virtual in jeder Klasse als kleinen »Denkzettel« erneut zu schreiben.

Die späte Bindung und virtuelle Methoden am Beispiel VIRTUAL.CPP

Zunächst werden zwei Objekte der Klassen A und B angelegt, danach ein Zeiger auf A, also die Oberklasse eingerichtet. Diesem Zeiger weisen Sie die Adresse des Objekts der Klasse A zu.

```
A* pA;
pA = &objectA;
```

Dass nun der Aufruf von pA->doSomething(999) zum Aufruf der Methode der Klasse A führt, ist logisch und nicht verwunderlich.

```
pA->doSomething(999);
```

Nun nähern wir uns dem Clou der Sache. Es wird die Adresse eines Objekts der Klasse B dem Zeiger pA zugewiesen.

```
pA = &objectB;
```

Eigentlich würde man erwarten, dass nun A::doSomething aufgerufen würde. Geht man alleine vom Typ von pA aus, wäre dies vielleicht zu erwarten.

```
pA->doSomething(123);
```

Trotzdem wird die Methode B::doSomething aufgerufen. Offensichtlich hat sich das Objekt der Klasse B gemerkt, dass es ein »B« ist und kein »A«. Genau das ist der technische Vorgang, den man *späte Bindung* nennt. Normalerweise wird bei der Kompilierung einer Funktion der Funktionsaufruf fest in Maschinensprache in den Speicher geschrieben. Also früh gebunden. Bei virtuellen Methoden ist dies nicht der Fall, hier wird erst zur Laufzeit des Programms entschieden, welche die richtige Funktion ist. Das Objekt selbst weiß, welches doSomething das geeignete ist.

Wie Sie sehen, konnte man einem Zeiger vom Typ A* ein Objekt der Klasse B, also ein B*, zuweisen. Dies ist erlaubt, weil B von A öffentlich abgeleitet ist. Sie können also einem Zeiger auf die Oberklasse ein Objekt der Unterklasse zuweisen. Umgekehrt ist dies ohne weiteres nicht möglich. Wie Sie auf den nächsten Seiten sehen werden, entspricht dies aber auch genau dem üblichen Anwendungsfall.

Gemeinsamkeiten

Wesentlich häufiger noch trifft man virtuelle Methoden im Zusammenspiel mit abstrakten Klassen an. Sie erinnern sich: Abstrakte Klassen sind Klassen, von denen keine Objektinstanz erzeugt werden kann.

Als schönes praxisnahes Beispiel habe ich mir eine kleine Verkehrssimulation ausgedacht, die einen Stau vor einer Ampel simuliert. So was können Sie schon! Was findet man so vor einer Ampel? Autos, LKWs und Fahrräder. Mistkarren trifft man in Städten eher selten, also habe ich darauf verzichtet. Wenn die Ampel auf Grün schaltet, ist bekanntlich das größte Problem die Anfahrt ... die Leute kommen einfach nicht in die Gänge. Unsere Objekte Auto und LKW verhalten sich recht ähnlich, je schwerer das Fahrzeug ist, desto langsamer kommt es in Fahrt. Bei Fahrrädern spielt das Gewicht keine große Rolle, aber es wackelt ein wenig, bis man auf Touren kommt. Abbildung 3.4 zeigt die Klassen und ihre gegenseitige Beziehungen.

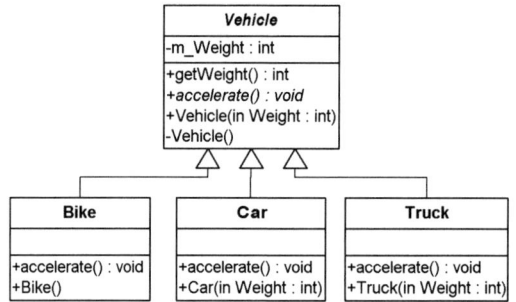

Abbildung 3.3: Basis der kleinen Verkehrssimulation – die Fahrzeuge

Das Modell ist soweit klar, alle Klassen sind spezifische Ausprägungen der abstrakten Klasse Vehicle. Doch zunächst einige Zeilen Code.

Für alle Leser, denen hier in der Oberklasse ein virtueller Destruktor fehlt: Dazu kommen wir noch! Dieses Beispiel ist noch nicht vollständig narrensicher, haben Sie bitte Geduld bis Kapitel 5.

```
#ifndef _VEHICLE_H
#define _VEHICLE_H
class Vehicle
{
public:
    Vehicle(int Weight);
```

```
   int getWeight() const
   {
      return m_Weight;
   }
   virtual void accelerate() = 0;
private:
   int m_Weight;
};
#endif
```

Listing 3.5: KAP03/VEHICLE.H

```
#include "vehicle.h"
Vehicle::Vehicle(int Weight)
{
   m_Weight = Weight;
}
```

Listing 3.6: KAP03/VEHICLE.CPP

```
#ifndef _CAR_H
#define _CAR_H
#include "vehicle.h"
class Car : public Vehicle
{
public:
   Car(int m_Weight);
   virtual void accelerate();
};
#endif
```

Listing 3.7: KAP03/CAR.H

```
#include "car.h"
#include <iostream>
using namespace std;
#include "Tools.h"
Car::Car(int Weight)
   : Vehicle(Weight)
{
}
void Car::accelerate()
{
   cout << "Pkw:" << endl;
   DummiesTools::sleep(1000); // 1 Sek
   cout << " Fahrer sieht gruen" << endl;
   DummiesTools::sleep(getWeight() * 2);
   cout << " Fahrzeug faehrt los" << endl;
}
```

Listing 3.8: KAP03/CAR.CPP

```
#ifndef _TRUCK_H
#define _TRUCK_H
#include "vehicle.h"
class Truck : public Vehicle
{
public:
   Truck(int m_Weight);
   virtual void accelerate();
};
#endif
```

Listing 3.9: KAP03/TRUCK.H

```
#include "truck.h"
#include <iostream>
using namespace std;
#include "Tools.h"
Truck::Truck(int Weight)
   : Vehicle(Weight)
{
}
void Truck::accelerate()
{
   cout << "Lkw:" << endl;
   cout << " Fahrer sieht gruen" << endl;
   DummiesTools::sleep(getWeight());
   cout << " Fahrzeug faehrt los" << endl;
   DummiesTools::sleep(2000); // 3 Sek
   cout << " Nun rollt er wirklich" << endl;
}
```

Listing 3.10: KAP03/TRUCK.CPP

```
#ifndef _BIKE_H
#define _BIKE_H
#include "vehicle.h"
class Bike : public Vehicle
{
public:
   Bike();
   virtual void accelerate();
};
#endif
```

Listing 3.11: KAP03/BIKE.H

```
#include "bike.h"
#include <iostream>
using namespace std;
#include "Tools.h"
```

```
Bike::Bike()
   : Vehicle(20)
{
}
void Bike::accelerate()
{
   cout << "Fahrrad:" << endl;
   cout << " Fahrer steigt auf" << endl;
   DummiesTools::sleep(2000); // 2 Sekunden
   cout << " Rad faehrt langsam los ...";
   DummiesTools::sleep(3000); // 3 Sekunden
   cout << " und nun schneller" << endl;
}
```

Listing 3.12: KAP03/TRUCK.CPP

```
#include "truck.h"
#include "bike.h"
#include "car.h"
#include "tools.h"
int main()
{
   const int maxVehicles = 20;
   Vehicle* waitingQueue[maxVehicles];

   for (int i = 0; i < maxVehicles; i++)
   {
      switch (DummiesTools::random(0, 2))
      {
      case 0:
         waitingQueue[i] =
            new Car(DummiesTools::random(800, 2000));
         break;
      case 1:
         waitingQueue[i] =
            new Truck(DummiesTools::random(3500,
                                           10000));
         break;
      case 2:
         waitingQueue[i] = new Bike();
         break;
      }
   }
   // nun starten wir unsere Anfahrsimulation:
   for (int j = 0; j < maxVehicles; j++)
   {
      waitingQueue[j]->accelerate();
   }
   // Freigabe der Objekte
   for (int k = 0; k < maxVehicles; k++)
```

```
    {
        delete waitingQueue[k];
    }
    return 0;
}
```

Listing 3.13: KAP03/TRAFFIC_SIMULATION.CPP

Starten Sie zunächst mal das Programm ... boah ... das dauert ja! Wenn Sie sich die Realisierung der virtuellen Funktionen accelerate ansehen, stellen Sie fest, dass dort eine Wartezeit eingelegt wird. Die dazu benötigte Funktion ist in den DummiesTools definiert, die Sie im Anhang abgedruckt finden.

Die Wartezeit sehen Sie nur auf Linux- oder Windows-Systemen. Auf anderen Betriebssystemen rauscht das Programm in einem Rutsch durch.

Erklärungen zu TRAFFIC_SIMULATION.CPP

Das Demoprogramm verwaltet maximal 20 Fahrzeug-Objekte. Später werden Sie das Beispiel noch ein wenig flexibler kennen lernen, zurzeit sind es immer 20 Objekte.

In Abhängigkeit einer Zufallszahl wird jeweils ein Objekt einer der abgeleiteten Klassen erzeugt und in die Warteschlange eingehängt. Beachten Sie, dass die Konstruktoren durchaus unterschiedlich sein können, Bike::Bike besitzt keinen Parameter, Car::Car dagegen schon. Der Parameter wird benutzt, um das Gewicht des Fahrzeugs festzulegen, das Gewicht wird ebenfalls mit einer Zufallsfunktion ermittelt. Die Zufallsfunktion random befindet sich ebenfalls in den DummiesTools.

In der nächsten Schleife wird für jedes Fahrzeug die virtuelle Funktion accelerate aufgerufen und es wird je nach Objekttyp an dieser Arrayposition die entsprechende Funktion aufgerufen. Sie sehen das an der unterschiedlichen Bildschirmausgabe und dem unterschiedlichen Verhalten bei der Ausführung der Funktion.

Zum Schluss löschen Sie der Reihe nach alle Objekte wieder aus dem Array, um den Speicher freizugeben.

Ist in einer Klasse eine virtuelle Methode als virtual *typ* funktionsname(*parameterliste*) = 0; deklariert, so heißt sie *rein virtuelle Methode* oder *pure virtual function*.

✔ Sobald eine Klasse mindestens eine rein virtuelle Methode besitzt, ist sie automatisch abstrakt. Sie können von dieser Klasse keine Instanzen mehr erzeugen, der Compiler erzeugt andernfalls einen Fehler. Fügen Sie im Demoprogramm mal eine Zeile Vehicle myDaimlerBenz; ein – es geht nicht zu kompilieren.

✔ Man verwendet eine reine virtuelle Methode, wenn es für die abstrakte Klasse keine sinnvolle Implementation für diese Funktion gibt. In unserem Fall würde ein Vehicle::accelerate keinen Sinn ergeben, da erst die konkrete abgeleitete Klasse der Beschleunigung einen Sinn verleiht.

Die Klasse `Vehicle` besitzt übrigens keinen Defaultkonstruktor. Versuchen Sie mal eine Klasse `Motorbike` abzuleiten, die kein Gewicht an die Basisklasse übergibt – Sie werden scheitern. Die Oberklasse schützt sich damit davor, in einen undefinierten Zustand zu kommen. Der Grund: Ein Defaultkonstruktor wird nicht erzeugt, wenn es bereits einen anderen Konstruktor gibt.

✔ Ganz naseweise Leute werden natürlich anmerken, dass es sich nicht um ein Fahrzeuggewicht, sondern eine Masse handelt.

Lesen Sie unbedingt Kapitel 5 über die Destruktoren, damit Sie erkennen, dass den Klassen noch eine weitere virtuelle Methode fehlt, um narrensicher zu sein.

✔ Der Name der abstrakten Klasse wird im UML-Klassendiagramm *kursiv* geschrieben, ebenso der Funktionsname rein virtueller Methoden.

✔ Sie können die Simulation noch ein wenig realistischer gestalten, wenn Sie per Zufallsgenerator Hupen und Schimpfrufe einblenden.

✔ Beschreibt eine Methode ein gewisses Verhalten und soll dieses Verhalten in einer abgeleiteten Klasse änderbar sein, so muss diese Methode virtuell sein. Bibliotheken wie MFC, VCL oder KDE arbeiten ständig mit diesem Mittel, da zum Beispiel eine Button-Klasse der Bibliothek bei einem Klick nicht wissen kann, was sie später tun soll. Daher sind solche Funktionen in den Bibliotheken in der Regel immer `virtual`.

Abschied von einem alten Freund

Kennen Sie `switch`? Natürlich kennen Sie `switch`! Damit können Sie Fallunterscheidungen herbeiführen. Betrachten Sie zunächst ein typisches Problem, das vielen Leuten erstmalig begegnet, wenn verschiedene Daten verwaltet werden müssen. So was kommt oft vor, wenn man mit Dateien arbeitet – in Objekten sollen verschiedene Typen gespeichert werden, also `int`, `float` und `string`, aber man will von außen nur über eine Funktion auf den Wert zugreifen.

Der verswitchte Lösungsansatz

Her mit einer Klasse, die das kann ... nennen wir sie `Type`. Es gibt für verschiedene Typen mehrere Konstruktoren, intern wird über einen `enum`-Typ gespeichert, um welche Art von Wert es sich handelt.

```
#ifndef _TYPE0_H
#define _TYPE0_H
#include <string>
class Type
{
public:
   Type(int Value);
   Type(float Value);
   Type(const std::string& Value);
   const std::string getValue();
```

```
private:
   enum TYPE {INT, FLOAT, STRING};
   TYPE       m_Type;
   int        m_Int;
   float      m_Float;
   std::string m_String;
};
#endif
```

Listing 3.14: KAP03/TYPE0.H

Dazu kommen Implementation ...

```
#include "Type0.h"
#include <string>
#include <sstream>
using namespace std;
Type::Type(int Value)
{
   m_Type = INT;
   m_Int = Value;
}
Type::Type(float Value)
{
   m_Type = FLOAT;
   m_Float = Value;
}
Type::Type(const std::string& Value)
{
   m_Type = STRING;
   m_String = Value;
}
const std::string Type::getValue()
{
   stringstream sstream;
   switch (m_Type)
   {
   case INT:
      sstream << m_Int;
      break;
   case FLOAT:
      sstream << m_Float;
      break;
   case STRING:
      sstream << m_String;
      break;
   }
   return sstream.str();
}
```

Listing 3.15: KAP03/TYPE0.CPP

... und ein Beispielprogramm.

```cpp
#include "type0.h"
#include <iostream>
using namespace std;
int main()
{
   enum {ARRAY_MAX = 4};
   Type* typeArray[ARRAY_MAX];
   typeArray[0] = new Type(3.1415f);
   typeArray[1] = new Type(5);
   typeArray[2] = new Type("Hallo Welt!");
   typeArray[3] = new Type(0);
   for (int i = 0; i < ARRAY_MAX; i++)
   {
      cout << i << " Inhalt: "
           << typeArray[i]->getValue()
           << endl;
   }
   for (int j = 0; j < ARRAY_MAX; j++)
      delete typeArray[j];
   return 0;
}
```

Listing 3.16: KAP03/YES_SWITCH.CPP

Die Sache spricht für sich selbst, je nach Parametertyp wird ein anderer Konstruktor aufgerufen, intern wird mit Hilfe des enum-Wertes gespeichert, um welchen Konstruktor es sich gehandelt hat. Damit kann dann nachher in der get-Methode mit Hilfe von switch die richtige Konversion aufgerufen werden. Kommt Ihnen bekannt vor? Hätten Sie auch so gemacht? Das ist zwar schon schön C++, weil es Klassen verwendet. Aber es ist nicht objektorientiert.

Streiche switch, setze virtual

Warum ist das nicht objektorientiert? Ganz einfach, weil es die vorhandenen Objekte nicht sauber trennt! Betrachtet man die Anforderung, so stellt man fest, dass es sich eigentlich um int-Objekte, float-Objekte und string-Objekte handelt. Diese besitzen Gemeinsamkeiten, nämlich das Holen des aktuellen Wertes, ergo wird man dafür eine übergeordnete Oberklasse definieren. Dies ist im Schnelldurchlauf das Ergebnis einer kleinen Analyse.

```cpp
#ifndef _TYPE_H
#define _TYPE_H
#include <string>
class Type
{
public:
   virtual const std::string getValue() = 0;
};
class TypeInt : public Type
```

```
{
public:
    TypeInt(int Value);
    virtual const std::string getValue();
private:
    int m_Int;
};
class TypeFloat : public Type
{
public:
    TypeFloat(int Value);
    virtual const std::string getValue();
private:
    float m_Float;
};
class TypeString : public Type
{
public:
    TypeString(const std::string& Value);
    virtual const std::string getValue();
private:
    std::string m_String;
};
#endif
```

Listing 3.17: KAP03/TYPE.H

```
#include "Type.h"
#include <string>
#include <sstream>
using namespace std;
TypeInt::TypeInt(int Value)
{
    m_Int = Value;
}
const std::string TypeInt::getValue()
{
    stringstream sstream;
    sstream << m_Int;
    return sstream.str();
}
TypeFloat::TypeFloat(int Value)
{
    m_Float = Value;
}
const std::string TypeFloat::getValue()
{
    stringstream sstream;
    sstream << m_Float;
    return sstream.str();
```

```
}
TypeString::TypeString(const std::string& Value)
{
    m_String = Value;
}
const std::string TypeString::getValue()
{
    return m_String;
}
```

Listing 3.18: KAP03/TYPE.CPP

Schauen Sie sich vor allem die Klassenimplementation an: Die Konstruktion und die Abfrage des aktuellen Wertes wurden vollständig in die drei Unterklassen verlagert. Jede der spezialisierten Klassen kennt nun nur noch genau ihre Aufgaben, aber es gibt keine Vermischung der drei Werte mehr an einem einzigen Ort. Das enum ist vollständig verschwunden und wird letztlich durch den Namen der jeweiligen Klasse ersetzt. Weil's so schön ist, zeigt Abbildung 3.4 auch gleich die Darstellung als UML-Klassendiagramm.

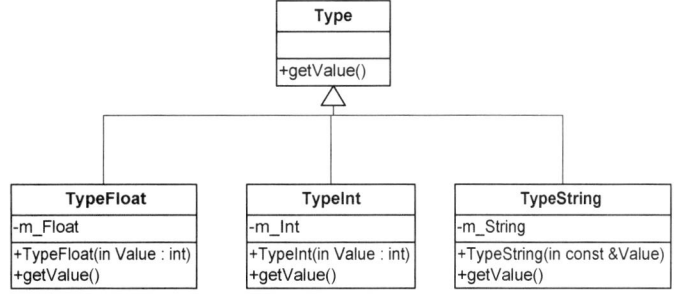

Abbildung 3.4: UML-Ansicht der Klassen aus TYPE.H

Das Demoprogramm hat sich nur unwesentlich geändert, auch hier wird wieder die Ausgabe

```
0 Inhalt: 3.1415
1 Inhalt: 5
2 Inhalt: Hallo Welt!
3 Inhalt: 0
```

erzeugt:

```
#include "type.h"
#include <iostream>
using namespace std;
int main()
{
    enum {ARRAY_MAX = 4};
    Type* typeArray[ARRAY_MAX];
    typeArray[0] = new TypeFloat(3.1415f);
    typeArray[1] = new TypeInt(5);
```

```
typeArray[2] = new TypeString("Hallo Welt!");
typeArray[3] = new TypeInt(0);
for (int i = 0; i < ARRAY_MAX; i++)
{
    cout << i << " Inhalt: "
        << typeArray[i]->getValue()
        << endl;
}
for (int j = 0; j < ARRAY_MAX; j++)
    delete typeArray[j];

return 0;
}
```

Listing 3.19: KAP03/NOSWITCH.CPP

Das Beispiel NOSWITCH.CPP zeigt Polymorphismus in Reinstkultur – jede existierende Objektinstanz weiß selbst, was sie im Falle eines Funktionsaufrufs zu tun hat. Der Aufrufer muss sich nicht damit aufhalten, Objekttypen zu unterscheiden – er arbeitet einfach damit.

Die Ideen, Warnungen und Hinweise aus diesem Beispiel lesen sich in Kurzfassung wie folgt:

✔ Falls Sie die Klasse string aus dem Namensraum std (geschrieben als std::string) noch nicht kennen, dazu kommen wir im Detail im Abschnitt über die Standardbibliothek von C++.

Noch schlimmer wäre das switch-Beispiel gewesen, wenn Sie die switch-Abfrage auf der Ebene des Demoprogramms innerhalb von main gemacht hätten. Dieses Beispiel finden Sie bei den downloadbaren Files im Internet unter dem Namen KAP03/ARGGGGGLLL_SWITCH.CPP und war den Platz zum Abdruck nicht wert.

Jedes Mal, wenn in Abhängigkeit von Objekttypen geswitcht wird, oder wenn Sie eine ID einführen, um Objekttypen zu unterscheiden, sollten Sie sich überlegen, ob Sie nicht lieber mit mehreren Klassen und virtuellen Methoden arbeiten sollten. Das riecht nämlich stark nach Designfehler.

✔ Der Verzicht auf die switch-Abfrage erzwingt schon fast alleine eine bessere objektorientierte Strukturierung Ihrer Programme. Echte C++-Programmierer brauchen kein switch. Programmiererinnen übrigens auch nicht.

✔ Nicht überall, wo Klasse draufsteht, ist auch Objektorientierung drin.

✔ Sie können aber auch aus dem Beispiel YES_SWITCH.CPP etwas lernen – betrachten Sie die Deklaration des enum-Typs TYPE. Dieser wird innerhalb der Klasse deklariert, was bedeutet, dass er nur innerhalb der Klasse sichtbar ist. Dies ist ein guter Stil, verschmutzen Sie Ihre Programme nicht mit global sichtbaren enum-Typen. Wenn eine Aufzählung eindeutig zu einer Klasse gehört, dann packen Sie das Ding auch dort rein.

✔ Will man innerhalb von Klassen deklarierte enum-Typen auch außerhalb der Klasse sichtbar machen, so deklariert man sie als public. Man kann dann auf ihre Werte mit Hilfe des Klassennamens und des Scope-Operators :: darauf zugreifen:

```
class Type
{
public:
    enum TYPE
    {INT, FLOAT, STRING}
    /* usw */
};
```

Ein Aufrufer kann dann auf `Type::INT`, `Type::FLOAT` und `Type::STRING` zugreifen, dies hat den Vorteil, dass man immer noch sofort weiß, dass diese `enum`-Werte zur Klasse `Type` gehören.

 Merksatz: Ein Type-`switch` ist böse, dreckig und gemein. Und außerdem ein deutliches Zeichen für Überstunden, die bald auf einen zukommen werden.

Enterben richtig gemacht

Wenn man schon in die Verwandtschaftsbeziehungen eingreift, dann richtig. Von den virtuellen Methoden und den rein virtuellen Methoden (pure virtual) haben Sie gelernt, wie man eine Klasse abstrakt macht: Einfach eine virtuelle Methode pure virtual machen (mit dem angehängten = 0 in der Oberklasse), und schon kann man keine Objektinstanz mehr davon bilden.

Es gibt noch einen weiteren Weg, eine Instanzbildung zu verhindern, auch ohne rein virtuelle Methoden. Wie könnte das gehen? Das Zauberwort lautet Sichtbarkeitsbereich. Bei der Erzeugung eines Objekts wird der Konstruktor aufgerufen – wir wissen aber auch, dass nur Funktionen von Objekten aufgerufen werden können, die `public` sind. Probieren wir das im neckischen Feldversuch doch mal aus.

```
#ifndef _PROTCON_H
#define _PROTCON_H
class MainClass
{
protected:
    MainClass();
public:
    void setValue(const int Value);
    const int getValue() const;
private:
    int m_Value;
};
class SubClass : public MainClass
{
public:
    SubClass();
};
#endif
```

Listing 3.20: KAP03/PROTCON.H

```
#include "protcon.h"
MainClass::MainClass()
{
    m_Value = 0;
}
void MainClass::setValue(const int Value)
{
    m_Value = Value;
}
const int MainClass::getValue() const
{
    return m_Value;
}
SubClass::SubClass()
{
}
```

Listing 3.21: KAP03/PROTCON.CPP

Das Demoprogramm lässt sich in dieser Form nicht übersetzen, die Instanziierung von MainClass erzeugt einen Fehler:

```
#include "protcon.h"
int main()
{
    MainClass mc; // hier wird ein Fehler
                  // angezeigt
    SubClass sc;
    return 0;
}
```

Listing 3.22: KAP03/DEMO_PROT.CPP

Wenn Sie also mal ein Testament aufsetzen, um Erbfolgen zu regeln, denken Sie immer an die folgenden Punkte.

✔ Wesentliches Merkmal abstrakter Klassen ist, dass man keine Objektinstanzen bilden kann.

✔ Die Objekterzeugung lässt sich verhindern, wenn man den Konstruktor protected macht. Nur über Ableitungen lässt sich dann ein Objekt von der abgeleiteten Klasse erzeugen.

✔ Man kann den Konstruktor auch private machen. Versuchen Sie dann mal, ein Objekt zu erzeugen ... wenn Sie's schaffen, rufen Sie mich an (aber hallo: Sie dürfen natürlich an der Klasse selbst keine Änderungen durchführen).

Teil II

Der Lebenslauf und Leidensweg eines Objekts

In diesem Teil ...

Nachdem Sie sich jetzt mit den Grundbegriffen der Objekte und Klassen ganz gut auskennen und diese auch erkennen können, tritt auf einmal die Sprache C++ auf den Plan. Einfache Klassen in C++ haben Sie bereits geschrieben und eingesetzt – und das funktioniert auch schon ganz gut.

Wie immer aber gibt's da ein paar eklige und unangenehme Fallen, die man unbedingt kennen sollte ... frei nach dem Motto: »Die einzige Sprache, die jeder Programmierer beherrscht, ist Fluchen«. Technische Aspekte stehen zunächst im Vordergrund, bevor wir uns wieder dem Design der Programme widmen.

Deswegen handelt dieser Teil nun ganz ausführlich von der Erzeugung und Zerstörung von Objekten in C++. Nicht nur einfache Objekte ... sondern im Zusammenspiel mit Konstruktoren, Destruktoren, virtuellen Funktionen und den berühmten, aber schwer zu durchblickenden, Exceptions. Sie wissen ja, keine Regel ohne Ausnahme, kein OOP ohne Exceptions. Obwohl diese Dinger eigentlich gar nicht so schwer zu verstehen sind – Sie werden sehen.

Wer kommt nun wann an die Reihe?

In diesem Kapitel

▷ Wird Ihnen zunächst der Defaultkonstruktor vorgestellt

▷ Befassen Sie sich ganz ausführlich mit der Konstruktion von Objekten

▷ Erfahren Sie, wie die Konstruktion der Objekte abgeleiteter Klassen aussieht

▷ Initialisieren Sie abhängige Objekte mit Hilfe der Initialisierungsliste

▷ Gibt's auch ein paar konstante Attribute in Klassen

Das Gebiet der Objekterzeugung ist eigentlich im Rahmen eines großen Programms ja wirklich nur eine Kleinigkeit. Denn die ganze Arbeit des Programms geschieht durch Aufrufe und Verknüpfungen von Memberfunktionen. Doch bereits während der Instanziierung von Objekten geschieht so einiges im Hintergrund, lange bevor die eigentliche Arbeit beginnen kann.

Einen gibt's immer - Defaultkonstruktoren

Behauptete Karl Napf kürzlich in einem Internetforum doch ganz frech: »Jede Klasse besitzt einen Konstruktor.« Na, da war was zu hören! Entrüstet schrieb da zum Beispiel ein Benutzer unter dem Pseudonym Bambi: »Quatsch, wenn ich die Klasse ohne Konstruktor programmiere, hat sie auch keinen.« Und außerdem schrieb Bambi noch ein Beispielprogramm:

```
class A
{
private:
    int m_Value;
};
```

Nun, liebe Leserin, lieber Leser, wie würden Sie entscheiden? Hat Bambi Recht – oder sollten wir doch lieber der Lebenserfahrung von Karl glauben? Ich will Sie nicht auf die Folter spannen – beide haben Recht und Unrecht zugleich – je nach Situation.

Ich habe Bambis Beispiel noch ein wenig erweitert und eine weitere Klasse B hinzugefügt, von der die Klasse A eine Objektinstanz als Membervariable benutzt.

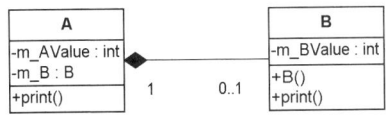

Abbildung 4.1: Die Klassen von DEFAULTCONS.*CPP*

```cpp
#include <iostream>
using namespace std;

class B
{
public:
   B()
   {
      m_BValue = 5;
   }
   void print()
   {
      cout << "B: " << m_BValue << endl;
   }
private:
   int m_BValue;
};

class A
{
public:
   void print()
   {
      m_B.print();
      cout << "A: " << m_AValue << endl;
   }
private:
   B      m_B;
   int    m_AValue;
};

int main()
{
   A objectA;
   objectA.print();

   return 0;
}
```

Listing 4.1: KAP04/DEFAULTCONS.CPP

Achten Sie auf folgende Details:

✔ B besitzt einen Konstruktor, der die Membervariable m_BValue mit 5 initialisiert

✔ A hat keinen Konstruktor, zumindest sieht man keinen

✔ als Ausgabe am Bildschirm erscheint

```
B: 5
A: -858993460
```

Die zweite Zahl hinter A kann übrigens auch was anderes sein, zum Beispiel 32001 oder 4711. Das hängt vom Compiler und vom Computersystem ab und einigen anderen Kleinigkeiten, die hier nicht weiter interessieren. Auf alle Fälle ist der Wert »beliebig unbestimmt und auf keinen Fall etwas, worauf man sich verlassen kann«.

Welche Schlussfolgerungen ziehen Sie aus der Ausgabe? Sie erkennen, dass auf jeden Fall der Konstruktor von B aufgerufen wurde. It's magic. Davon steht bei Ihnen ja nichts ... in der Zeile A objectA muss also irgendetwas geschehen sein, obwohl kein Konstruktor A::A definiert ist. In der Tat hat dort der *automatisch definierte Defaultkonstruktor* zugeschlagen und dafür gesorgt, dass der Konstruktor von B aufgerufen wurde. Um die Membervariable m_AValue hat er sich aber nicht weiter gekümmert.

Deklariert man keinen eigenen Konstruktor A::A(), so erzeugt der Compiler automatisch einen so genannten Defaultkonstruktor, falls die Klasse Membervariablen besitzt, die einen Konstruktor besitzen.

✔ Der Defaultkonstruktor ruft automatisch die Konstruktoren eventuell vorhandener Objekte auf, die in der Klasse als Membervariablen verwendet werden. Hier also zum Beispiel den Konstruktor B::B der Membervariablen m_BValue.

Um skalare Typen (wie int, float, double usw.) kümmert sich der Defaultkonstruktor nicht, er lässt den Wert dieser Membervariablen undefiniert.

Besitzt eine Klasse nur skalare Typen als Member, so wird dafür kein Defaultkonstruktor erzeugt. Wozu auch, er hätte ja nichts zu tun.

✔ Dass der Defaultkonstruktor automatisch erzeugt wird, ist nett und ganz praktisch, aber er bewegt sich ein bisschen außerhalb Ihrer Kontrolle. Vor allem heimtückisch ist, dass skalare Typen nicht auf definierte Werte gebracht werden. Daher sollte jede Klasse einen Konstruktor besitzen, in diesem Fall ist es angebracht, wenn m_AValue auf einen definierten Ausgangswert gebracht würde.

Regel: Sobald eine Klasse X einen Konstruktor besitzt, wird *nie nie niemals* ein Defaultkonstruktor generiert!

✔ Quizfrage: Was wäre passiert, wenn B keinen Konstruktor gehabt hätte? Nun, dann wäre auch die Membervariable m_BValue undefiniert geblieben!

Wer zu früh initialisiert, den bestraft das Leben

Sie wissen bereits, dass bei einer Objektinitialisierung der Konstruktor der Klasse aufgerufen wird. So eine Objekterzeugung kann man ganz schnell schreiben, einfach mal ein

```
Klassenname objektname;
```

ins Programm gesetzt und fertig ist das Objekt. Von C oder vom klassischen Pascal her kennt man das nun so, dass zu Beginn einer Funktion alle Variablen hingeschrieben werden, danach kommt der Code. Macht man das für Objekte genauso? Oder gibt es geschicktere Methoden?

Missbrauchen Sie für ein kleines Beispiel eine Klasse Book, die Buchdaten verwalten kann. Banale Funktionsweise, sehen Sie selbst:

```cpp
#ifndef _BOOK_H
#define _BOOK_H
#include <string>
class Book
{
public:
    Book();
    ~Book();
    const std::string& getTitle() const;
    const std::string& getAuthor() const;
    void setTitle(const std::string& title)
        {m_Title = title;}
    void setAuthor(const std::string& author)
        {m_Author = author;}
private:
    std::string m_Title;
    std::string m_Author;
};
#endif
```

Listing 4.2: KAP04/BOOK.H

```cpp
#include "Book.h"
#include <iostream>
using namespace std;

Book::Book()
{
    m_Title = "";
    m_Author = "";
    // nur zum Test eine kleine Ausgabe
    cout << "Hier wird ein Buch erzeugt!" << endl;
}

Book::~Book()
{
}

const std::string& Book::getTitle() const
{
    return m_Title;
}
```

```
const std::string& Book::getAuthor() const
{
    return m_Author;
}
```

Listing 4.3: KAP04/BOOK.CPP

 Im Konstruktor Book::Book befindet sich eine Ausgabe eines Hinweistextes, damit Sie sehen, wann der Konstruktor durchlaufen wird. Dieses Hilfsmittel setzen Sie in diesem Kapitel mehrfach ein, um die Objekterzeugung ein bisschen besser zu verstehen.

Nun kommt das eigentliche Beispielprogramm, das die Klasse Book benutzt. Der Benutzer wird gefragt, ob er Buchdaten eingeben will. Falls ja, so werden die Daten abgefragt, falls nein, wird das Programm gleich beendet. Das Ganze nennt sich KAP04/EARLYCONSTRUCTION.CPP und sieht so aus:

```
#include "book.h"
#include <iostream>
using namespace std;

int main()
{
    Book newBook;
    string userInput;
    string author, title;

    cout << "Wollen Sie Buchdaten eingeben? (J/N) ";
    cin >> userInput;

    if ( ( userInput == "j") || (userInput == "J") )
    {
        cout << "Autor: ";
        cin >> author;
        cout << "Titel: ";
        cin >> title;
        newBook.setAuthor(author);
        newBook.setTitle(title);
    }

    return 0;
}
```

Listing 4.4: KAP04/EARLYCONSTRUCTION.CPP

Machen Sie einen kleinen Testlauf und die ersten Zeilen am Bildschirm sehen so aus:

```
Hier wird ein Buch erzeugt!
Wollen Sie Buchdaten eingeben? (J/N)
```

Unterschied gesehen? Gleich am Anfang der main-Funktion wird bereits der Konstruktor der Klasse Book aufgerufen.

Nun drehen Sie ein klein wenig daran und das Ganze kommt wieder in einem Programm mit geänderter Reihenfolge, wo das Objekt newBook nur dann angelegt wird, wenn der Benutzer die Frage auch tatsächlich mit Ja beantwortet hat. Denn im Nein-Fall – wozu brauchen Sie das Objekt newBook überhaupt?

```cpp
#include "book.h"
#include <iostream>
using namespace std;

int main()
{
    cout << "Wollen Sie Buchdaten eingeben? (J/N) ";

    string userInput;
    cin >> userInput;

    if ( (userInput == "j") || (userInput == "J") )
    {
        Book newBook;
        string author, title;
        cout << "Autor: ";
        cin >> author;
        cout << "Titel: ";
        cin >> title;
        newBook.setAuthor(author);
        newBook.setTitle(title);
    }

    return 0;
}
```

Listing 4.5: KAP04/LATECONSTRUCTION.CPP

Testlauf und ein Blick auf die Ausgabe – geben Sie mal gleich ein N ein!

```
Wollen Sie Buchdaten eingeben? (J/N) n
```

Das scharfe Auge des Betrachters erkennt ganz klar, dass nun das Objekt newBook nur noch dann erzeugt wird, wenn der Benutzer die Eingabe vornehmen will. Sie haben durch diese Maßnahme je nach Ablauf des Programms die Anzahl der Konstruktorenaufrufe auf das notwendige Maß reduziert.

Jedes erzeugte Objekt verursacht einen Konstruktoraufruf. Und damit fast immer später auch einen Destruktoraufruf.

✔ Anders als in C oder in Standard-Pascal kann man in C++ die Variablen und Objekte an beliebiger Stelle im Programmcode definieren. Das Programm wird dadurch auch besser lesbar, weil der Ort der Definition und der Ort der Verwendung näher zusammenrücken – man hat einen viel besseren Überblick.

 Erzeugen Sie Ihre Objekte im Programmfluss erst dann, wenn sie auch tatsächlich benötigt werden. Dies ist besonders in `if`-Abfragen der Fall, wo man Objekte nur in einem Zweig benutzt.

✔ Diese Vorgehensweise nennt sich auch *verzögerte Initialisierung*.

✔ Sie sehen, dass auch die Stringobjekte `author` und `title` erst innerhalb der `if`-Abfrage definiert werden. Auch hier verzögern Sie damit den Konstruktoraufruf der Stringklasse, diese Erkenntnis gilt also für eigene Klassen, aber ebenso für Klassen der Standardbibliothek oder eingebaute Typen.

Aufruf der Konstruktoren der Basisklasse(n)

So langsam dringen Sie weiter in das Dickicht der Konstruktoren vor. Wie sieht das nun aus, wenn wir Klassen betrachten, die voneinander abgeleitet sind? AA erbt von BB, BB von CC, BB außerdem auch von DD? Der letzte Satz klingt ein bisschen nach einem Paragrafen aus dem Einkommensteuergesetz. Ein Bild muss her ... Abbildung 4.2 verdeutlicht das Gewirr.

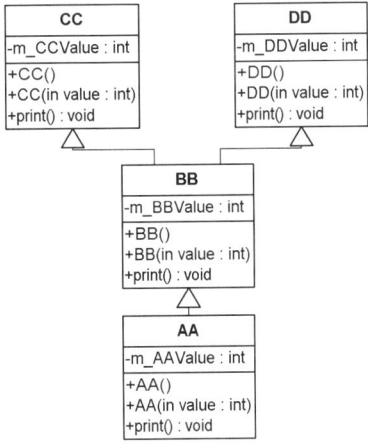

Abbildung 4.2: Die Klassenhierarchie für unsere Konstruktorenexperimente

 Jetzt wollen Sie bestimmt auch noch ein bisschen Blut, äh, Programm sehen, nun gut. Wesentliches Merkmal aller Klassen ist, dass es ein `int`-Attribut gibt, das im Konstruktor ohne Parameter mit `0` initialisiert wird. Weiterhin gibt es immer noch einen Konstruktor mit Parameter, so dass Sie über den Konstruktor das Attribut auch gleich mit einem Wert füllen können. Auch eine `print`-Methode wurde spendiert, damit Sie sich die Werte ansehen können. Das ist schon alles.

```
#ifndef _BASECONS_H
#define _BASECONS_H
class CC
{
public:
```

```
    CC();
    CC(int value);
    void print() const;
private:
    int m_CCValue;
};
class DD
{
public:
    DD();
    DD(int value);
    void print() const;
private:
    int m_DDValue;
};
class BB : public CC, public DD
{
public:
    BB();
    BB(int value);
    void print() const;
private:
    int m_BBValue;
};
class AA : public BB
{
public:
    AA();
    AA(int value);
    void print() const;
private:
    int m_AAValue;
};
#endif
```

Listing 4.6: KAP04/BASECONS.H

```
#include "basecons.h"
#include <iostream>
using namespace std;
CC::CC()
{
    m_CCValue = 0;
    cout << "CC::Konstruktor 1" << endl;
}
CC::CC(int value)
{
    m_CCValue = value;
    cout << "CC::Konstruktor 2" << endl;
}
void CC::print() const
```

```
{
   cout << "m_CCValue: " << m_CCValue << endl;
}
DD::DD()
{
   m_DDValue = 0;
   cout << "DD::Konstruktor 1" << endl;
}
DD::DD(int value)
{
   m_DDValue = value;
   cout << "DD::Konstruktor 2" << endl;
}
void DD::print() const
{
   cout << "m_DDValue: " << m_DDValue << endl;
}
BB::BB()
{
   m_BBValue = 0;
   cout << "BB::Konstruktor 1" << endl;
}
BB::BB(int value)
{
   m_BBValue = value;
   cout << "BB::Konstruktor 2" << endl;
}
void BB::print() const
{
   CC::print();
   DD::print();
   cout << "m_BBValue: " << m_BBValue << endl;
}
AA::AA()
{
   m_AAValue = 0;
   cout << "AA::Konstruktor 1" << endl;
}
AA::AA(int value)
{
   m_AAValue = value;
   cout << "AA::Konstruktor 2" << endl;
}
void AA::print() const
{
   BB::print();
   cout << "m_AAValue: " << m_AAValue << endl;
}
```

Listing 4.7: KAP04/*BASECONS.CPP*

Dann brauchen wir noch ein bisschen Demoprogramm und fertig ist der Lack.

```
#include "basecons.h"
int main()
{
    AA objectAA;
    objectAA.print();
    return 0;
}
```

Listing 4.8: KAP04/BC_DEMO1.CPP

Betrachten Sie die Bildschirmausgabe des Programms:

```
CC::Konstruktor 1
DD::Konstruktor 1
BB::Konstruktor 1
AA::Konstruktor 1
m_CCValue: 0
m_DDValue: 0
m_BBValue: 0
m_AAValue: 0
```

Daraus lassen sich einige Schlussfolgerungen ziehen, die Sie in der Zusammenfassung bestaunen können:

 Im Falle von abgeleiteten Klassen werden zunächst die Konstruktoren der Klassen aufgerufen, die in der Ableitungshierarchie am höchsten stehen. »Oberklassen zuerst« lautet das Motto. Das macht auch logisch Sinn – eine abgeleitete Klasse darf sich in ihrem Konstruktor darauf verlassen, dass alle »höheren« Teile bereits initialisiert sind.

✔ Ist eine Klasse von zwei Klassen abgeleitet, so werden die Konstruktoren in der Reihenfolge der Ableitung aufgerufen, hier also CC vor DD. Ändern Sie die Deklaration von BB in class BB : public DD, public CC und achten Sie auf den Unterschied in der Ausgabe.

✔ In dem Beispiel wurden die von Ihnen definierten Defaultkonstruktoren aufgerufen, also Konstruktor 1. Der ebenfalls angebotene Konstruktor 2 mit einem int-Parameter wurde ignoriert.

✔ Wurden in einer Ableitungshierarchie Memberfunktionen überschrieben, so kann man auf die Funktionen der Oberklassen zugreifen, indem man den Namen der Oberklasse mit dem Scope-Operator :: vor den Namen der Memberfunktion stellt. Die Methode AA::print macht davon Gebrauch, dort wird BB::print aufgerufen, um die Attribute der Oberklasse auszugeben.

Die Initialisierungsliste bei der Ableitung

Zurückblickend haben Sie immer noch das Problem mit der Auswahl der Konstruktoren. In KAP04/ BC_DEMO1.CPP wurden die Defaultkonstruktoren aufgerufen. Wie sieht es aber aus, wenn Sie einen anderen Konstruktor erzwingen wollen, weil zum Beispiel bei der Konstruktion von AA das darin enthaltene BB-Objekt nicht mit 0, sondern mit -1 gefüllt werden soll?

 Dafür gibt's natürlich auch eine Lösung, die so genannte *Initialisierungsliste*.

Ändern Sie in der Datei KAP04/BASECONS.CPP die folgenden zwei Zeilen ab (Sie finden dies auch fertig als Programm KAP04/BASECONS2.CPP):

```
BB::BB(int value) : CC(4711)
```

und

```
AA::AA() : BB(-1)
```

Die Headerdatei bleibt unverändert. Starten Sie das Programm neu und Sie sehen folgende geänderte Ausgabe:

```
CC::Konstruktor 2
DD::Konstruktor 1
BB::Konstruktor 2
AA::Konstruktor 1
m_CCValue: 4711
m_DDValue: 0
m_BBValue: -1
m_AAValue: 0
```

Ein durchschlagender Erfolg! Erstmalig taucht in der Liste nun der Konstruktor 2 auf, also der Konstruktor mit int-Parameter. Dies wurde durch die Angaben : BB(-1) und : CC(4711) erzwungen.

 In der Initialisierungsliste kann bei Unterklassen angegeben werden, welcher Konstruktor einer Oberklasse für die Erzeugung verwendet wird.

 Ist die Initialisierungsliste leer oder wird für eine Oberklasse kein Konstruktor in der Initialisierungsliste angeben (in Ihrem Fall war das bei BB der Fall – Sie wollten nur CC(4711), zu DD sagten Sie kein Wort), so wird automatisch der Defaultkonstruktor aufgerufen! Folgende beiden Zeilen sind also identisch:

```
BB::BB(int value) : CC(4711), DD()
BB::BB(int value) : CC(4711)
```

 Die Reihenfolge in der Initialisierungsliste hat keine Bedeutung für die Aufrufreihenfolge. Die Reihenfolge der Aufrufe wird, wie im letzten Abschnitt beschrieben, ausschließlich durch die Reihenfolge der Ableitung festgelegt. Die folgenden Zeilen sind also ebenfalls identisch:

```
BB::BB(int value) : CC(4711), DD(815)
BB::BB(int value) : DD(815), CC(4711)
```

Ein Wort zum Konstruktor und dem =

Dieses wundervolle Beispiel mit den vielen AA- und BB-Sachen ist ein schönes Beispiel für Wiederverwendung von Beispielen. Ich habe nämlich noch eine Variation davon im Gepäck, um Sie mit einem

Missverständnis zu konfrontieren, das so geläufig ist, dass man es wohl mit zu den zehn häufigsten Fehleinschätzungen bei der Objektkonstruktion zählen darf. Die Sache ist mir so wichtig, dass ich extra ein paar eigene Seiten spendiert habe.

Aufhänger des Beispiels ist der zweite Konstruktor der Klasse AA, der mit dem int-Parameter. Wie können Sie ein Objekt der Klasse AA erzeugen, das einen int-Wert verpasst bekommt? So zum Beispiel:

```
#include "basecons.h"
int main()
{
    AA objectAA(-1);
    objectAA.print();
    return 0;
}
```

Listing 4.9: KAP04/BC_DEMO2.CPP

Ist ja logisch. Einfach den anderen Konstruktor erzwingen, indem man »hinten« noch einen int-Parameter anhängt. Verständlich. Und nu' kommt's, was viele Leute nicht, Sie aber gleich wissen – das folgende Programm macht *exakt* das Gleiche:

```
#include "basecons.h"
int main()
{
    AA objectAA = -1;
    objectAA.print();

    return 0;
}
```

Listing 4.10: KAP04/BC_DEMO3.CPP

Da guggense, was? Wenn Sie das wissen und sich merken, sind Sie im Teilbereich »Konstruktoren unter C++« bereits Profi. Zum Ausschneiden als Merksatz noch mal die Zusammenfassung:

Wenn eine Klasse einen Konstruktor mit einem einzigen Parameter eines bestimmten Typs besitzt, so kann dieser Konstruktor auch durch eine Zuweisung bei der Objektkonstruktion aufgerufen werden. Die folgenden beiden Zeilen sind identisch:

```
AA objectAA = -1;
AA objectAA(-1);
```

✔ Die Sache funktioniert überhaupt nicht bei Konstruktoren mit mehr als einem Parameter, weil rechts vom = nur ein einziger Wert stehen kann.

Hinter den Kulissen macht der Compiler Folgendes: Er schaut nach, welchen Typ das Element rechts vom = (der so genannte RValue) besitzt. Danach schaut er, welche Konstruktoren er für diese Klasse kennt. Sobald er einen passenden Konstruktor mit einem Parameter dieses Typs gefunden hat, interpretiert er dies als Aufruf des entsprechenden Konstruktors. Dies ist übrigens ein Vorgang, der zum Zeitpunkt der Programmübersetzung stattfindet, er kostet also keinerlei Rechenzeit während des Programmlaufs.

 Diese Umwandlungskonstruktoren sind allerdings sehr gefährlich und sollten immer nur sehr bewusst eingesetzt werden. Es passiert sonst schnell, dass aus Versehen aus einem Apfel ein Ei wird.

 In Kapitel 2 wurde bei der Überladung bereits das Problem angesprochen, dass manchmal solche automatischen Suchen zu mehr als einem passenden Konstruktor führen können. Zum Beispiel, weil durch Konvertierungen von Typen dies nicht mehr eindeutig ist. In diesem Falle wirft der Compiler einen Fehler aus.

 Falls Sie schon mal was vom Zuweisungsoperator gehört haben – dies hat hiermit überhaupt rein absolut gar nichts zu tun. Das Thema der Zuweisungsoperatoren behandeln wir in Kapitel 8. Die folgenden Zeilen sind nämlich *nicht* identisch zum aktuellen Beispiel:

```
AA objectAA;
objectAA = -1;
```

Die Initialisierungsliste bei Membervariablen

Die Initialisierungsliste hat noch weitere Anwendungen, nicht nur in Bezug auf den Aufruf von Konstruktoren der Oberklassen. Man kann damit ebenfalls Membervariablen initialisieren.

Leider brauche ich ein neues Beispiel, wofür ich die Klassen AAA und BBB vorstelle. Abbildung 4.3 zeigt den Aufbau der beiden Klassen und ihren Zusammenhang.

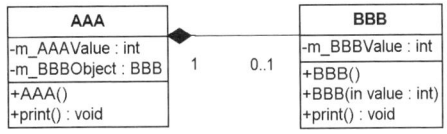

Abbildung 4.3: Eine Kompositionsbeziehung zwischen AAA und BBB

Im Programmcode sehen diese beiden Klassen auch eher schlicht aus.

```cpp
#ifndef _AAABBB_H
#define _AAABBB_H

class BBB
{
public:
    BBB();
    BBB(int value);
    void print() const;
private:
    int m_BBBValue;
};

class AAA
{
```

```
public:
   AAA();
   void print() const;
private:
   int m_AAAValue;
   BBB m_BBBObject;
};
#endif
```

Listing 4.11: KAP04/AAABBB.H

```
#include "aaabbb.h"
#include <iostream>
using namespace std;

BBB::BBB()
{
   m_BBBValue = 0;
   cout << "BBB::Konstruktor 1" << endl;
}

BBB::BBB(int value)
{
   m_BBBValue = value;
   cout << "BBB::Konstruktor 2" << endl;
}

void BBB::print() const
{
   cout << "m_BBBValue: " << m_BBBValue << endl;
}

AAA::AAA()
{
   m_AAAValue = 0;
   m_BBBObject = 5;
}

void AAA::print() const
{
   cout << "m_AAAValue: " << m_AAAValue << endl;
   m_BBBObject.print();
}
```

Listing 4.12: KAP04/AAABBB.CPP

Vielleicht kommt Ihnen die Zeile m_BBBObject = 5 etwas spanisch vor, aber wenn Sie das Programm kompilieren, wird dies nicht weiter beanstandet.

```
#include "aaabbb.h"
int main()
{
    AAA objectAAA;
    objectAAA.print();
    return 0;
}
```

Listing 4.13: KAP04/*INITLIST.CPP*

Die Bildschirmausgabe gibt wieder tiefere Einblicke über die Abläufe im Hintergrund:

```
BBB::Konstruktor 1
BBB::Konstruktor 2
m_AAAValue: 0
m_BBBValue: 5
```

Zunächst mal hat alles geklappt, die Zahlenwerte sind richtig bei den Objekten angekommen. Aber was ist das mit den zwei Konstruktoraufrufen?

Zuweisung mit Hilfe temporärer Objekte

Der Konstruktor von AAA ruft zunächst den Defaultkonstruktor (Konstruktor 1) von BBB auf. Innerhalb von AAA::AAA wird dann erneut bei der Zeile m_BBBObject = 5 ein temporäres Objekt der Klasse BBB erzeugt, mit Hilfe des Konstruktors 2. Dieses temporäre Objekt wird nun in das Objekt m_BBBObject reinkopiert – ganz automatisch.

Danach wird das temporäre Objekt wieder gelöscht.

Mehr dazu erfahren Sie im Kapitel 8 über den Zuweisungsoperator.

Zwei Konstruktoraufrufe, aber am Ende benötigt man doch nur ein Objekt? Da ist natürlich einer zu viel. Das Problem hier liegt wieder daran, dass zunächst im Konstruktor von AAA der Defaultkonstruktor von BBB aufgerufen wird, statt gleich der Konstruktor BBB::BBB(5). So was hatten Sie doch bei der Ableitung schon mal und dort konnte Ihnen die Initialisierungsliste aus der Patsche helfen. Ändern Sie die Implementation von AAA::AAA wie folgt ab:

```
AAA::AAA()
    : m_BBBObject(5)
{
    m_AAAValue = 0;
}
```

Listing 4.14: Vollständig zu sehen in KAP04/*AAABBB2.CPP*

Begeistert betrachten Sie die folgende Ausgabe des Beispielprogramms mit der Erkenntnis, dass nun nur noch ein einziger Konstruktoraufruf erfolgt. Die Initialisierungsliste hat also erzwungen, dass das Objekt m_BBBObject sofort mit dem richtigen Konstruktor erzeugt wurde.

✔ Mit Hilfe der Initialisierungsliste können auch Membervariablen initialisiert werden. Folgende Möglichkeit wäre ebenfalls erlaubt, allerdings sieht man die Anwendung der Initialisierungsliste auf skalare Typen (wie int, double usw.) eher selten in Programmen auftauchen – keine Ahnung warum. Vielleicht wissen viele Leute das einfach nicht.

```
AAA::AAA()
    : m_BBBObject(5), m_AAAValue(0)
{
}
```

Um die Anzahl unnötiger Konstruktoraufrufe zu minimieren, sollten andere abhängige Objekte innerhalb von Klassen (wie hier m_BBBObject) immer über die Initialisierungsliste konstruiert werden.

Die Reihenfolge in der Initialisierungsliste hat (wie zuvor auch schon) keinen Einfluss auf die Reihenfolge der Ausführung. Bestimmt wird die Ausführungsreihenfolge von der Deklarationsreihenfolge in der Membervariablen in der Klassendefinition.

Instantiierung von Konstanten innerhalb von Klassen

Es ist auch möglich, konstante Attribute innerhalb von Klassen einzurichten. Denken Sie an das Beispiel des Heizöltanks im zweiten Kapitel, das Attribut MaxVolume, also die Größenangabe des Tanks, diese wird einmal bei der Konstruktion festgelegt und kann danach nie mehr geändert werden. Ein ähnliches Beispiel dafür wäre zum Beispiel der Geburtstag eines Menschen – dieser ändert sich nach der Geburt äußerst selten. Man könnte sogar sagen: nie.

```
#ifndef _HUMAN_H
#define _HUMAN_H
#include <string>

class Human
{
public:
    Human(unsigned day,
          unsigned month,
          unsigned year);
    const std::string getBirthday() const;
private:
    const unsigned m_Day;
    const unsigned m_Month;
    const unsigned m_Year;
};
#endif
```

Listing 4.15: KAP04/HUMAN.H

```cpp
#include "human.h"
#include <sstream>
using namespace std;

Human::Human(unsigned day,
             unsigned month,
             unsigned year)
{
    m_Day = day;
    m_Month = month;
    m_Year = year;
}

const std::string Human::getBirthday() const
{
    stringstream sstream;
    sstream << m_Day << "."
            << m_Month << "."
            << m_Year;
    return sstream.str();
}
```

Listing 4.16: KAP04/HUMAN.CPP

Versuchen Sie bereits jetzt einmal, die Datei HUMAN.CPP zu übersetzen – da fliegen Ihnen einige Fehler um die Ohren. Diese beziehen sich alle auf den Konstruktor Human::Human, dort wird bemängelt, dass Sie versuchen, einer Konstanten einen Wert zuzuweisen. Ist richtig. Links steht eine Konstante und Sie wollen einen Wert reinschieben. Das ist in der Tat verboten. Witzige Frage: Wenn es im Konstruktor nicht möglich ist, eine Konstante mit einem Startwert zu belegen, wo denn dann? Erfahren wie Sie inzwischen sind, wissen Sie die Antwort: natürlich in der Initialisierungsliste.

Eine kleine Modifikation am Konstruktor Human::Human lässt sämtliche Fehlermeldungen verschwinden und macht uns glücklich.

```cpp
Human::Human(unsigned day,
             unsigned month,
             unsigned year)
 : m_Day(day),
   m_Month(month),
   m_Year(year)
{
}
```

Listing 4.17: KAP04/HUMAN.CPP – korrigierte Fassung

Damit ist dann auch unser kleines Beispielprogramm lauffähig:

```cpp
#include "human.h"
#include <iostream>
using namespace std;
```

```
int main()
{
   Human MyGrandma(3, 2, 1921);
   cout << "Geburtstag: " << MyGrandma.getBirthday()
        << endl;
   return 0;
}
```

Listing 4.18: KAP04/BIRTHDAY.CPP

Das Zusammenspiel von Initialisierungsliste und konstanten Elementen lässt sich relativ leicht im Überblick verstehen.

Konstante Attribute bzw. *konstante Membervariablen* sind solche Variablen, die bei der Erzeugung des Objekts einmalig mit einem Wert belegt werden und diesen unveränderbar für die ganze Lebensdauer des Objekts behalten. Auf sie ist nur noch lesender Zugriff möglich.

Konstante Membervariablen können nur in der Initialisierungsliste mit Werten belegt werden.

✔ Auch Referenzen – von denen Sie noch gar nicht viel hörten – müssen, wenn es sich um Membervariablen handelt, die ein Referenztyp sind, in der Initialisierungsliste mit einem Wert gefüttert werden:

```
class A
{
public:
   A(int& Value) : m_Value(Value);
private:
   int& m_Value;
};
```

Da ich aus dem Forum im Web das Problem mit der formatierten Ausgabe in C++ kenne, gleich noch eine kleine Änderung im Programm, wodurch das Datum sauber formatiert und mit führenden Nullen ausgegeben wird. Viele C-ler vermissen in C++ oftmals das `sprintf`, aber es geht auch ohne. Wichtig: Ergänzen Sie am Anfang von KAP04/HUMAN.CPP ein #include <iomanip> (Sie finden dies auch fertig eingebaut in KAP04/HUMAN2.CPP):

```
sstream << setfill('0')
        << setw(2) << m_Day << "."
        << setw(2) << m_Month << "."
        << setw(4) << m_Year;
```

Genug konstruiert ... das mit dem Erstellen von Objekten bekommen Sie nun wohl hin – glaube ich zumindest.

Ceterum censeo objectum delendum esse

5

In diesem Kapitel

▷ Erfahren Sie, wie man Objekte zerstört und sauber aufräumt

▷ Wird erklärt, wann und in welcher Reihenfolge Objekte bei abgeleiteten Klassen zerstört werden

▷ Lernen Sie die Heimtücke falsch geschriebener Destruktoren kennen

▷ Wird Ihnen klar werden, warum und wozu es auch virtuelle Destruktoren gibt

▷ Greifen wir das Beispiel mit dem Sichtbarkeitsbereich des Objekts noch einmal auf

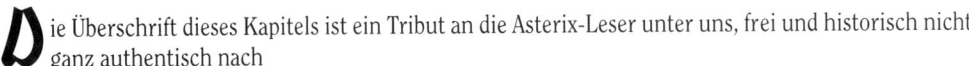

Die Überschrift dieses Kapitels ist ein Tribut an die Asterix-Leser unter uns, frei und historisch nicht ganz authentisch nach

Ceterum censeo Carthaginem delendam esse

(Im Übrigen meine ich, dass Karthago zerstört werden muss.)

Marcus Porcius Cato Maior, 234 - 149 v. Chr.

Als alter Lateiner schließen Sie also folgerichtig: In diesem Kapitel geht es um die Zerstörung von Objekten.

Jetzt haben wir im letzten Kapitel Objekte konstruiert wie die Wilden, aber wie bekommen wir den ganzen Müll wieder los? Ganz grob kennen wir die Zielrichtung schon – wenn Kapitel 4 von den Konstruktoren erzählte, so erläutern wir nun die Destruktoren, die Abrissbirnen in der Welt der Objekte. Leider ist das eine Spur weniger aufregend als die Sache mit den Konstruktoren.

Die 3 besiegelt das Ende des Objekts

Im letzten Kapitel wurde gesagt, dass es Sinn macht, die Lebensdauer eines Objekts nur auf den unbedingt notwendigen Bereich eines Programmabschnitts zu begrenzen. Den Teil der Konstruktion haben wir schon gesehen und wir wissen, dass der Konstruktor tatsächlich nicht zu Beginn der Funktion aufgerufen wird, sondern erst später (KAP04/EARLYCONSTRUCTION.CPP).

Ein kleines Beispiel zeigt nun weitere interessante Effekte, die bei lokal benutzten Objekten auftreten.

```cpp
#include <iostream>
using namespace std;
class A
{
public:
    A() {cout << "A::A()" << endl;}
    ~A() {cout << "A::~A()" << endl;}
```

```
void doAnything() {cout << "A::doAnything"
                          << endl;}
};

int main()
{
    cout << "vor for" << endl;
    for (int i = 0; i < 2; i++)
    {
        A objectA;
        objectA.doAnything();
    }
    cout << endl << "wir sind vor {" << endl;
    {
        A anotherObject;
        anotherObject.doAnything();
    }
    cout << "wir sind nach }" << endl;
    return 0;
}
```

Listing 5.1: KAP05/LOCALOBJECTS.CPP

Hier präsentiere ich Ihnen nun die Ausgabe – tataaaa:

```
vor for
A::A()
A::doAnything
A::~A()
A::A()
A::doAnything
A::~A()

wir sind vor {
A::A()
A::doAnything
A::~A()
wir sind nach }
```

Dass der Konstruktor von A erst innerhalb der for-Schleife zu Beginn des Schleifenrumpfs aufgerufen wird, sollte uns nach dem im letzten Kapitel Gesagten nicht mehr verwundern. Wichtig ist die Tatsache, dass der Destruktor von objectA noch innerhalb der for-Schleife aufgerufen wird.

✔ In obigem Beispiel werden in der for-Schleife insgesamt tatsächlich zwei verschiedene Objekte der Klasse A angelegt. Diese haben nichts miteinander zu tun und kennen sich nicht.

✔ Wird innerhalb eines Blocks { } eine Objektinstanz angelegt, so wird der Destruktor am Ende des Blocks aufgerufen. Zum Beweis: Fügen Sie in obigem Beispiel vor dem return noch ein another Object.doAnything(); ein – dies führt zu einem Compilerfehler, da das Objekt zu diesem Zeitpunkt nicht mehr existiert.

Die brutale Zerstörung von Memberobjekten

Klassen benutzen Objekte anderer Klassen als Membervariablen. Ein ganz normaler Vorgang, dessen Konstruktion bereits analysiert wurde. Um es ganz kurz zu machen, was uns eigentlich noch interessieren muss, ist, wann die Memberobjekte zerstört werden. Oder noch kürzer: In welcher Reihenfolge kommt welcher Destruktor.

```cpp
#include <iostream>
using namespace std;
class A
{
public:
   A()
   {
   }
   ~A()
   {
      cout << "A - Dtor" << endl;
   }
};
class B
{
public:
   B()
   {
      m_pA = new A();
   }
   ~B()
   {
      cout << "B - Dtor - Anfang" << endl;
      delete m_pA;
      cout << "B - Dtor - Ende" << endl;
   }
private:
   A  m_objectA;
   A* m_pA;
};

int main()
{
   B objectB;
   return 0;
}
```

Listing 5.2: KAP05/DELMEMBERS.CPP

Betrachtet man die Ausgabe, so sieht man die Vorgehensweise:

```
B - Dtor - Anfang
A - Dtor
```

```
B - Dtor - Ende
A - Dtor
```

von groß nach klein, zuerst wird die übergeordnete Klasse zerstört und danach die Bestandteile.

Manchmal findet man als neckische Abkürzung für den Begriff Destruktor die Schreibweise »Dtor« oder »D'tor«.

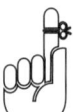

Die Konstruktionsreihenfolge eines Objekts ist von klein nach groß, zuerst die abhängigen Kleinteile, zuletzt das eigentliche Objekt. Die Zerstörungsreihenfolge ist gerade umgekehrt, das Objekt zuerst, danach die Reste. Dies ist logisch, damit ist sichergestellt, dass das Objekt immer auf gültige Bestandteile aufbaut.

✔ Zerstört man ein Objekt mit `delete`, so besitzt man selbst die volle Kontrolle über den Zeitpunkt des Destruktoraufrufs. Man sollte immer im Hinterkopf behalten, dass ein `delete` letztlich eine Art verkappter Destruktoraufruf ist.

Überladung von Destruktoren

Geht nicht. Ende des Abschnitts.

✔ Destruktoren können im Gegensatz zu Konstruktoren nicht überladen werden.

Daraus folgt, dass eine Klasse maximal einen Destruktor besitzen kann.

Aufrufreihenfolge bei der Zerstörung von Objekthierarchien

Das mit den Einzelteilen war schon ganz nett. Nicht gerade spektakulär, aber aufschlussreich. Eine kleine Modifikation des letzten Beispiels bringt noch Vererbung mit ins Spiel. Betrachten Sie in Abbildung 5.1 die Beziehungen der Klassen untereinander.

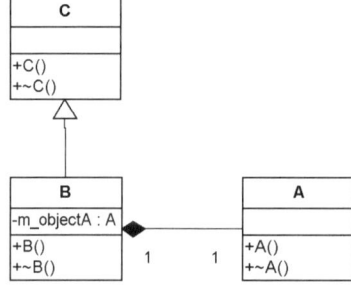

Abbildung 5.1: Einmal vererbt, einmal benutzt – Untersuchung von Destruktoren, Teil 2

Uns interessiert vor allem, wer zuerst kommt, wenn man B zerstört. A oder C? Hier das Testprogramm für unser Experiment:

```cpp
# #include <iostream>
using namespace std;

class C
{
public:
   C()
   {
   }
   ~C()
   {
      cout << "C - Dtor" << endl;
   }
};

class A
{
public:
   A()
   {
   }
   ~A()
   {
      cout << "A - Dtor" << endl;
   }
};

class B : public C
{
public:
   B()
   {
   }
   ~B()
   {
      cout << "B - Dtor" << endl;
   }
private:
   A   m_objectA;
};

int main()
{
   B objectB;
   return 0;
}
```

Listing 5.3: KAP05/DELBASES.CPP

Wer nur neugierig, aber nicht experimentierfreudig ist, bekommt hier die Bildschirmausgabe präsentiert:

```
B - Dtor
A - Dtor
C - Dtor
```

Fassen wir dieses schlichte Ergebnis zusammen:

✔ Innerhalb einer Ableitungshierarchie werden zuerst die Klassen zerstört, die am Ende der Ableitungshierarchie stehen. Unterklassen zuerst.

✔ Da die Unterklassen zuerst zerstört werden, bedeutet dies auch, dass alle vorhandenen Memberobjekte der Unterklasse beseitigt sind, bevor die Oberklasse zerstört wird. B und seine Teile sind vollständig aufgeräumt, bevor mit dem Destruktor von C begonnen wird.

✔ Beachten Sie, dass es bei Destruktoren nichts Vergleichbares zur Initialisierungsliste gibt. Es wäre auch nicht sonderlich sinnvoll, da es ohnehin nur einen Destruktor gibt.

✔ Alles so schön ordentlich wie bei einer Zwiebel – immer Schicht für Schicht.

Destruktoren sollen gefälligst aufräumen!

Im dritten Kapitel sind wir ins Büro gefahren (nach Belieben können Sie hier auch Schule oder Hochschule einsetzen) und standen an der Ampel in der Warteschlange ... und kamen einfach nicht los. Nun ist es inzwischen später Nachmittag geworden, wir sind im Büro (bzw. der Schule oder Uni) wieder aufgewacht und wollen schnellstens nach Hause, um unsere E-Mails zu checken. Und schon wieder ein Stau an der Ampel ... allerdings mit ein paar kleinen Änderungen.

Um Sie zu dem Punkt zu bringen, modifizieren wir ein klein wenig die Klasse Truck aus dem Beispiel. Die Klasse bekommt eine zusätzliche Membervariable verpasst, die eine Zuladung simuliert. Wäre ja nicht sonderlich ökonomisch, wenn unsere LKWs leer durch die Gegend fahren würden ...

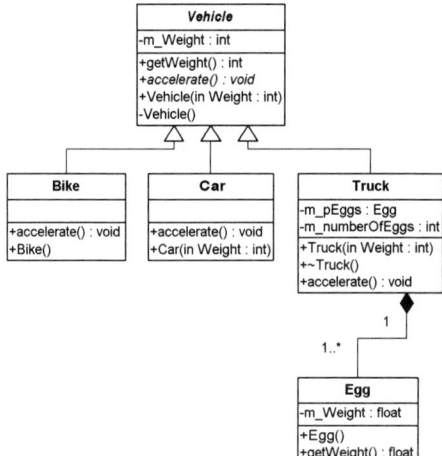

Abbildung 5.2: Unsere LKWs können nun auch Eier laden

Okay – ich gebe es zu, bei mir auf der Straße fahren nur Eierlaster rum. Aber was soll's, ist eben ein landwirtschaftlich geprägtes Gebiet. Übernehmen Sie die Klassen `Vehicle`, `Bike` und `Car` unverändert aus dem Beispiel von Kapitel 3 und fügen Sie die folgenden Klassen hinzu, die Klasse `Truck` hat sich im Vergleich zu vorher ein wenig geändert.

```cpp
#ifndef _EGG_H
#define _EGG_H
class Egg
{
public:
    Egg();
    float getWeight() const
    {
        return m_Weight;
    }
private:
    float m_Weight;
};
#endif
```

Listing 5.4: KAP05/EGG.H

```cpp
#include "egg.h"
#include "tools.h"
Egg::Egg()
{
    // Gewicht in kg speichern
    m_Weight = DummiesTools::random(8, 12) / 1000.0f;
}
```

Listing 5.5: KAP05/EGG.CPP

```cpp
#ifndef _TRUCK_H
#define _TRUCK_H
#include "vehicle.h"
#include "egg.h"
class Truck : public Vehicle
{
public:
    Truck(int m_Weight);
    ~Truck();
    virtual void accelerate();
private:
    Egg* m_pEggs;
    int  m_numberOfEggs;
};
#endif
```

Listing 5.6 TRUCK.H

```
#include "truck.h"
#include <iostream>
using namespace std;
#include "Tools.h"
Truck::Truck(int Weight)
   : Vehicle(Weight)
{
   m_numberOfEggs = DummiesTools::random(2000, 30000);
   m_pEggs = new Egg[m_numberOfEggs];
}
Truck::~Truck()
{
   delete[] m_pEggs;
}
void Truck::accelerate()
{
   cout << "Lkw:" << endl;
   cout << " Fahrer sieht gruen" << endl;

   // Gewicht der Eier addieren
   float eggWeight = 0.0f;
   for (int i = 0; i < m_numberOfEggs; i++)
   {
      eggWeight += m_pEggs[i].getWeight();
   }
   int totalWeight = getWeight();
   totalWeight += eggWeight;

   DummiesTools::sleep(totalWeight);
   cout << " Fahrzeug faehrt los" << endl;
   DummiesTools::sleep(2000); // 3 Sek
   cout << " Nun rollt er wirklich" << endl;
}
```

Listing 5.7 TRUCK.CPP

Als Demoprogramm können Sie völlig unverändert KAP03/TRAFFIC_SIMULATION.CPP übernehmen.

Was hat sich geändert? Ein Ei der Klasse Egg hat ein zufälliges Gewicht, der Konstruktor der Klasse Truck allokiert nun bei der Erzeugung des Objekts eine zufällige Anzahl an Objekten der Klasse Egg – das ist unsere Zuladung. Der Destruktor räumt den Speicher schön brav wieder mit delete[] frei. Die Anfahrt hat sich geändert, weil nun zum Gesamtgewicht noch das Gewicht der Eier addiert wird. Alles kein Hexenwerk. Lassen Sie das Programm laufen, Sie werden keinen Unterschied zu früher bemerken.

 Dieses Programm enthält einen furchtbaren Fehler. Ich zeige es Ihnen – fügen Sie im Dtor von Truck folgende Zeile ein, entweder vor oder hinter dem delete[], das ist egal:

```
cout << "*** Eierschlacht ***" << endl;
```

Starten Sie das Programm erneut und beobachten Sie sorgfältig die Ausgabe. Sehen Sie irgendwann den Text `*** Eierschlacht ***` am Bildschirm? Ich nicht. Das bedeutet – unser Destruktor von `Truck` wird nie aufgerufen. Niemand räumt die ganzen Eier auf.

In obigem Programmbeispiel wird ein so genanntes *Speicherloch* (*memory leak*) erzeugt. Speicher wird belegt, aber nicht wieder freigegeben. Dies ist der Tod eines jeden Programms, da irgendwann nach x-maligem Aufruf kein freier Speicher mehr übrig ist.

Trotzdem ist das Beispiel nicht ganz wertlos, es kann immer noch als schlechtes Beispiel dienen. Betrachten Sie die Klasse `Truck`, wie dort die Eier verwaltet werden. Normalerweise sind die Obergrenzen bei Arrays ja fest vorgegeben. Will man mit einem Array arbeiten, müsste man sich zum Beispiel mit einem `Egg[5000]` behelfen. Das wäre dumm, da man entweder zu viele oder zu wenige Elemente speichern könnte. Man kann aber ein *dynamisches Array* wie folgt anlegen:

```
int* array = new[anzahl];
// Zugriff erfolgt wie bei normalem Array:
cout << array[85];
delete[] array;
```

✔ Falls man ein dynamisches Array auf obige Art und Weise realisiert, muss man sich allerdings die Anzahl der Elemente selbst merken – `m_numberOfEggs` erfüllt in der Klasse Truck diesen Zweck.

Diese Art der dynamischen Arrays findet man oft, sie funktionieren auch ganz gut. Allerdings besitzen Sie keinerlei Sicherheit gegen eine Bereichsüberschreitung, auch ein Einfügen von Elementen ist nur umständlich machbar. Sie werden im Teil über die Standardbibliothek hierfür noch viel bessere Möglichkeiten antreffen.

✔ Sie können sich wahrscheinlich nicht vorstellen, wie oft ich beim Schreiben des Beispiels und dieses Abschnitts »Track« statt »Truck« getippt habe.

Virtuelle Destruktoren

Da stehen wir nun, mit einigen 100.000 Eiern, die keiner weggekehrt hat. Schöner Mist. Das Problem haben wir wohl erkannt. Uns fehlen aber noch zwei wichtige Dinge:

1. Warum ist das eigentlich passiert?

2. Wie lautet die Lösung?

Den Grund können wir uns rasch erklären: Die Zeile

```
delete waitingQueue[k];
```

ruft den Destruktor des Zeigertyps auf. Der Zeigertyp lautet `Vehicle` – voilà. Das ist bereits des Pudels Kern, wir geben dem Destruktor von Truck gar keine Chance, sich zu Wort zu melden, weil wir sofort immer gleich den Destruktor der Oberklasse anspringen.

Die Lösung muss also sein, dass je nach vorliegendem Objekttyp ein anderer spezifischer Destruktor aufgerufen wird: Handelt es sich um ein `Bike`, so soll `~Bike` aufgerufen werden – liegt ein `Truck` vor, so soll ~Truck aufgerufen werden. Für die Methode accelerate haben wir das doch auch ganz gut hinbekommen. accelerate war eine virtuelle Methode und damit wurde wegen der späten Bindung für das Objekt jeweils die richtige Methode aufgerufen.

Und genau das ist auch hier unsere Lösung – der Destruktor der Klasse Vehicle muss virtual sein. Ändern Sie die Klasse Vehicle leicht ab, indem Sie im Header VEHICLE.H innerhalb der Klasse die Zeile

```
virtual ~Vehicle() {}
```

einfügen. Nun wurde in der Oberklasse ein virtueller Destruktor mit leerem Rumpf eingefügt. Starten Sie das Programm nach erneuter Kompilierung wieder, Überraschung! Die Eierschlacht wird nun am Bildschirm angezeigt. Offensichtlich ist dies tatsächlich die gesuchte Lösung für das Speicherloch-Problem.

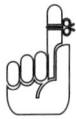 Auch Destruktoren können virtuell sein, in diesem Fall wird bei der Zerstörung des Objekts sofort der richtige zugeordnete Destruktor aufgerufen.

✔ In unserem Beispiel spielte es keine Rolle, dass Car und Bike keinen Destruktor besitzen. Für diese Objekte wird sofort der Destruktor von Vehicle aufgerufen. Dies lässt sich auch verallgemeinern.

 Im Gegensatz zum Destruktor kann ein Konstruktor niemals virtual sein.

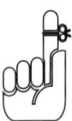 Denken Sie daran: Sobald einmal in der Ableitungshierarchie eine Funktion virtuell gemacht wurde, sind alle überladenen Funktionen der abgeleiteten Klassen ebenfalls virtuell, auch wenn man das Schlüsselwort virtual nicht mehr hinschreibt. Es wäre in unserem Beispiel noch schöner, wenn man auch noch in der Klasse Truck die folgende Zeile ändert. Dies ist eine rein optische Maßnahme ohne technische Auswirkung.

```
virtual ~Truck();
```

✔ Bei virtuellen Memberfunktionen lauten diese in den abgeleiteten Klassen alle gleich – wie man am Beispiel accelerate sieht. Destruktoren verhalten sich hier ein klein wenig anders, zum virtuellen Destruktor ~Vehicle gehört der virtuelle Destruktor ~Truck, obwohl der Name hier nicht übereinstimmt.

 Eine einfache Regel, die manchmal überflüssig, aber nie falsch ist: Besitzt eine Klasse mindestens eine virtuelle Methode, so sollte der Destruktor ebenfalls virtual deklariert werden. Besitzt die Oberklasse keinen Destruktor, so ist es dennoch sehr ratsam, einen virtuellen Destruktor mit einem leeren Anweisungsblock in die Klassendefinition einzuführen, damit abgeleitete Klassen die Möglichkeit bekommen, korrekt aufzuräumen.

✔ Ein virtueller Destruktor kann niemals *pure* virtual sein, eine Definition wie virtual ~Vehicle() = 0 ist nicht erlaubt.

Achtung mit `longjmp` und Funktionen wie `exit`. Verwendet man diese, werden die Destruktoren lokaler Objekte nicht aufgerufen. Falls Sie nicht wissen, wozu man diese beiden Funktionen braucht – vergessen Sie's einfach.

Die vollständige Regel zu »Besitzt eine Klasse mindestens eine virtuelle Methode, so sollte der Destruktor ebenfalls virtual sein« lautet:

»Sobald eine abgeleitete Klasse (oder ein Memberobjekt einer solchen, oder irgendeine Basisklasse eines Memberobjekts oder irgendein Memberobjekt einer Basisklasse eines Memberojekts irgendeiner abgeleiteten Klasse usw. usw.) einen nichttrivialen Destruktor besitzt und falls irgendwer irgendwann irgendwo einmal ein abgeleitetes Objekt über einen Basisklassenpointer löscht, so braucht die Basisklasse einen virtuellen Destruktor.«

Na ja, die kurze Regel lässt sich leichter merken.

Die Kopiermaschine

In diesem Kapitel

▶ Begegnen Sie einem besonderen Konstruktor, dem Copykonstruktor

▶ Erfahren Sie, wie man Objekte richtig kopiert, ohne Speicher zu verlieren

▶ Hören Sie von der furchtbaren Gefahr der »flachen Kopie«

▶ Bekommen Sie eine kleine Einführung in die Welt des *reference counting*
und erfahren, wie man Ressourcen etwas cleverer verwaltet

Kopieren digitaler Inhalte ist uns im Computer- und Internetzeitalter schon ganz vertraut geworden. Hier mal ein mp3 oder ein Spiel, da mal eine Audio-CD, dort eine DVD und dann ein Objekt. Doch halt – kann Kopieren nicht auch gefährlich sein? Klar, man kann sich einen Virus einfangen, die Polizei macht eine Hausdurchsuchung – aber gefährlich?

In diesem Abschnitt werde ich Ihnen zeigen, dass Kopieren in der Tat eine sehr heikle Sache sein kann. Doch erschrecken Sie nicht – Sie müssen deswegen nicht Ihren Brenner aus dem Rechner ausbauen. Es geht nur um korrektes Kopieren von Objekten.

Das ist übrigens sogar erlaubt.

Wenn man's richtig macht.

Copykonstruktoren - Sinn und Unsinn

Ausgangspunkt der ganzen Überlegungen ist die Frage, wie man eigentlich ein Objekt kopiert. Derartige Aufgaben kommen in der OOP sehr oft vor, denken Sie nur an Objekte, die Datenbestände repräsentieren. Wahrscheinlich haben Sie deswegen noch nie darüber nachgedacht, weil Sie in der Programmierung ständig kopieren, ohne dies zu bemerken:

```
int a = 5;
int b = a;
```

Eine Kopie! Der Inhalt der Variablen a wurde nach b kopiert. Derartiges machen Sie ständig:

```
int add(int a, int b)
{
    return a + b;
}
int a = add(1, 2);
```

Hier wurde für die Berechnung eine temporäre Zwischenvariable angelegt und der Inhalt dieser Variablen wurde nach a kopiert. Wieder eine Kopie.

Betrachten wir kurz das Verhalten bei der Kopie von Objekten an einer ganz simplen Klasse:

```cpp
#include <iostream>
using namespace std;

class A
{
public:
   A(int value)
   {
      m_Value = value;
   }
   void print()
   {
      cout << "Value: " << m_Value << endl;
   }
private:
   int m_Value;
};

int main()
{
   A objectA1(999);
   A objectA2 = objectA1;
   A objectA3(objectA1);
   objectA1.print();
   objectA2.print();
   objectA3.print();
   return 0;
}
```

Listing 6.1: KAP06/FLATCOPY.CPP

Ausgabe: dreimal der Wert 999. Perfekt, hat funktioniert. Man kann also auch Objekte kopieren. Ende des Kapitels?

Jede Klasse besitzt automatisch einen *Copykonstruktor*, der dafür zuständig ist, eine Kopie des Objekts durchzuführen.

✔ Der *automatische* Copykonstruktor (Kosename: »Copycon oder Copy-Ctor«) erstellt eine memberweise Kopie aller Attribute des Objekts. Besitzt die Klasse eines Attributs einen Copykonstruktor, so wird dieser dadurch aufgerufen. Skalare Typen wie int, float werden bitweise kopiert.

✔ Man ruft den Copykonstruktor durch

```
Klasse Zielobjekt(Quellobjekt);
```

oder

```
Klasse Zielobjekt = Quellobjekt;
```

auf, wobei Quellobjekt ebenfalls zur Klasse Klasse gehören muss. Die zweite Variante kennen wir schon aus Kapitel 4, das sich mit den Konstruktoren befasste. Diesen Vorgang nennt man auch *copy initialization*.

Zu viel Automatik tut weh

Bequemlichkeit ist eine Zier,
doch weiter kommt man ohne ihr.

Wetten, was nun kommt, ist ein Standardfehler. Mit einer der Standardfehler überhaupt. Die Geschichte mit dem automatischen Copykonstruktor ist so bequem, dass man leicht in Probleme kommt. Als kleine Demo eine Klasse, die einen Zeiger auf Speicher verwaltet – solche Fälle kommen vor, wenn man in einer Klasse dynamischen Speicher verwaltet. Das können zum Beispiel Bilddaten sein, oder wie hier einfach ein simples int-Array.

```cpp
#include <iostream>
using namespace std;
class A
{
   enum {maxNum = 100};
public:
   A(int value)
   {
      m_pValue = new int[maxNum];
      for (int i = 0; i < maxNum; i++)
         m_pValue[i] = value;
   }
   ~A()
   {
      delete[] m_pValue;
   }
   void print()
   {
      for (int i = 0; i < maxNum; i++)
         cout << i << " : " << m_pValue[i] << endl;
   }
private:
   int* m_pValue;
};

int main()
{
   A objectA1(999);
   A objectA2(objectA1);
   objectA1.print();
   objectA2.print();
   return 0;
}
```

Listing 6.2: KAP06/FLATCOPY2.CPP

Das Programm sieht grundsätzlich genauso wie FLATCOPY.CPP aus, aber diesmal wird in der Klasse A ein Zeiger angelegt. Die Ausgabe mit Hilfe der Funktion print klappt in beiden Fällen prächtig, es werden die gleichen Zahlen ausgegeben.

Aber am Programmende stürzt das Programm leider ab – damit ist es unbrauchbar.

Der Grund dafür ist die so genannte *flache Kopie* (engl. *flat copy*) der Membervariablen. Was wird bei dem Zeiger m_pValue kopiert? Nur der Inhalt des Zeigers – aber nicht der gesamte Speicherbereich. Wir haben also in objectA2 noch einen Zeiger, der auf den gleichen Speicher zeigt. Zwei Zeiger, einmal allokiert. Sobald der erste Destruktor am Ende von main aufgerufen wird, findet eine Speicherfreigabe statt.

Vermeiden kann man dies mit Hilfe einer so genannten *tiefen Kopie* (engl. *deep copy*), wo auch die Daten in abhängigen Speicherbereichen mitkopiert werden. Dumm nur, dass man dies von Hand machen muss.

Erreicht wird dies mit Hilfe eines selbst geschriebenen Copykonstruktors, der folgende Gestalt besitzt:

```
A(const A& source)
{
    m_pValue = new int[maxNum];
    for (int i = 0; i < maxNum; i++)
        m_pValue[i] = source.m_pValue[i];
}
```

Listing 6.3: Ergänzung von KAP06/FLATCOPY2.CPP *zu* KAP06/DEEPCOPY.CPP

Innerhalb des Copykonstruktors allokieren Sie im neuen Objekt einen eigenen zusätzlichen Speicherbereich und kopieren vom Original int für int jeden Wert aus diesem Speicher. Nun besitzt tatsächlich jedes Objekt ein eigenes dynamisches Array aus int und am Programmende geht nichts mehr schief.

Fassen wir diese dramatischen Erkenntnisse zur tiefen Kopie zusammen:

✔ Der automatische Copykonstruktor ruft für jede Membervariable wiederum deren Copykonstruktor auf. Bei skalaren Typen wie int, float und double wird dadurch der Wert korrekt kopiert, ebenso wenn die Membervariable zu einer Klasse gehört, die einen Copykonstruktor hat.

✔ Der automatische Copykonstruktor kopiert bei Zeigern nur die Adresse, auf die der Speicher zeigt – er kopiert also einfach nur den Zeiger. Die eigentlichen Daten werden nicht kopiert, sondern sind im Anschluss weiterhin nur einmal vorhanden. Dies führt bei der Zerstörung der Objekte zu fehlerhaften Speicherfreigaben und Abstürzen.

Um Unsicherheiten zu vermeiden, wer wann automatisch kopiert wird, sollte jede Klasse immer einen eigenen selbst definierten Copykonstruktor besitzen. Besitzt die Klasse Zeiger auf andere Objekte, so ist in 89,3 % der Fälle ein eigener Copykonstruktor sinnvoll.

✔ Der Copykonstruktor hat im Regelfall das folgende Aussehen:

```
Klasse(const Klasse& sourceObject);
```

Als Parameter bekommt der Copykonstruktor eine Instanz eines Objekts der gleichen Klasse übergeben, hier mit dem Namen sourceObject. Dieser Parameter wird als Konstante übergeben, damit wird sichergestellt, dass man tatsächlich auf *sourceObject* nur lesend, aber nicht schreibend zugreifen kann. Als Typ übergibt man eine Referenz auf die Instanz (*Klasse&*).

Es wird Fälle geben, wo Sie eigentlich keinen Copykonstruktor brauchen, weil eine Objektkopie nicht notwendig ist. Trotzdem sollten Sie in diesem Fall der Klasse einen eigenen Copykonstruktor spendieren, der allerdings leer ist:

```
private:
    Klasse(const Klasse&) {};
```

Als Sichtbarkeitsbereich wählt man hier nur `private`, denn dann würde jede Programmzeile, in der eine Kopie einer Objektinstanz von Klasse gemacht würde, sofort als Compilerfehler bemängelt. Man schützt sich damit selbst vor einer fehlerhaften Verwendung von automatischen Copykonstruktoren. Bauen Sie dies mal in das Programm KAP06/FLATCOPY2.CPP ein, das Programm lässt sich dann nicht mehr übersetzen.

Verwundert über die Zeile `enum {maxNum = 100};`? Dies ist in C++ ein weiterer Weg, wie man `int`-Konstanten innerhalb der Klassendeklaration erzeugen kann. `maxNum` ist eine Konstante mit dem Wert 100. Für einige Compiler ist dies sogar die einzige Möglichkeit, wie man Konstanten in die Klassendeklaration packen kann (»Haaaallooo, Visual C++, du bist gemeint!«). Man bezeichnet dies deswegen auch als *Enum-Hack*.

Eine Kopie ist kein Original

Können Sie sich schon denken, wie es weiter geht?

Bei den Konstruktoren haben wir uns angeschaut: Wie wird ein Objekt konstruiert? Wie die Memberobjekte? Wie die Basisklassen?

Bei den Destruktoren: Wie wird ein Objekt zerstört? Wie seine Memberobjekte? Wie die Basisklassen?

Bei der Objektkopie: Wie wird ein Objekt kopiert? Wie seine Memberobjekte? Ha, ertappt. Was fehlt noch? Wie kopiert man die Inhalte der Basisklassen? Damit wollen wir uns nun befassen.

```
#include <iostream>
using namespace std;
class A
{
   enum {maxValues = 20};
public:
   A(int value)
   {
      m_pValue = new int[maxValues];
      for (int i = 0; i < maxValues; i++)
         m_pValue[i] = value;
   }
   A(const A& source)
   {
      m_pValue = new int[maxValues];
      for (int i = 0; i < maxValues; i++)
```

```
            m_pValue[i] = source.m_pValue[i];
      }
      ~A()
      {
         delete[] m_pValue;
      }
      virtual void print()
      {
         for (int i = 0; i < maxValues; i++)
            cout << i << " : " << m_pValue[i] << endl;
      }
private:
   int* m_pValue;
};

class B : public A
{
public:
   B(int value) : A(value)
   {
      m_Value = value;
   }
   B(const B& source)
   {
      m_Value = source.m_Value;
   }
   ~B()
   {
   }
   virtual void print()
   {
      A::print();
      cout << "B: " << m_Value << endl;
   }
private:
   int m_Value;
};

int main()
{
   B objectB1(333);
   B objectB2(objectB1);
   objectB1.print();
   objectB2.print();
   return 0;
}
```

Listing 6.4: KAP06/COPYBASES.CPP

Wie gestaltet sich der Sachverhalt? Die Oberklasse A besitzt ein dynamisches Array, das eine tiefe Kopie erfordert, weswegen auch ein entsprechender Copykonstruktor implementiert ist. Die abgeleitete Klasse B besitzt ebenfalls einen Copykonstruktor.

Kompilieren – starten – nicht so schnell! Der Compiler wirft einen Fehler aus, je nach verwendetem Modell sagt der Fehler sinngemäß »Kein geeigneter Konstruktor für B::B(const B& source) gefunden«. Unsere Kenntnisse über Konstruktoren und die Initialisiererliste bringen uns rasch auf die richtige Fährte – für diesen Copykonstruktor muss ein Konstruktor von A aufgerufen werden. Ändern Sie die Zeile wie folgt ab:

```
B(const B& source) : A(source)
```

Und siehe – es geht, das Programm funktioniert und wie die Bildschirmausgabe zeigt, hat auch die Kopie geklappt. Sowohl die Elemente von A als auch die Elemente von B wurden kopiert.

Höre ich Protest? Unruhe? Nein? Eigentlich wäre diese Reaktion angemessen.

Was tun wir hier in der Initialisiererliste – wir rufen den Copykonstruktor von A auf, damit die in B enthaltenen Elemente von A kopiert werden können. Was ist aber mit dem Parameter? Der Copykonstruktor von A verlangt eine Referenz von A, wir übergeben aber ganz frech eine Referenz auf B, die in source steht.

Dies ist erlaubt und völlig o.k. – man kann in einer Klassenhierarchie einen Zeiger oder eine Referenz auf eine Unterklasse (hier source) an eine Funktion übergeben, die eigentlich eine Oberklasse erwartet. Der Compiler führt hier automatisch einen so genannten *»upcast«* hin zur Oberklasse durch, der Typ wird automatisch umgewandelt. Sie können sich das so vorstellen: Der Copykonstruktor von A arbeitet nur mit dem Teil von B, der zur Klasse A gehört.

Hier also die wesentlichen Resultate des Copykonstruktors innerhalb abgeleiteter Klassen.

✔ Der Copykonstruktor einer abgeleiteten Klasse ruft den Copykonstruktor der Basisklasse auf. Dabei wird eine Referenz auf die Unterklasse an den Copykonstruktor der Oberklasse übergeben.

✔ Übergibt man einer Funktion, die einen Zeiger auf eine Oberklasse erwartet, einen Zeiger auf eine abgeleitete Klasse, so wird automatisch ein Upcast durchgeführt. Die Funktion arbeitet dann nur mit dem Teil des Objekts, der zur Oberklasse gehört.

✔ Man kann innerhalb einer abgeleiteten Klasse auch überladene Funktionen der Oberklasse aufrufen – betrachten Sie den Rumpf von B::print, dort wird zu Beginn die Methode A::print() aufgerufen. Durch Voranstellen des Klassennamens sagt man: »Hey Compiler, ich will die Oberklasse haben.«

✔ Man ist immer selbst dafür verantwortlich, im Copykonstruktor einer abgeleiteten Klasse den Copykonstruktor der Basisklasse aufzurufen. Tut man dies nicht von Hand, wird der Defaultkonstruktor der Basisklasse aufgerufen. Ist dieser nicht vorhanden, erscheint der zuvor erwähnte Compilerfehler. Fatal ist, wenn der Defaultkonstruktor aufgerufen wird, da dann natürlich keinerlei Kopien in der Basisklasse erfolgen! Hier noch ein kleines Beispiel dazu:

```
class A
{
public:
```

```
        A()
        {
           x = 0;
           cout << "Standardctor von A" << endl;
        }
        A(int i) : x(i) {}
private:
     int x;
};
class B : public A
{
   public:
      B(int i) : A(i) {}
      B(const B& b) {}
};
int main()
{
   B a(10);
   // Hier wird der Standardkonstruktor von
   // A aufgerufen
   // x ist danach nicht 10, sondern 0!
   B b(a);
   return 0;
};
```

Mitzählen hilft sparen!

Wenn Sie die vorigen Ausführungen über flache und tiefe Kopien verfolgt haben – stehen Ihnen da nicht die Haare zu Berge? Sollten eigentlich. Stellen Sie sich das vor: Eine Objektkopie wird gemacht und klopft den ganzen Krempel gleich zweimal in den Speicher. Wir kopieren ein Bild, 1024 x 768 Punkte, und – Schwupps – haben wir die Daten zweimal im Speicher, nur weil wir eine Objektkopie erzeugt haben.

Es gibt eine sehr clevere Methode, um diese wenig effiziente Speichernutzung zu verbessern. Die Idee dahinter ist, eine *verzögerte Kopie* durchzuführen. Die Daten werden erst dann kopiert, wenn man am kopierten Objekt Änderungen vornimmt – in der Zwischenzeit arbeitet man mit einem einzigen Original, das in zwei Objekten verwendet wird. Man muss hier natürlich mitzählen, wie oft dieses Original verwendet wird – denn wenn es keiner mehr braucht, ist es zu löschen. Diesen Zähler nennt man *Referenzzähler* (engl. *reference counter*), woher dieses Verfahren auch seinen Namen hat: *reference counting*. Ich demonstriere Ihnen das am Beispiel einer einfachen Stringklasse. Dies ist ein gutes Beispiel für eine Anwendung von reference counting, da man häufig Kopien von Strings anlegt, ohne diese tatsächlich zu verändern. Es reicht aus, wenn die eigentliche Zeichenkette nur einmal im Speicher steht.

Das statische Klassendiagramm in Abbildung 6.1 deutet bereits die Richtung an, wie dies zu realisieren ist: Man benötigt zwei Klassen. Die Klasse SimpleString enthält die eigentlichen Stringobjekte und den Referenzzähler, während die Klasse RCString das »Frontend«, die sichtbare Schnittstelle für alle Benutzer, ist. Betrachtet man die Beziehung zwischen den beiden Klassen, ergeben sich weitere Erkenntnisse:

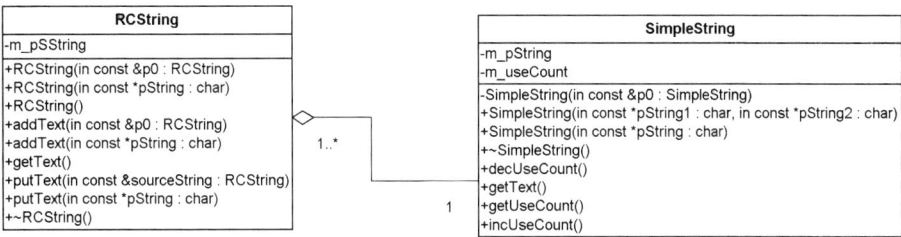

Abbildung 6.1: Die Stringklasse RCString *verwendet reference counting.*

1. Ein `SimpleString`-Objekt kann zu 1 bis n `RCString`-Objekten gehören – logisch, das war ja der Ausgangspunkt der Überlegung.

2. Ein `RCString`-Objekt besitzt Zugriff auf genau ein `SimpleString`-Objekt.

Um den Ablauf zu verdeutlichen, sehen Sie nun noch einmal – erstmalig in diesem Buch – ein UML-Sequenzdiagramm in Abbildung 6.2, in dem der zeitliche Ablauf dargestellt ist, wie sich zwei `RCString`-Objekte `str1` und `str2` ein einziges `SimpleString`-Objekt teilen.

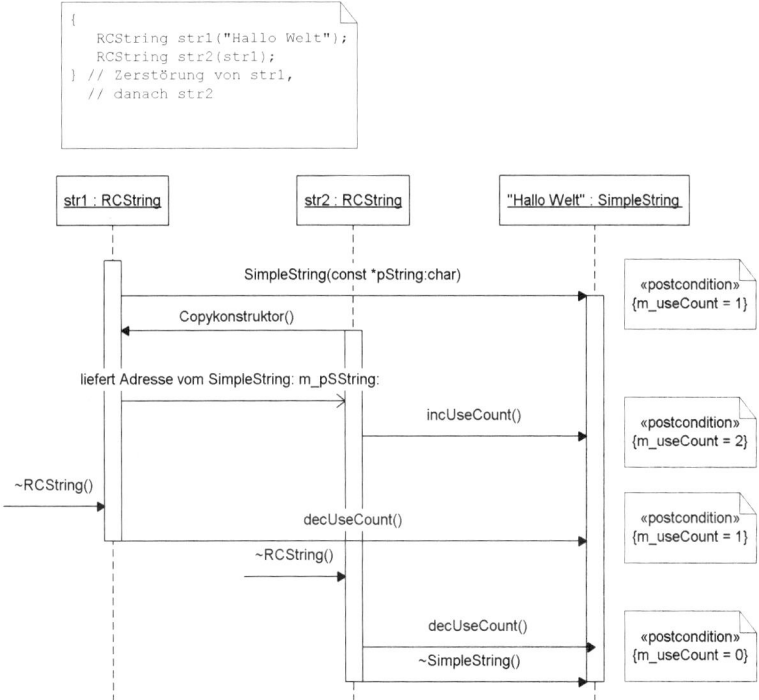

Abbildung 6.2: Sequenzdiagramm für RCString *und* SimpleString *SimpleString*

Oha. Viele neue Linien und Rechtecke, das kennen wir nun noch nicht so genau. Der folgende Abschnitt enthält eine kleine Einführung in dieses UML-Diagramm.

Das UML-Sequenzdiagramm

Im UML-Sequenzdiagramm wird das Zusammenspiel zwischen Objekten dargestellt. Wesentliche Elemente sind die Lebenslinien der Objekte sowie die Messages zwischen den Objekten. Ein Message-Call wird durch den Aufruf einer Methode implementiert.

Abbildung 6.2 zeigt drei Objektinstanzen, die Klassennamen können hinter den Objektnamen geschrieben werden. Unter dem Objekt ist eine gestrichelte Linie, die die Zeit symbolisieren soll – je weiter unten, desto später im Programmablauf.

Auf der gestrichelten Linie ist ein längeres Rechteck gezeichnet, dies stellt die Lebensdauer des Objekts dar – also die Zeit zwischen Konstruktor- und Destruktoraufruf.

Ruft ein Objekt die Methode eines anderen Objekts auf, zeigt ein Pfeil vom Aufrufer weg zum anderen Objekt – am Pfeil steht eine Beschriftung, die Auskunft über Namen der Methode, Parameter und andere Informationen gibt.

Die Notizzettel mit den abgeknickten Ecken sind Kommentare – dort kann man Bedingungen angeben, um den Zustand des Objekts vor oder nach einem Methodenaufruf zu beschreiben. In diesem Bild gibt der Ausdruck `<<postcondition>>` an, dass diese Bedingung nach dem Aufruf der Methoden erfüllt ist. Würde man `<<precondition>>` schreiben, so müsste die entsprechende Bedingung vor dem Aufruf erfüllt sein.

Letztlich beschreibt die Grafik eigentlich nur, was wir uns zuvor ausgedacht haben:

1. Ein `RCString`-Objekt `str1` wird mit dem Text `"Hallo Welt"` erzeugt.

2. Dies führt zur Konstruktion eines `SimpleString`-Objekts mit dem Inhalt `"Hallo Welt"`.

3. Ein zweites `RCString`-Objekt `str2` wird als Kopie von `str1` erzeugt, es holt sich von `str1` den Zeiger auf dessen `SimpleString`-Objekt, speichert diese Adresse und erhöht den Referenzzähler.

4. Wird das Objekt `str1` zerstört, vermindert es den Referenzzähler des `SimpleString`-Objekts und scheidet still aus dem Leben.

5. Wird nun auch Objekt `str2` zerstört, stellt dieses nach Verminderung des Referenzzählers fest, dass dieser für das `SimpleString`-Objekt auf 0 gesunken ist – keiner braucht mehr dieses Objekt, also ruft es dessen Destruktor auf, bevor es sich ebenfalls in Luft auflöst.

So viel Theorie – lassen Sie uns erst mal einen kleinen Zwischenstand festhalten, bevor wir zur Implementation schreiten:

✔ Reference counting setzt man ein, wenn man Objekte kopieren will, die größere Datenmengen speichern, die sich nicht so oft ändern.

✔ Durch Referenzzählung verzögert man die Zeit raubenden Kopieraktionen einer tiefen Kopie bis zu dem Zeitpunkt, wo sie unvermeidbar ist (weil sich ab einem gewissen Punkt die Daten ändern).

✔ Zur Implementation von Referenzzählung verwendet man üblicherweise mindestens zwei Klassen. In der einen inneren Klasse (bei uns `SimpleString`) speichert man die eigentlichen Daten sowie einen Referenzzähler. Die äußere Klasse (hier `RCString`), die der Aufrufer verwendet, besitzt nur einen Zeiger auf ein Objekt der inneren Klasse.

✔ Im Normalfall gibt es viel mehr Objekte der äußeren Klasse als der inneren. Irgendwelche Daten stehen nur 24-mal im Speicher, aber 56 Objekte verwenden sie.

✔ Eine Kopieraktion eines Objekts einer Klasse, die Referenzzählung verwendet, ist sehr schnell, da im Wesentlichen nur ein Zeiger kopiert werden muss.

 Ein Beispiel für eine wirklich sehr effektive Implementierung einer Referenzzählung ist die Klasse `CString`, der beim Microsoft Visual C++ mitgelieferten MFC.

Vorhang auf für die Referenzzählung

Sparen, sparen, sparen. Welch ungewohnte Worte sind das doch, gerade in der Computerwelt. Speicher zu klein? Speichererweiterung gekauft. Computer zu langsam? Schnellere CPU reingesteckt. Kein Wunder, dass objektorientierte Sprachen manchmal in Bezug auf Geschwindigkeit einen so schlechten Ruf haben, wenn wir unsere CPU mit unnötigen Kopieraktionen quälen. Aber wir wissen nun, wie wir hier ein kleines Schrittchen in die Richtung besserer Programme gemacht haben.

Nach der theoretischen Vorarbeit folgen nun die Programmzeilen für die beiden Klassen.

```
#ifndef _SIMPLESTRING_H
#define _SIMPLESTRING_H
class SimpleString
{
public:
   SimpleString(const char* pString);
   SimpleString(const char* pString1,
                const char* pString2);
   ~SimpleString();
   const char* getText() const {return m_pString;}
   int getUseCount() const {return m_useCount;}
   void incUseCount() {m_useCount++;}
   void decUseCount() {m_useCount--;}
private:
   SimpleString(const SimpleString& simpleString) {};
   char* m_pString;
   int   m_useCount;
};
#endif
```

Listing 6.5: KAP06/SIMPLESTRING.H

```
#include "simplestring.h"
#include <cstring>
#include <iostream>
using namespace std;
```

```
SimpleString::SimpleString(const char* pString)
{
   m_pString = new char[strlen(pString) + 1];
   strcpy(m_pString, pString);
   m_useCount = 1;
   cout << "SimpleString(\"" << pString << "\")"
        << endl;
}
SimpleString::SimpleString(const char* pString1,
                           const char* pString2)
{
   m_pString = new char[strlen(pString1) +
                        strlen(pString2) + 1];
   strcpy(m_pString, pString1);
   strcat(m_pString, pString2);
   m_useCount = 1;
   cout << "SimpleString(\"" << pString1 << "\",\""
        << pString2 << "\")" << endl;
}
SimpleString::~SimpleString()
{
   delete[] m_pString;
}
```

Listing 6.6: KAP06/SIMPLESTRING.CPP

 Die Klasse `SimpleString` bedient sich intern zur Speicherung der Strings profaner `char`-Arrays, die dynamisch angelegt werden. Es gibt drei Methoden zur Verwaltung des Referenzzählers, der im Objekt abgelegt wird. Technisch interessant ist höchstens, dass die altbekannten C-Funktionen für Strings als Basis genommen werden – verwendet man C++ nach dem neuesten Standard, so muss man dazu den Header `<cstring>` inkludieren.

```
#ifndef _RCSTRING_H
#define _RCSTRING_H
#include "SimpleString.h"
class RCString
{
public:
   RCString(const char* pString);
   RCString();
   RCString(const RCString& sourceString)
   {
      putText(sourceString);
   }
   ~RCString();
   const char* getText() const
   {
      return m_pSString->getText();
   }
```

```
      void putText(const char* pString);
      void putText(const RCString& sourceString);
      void addText(const char* pString);
      void addText(const RCString& addString)
      {
          addText(addString.getText());
      }
private:
      SimpleString* m_pSString;
};
#endif
```

Listing 6.7: KAP06/RCSTRING.H

```
#include "rcstring.h"
RCString::RCString(const char* pString)
{
    m_pSString = new SimpleString(pString);
}
RCString::RCString()
{
    m_pSString = new SimpleString("");
}
RCString::~RCString()
{
    m_pSString->decUseCount();
    if (m_pSString->getUseCount() == 0)
    {
        delete m_pSString;
    }
}
void RCString::putText(const RCString& sourceString)
{
    m_pSString->decUseCount();
    if (m_pSString->getUseCount() == 0)
    {
        delete m_pSString;
    }
    m_pSString = sourceString.m_pSString;
    m_pSString->incUseCount();
}
void RCString::putText(const char* pString)
{
    m_pSString->decUseCount();
    if (m_pSString->getUseCount() == 0)
    {
        delete m_pSString;
    }
    m_pSString = new SimpleString(pString);
}
```

```
void RCString::addText(const char* pString)
{
   SimpleString* tempSString
      = new SimpleString(getText(), pString);
   m_pSString->decUseCount();
   if (m_pSString->getUseCount() == 0)
   {
      delete m_pSString;
   }
   m_pSString = tempSString;
}
```

Listing 6.8: KAP06/RCSTRING.CPP

Einige technische Anmerkungen zu `RCString`:

1. Beachten Sie die überladenen Funktionen `addText` und `putText`, die entweder einen String anhängen oder den Inhalt überschreiben. Beide Funktionen gibt es mit einem `char*`-Parameter oder mit einem `RCString`-Parameter – damit man sowohl leicht mit klassischen Strings hantieren, aber auch auf den Inhalt anderer `RCString`-Objekte zugreifen kann.

2. Die Funktionen stützen sich gegenseitig ab – beachten Sie, dass zum Beispiel der Copykonstruktor intern die Methode `putText` verwendet.

3. Wesentlich ist die Methode `putText`, in der der Zeiger auf das `SimpleString`-Objekt übernommen und der Referenzzähler um eins erhöht wird.

4. `addText`, `putText` und der Destruktor haben alles eines gemeinsam: Es wird eine Verwendung weniger. Zuerst wird der Referenzzähler vermindert, danach geprüft, ob das Objekt noch gebraucht wird. Ist der Referenzzähler nämlich 0, kann das `SimpleString`-Objekt weggeworfen werden.

Die Klassen brauchen noch ein Demoprogramm, damit wir zum Test schreiten können.

```
#include "rcstring.h"
#include <iostream>
using namespace std;
int main()
{
   RCString str1("Hallo ");
   RCString str2("Welt!");
   RCString str3(str1);
   RCString str4(str2);
   RCString str5;
   RCString str6;
   str5.putText(str1);
   str5.addText(str2);
   str6.putText(str5);
   RCString str7(str6);
   cout << str5.getText() << endl;
```

```
    cout << str6.getText() << endl;
    cout << str7.getText() << endl;
    return 0;
}
```

Listing 6.9: KAP06/REFCOUNT.CPP

Starten Sie das Demoprogramm. Wesentlich ist die Ausgabe des Konstruktors von `SimpleString` – wir sehen insgesamt fünf Konstruktoraufrufe, aber im Programm verwenden wir acht Objekte der Klasse `RCString`. In der Tat werden also Objekte doppelt verwendet – der gewünschte Spareffekt.

Referenzzählung ist kein Allheilmittel – einen Vorteil bringt dieser zusätzliche Aufwand nur, wenn die zugrunde liegenden Daten sich nicht allzu oft ändern und eine gewisse Größe besitzen. Außerdem sollten dies Daten sein, die Sie häufiger kopieren als ändern. Machen Sie nur Kopien von Objekten, um diese sofort zu ändern, bringt Ihnen Referenzzählung gar nichts. Wie jedes Werkzeug ist es nur dann hilfreich, wenn man es am richtigen Ort einsetzt. Hämmer und Schrauben vertragen sich nicht.

Sie sollten das Beispiel mit der Stringklasse nicht allzu stark auswälzen – verwenden Sie für Strings in Ihren Programmen im Normalfall lieber die Klasse `std::string` aus der Standardbibliothek (Header `<string>`), wie es in den bisherigen Beispielen auch der Fall war. Unter anderem – kleiner Vorblick auf die Zukunft – fehlt noch ein so genannter Zuweisungsoperator.

Und das ist wirklich noch eine *Warnung*: Falls Sie die Klasse `RCString` in eigenen Projekten einsetzen wollen, warten Sie noch bis Kapitel 11, es kommen noch einige fehlende Sicherheitsanker hinzu.

Die klassischen Header von C heißen unter ISO-C++ mit aktueller Standardbibliothek anders. Aus einem Header `<string.h>` unter C wird `<cstring>`, aus `<stdlib.h>` wird `<cstdlib>`. Achten Sie außerdem auf den kleinen, aber gemeinen Unterschied von `<cstring>` und `<string>` – Ersterer enthält Funktionen wie `strcpy`, während sich im zweiten Header die Klasse `std::string` befindet.

Ausnahmezustand

In diesem Kapitel

▷ Erfahren Sie, was passiert, wenn sich ein Objekt nicht konstruieren lässt

▷ Begegnen Sie als Hilfsmittel den Exceptions

▷ Lernen Sie nicht nur, wie man Exceptions wirft, sondern auch, wie man sie fängt

▷ Taucht das Problem der Freigabe von Ressourcen im Rahmen von Exceptions auf

▷ Verwenden Sie erstmalig »smarte Pointer«

▷ So ganz nebenbei machen Sie auch noch ein wenig Dateihandling

*E*s gibt Tage, da sollte man einfach im Bett bleiben. Nichts klappt – Kaffee alle, Bus verpasst und in der Firma stürzt die Software gleich nach dem Booten ab. »Unhandled Exception« steht da am Bildschirm. Kennt man vom Text her – »unknow exception«, »unhandled exception«, »an exception occurred« – solche Dinge kann man öfter auf den Bildschirmen lesen. Blätter blätter – ah, da steht's:

> *exception – s. die Ausnahme (to or from, von); Einwendung, der Einwand, Vorbehalt (to, gegen); Einwurf, die Einrede, Beanstandung, Ausschließung*

Hätten Sie sich kaum denken können, dass das Programm eine Beanstandung hat, wenn es abstürzt … als alten Bastler beschäftigen Sie da natürlich zwei elementare Fragen:

1. Kann ich das auch?

2. Wie bekomme ich das nun wieder weg, nachdem ich es kann?

Fangen wir an.

Isch 'abe gar keine Objekt

Gehen Sie von der Paarung der Begriffe *Programmabsturz* und *Exception* aus, so ist es eine leichte Aufgabe, zu folgern, dass eine Exception in irgendeiner Form mit Fehlern zu tun hat. Versuchen Sie sich mal an einer praktischen Problemstellung des Lebens, wo Fehler auftreten können – Sie laden aus einer Datei einen Datensatz in ein Objekt.

Dies soll der Beispieldatensatz sein:

```
mitp-Verlag
im Verlag moderne industrie Buch AG & Co. KG
Königswinterer Str. 418
53227 Bonn
```

Listing 7.1: DATAFILE.TXT

Die Klassendefinition und -implementation zur Kapselung dieser Daten ist keine große Sache.

```cpp
#ifndef _ADDRESS_H
#define _ADDRESS_H
#include <string>
class Address
{
public:
    Address(const std::string& filename);
    std::string getName1() const
    {
        return m_Name1;
    }
    std::string getName2() const
    {
        return m_Name2;
    }
    std::string getStreet() const
    {
        return m_Street;
    }
    std::string getTown() const
    {
        return m_Town;
    }
private:
    std::string m_Name1;
    std::string m_Name2;
    std::string m_Street;
    std::string m_Town;
};
#endif
```

Listing 7.2: KAP07/ADDRESS1.H

```cpp
#include "address1.h"
#include <string>
#include <fstream>
using namespace std;
Address::Address(const string& filename)
{
    ifstream thefile(filename.c_str());
    if (thefile)
    {
        getline(thefile, m_Name1);
        getline(thefile, m_Name2);
        getline(thefile, m_Street);
        getline(thefile, m_Town);
    }
}
```

Listing 7.3: KAP07/ADDRESS1.CPP

Dazu gehört ein kleines Demoprogramm, das nach dem Start das Objekt aus der Datei DATAFILE.TXT erzeugt und die Daten am Bildschirm ausgibt.

```
#include "address1.h"
#include <iostream>
using namespace std;
int main()
{
    Address theAddress("datafile.txt");
    cout << theAddress.getName1() << endl;
    cout << theAddress.getName2() << endl;
    cout << theAddress.getStreet() << endl;
    cout << theAddress.getTown() << endl;
    return 0;
}
```

Listing 7.4: KAP07/LOAD1.CPP

Starten – funktioniert einwandfrei (falls Sie die Datei DATAFILE.TXT im gleichen Verzeichnis stehen haben wie das Programm). Ändern Sie nun die erste Zeile der `main`-Funktion in dieser Form ab:

```
    Address theAddress("datafile2.txt");
```

Starten geht immer noch – nur die Ausgabe am Bildschirm ist ein wenig – na ja – hm – leer? Ist auch nicht verwunderlich – der Dateiname DATAFILE2.TXT existiert nicht, folglich kann auch nichts gelesen werden, wie ein Blick auf den Konstruktor von `Address` zeigt:

```
    ifstream thefile(filename.c_str());
    if (thefile)
    {
        getline(thefile, m_Name1);
...
```

Wenn sich die Datei nicht zum Lesen öffnen lässt, ist der Ausdruck `thefile false`, ergo überspringt das `if` die ganzen Zeilen mit den `getline`-Anweisungen.

Ist das Objekt nun korrekt erzeugt worden? Was meinen Sie? Ich denke eher nein. Man stelle sich vor, der Benutzer bekommt am Bildschirm eine leere Seite angezeigt – ohne Kommentar. Das ist nicht gut, und man wird zu Recht sagen, dass die Erzeugung dieses Objekts fehlgeschlagen ist. Formuliert man das noch härter, müsste man sogar feststellen, dass diesem Objekt die Existenzberechtigung fehlt – keine Datei zu kapseln, also wieso gibt's ein Objekt?

Erster Zwischenstopp auf Ihrer Reise durch die Welt fehlerhafter Objekte – mit einem Resümee:

 Die Erzeugung von Objekten geht manchmal schief.

✔ Tut man nichts, merkt das kein Mensch. Man arbeitet mit dem Objekt, aber keiner weiß, dass dies eigentlich ein fehlerhafter Zustand ist. Ein Ausnahmezustand vom geordneten Programmablauf.

 Will man den Inhalt eines Stringobjekts der Klasse `std::string` an eine Funktion über-
geben, die einen klassischen C-String (Pointer auf `char` oder ein Array aus `char` mit einem
Nullbyte am Ende) erwartet, so kann man den Inhalt mit Hilfe der Funktion `c_str()`
übergeben – siehe den Konstruktor von `Address`.

Problemlösung über Fehlerfunktionen und Fehlerflags

Back to the roots, liebe Freunde (und Freundinnen). Wie würde ein C-Programmierer dieses Problem
lösen? Er würde sich ein Fehlerflag zimmern, das man immer abfragen kann, ob das Laden erfolgreich war.

So im Wesentlichen können Sie das auch – eigentlich sogar noch besser, weil Sie die Kapselung bei der
Verwaltung des Fehlerflags unterstützt. Dazu müssen Sie die Klasse `Address` ein wenig anpassen. Fügen Sie in der Headerdatei im `public` und `private`-Bereich einige Zeilen hinzu:

```
public:
    bool isError() const
    {
        return m_LoadingError;
    }
private:
    bool        m_LoadingError;
```

Listing 7.5: Einfügen in ADDRESS1.H und speichern als KAP07/ADDRESS2.H

Die Implementation des Konstruktors von `Address` ändert sich ebenfalls:

```
#include "address2.h"
#include <string>
#include <fstream>
using namespace std;
Address::Address(const string& filename)
{
    ifstream thefile(filename.c_str());
    m_LoadingError = false;
    if (thefile)
    {
        getline(thefile, m_Name1);
        if (!thefile.good())
            m_LoadingError = true;
        getline(thefile, m_Name2);
        if (!thefile.good())
            m_LoadingError = true;
        getline(thefile, m_Street);
        if (!thefile.good())
            m_LoadingError = true;
        getline(thefile, m_Town);
        if (thefile.bad() ||
            thefile.fail())
```

```
        m_LoadingError = true;
    }
    else
        m_LoadingError = true;
}
```

Listing 7.6: KAP07/ADDRESS2.CPP

Um der Fehlerabfrage Rechnung zu tragen, muss diese nun auch in das Hauptprogramm integriert werden:

```
#include "address2.h"
#include <iostream>
using namespace std;

int main()
{
    Address theAddress("datafile2.txt");
    if (!theAddress.isError())
    {
        cout << theAddress.getName1() << endl;
        cout << theAddress.getName2() << endl;
        cout << theAddress.getStreet() << endl;
        cout << theAddress.getTown() << endl;
    }
    return 0;
}
```

Listing 7.7: KAP07/LOAD2.CPP

Startet man das Programm, so funktioniert es durchaus. Im Fehlerfalle kann dies getestet werden, die Ausgabe lässt sich überspringen. Sie finden in der Implementation der Klasse übrigens einige Dinge, die sich mit Dateihandling befassen – der nächste graue Abschnitt gibt Ihnen einen kurzen Überblick.

Dateien und ifstream

Im Header <fstream> befindet sich die Klasse ifstream, die zum Einlesen von Dateien geeignete Methoden anbietet. Eine geöffnete Datei wird durch eine Objektinstanz von ifstream repräsentiert.

Der Konstruktor übernimmt einen Dateinamen, um die Datei zu öffnen. Ruft man stattdessen übrigens den Defaultkonstruktor ohne Dateinamen auf, so wird die Datei durch Aufruf der open-Methode geöffnet.

Über die Funktion getline kann man aus dem Dateiobjekt eine Zeile in ein Stringobjekt einlesen (wobei getline nicht auf Dateiobjekte beschränkt ist und in keinem Zusammenhang mit <ifstream> steht, definiert wird getline in <string>). Ob dies erfolgreich war, lässt sich mit einem Aufruf von rdstate prüfen. Als Ergebnis bekommt man Fehlerbits (oder eine Kombination davon geliefert), die folgende Bedeutung haben:

✔ ios::goodbit – kein Fehler

✔ ios::eofbit – Dateiende erreicht

✔ ios::failbit – Zeichen waren nicht zuzuordnen

✔ ios::badbit – ein Fehler auf Ebene des Dateisystems ist aufgetreten

Abfragen kann man die Bits aber auch direkt über die Methoden good, eof, fail und bad.

```
if (file.rdstate() != ios::goodbit)
```

ist identisch mit

```
if (!file.good())
```

Schließen kann man die Datei mit dem Aufruf von close oder durch Zerstörung des Objekts – der Destruktor schließt die Datei ebenfalls vorschriftsmäßig.

Halten Sie mal als Erkenntnis fest, dass es auf Ihrem jetzigen Kenntnisstand schon Möglichkeiten gibt, auf fehlgeschlagene Konstruktionen zu reagieren. Diese besitzen nur noch ein paar Pferdefüße.

✔ Es ist nicht sichergestellt, dass der Aufrufer sich tatsächlich um den Fehler kümmert und isError auch einmal aufruft. Lassen Sie im Demoprogramm die if-Abfrage einmal weg und betrachten Sie, was passiert: Ausgabe leerer Datenelemente. Man könnte damit leben, aber es ist unschön.

✔ Diese jetzige Fehlerbeseitigungsmethode kann nicht darüber hinwegtäuschen, dass Sie mit falschen Voraussetzungen arbeiten: Das Objekt sollte gar nicht da sein – trotzdem arbeiten Sie damit.

Exceptions in Konstruktoren

Fangen wir gleich mit Gewalt an – wenn die Erzeugung des Objekts nicht klappt, hauen wir dem Aufrufer gleich ordentlich eins hin. C++ hat dazu ein wunderschönes Hilfsmittel in der Sprache eingebaut, nämlich das Schlüsselwort throw. Damit kann man eine Exception »werfen«.

Dazu wird einfach der Konstruktor von Address abgeändert, so dass im Fehlerfall eine Exception geworfen wird.

```
#include "address3.h"
#include <string>
#include <fstream>
using namespace std;

Address::Address(const string& filename)
{
    ifstream thefile(filename.c_str());

    if (thefile)
    {
        getline(thefile, m_Name1);
```

```
   if (!thefile.good())
      throw int(0);

   getline(thefile, m_Name2);
   if (!thefile.good())
      throw int(1);

   getline(thefile, m_Street);
   if (!thefile.good())
      throw int(2);

   getline(thefile, m_Town);
   if (thefile.bad() ||
       thefile.fail())
      throw int(3);
   }
else
   throw int(4);
}
```

Listing 7.8: KAP07/ADDRESS3.CPP

Die zugehörige Headerdatei KAP07/ADDRESS3.H ist identisch mit ADDRESS2.H, außer dass das Fehlerflag natürlich entfernt wurde. Das Demoprogramm kommt nun ohne Fehlerabfrage aus.

```
#include "address3.h"
#include <iostream>
using namespace std;
int main()
{
   Address theAddress("datafile2.txt");
   cout << theAddress.getName1() << endl;
   cout << theAddress.getName2() << endl;
   cout << theAddress.getStreet() << endl;
   cout << theAddress.getTown() << endl;
   return 0;
}
```

Listing 7.9: KAP07/LOAD3.CPP

Starten Sie das Programm – wohlgemerkt, achten Sie darauf, dass die zu ladende Datei DATAFILE2.TXT *nicht* existiert, der Fehler soll ja provoziert werden.

Programmstart – und Absturz. Ein grandioser, man möchte sogar sagen, durchschlagender Erfolg. Das Programm raucht gnadenlos ab, mit einer schönen Fehlermeldung, die Ihnen etwas über nicht behandelte Exceptions erzählt. Eins steht fest: Dieses Objekt theAddress wurde nicht erzeugt. Sie sehen das unter anderem daran, dass Sie niemals bis zum ersten cout kommen, das Programm wird vorher beendet.

✔ Wirft man mit `throw` eine Exception, so wird die gerade laufende Funktion abgebrochen. Das Programm springt so lange nach oben aus sämtlichen Funktionsaufrufen heraus, bis es beendet wird.

✔ Das Werfen einer Exception besteht aus der Erzeugung eines Objekts – in dem Beispiel wird ein Objekt vom Typ `int` erzeugt. Hinter dem `throw` kann ein beliebiger Typ angegeben werden, es macht allerdings Sinn, hier nur spezielle Klassen zu verwenden.

✔ Man kann bei der Erzeugung des Exception-Objekts eine Information angeben, ich hatte hier das erzeugte `int`-Objekt noch mit einer Zahl bestückt. Damit kann man zum Beispiel den Grund des Fehlers angeben. Leider interessiert sich in Ihrem Programm noch kein Mensch für den Grund.

Mit Exceptions kann man fehlerhafte Zustände im Programm abfangen und das Programm eventuell auch wieder auf den rechten Weg bringen. Wirft man die Exception aber ungebremst durch das ganze Programm, geht man dem Benutzer damit ziemlich auf den Keks, da eine ungebremste Exception für den Benutzer einen Programmabsturz darstellt.

»Werfen« von Exceptions – und wer fängt die nun auf?

Sie stehen an diesem Punkt letztlich vor zwei Problemen:

1. Das Werfen von Exceptions alleine ist keine Lösung für Ihre Programme

2. Sie sollten beim Werfen von Exceptions geeignete Objekte verwenden und diese mit Daten über den Grund des Fehlers füttern

Geeignete Exceptionklassen findet man bereits fertig in der Standardbibliothek von C++ vor, dort gibt es die Klasse `std::exception`, von der man eigene Exception-Klassen ableiten kann. Vorteil ist hier, dass eine virtuelle Methode `what` vorhanden ist, über die man den Grund der Exception abfragen kann – wenn man sie gefangen hat!

Betrachten Sie als Beispiel für korrektes Fangen die angepasste Version des Beispielprogramms, das demonstriert, wie man Exceptions richtig fängt. Das Schlüsselwort `catch` spielt dabei eine wichtige Rolle – fast schon zu nahe liegend.

```cpp
#include "address4.h"
#include <iostream>
using namespace std;
int main()
{
    try
    {
        Address theAddress("datafile2.txt");
        cout << theAddress.getName1() << endl;
        cout << theAddress.getName2() << endl;
        cout << theAddress.getStreet() << endl;
        cout << theAddress.getTown() << endl;
    }
    catch (AddressException& e)
    {
        cout << "Adressdaten nicht geladen!" << endl;
```

```
      cout << "Fehlergrund: " << e.what() << endl;
   }
   return 0;
}
```

Listing 7.10: KAP07/LOAD4.CPP

Der Programmteil, in dem eine Exception auftreten kann, wird mit einem so genannten try-Block um-
klammert. Sobald innerhalb dieses Blocks eine Exception auftritt, wird sofort auf den folgenden catch-
Block gesprungen. Im catch wird angegeben, welche Art Exception hier gefangen werden soll. Da Sie
Exception-Objekte der Klasse AddressException erzeugen, steht hier als Typ ebenfalls eine
AddressException.

Die Klasse AddressException wird an der gleichen Stelle definiert wie die Klasse Address. Es handelt sich hierbei um eine simple Ableitung der Klasse std::exception, wobei während der Konstruktion noch ein Fehlertext als String übergeben werden kann.

```
#ifndef _ADDRESS_H
#define _ADDRESS_H
#include <string>
#include <exception>

class AddressException : public std::exception
{
public:
   AddressException(const std::string& errortext)
   {
      m_Errortext = errortext;
   }
   virtual const char* what() const
   {
      return m_Errortext.c_str();
   }
private:
   std::string m_Errortext;
};

class Address
{
public:
   Address(const std::string& filename)
      throw(AddressException);
   std::string getName1() const
   {
      return m_Name1;
   }
   std::string getName2() const
   {
      return m_Name2;
   }
```

```
    std::string getStreet() const
    {
        return m_Street;
    }
    std::string getTown() const
    {
        return m_Town;
    }
private:
    std::string m_Name1;
    std::string m_Name2;
    std::string m_Street;
    std::string m_Town;
};
#endif
```

Listing 7.11: KAP07/ADDRESS4.H

Nur leicht verändert präsentiert sich die Implementation der Klasse Address.

```
#include "address4.h"
#include <string>
#include <fstream>
using namespace std;
Address::Address(const string& filename)
{
    ifstream thefile(filename.c_str());
    if (thefile)
    {
        getline(thefile, m_Name1);
        if (!thefile.good())
            throw AddressException("Fehler in Name 1");

        getline(thefile, m_Name2);
        if (!thefile.good())
            throw AddressException("Fehler in Name 2");

        getline(thefile, m_Street);
        if (!thefile.good())
            throw AddressException("Fehler in Strasse");

        getline(thefile, m_Town);
        if (thefile.bad() ||
            thefile.fail())
            throw AddressException("Fehler in Ort");
    }
    else
        throw AddressException("Datei nicht geoeffnet");
}
```

Listing 7.12: KAP07/ADDRESS4.CPP

Startet man das Programm, so wird ein Fehlertext angezeigt, falls die Datei nicht existiert. Ändern Sie in der Datei auch mal die Anzahl der Zeilen, um andere Fehlermeldungen zu erzeugen. Es wird auf jeden Fall deutlich, dass nun eine Reaktion auf den fehlerhaften Zustand programmiert werden kann.

Fassen wir die Einzelpunkte mit einigen Ergänzungen zusammen.

 Um einen Fehler anzuzeigen, wirft man eine Exception. Diese wird durch `throw` gefolgt vom Namen einer Exceptionklasse erzeugt. Es ist sinnvoll, die Exceptionklassen von einer gemeinsamen Oberklasse wie `std::exception` (Header `<exception>`) abzuleiten.

 Ruft man Funktionen auf, die Exceptions werfen können, so klammert man den entsprechenden Programmteil mit einem `try`-Block ein. Wird eine Exception geworfen, so wird sofort der dem `try`-Block folgende `catch`-Block angesprungen.

 Zwischen dem `try`-Block und dem `catch`-Block dürfen keine weiteren Anweisungen stehen.

✔ Tritt keine Exception auf, wird der `catch`-Block vollständig übersprungen.

✔ Innerhalb der `catch`-Anweisung wird in den runden Klammern ein Klassentyp angegeben. Nur wenn die geworfene Exception zu diesem Typ gehört, wird dieser `catch`-Block ausgeführt. Es können mehrere `catch`-Blöcke für verschiedene Exceptionklassen hintereinander aufgereiht werden:

```
catch (AddressException& e)
{
    cout << "Adressdaten nicht geladen!" << endl;
    cout << "Fehlergrund: " << e.what() << endl;
}
catch (std::bac_alloc& e)
{
    cout << "noch ein anderer Fehler" << endl;
}
```

Damit können Sie verschiedene Fehlerkategorien unterscheiden, indem Sie beim `throw` unterschiedliche Klassen angeben.

 Will man eine Exception fangen, ohne dass man sich für den Typ interessiert – zum Beispiel, weil man die Fehlerinformationen nicht benötigt – so schreibt man den `catch`-Block pauschal für alle Exceptions:

```
catch (...)
{
    cout << "Ein Fehler ist aufgetreten" << endl;
}
```

Hat man mehrere `catch`-Blöcke nacheinander aufgeführt, so steht der Block mit dem `catch (...)` am Ende dieser Reihe.

✔ Man achte auch bei Exceptionhierarchien auf die Reihenfolge der `catch`-Blöcke – sind Exception-klassen voneinander abgeleitet, so fängt der `catch`-Block für die Oberklasse auch alle abgeleiteten Exceptions. Dies ist also bei der Reihenfolge der `catch`-Blöcke zu beachten: Unterklassen vor Ober-klassen abfangen.

 Wird ein bestimmter Exceptiontyp nur von einer einzigen Klasse geworfen, so macht es aus Gründen der Systematik Sinn, diese Exceptionklasse innerhalb der Klasse `public` zu defi-nieren. Damit werden die Zugehörigkeiten deutlicher. Sie finden dies in den Dateien KAP07/ ADDRESS5.H, KAP07/ADDRESS5.CPP und KAP07/LOAD5.CPP realisiert. Hier nur ein Ausschnitt, wie sich die Klassendefinition von `Address` dann verändert:

```
class Address
{
public:
    class Exception : public std::exception
    {
    public:
        Exception(const std::string& errortext)
        { /* usw */ }
        virtual const char* what() const
        { /* usw */ }
    /* usw */
    };

    Address(const std::string& filename)
            throw(Exception);
    /* usw */
```

Die Exceptionklasse wird dann über `Address::Exception` angesprochen, wodurch ihre Zugehörig-keit zu `Address` eindeutig angegeben ist.

 Man kann in der Klassendeklaration für jede Funktion angeben, welche und ob Exceptions geworfen werden können. Dies wurde für den Konstruktor gemacht, dort steht:

```
    Address(const std::string& filename)
        throw(AddressException);
```

Damit wird ausgedrückt, dass der Konstruktor Exceptions vom Typ `AddressException` werfen kann, aber sonst keine anderen. Dies ist vor allem für den Benutzer der Klasse eine hilfreiche Information. Will man verschiedene Typen an Exceptions werfen, so werden die Typen mit einem Komma (`,`) getrennt aufgelistet. Im Gegensatz zu Java bedeutet eine leere Liste in C++, dass die Funktion beliebige Exceptions werfen kann. Selbiges gilt für Funktionen ohne Exceptionspezifikation.

Ressourcenfreigabe bei Exceptions

Sonderlich schwierig sieht das mit den Exceptions ja nun nicht aus. Einfache Exceptions erzeugen erst-mal kein Kopfzerbrechen und man sollte ruhig davon Gebrauch machen. Ein schlimmes Problem paart sich aber gerne mit Exceptions. Das heimtückische Speicherloch lässt sich nämlich mit Vorliebe dann in Programmen nieder, wenn man leichtsinnig Exceptions verwendet, ohne an den lieben Speicher zu denken. Gemeinerweise kann dieses Loch auch noch an zwei Stellen auftreten – einmal in der Nähe des throw, zum anderen in der Nähe des try. Werfen Sie zunächst einen Blick auf das throw.

Die Änderungen beziehen sich ausschließlich auf den Konstruktor Address::Address, das zum Lesen benutzte ifstream-Objekt wird nun als Zeiger angelegt – überflüssiger Zusatzaufwand, ich weiß, aber Sie können hier die wesentliche Falle rasch erkennen:

```cpp
#include "address6.h"
#include <string>
#include <fstream>
#include <iostream>
using namespace std;
Address::Address(const string& filename)
{
    ifstream* pfile;
    pfile = new ifstream(filename.c_str());
    if (*pfile)
    {
        getline(*pfile, m_Name1);
        if (!pfile->good())
            throw AddressException("Fehler in Name 1");

        getline(*pfile, m_Name2);
        if (!pfile->good())
            throw AddressException("Fehler in Name 2");

        getline(*pfile, m_Street);
        if (!pfile->good())
            throw AddressException("Fehler in Strasse");

        getline(*pfile, m_Town);
        if (pfile->bad() ||
            pfile->fail())
            throw AddressException("Fehler in Ort");
    }
    else
        throw AddressException("Datei nicht geoeffnet");

    delete pfile;
}
Address::~Address()
{
    cout << "Destruktor" << endl;
}
```

Listing 7.13: KAP07/ADDRESS6.CPP

Tritt kein Fehler auf, so funktioniert der Konstruktor unverändert wie zuvor. Wird aber eine Exception geworfen ... hm. Wer ruft in diesem Fall eigentlich den Destruktor von pfile auf?

 Das `delete` wird ja nur erreicht, wenn _kein_ `throw` ausgeführt wird. Das bedeutet im Klartext: Wenn in diesem Programmabschnitt eine Exception geworfen wird, entsteht ein Speicherleck und sogar ein Ressourcenleck. Ein Speicherleck, weil der Speicher des Objekts nicht mehr freigegeben wird. Ein Ressourcenleck, weil die Datei ja noch offen in der Landschaft herumsteht. Und das ist wirklich übel – normal wird beim Destruktoraufruf die Datei automatisch geschlossen, nun bleibt sie offen. Da Betriebssysteme normalerweise die gleiche Datei nicht beliebig oft öffnen, kann es nun zu Folgefehlern oder Datenverlusten kommen.

Vermeiden lässt sich das mit den herkömmlichen Mitteln nur sehr umständlich (im nächsten Abschnitt _Intelligente Zeiger_ kommt ein wenig mehr Komfort hinzu). Man muss bei jedem `throw` das `delete` aufrufen, das kann dann so aussehen:

```
if (!pfile->good())
{
    delete pfile;
    throw AddressException("Fehler Strasse");
}
```

Stellen Sie sich das einmal vor, wenn Sie noch mehr Zeiger anlegen! Extrem fehleranfällig und unhandlich. Ich schlage vor, Sie warten noch ein paar Seiten bis zu _Intelligente Zeiger_ ab, dann wird Ihnen ein Licht aufgehen.

Das andere Fallbeispiel für ein Speicherloch spielt sich eine Ebene höher ab – im Bereich des `try`-Blocks. Schauen Sie sich mal das hier an:

```
#include "address6.h"
#include <iostream>
using namespace std;
int main()
{
    try
    {
        std::string* pHelpstring = new std::string("Beispiel");
        Address* pAddress = new Address("datafile2.txt");
        cout << pAddress->getName1() << endl;
        cout << pAddress->getName2() << endl;
        cout << pAddress->getStreet() << endl;
        cout << pAddress->getTown() << endl;

        delete pAddress;
        delete pHelpstring;
    }
    catch (AddressException& e)
    {
        cout << "Adressdaten nicht geladen!" << endl;
        cout << "Fehlergrund: " << e.what() << endl;
    }

    return 0;
}
```

Listing 7.14: _KAP07/LOAD6.CPP_

Das Adressobjekt wird nun dynamisch erzeugt, ebenso wird innerhalb des `try`-Blocks noch ein String mit Hilfe von `new` allokiert. Wird nun die Exception geworfen, so springt das Programm sofort in den `catch`-Block. Wo bleibt da das `delete`, fragt sich der aufmerksame Beobachter? Nun, es wird tatsächlich übersprungen. Die beiden dynamischen Objekte werden nicht mehr sauber aufgeräumt, es entstehen Speicherlöcher.

Auch hier lässt sich das Programm umschreiben, um dies zu umgehen. Da die Variablendeklaration innerhalb des `try`-Blocks nur dort sichtbar ist, muss man die Reihenfolge aber ein wenig umstellen:

```
std::string* pHelpstring = NULL;
Address* pAddress = NULL;
try
{
    pHelpstring = new std::string("Beispiel");
    pAddress = new Address("datafile2.txt");
    cout << pAddress->getName1() << endl;
    /* wie zuvor */
}
catch (AddressException& e)
{
    cout << "Adressdaten nicht geladen!" << endl;
    cout << "Fehlergrund: " << e.what() << endl;
}
delete pAddress;
delete pHelpstring;
```

Listing 7.15: Modifikation von LOAD6.CPP

Zwei mögliche Fallen, die natürlich auch noch komplexer aussehen können. Abrundend die Zusammenfassung.

Immer wenn man mit Zeigern arbeitet, die in der Nähe von möglichen Exceptionquellen mit `new` (oder auch `malloc`) Werte zugewiesen bekommen, sollte man darauf achten, dass durch geworfene Exceptions Speicher- oder Ressourcenlöcher entstehen können. Dies ist tunlichst zu verhindern.

Wird eine Exception geworfen, ändert sich der Programmablauf. Stellen Sie sicher, dass auch bei diesen alternativen Wegen immer alles sauber aufgeräumt wird.

✔ Speicherlöcher können sowohl auf der Ebene des Werfens (also im Bereich des `throw`) als auch auf der Ebene des Fangens (also im Bereich des `try`) entstehen.

Verwenden Sie nach Möglichkeit immer Objektinstanzen statt Zeiger, da hier beim Werfen der Exceptions beim Austritt aus der Funktion der Destruktor automatisch aufgerufen wird (wie im Beispiel ADDRESS4.CPP). Falls Sie dennoch dynamisch Speicher allokieren müssen, verwenden Sie statt normaler Zeiger lieber so genannte *smart pointer* (kommt gleich).

Intelligente Zeiger

 Sollten Sie für die Programme den Visual C++ der Firma Microsoft einsetzen, so empfehle ich zunächst ein Update der Standardbibliothek, das auf der Seite

`http://www.dinkumware.com/vc_fixes.html`

im Internet zu finden ist.

Dynamisch allokierter Speicher ist notwendig, das lernt man in der Programmierung schon nach recht kurzer Zeit. Nicht für alles steht schon vorher genau fest, wie viele und welche Objekte erzeugt werden sollen. Typisches Beispiel sind immer Datenbestände, die während der Laufzeit des Programms wachsen. Man braucht diesen dynamischen Speicher also.

Verwaltet wird dynamischer Speicher bekanntlich mit Hilfe von Zeigern, was im Regelfall auch kein großes Problem darstellt. Sie haben nun aber gesehen, dass im Zusammenhang mit Exceptions die Freigabe des Speichers ein gewisses Problem darstellt, man muss sicherstellen, dass für den Zeiger irgendwann und irgendwo noch ein `delete` aufgerufen wird. Um diese Aufgabe wesentlich zu vereinfachen, gibt es in der Standardbibliothek von C++ so genannte *smart pointer*, clevere Pointer. Diese haben eine wirklich witzige Eigenschaft: Sobald man sie nicht mehr benötigt, löschen sie sich selbst. Kleine Demo gefällig?

Sie wollen von der folgenden kleinen Klasse Objekte anlegen, verwaltet über Zeiger.

```
class A
{
public:
   A()
   {
      cout << "A::A" << endl;
   }
   ~A()
   {
      cout << "A::~A" << endl;
   }
   void doSomething()
   {
      cout << "Hallo!" << endl;
   }
};
```

Herkömmlich sieht das Programm dann ungefähr so aus:

```
int main()
{
   A* pObjectA1;
   A* pObjectA2;
   pObjectA1 = new A();
   pObjectA1->doSomething();
   pObjectA2 = pObjectA1;
   pObjectA2->doSomething();
```

```
    delete pObjectA1;
    return 0;
}
```

Listing 7.16: Ausschnitt aus KAP07/SMART.CPP

Das Objekt wird einmal angelegt, man kann noch einen zweiten Zeiger auf das gleiche Objekt legen und das Objekt auch über diesen Zeiger ansprechen. Am Ende kommt dann ein `delete`, um aufzuräumen. Mit einem `auto_ptr` – so nennt sich in C++ die Klasse zur Verwaltung der cleveren Zeiger – sieht das ähnlich und doch anders aus.

```
int main()
{
    auto_ptr<A> pObjectA1;
    auto_ptr<A> pObjectA2;

    pObjectA1 = auto_ptr<A>(new A);
    pObjectA1->doSomething();
    pObjectA2 = pObjectA1;
    pObjectA2->doSomething();

    return 0;
}
```

Listing 7.17: Ausschnitt aus KAP07/SMART2.CPP

 Bei der Template-Klasse `auto_ptr` wird in den spitzen Klammern der Typ eingeschlossen, von dem man ein dynamisches Objekt erzeugt, hier also `auto_ptr<A>`, weil Sie Zeiger auf A verwalten wollen.

Unterschiede gibt es mehr im Detail, die wir im Schnelldurchlauf zusammenfassen.

✔ Verwendet man die Klasse `auto_ptr<T>` zur Verwaltung dynamisch angelegter Objekte, ist kein `delete` erforderlich. Sobald das Objekt der Klasse `auto_ptr<T>` entfernt wird, wird auch der damit verwaltete Speicher freigegeben. `auto_ptr<T>` darf man nur zur Verwaltung einzeln angelegter dynamischer Objekte benutzen.

✔ Um `auto_ptr` zu benutzen, müssen Sie den Header `<memory>` inkludieren.

✔ Kopiert man `auto_ptr`-Objekte, wie hier in der Zeile `pObjectA2 = pObjectA1`, so wird die Verantwortung für den Speicher an das Objekt links vom = übergeben. Ein Zugriff auf das Objekt A über `pObjectA1` ist nun nicht mehr möglich. Man nennt das auch *destructive-copy, destructive-assignment* oder *move-copy move-assignment*.

 `auto_ptr`-Objekte verhalten sich wie die Läufer beim Staffellauf – es gibt nur einen Stab und dieser wird immer weiter gegeben. Dies ist ein dramatischer Unterschied zu gewöhnlichen Zeigern, wo man beliebige Kopien einrichten kann, die aber in Wirklichkeit alle gleichberechtigt auf den gleichen Speicher zeigen.

✔ Will man eine Methode der verwalteten Klasse aufrufen, so setzt man einfach den Methodennamen hinter den Objektnamen, gefolgt von einem ->. Für pObjectA1->doSomething() konnten Sie das sehr schön sehen.

✔ Soll das auto_ptr-Objekt den Speicher sofort freigeben, so kann man ihm einen NULL-Zeiger zuweisen

```
pObjectA2 = auto_ptr<A>(0);
```

Einsatz des auto_ptr in Exceptions

Ihnen fehlt bei den auto_ptr-Objekten noch der Zusammenhang zu den Exceptions. Sie erinnern sich noch gaaaanz dunkel? Das Thema dieses Kapitels? Richtig, Speicherlöcher, wenn man Exceptions wirft. Gesehen haben Sie, wie man Speicher aus Versehen stehen lassen kann. Wie helfen Ihnen die auto_ptr dabei? Vorhang auf für Beweisstück A.

```cpp
#include "address7.h"
#include <string>
#include <fstream>
#include <iostream>
#include <memory>
using namespace std;
Address::Address(const string& filename)
{
    auto_ptr<ifstream>
        pfile( new ifstream(filename.c_str()) );
    if (*pfile)
    {
        getline(*pfile, m_Name1);
        if (!pfile->good())
            throw AddressException("Fehler Name 1");

        getline(*pfile, m_Name2);
        if (!pfile->good())
            throw AddressException("Fehler Name 2");

        getline(*pfile, m_Street);
        if (!pfile->good())
            throw AddressException("Fehler Strasse");

        getline(*pfile, m_Town);
        if (pfile->bad() || pfile->fail())
            throw AddressException("Fehler Ort");
    }
    else
        throw AddressException("Datei nicht geoeffnet");
}
Address::~Address()
```

```
{
   cout << "Destruktor" << endl;
}
```

Listing 7.18: KAP07/ADDRESS7.CPP

Als Header KAP07/ADDRESS7.H können Sie übrigens einfach den Header ADDRESS6.H nehmen und umbenennen – es gibt hier keine Änderungen.

Sie hatten zuvor gesehen, dass Fehlerquelle 1 für Speicher- und Ressourcenlöcher bei Exceptions entsteht, wenn man Objekte über new allokiert und dann vor dem delete eine Exception wirft – das wird hier im Konstruktor von Address::Address doch recht eindrucksvoll mit Hilfe des auto_ptr umgangen. Wird mit throw eine Exception geworfen, so wird nun das Objekt pfile zunächst zerstört. Bei der Zerstörung von pfile wiederum wird der verwaltete Speicher freigegeben und der Aufräumvorgang wurde beendet. Kein Speicherloch mehr.

```
#include "address7.h"
#include <iostream>
#include <memory>
using namespace std;
int main()
{
   try
   {
      auto_ptr<Address>
         pAddress(new Address("datafile2.txt"));
      auto_ptr<std::string>
         pHelpstring(new std::string("Beispiel"));
      cout << pAddress->getName1() << endl;
      cout << pAddress->getName2() << endl;
      cout << pAddress->getStreet() << endl;
      cout << pAddress->getTown() << endl;
   }
   catch (AddressException& e)
   {
      cout << "Adressdaten nicht geladen!" << endl;
      cout << "Fehlergrund: " << e.what() << endl;
   }
   return 0;
}
```

Listing 7.19: KAP07/LOAD7.CPP

Fehlerquelle 2 entstand im Bereich des try-Blocks beim Fangen der Exception, vergleichen Sie noch einmal das Programm LOAD6.CPP. Auch dieser Punkt konnte mit dem auto_ptr entschärft werden, die beiden dynamisch erzeugten Objekte für die Adresse und den String werden mit auto_ptr verwaltet. Wird eine Exception geworfen und das Programm springt in den catch-Block, werden beim Verlassen des try-Blocks zunächst die darin angelegten Objekte zerstört, wodurch der verwaltete Speicher von pAddress und pHelpstring wieder freigegeben wird.

Alle Unklarheiten beseitigt, Problem gelöst.

Sie sollten eigentlich viel häufiger `auto_ptr` verwenden. Programme werden dadurch weniger fehleranfällig und die Möglichkeiten für Speicher- und Ressourcenlöcher reduzieren sich.

✔ Achten Sie beim Exception-Handling auf den Gültigkeitsbereich der Variablen. Eine innerhalb des `try`-Blocks deklarierte Variable ist nur im Bereich zwischen den geschweiften Klammern { } gültig. Man kann auf solche Variablen im `catch`-Block nicht mehr zugreifen. Dies entspricht den gewöhnlichen Sichtbarkeitsregeln von C++, aber ich wollte Sie noch einmal daran erinnern.

Leider funktionieren `auto_ptr` nicht für Speicher, den man als Array allokiert, wie zum Beispiel mit `new int[100]`. Hier ist man dann darauf angewiesen, seinen Speicher mit Hilfe von Klassen aus der Standardbibliothek zu verwalten – das erfahren Sie im Kapitel *Wachsweiche Felder*.

✔ `auto_ptr` ist der einzige Smart-Pointer, der derzeit in der Standardbibliothek integriert ist. Aus diesem Grund wird er häufig zu oft eingesetzt. Es gibt unzählige andere Smart-Pointer. Unter `http://www.boost.org/libs/smart_ptr/smart_ptr.htm` findet man einige Varianten, die für spätere C++-Standardbibliotheken vorgesehen sein könnten.

Die Sache mit dem new (nothrow)

Das Schöne an der Sprache C ist, dass es den Programmierer so richtig schön verdirbt, bevor man sich mit C++ beschäftigt. Was passiert eigentlich, wenn bei einer dynamischen Speicheranforderung der Speicher nicht mehr ausreicht? Etwa so:

```
int* pBuffer = (int*)malloc(99999999 * sizeof(int));
```

Nun, in diesem Falle erhält man den Wert NULL (0) in `pBuffer`. Wie sieht die gleiche Zeile unter C++ aus:

```
int* pBuffer = new int[99999999];
```

Und was erhält man hier, wenn der Speicher ausverkauft ist? Wieder NULL? Denkste. C++ wirft gemäß ISO-Standard in diesem Falle eine Exception vom Typ `bad_alloc`.

Ganz C++? Nun, nicht ganz C++. Eine kleine Firma in Redmond versieht ihre Produkte von Zeit zu Zeit mit kleinen Abweichungen vom Standard. Dies soll hier nicht unerwähnt bleiben, weil der Visual C++, mit dem viele Leser wohl arbeiten werden, im Falle des nicht vorhandenen Speichers eben doch genau wie `malloc` als Wert eine NULL (0) zurückliefert.

Wie bekommt man das nun unter einen Hut? Die cleveren Väter von C++ haben daran gedacht und im Standard eine Variante vorgesehen, wie man mit `new` Speicher allokieren kann und im Fehlerfalle eine NULL, also keine Exception erhält. Die Speicheranforderung von oben lautet bei korrekter Umsetzung nach C++:

```
#include <new>
using namespace std;
int* pBuffer = new(nothrow) int[99999999];
```

Achten Sie darauf, dass Sie den Header ⟨new⟩ inkludieren und den Namensraum std öffnen (oder rufen Sie std::new(nothrow) auf). Abrundend die Tipps für den Leser:

 Wenn Sie mit dem Visual C++ programmieren, sollten Sie new grundsätzlich durch new (nothrow) ersetzen, weil Ihre Programme sonst auf anderen Compilern anders arbeiten.

✔ Wollen Sie im Falle nicht vorhandenen Speichers lieber mit NULL-Zeigern arbeiten, verwenden Sie new(nothrow) statt new.

✔ Korrektes Fehlerhandling für new sieht also ein wenig anders aus, als man denkt. Richtig wäre zum Beispiel:

```
int* pBuffer = NULL;
try
{
   pBuffer = new int[1000];
}
catch (bad_alloc &e)
{
   cout << "Fehler - kein Speicher" << endl;
   // was weiß ich, was nun notwendig ist!
}
if (pBuffer)
{
   // tue irgendwas mit pBuffer;
}
delete[] pBuffer;
```

 RTFM (Internet-Slang für »read the fucking manual« = »lies das verdammte Handbuch«) lautet an dieser Stelle die Empfehlung, wenn Sie den Compiler wechseln. Prüfen Sie unbedingt, wie Ihr Compiler auf das new im Fehlerfalle reagiert – manche Compiler lassen sich nämlich auch zwischen den beiden Varianten umschalten.

✔ Wenn Sie die bad_alloc-Exception fangen wollen, müssen Sie ebenfalls den Header ⟨new⟩ inkludieren, dort ist diese Klasse nämlich definiert.

 Beißt sich die Katze in den Schwanz? Wenn kein Speicher da ist, wird eine Exception bad_alloc geworfen. Die Erzeugung des Exception-Objekts benötigt doch aber wieder Speicher – wie soll das gehen, das ist ja ein Teufelskreis. Ruhig Blut, die Klasse bad_alloc wurde so implementiert, dass im Voraus genug Speicher für den Fehlerfall zur Verfügung steht, das bedeutet, dass das Werfen von bad_alloc keinen zusätzlichen Speicher mehr benötigt. Wie Sie sehen, waren die Väter von C++ *wirklich* clever.

Nur in Konstruktoren?

Bisher haben Sie Exceptions nur im Zusammenhang mit der Konstruktion von Objekten kennen gelernt. Ist das ausreichend? Deckt man damit die möglichen Fälle (und Fallen) des Lebens ab? Leider nein.

Beispiele für anderen exceptionwürdige Probleme ergeben sich bei der Verwaltung von Objekten. Im Beispiel speichert die Klasse A fünf Elemente und der Aufrufer kann mit einer Methode auf die Werte zugreifen.

```
class A
{
public:
   A()
   {
      for (int i = 0; i < 5; i++)
         m_Value[i] = i * 10;
   }
   int getValue(int index)
   {
      return m_Value[index];
   }
private:
   int m_Value[5];
};
```

Listing 7.20: KAP07/ACCESS.CPP

Was soll passieren, wenn der Aufrufer nun ein getValue(10) aufruft? Liefern Sie eine 0? Oder eine -1? Oder tun Sie gar nichts?

Die Lösung, eine Zahl zu liefern, wäre typische C-Praxis. Man definiert zum Beispiel »Wenn die Funktion -1 liefert, ist ein Fehler aufgetreten«. Ist -1 aber nun ein gültiger Rückgabewert, dann muss man einen anderen Wert nehmen. Gar nichts tun ist auch keine gute Idee, dann erhält der Aufrufer Nonsens zurück. Wie man das Blatt auch dreht und wendet, man kommt eigentlich nicht um die Erkenntnis herum: Man darf keinen Wert zurückliefern, weil es gar keinen gibt. Das Hilfsmittel, um dies zu zeigen? Exceptions.

Schreiben Sie die getValue-Funktion so um, dass sie ein definiertes Verhalten erzeugt:

```
int getValue(int index) throw (std::out_of_range)
{
   if ( (index < 0) || (index >= 5) )
      throw std::out_of_range("ungueltiges "
                              "Argument");
   return m_Value[index];
}
```

Listing 7.21: Das vollständige Programm befindet sich in KAP07/ACCESS2.CPP

Sie müssen zusätzlich noch den Header <stdexcept> inkludieren, damit Sie die vordefinierte Exceptionklasse std::out_of_range verwenden können.

Das vollständige Beispiel inklusive Exceptionhandler finden Sie in KAP07/ACCESS2.CPP. Hier noch einmal die Warnungen und Empfehlungen zum Ausschneiden und An-den-Monitor-kleben.

✔ Schlagen Objektkonstruktionen fehl, sollte man Exceptions einsetzen, um eine saubere Fehlerbehandlung zu ermöglichen.

✔ Exceptions können aber auch außerhalb von Objektkonstruktionen eingesetzt werden, immer dann, wenn der Aufruf einer Funktion fehlschlägt. Typischerweise dann, wenn eine Funktion einen Wert liefern sollte, dies aber wegen eines Fehlers nicht möglich ist. Eine Exception ist hier besser, als irgendeinen seltsamen Wert als Ergebnis zu liefern.

✔ Auch bei Funktionen kann und sollte man in der Klassendefinition am Ende angeben, welche Exceptions geworfen werden können. Damit sieht der Aufrufer sofort, dass er für das `getValue` einen Exceptionhandler implementieren muss.

 Achten Sie vor allem darauf, wenn Sie Funktionen schreiben, die Zeiger zurückliefern – liefert man im Fehlerfalle einfach eine `NULL` oder `0` zurück und der Aufruf verlässt sich auf die Gültigkeit des Wertes, so wird das Programm abstürzen. Es ist nicht nett, so zu programmieren.

 Schreiben Sie *nie nie nie niemals* Destruktoren, die Exceptions nach außen entkommen lassen. Ein Destruktor steht immer am Ende eines Objektlebenszyklus, wenn man hier eine Exception wirft – wie soll man da noch die Reste abräumen? Schließlich hat man den Destruktor in diesem Fall über eine Exception verlassen, man überspringt Teile des Aufräumvorgangs. Das ist nicht mehr korrigierbar, weil man kein zweites Mal in den Destruktor springen kann.

 ## Vordefinierte Exceptionklassen in der Standardbibliothek

Um das Rad nicht immer neu zu erfinden, gibt es einige fertige Exceptionklassen in der Standardbibliothek. Inkludieren Sie dazu den Header `<stdexcept>`.

Name	Oberklasse	Bedeutung
`domain_error`	`logic_error`	Ein Bereichsfehler ist aufgetreten
`invalid_argument`	`logic_error`	In der Funktion wurde ein unzulässiges Argument verwendet
`length_error`	`logic_error`	Es wurde versucht, ein zu großes Objekt zu erzeugen
`out_of_range`	`logic_error`	Ein Argument der Funktion war außerhalb des zulässigen Bereichs
`overflow_error`	`runtime_error`	Eine Berechnung hat einen Überlauf (Overflow) erzeugt
`range_error`	`runtime_error`	Ein interner Bereichsfehler ist aufgetreten
`underflow_error`	`runtime_error`	Eine Berechnung hat einen Unterlauf (Underflow) erzeugt

Tabelle 7.1: Exceptionklassen aus `<stdexcept>`

Teil III

Gefährliche Tiefen

The 5th Wave   By Rich Tennant

In diesem Teil ...

Weit sind wir bisher gekommen, doch die gefährlichen Tiefen stehen uns noch bevor. Sie können bisher Klassen in verschiedenster Form erstellen und aufrufen, mit Vererbung hantieren und Objekte erstellen und zerstören.

Die Arbeit mit den Objekten verlangt allerdings noch ein wenig mehr – wenn ein Taucher im Meer abtaucht, so schwimmt oben auf der Oberfläche eine rote Boje, um den Tauchgang abzusichern. Teil III ist diese Boje bei Ihrem Tauchgang in die Tiefen von C++.

Gemäß der bekannten Schlussfolgerung »Ein Computer wird das tun, was du programmierst – nicht das, was du willst« erfahren Sie in diesem Teil, wie Ihr Klassendesign rund und handlich wird.

Klassen werden besser verwendbar, indem Sie spezielle Operatoren einführen. Sie lernen die Vorgänge hinter den Kulissen kennen, was alles zwischen Konstruktoraufruf und dem Destruktor passiert, was das Programm alles für Sie automatisch tut.

Handliche Übergabe von Werten wird Ihnen dabei helfen, flotte Programme zu schreiben – wer will schon trotz schneller CPU auf seine Programme warten?

Falls es einmal zu schnell ging, wird Ihnen das Kapitel über Fehlersuche und -beseitigung sicherlich ein hilfreicher Leitfaden sein – denn Debugging von Programmen beginnt eigentlich schon während der Programmierung. Ein Taucher füllt seine Pressluftflasche ja auch vor dem Tauchgang, und nicht danach.

Operatoroverloading

In diesem Kapitel

▷ Befassen wir uns mit der sagenumwobenen Überladung von Operatoren

▷ Lernen Sie den Zuweisungsoperator kennen

▷ Erfahren Sie, dass der Zuweisungsoperator auch `operator=` genannt wird

▷ Hören Sie von der »Regel der großen Drei«

▷ Implementieren Sie eigene Operatoren für eine Klasse

▷ Erfahren Sie, was unäre und binäre Operatoren sind und wie man sie überlädt

C makes it easy to shoot yourself in the foot;
C++ makes it harder, but when you do it blows your whole leg off.

Bjarne Stroustrup

Wenn es dem Esel zu wohl wird, geht er aufs Eis. So ähnlich müssen sich das die Designer von C++ gedacht haben, als sie Operatoren überladbar machten. Was sollen wir von einem Feature halten, bei dem es möglich ist, die eingebauten Operatoren umzudefinieren? Scherzkekse haben schon Klassen geschrieben, wo »Minus« »Mal« bedeutete und umgekehrt – wenn es mit C möglich war, unlesbare Programme zu schreiben, so ist die Operatorüberladung unter C++ das ultimative Hilfsmittel dafür.

Doch halt – die meisten Dinge, die Sie über Operatorüberladung bisher gehört haben, waren wahrscheinlich eher bösartige Gerüchte, in die Welt gesetzt von Leuten, die gerne warm duschen und im Schatten parken. Dabei ist es damit wie mit Schokolade. Eine Tafel schmeckt gut, doch 20 Tafeln verursachen Übelkeit.

Operatorüberladung in Maßen genossen, erhöht für den Leser den Genuss beim Benutzen Ihrer Programme.

Wie mache ich meine Programme unverständlich?

Nach unserem bisherigen Wissen ist diese Geschichte mit den Operatoren ein wenig ungewöhnlich – auf den ersten Blick. Der ganze Trick hinter der Überladung von Operatoren ist, dass C++ die ganzen typischen Operatoren wie +, -, *, /, ..., als Funktionen behandelt. Warum auch nicht? Betrachten wir die folgende Zeile

```
int a = b + c;
```

so spricht ja nichts dagegen, dass man dies gleichwertig mit Hilfe einer Funktion in der Form

```
int a = add(b, c);
```

schreibt. Wenn man nun noch hinzunimmt, dass

1. der Compiler bei einem + automatisch diesen Funktionsaufruf einsetzt und

2. man als Name für diese speziellen Funktion wieder direkt den Operator verwenden darf,

so ergibt sich als Resultat das typische Überladen von Operatoren unter C++.

Beginnen wir gleich mit einem Beispiel, in dem Sie die beiden wesentlichen Implementationen erkennen können.

```
class OpDemo1
{
public:
    OpDemo1(int value)
        : m_Value(value) {}
    int getValue() const {return m_Value;}
    const OpDemo1 operator+(const OpDemo1& right)
    {
        return OpDemo1(m_Value + right.getValue());
    }
private:
    int m_Value;
};
class OpDemo2
{
public:
    OpDemo2(int value)
        : m_Value(value) {}
    int getValue() const {return m_Value;}
    friend const OpDemo2 operator+(const OpDemo2& left,const OpDemo2& right);
private:
    int m_Value;
};
const OpDemo2 operator+(const OpDemo2& left,const OpDemo2& right)
{
    return OpDemo2(left.m_Value + right.m_Value);
}
```

Listing 8.1: KAP08/OPS1.CPP

In den Klassen `OpDemo1` und `OpDemo2` wurde der `operator+` jeweils unterschiedlich realisiert. In `OpDemo1` wird `operator+` als Memberfunktion der Klasse programmiert, in `OpDemo2` wird dagegen eine globale Funktion eingeführt, die zwei `OpDemo2`-Objekte miteinander verknüpft. Damit diese Funktion auch auf `private`-Member der Klasse zugreifen kann, wird die globale Funktion innerhalb der Klasse `OpDemo2` als `friend`-Funktion deklariert.

Beide Varianten stehen sich hier gleichwertig gegenüber:

```
OpDemo1 a(5);            OpDemo2 a(5);
OpDemo1 b(10);           OpDemo2 b(10);
OpDemo1 c = a + b;       OpDemo2 c = a + b;
```

In jedem Fall steht am Ende im Objekt c der Wert 15. Das mit den zwei Möglichkeiten ist natürlich überraschend, listen wir das noch mal auf.

Eine Operatorfunktion hat den Namen `operator`, gefolgt von dem jeweiligen Operatorzeichen. Mögliche Beispiele sind `operator!`, `operator==`, `operator=`, `operator||` usw. Der `operator=` hat sogar einen eigenen Namen: *Zuweisungsoperator*.

Die meisten Operatoren kann man grundsätzlich als Memberfunktion oder als globale Funktion implementieren. Beide Möglichkeiten sind gleichwertig, wir sehen später noch, wann welche vorzuziehen ist.

✔ Eine globale Operatorfunktion muss nicht zwangsläufig in der zugehörigen Klasse als `friend` deklariert sein. Dies ist nur notwendig, wenn man auf `private`- oder `protected`-Elemente der Klasse zugreifen muss, um den Operator zu realisieren. Dies ist aber häufig der Fall, um eine effiziente Implementation zu erreichen. Schreibt man `OpDemo2` wie folgt um

```
const OpDemo2 operator+(const OpDemo2& left,
                        const OpDemo2& right)
{
    return OpDemo2(left.getValue() +
                   right.getValue());
}
```

so kann man die `friend`-Deklaration aus der Klasse vollständig streichen, da der Operator nun nur noch auf `public`-Elemente (`getValue`) zugreift.

Normalerweise sollte man `friend`-Funktionen wenn möglich vermeiden, da diese sehr starke Abhängigkeiten zwischen Funktionen und Klassen erzeugen. Auch hier war es durchaus machbar, auf das `friend` zu verzichten.

Für den Einsatz von Operatorüberladung kann man eine einfache Regel aufstellen: *Vermeide Überraschungen*. Zu DOS-Zeiten hatte die Firma Borland eine Fensterbibliothek unter C++ im Einsatz (»Turbo Vision«), in der zum Beispiel der `operator+` für Menüs so überladen war, dass man einen weiteren Menüpunkt mit Hilfe von + anhängte. Ein Menü sah damals so aus:

```
new TMenuBar(r,
            *new TSubMenu("Datei", kbNoKey) +
            *new TMenuItem("Neu", kbNoKey) +
            *new TMenuItem("Öffnen", kbNoKey) +
            newLine() +
            *new TMenuItem("Ende", kbNoKey) );
```

Verschiedene Objekte, alle mit + aufgereiht. Optisch sehr schön, aber es war unheimlich verwirrend, eine Addition von zwei Objekten mit einer Verknüpfung von Menüeinträgen in Zusammenhang zu bringen. Sie tun sich und anderen einen Gefallen, wenn Sie Operatoren nur so einsetzen, wie man es gewohnt ist. Bei wilden Spielereien mit dem Nicht-Operator oder Und-Operatoren versteht hinterher außer Ihnen keiner den Sinn.

 Beachten Sie unbedingt, dass die Operatoren keine unerwarteten Seiteneffekte verursachen. Wenn der `operator+` in `OpDemo1` zum Beispiel so realisiert würde

```
const OpDemo1 operator+(const OpDemo1& right)
{
    return m_Value + right.getValue();
}
```

wird bei einer Addition der linke Operand ebenfalls mitgeändert – das wäre überhaupt nicht im Sinne des Erfinders. Beispiel hierzu – nach Ausführung von

```
OpDemo1 a(5);
OpDemo1 b(10);
OpDemo1 c = a + b;
```

würde auch in a die 15 stehen! Das wäre für den Aufrufer wohl reichlich unerwartet und viele Stunden lustige Fehlersuche sind die Folge. Genau genommen sollte man den `operator+` hier als konstante Memberfunktion kennzeichnen:

```
const OpDemo1 operator+(const OpDemo1& right) const
```

Der Zuweisungsoperator

Der Mensch ist ein seltsames Geschöpf. Zuerst versucht er jahrelang, Dinge zu automatisieren. Geht es dann endlich automatisch, ist es wieder nicht recht. Automatismen haben wir schon früher im Zusammenhang mit dem Copykonstruktor kennen gelernt. Blättern Sie noch mal das Kapitel *Die Kopiermaschine* auf, falls Sie sich nicht mehr daran erinnern. Besitzt eine Klasse keinen Copykonstruktor und man kopiert ein Objekt, so wird dieser Konstruktor automatisch generiert.

Und genau das Gleiche passiert beim Zuweisungsoperator, Codename `operator=`. Weist man ein Objekt einem anderen zu und es gibt keinen Zuweisungsoperator, so erstellt der Compiler automatisch einen. Stichwort *flache Kopie* – sobald komplexe Daten zu kopieren sind, wie zum Beispiel dynamische Objekte – schlägt dies höchstwahrscheinlich fehl. Ein Beispiel dazu:

```
#include <iostream>
using namespace std;
class A
{
    enum {maxNum = 100};
public:
    A(int value)
    {
        m_pValue = new int[maxNum];
        for (int i = 0; i < maxNum; i++)
            m_pValue[i] = value;
    }
    A(const A& source)
    {
        m_pValue = new int[maxNum];
        for (int i = 0; i < maxNum; i++)
```

```
         m_pValue[i] = source.m_pValue[i];
   }
   ~A()
   {
      delete[] m_pValue;
   }
   void print()
   {
      for (int i = 0; i < maxNum; i++)
         cout << i << " : " << m_pValue[i] << endl;
   }
private:
   int* m_pValue;
};
int main()
{
   A objectA1(999);
   A objectA2(666);
   objectA2 = objectA1;
   objectA1.print();
   objectA2.print();
   return 0;
}
```

Listing 8.2: KAP08/DEEPCOPY2.CPP

Das Beispiel bedient sich der berüchtigten Klasse A, die wir beim Copykonstruktor bereits quälten. Was passiert? Bei objectA2 = objectA1 wird der automatisch generierte Zuweisungsoperator aufgerufen, der den Zeiger kopiert, aber nicht den Inhalt des Speicherbereichs. Ab nun zeigen zwei verschiedene Objekte auf den gleichen Speicher, was am Ende des Programms in einem Absturz mündet. Man muss hier einen eigenen Zuweisungsoperator erstellen, der eine tiefe Kopie ausführt.

Ergänzen Sie die Klassendefinition um einen Zuweisungsoperator.

```
const A& operator=(const A& source)
{
   if (this == &source)
      return *this;
   A temp(source);
   int* pVal = m_pValue;
   m_pValue = temp.m_pValue;
   temp.m_pValue = pVal;
   return *this;
}
```

Listing 8.3: Komplett zu finden in KAP08/DEEPCOPY3.CPP

Der operator= benutzt den Copykonstruktor, um seine Aufgabe zu erledigen. Zuerst wird ein temporäres Objekt angelegt, das eine Kopie des Quellobjekts darstellt. Danach werden die ganzen Innereien zwischen dem this-Objekt und dem temporären Objekt vertauscht. Diese Implementation haben Sie in dieser Form sicherlich noch nicht so oft gesehen – aber sie ist exceptionsicher. Der nächste Abschnitt erklärt die genaue Funktionsweise.

Haben Sie ein bisschen Bauchschmerzen, wann Sie sich nun auf den Automatismus verlassen dürfen, wann Copykonstruktor, wann Zuweisungsoperator? Der graue Kasten *Die Regel der großen Drei* gibt Ihnen eine Faustformel an die Hand.

Hat man den Copykonstruktor verstanden, so ist auch der Zuweisungsoperator keine schwierige Sache mehr. Die folgende Liste enthält die wissenswerten Punkte dazu.

 Der Zuweisungsoperator besitzt in der Regel zu Beginn eine so genannte Prüfung auf *Selbstzuweisung (self-assignment)*.

```
if (this == &source)
    return *this;
```

 ## Vertauschung der Innereien

Den operator= zu erstellen, ist eigentlich keine schwierige Aufgabe. Soll er aber exceptionsicher sein, wird es knifflig. Der Zuweisungsoperator soll nämlich folgenden Anspruch erfüllen: Weist man ein Objekt einem anderen zu und tritt dabei eine Exception auf, so dürfen die beiden Objekte nicht verändert werden.

Diese Bedingung kann man nur mit einem dritten Objekt und einem Tausch über Eck erfüllen.

Schritt 1:

Man legt ein temporäres Objekt mit Hilfe des Copykonstruktors an. Tritt hierbei eine Exception auf, sind Originalobjekt source und das aktuelle Objekt beide nicht betroffen. Das Quellobjekt ist nun bereits aus dem Schneider und wird nicht mehr benötigt.

```
A temp(source);
```

Schritt 2:

Die Innereien des temporären Objekts werden alle mit dem aktuellen Objekt vertauscht, dazu nimmt man Hilfsvariablen. Das ist ganz elementar, will man zwei Variableninhalte vertauschen, benötigt man eine dritte Hilfsvariable.

```
int* pVal = m_pValue;
m_pValue = temp.m_pValue;
temp.m_pValue = pVal;
```

Nach diesem Schritt sind Inhalt des temporären Objekts und Inhalt des aktuellen Objekts vertauscht.

Schritt 3:

Der Zuweisungsoperator wird verlassen und damit wird das temporäre Objekt gelöscht. Da dieses die alten Daten des aktuellen Objekts enthält, wird damit letztlich das Zielobjekt aufgeräumt.

Abbildung 8.1 zeigt die Abfolge noch einmal als Grafik.

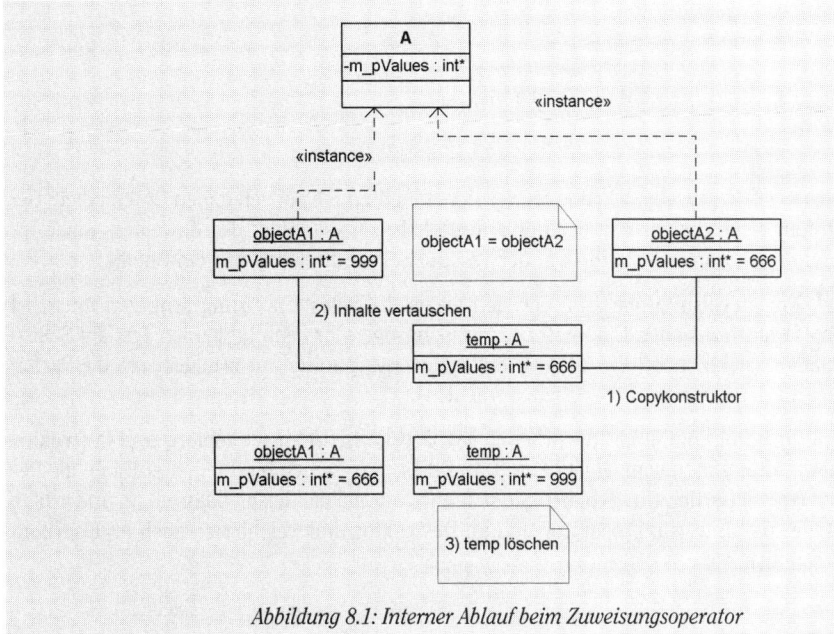

Abbildung 8.1: Interner Ablauf beim Zuweisungsoperator

Hier wird geprüft, ob die Adresse des Objekts links vom = gleich der Adresse vom Objekt rechts davon ist. Dies kann man leicht durch ein `ObjectA1 = ObjectA1`; provozieren, was eine völlig legale Anweisung ist. Der Zuweisungsoperator soll in diesem Fall gar nichts tun und springt sofort mit `return` aus der Funktion heraus, dies spart Rechenzeit.

 Der Rückgabetyp des Zuweisungsoperators ist eine konstante Referenz auf die zugehörige Klasse, im Beispiel also `const A&`. Dies ist erforderlich, damit die folgende Zuweisungskette auch mit dem selbst definierten Zuweisungsoperator funktioniert:

```
int a, b, c, d;
a = b = c = d = 5;
```

Haben Sie nicht gewusst, dass dies in C und C++ geht? Nun, hier erhalten alle Variablen den Wert 5 zugewiesen. Da der Ausdruck von rechts nach links zugewiesen wird, muss man bei der Zuweisung immer die Referenz auf das Objekt links vom = zurückliefern. Aus diesem Grund lautet die letzte Zeile des Zuweisungsoperators auch immer `return *this`.

✔ `this` ist ein Zeiger vom Typ der Klasse. Durch den Dereferenzierungsoperator * wird aus `*this` der Klassentyp, der nun als Referenztyp zurückgeliefert wird. Sieht zu Beginn gewöhnungsbedürftig aus, lernt man aber schnell.

✔ Wahrscheinlich haben Sie für den Zuweisungsoperator eher folgende Form erwartet:

```
const A& operator=(const A& source)
{
    if (this == &source)
        return *this;
```

```
delete[] m_pValue;
m_pValue = new int[maxNum];
for (int i = 0; i < maxNum; i++)
    m_pValue[i] = source.m_pValue[i];
return *this;
}
```

Diese Variante ist geläufiger, aber nicht exceptionsicher. Achten Sie auf den feinen Unterschied: Der Test auf Selbstzuweisung ist hier unbedingt erforderlich, sonst schlägt der Zuweisungsoperator fehl. In unserer ersten Implementation war der Test auf Selbstzuweisung nur ein Goodie.

Regel: Ein Zuweisungsoperator, der sich gegen die Selbstzuweisung schützen muss, ist niemals exceptionsicher. Ein »guter« Zuweisungsoperator benötigt keinen Test auf Selbstzuweisung (siehe oben). Ein Test auf Selbstzuweisung sollte nur erfolgen, um die Performance zu steigern (unnötige Arbeit vermeiden).

✔ Der Zuweisungsoperator kombiniert die Arbeiten von Copykonstruktor (er kopiert) und Destruktor (dieser räumt die alten Daten vom Objekt auf). Unter diesem Gesichtspunkt leuchtet Ihnen die Regel der großen Drei sicherlich ein. Schauen Sie sich noch einmal die Beispielklasse A an und prüfen Sie, welche Teile vom Zuweisungsoperator sich im Destruktor und welche sich auch im Copykonstruktor wiederfinden.

Die Regel der großen Drei

Als die großen Drei bezeichnet man den Copykonstruktor, den Zuweisungsoperator sowie den Destruktor einer Klasse. Diese drei speziellen Funktionen werden automatisch erzeugt, wenn sie benötigt werden. Nun gibt es aber Situationen, in denen eine der automatisch erzeugten Funktionen nicht richtig funktioniert. Genau hier tritt die »Regel der großen Drei« in Kraft, die da lautet:

Benötigt eine Klasse einen der großen Drei, so benötigt sie auch die anderen beiden.

Am häufigsten bemerken Sie dies, wenn Sie einen Destruktor benötigen, der komplexere Aufräumarbeiten tätigen muss. In diesem Falle sollten Sie unbedingt an die Regel der großen Drei denken und prüfen, ob nicht auch Copykonstruktor und Zuweisungsoperator extra ausprogrammiert werden müssen.

Fehlt noch ein Wort zu abgeleiteten Klassen. Wenn in einer abgeleiteten Klasse der automatische Zuweisungsoperator nicht ausreichend ist (weil zum Beispiel komplexe Datenstrukturen von Hand kopiert werden müssen), so muss im Zuweisungsoperator zunächst der Zuweisungsoperator der Basisklasse aufgerufen werden. Wie das geht? Über diese Frage sind schon viele Leute gestolpert ... man bedenke dabei, wie die Operatorfunktion eigentlich heißt, dann kommt man sogar auf die Lösung:

```
class B : public A
{
public:
    // ... sonstiger Kram
```

```
const B& operator=(const B& source)
{
    A::operator=(source);
    // und nun kopiert man die Attribute der Klasse B
    return *this;
}
// ...
};
```

✔ Der Aufruf A::operator=(source) ist möglich, weil der Compiler einen automatischen Upcast vom Objekttyp B zur Oberklasse A ausführt. Man muss also nicht noch einmal die ganzen Attribute der Oberklasse von Hand kopieren, dies ist völlig unnötig.

Binäre Operatoren

Binäre Operatoren haben nichts mit bitweiser Verarbeitung zu tun, auch wenn sich der Gedanke vielleicht aufdrängt. Das *binär* steht hier für Operatoren, die zwei Argumente nehmen, diese verknüpfen und ein Ergebnis ausspucken. Typisches Beispiel ist ein + oder ein *, aber auch Operatoren für logische Verknüpfungen wie || gehören dazu, ebenso die Verschiebeoperatoren >> und <<. Tabelle 8.1 listet die Operatoren und zugehörigen Bezeichnungen auf.

Operator	Funktion	Bezeichnung
+	operator+	Addition
-	operator-	Subtraktion
*	operator*	Multiplikation
/	operator/	Division
%	operator%	Modulo
||	operator||	logisches Oder
&&	operator&&	logisches Und
|	operator|	binäres Oder
&	operator&	binäres Und
^	operator^	binäres Exklusiv-Oder
>>	operator>>	bitweises Rechtsschieben
<<	operator<<	bitweises Linksschieben
,	operator,	Kommaoperator
<	operator<	kleiner als
>	operator>	größer als
<=	operator<=	kleiner gleich
>=	operator>=	größer gleich
!=	operator!=	ungleich
==	operator==	gleich

Tabelle 8.1: Alle binären Operatoren in C++

Einige Anmerkungen runden die kurze Übersicht ab.

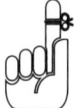 Achten Sie auf den Unterschied, dass der Rückgabetyp bei den binären Operatoren völlig unterschiedlich sein kann. Der `operator+` nimmt im Regelfall zwei gleiche Objekte, verknüpft diese und liefert ein Objekt des gleichen Typs zurück. Der `operator>` dagegen liefert wie alle Vergleichsoperatoren einen `bool`- oder `int`-Wert als Ergebnis.

✔ Als Argumente übergibt man den Operatoren in der Regel konstante Referenzen. Konstant deswegen, weil die Operationen die Argumente nicht verändern sollen.

✔ Ein Operator kann mehrfach für verschiedene Typen implementiert werden, man kann für die gleiche Klasse eine Multiplikation mit `float`, `double` oder `string` jeweils mit eigenen überladenen Operatoren realisieren.

✔ Beispiele für verschiedene Operatoren finden Sie am Ende dieses Abschnitts in der Klasse `Matrix`.

✔ Alle überladenen Operatoren lassen sich auch direkt über den Namen aufrufen. Man kann also statt `c = a * b` durchaus auch `c = operator*(a, b)` schreiben.

✔ Das Überladen eines Operators erfordert mindestens einen Operand eines Klassentyps (also eines nicht primitiven Datentyps).

Unäre Operatoren

Die Reihenfolge der Operatoren ist sicherlich ungewöhnlich. Zählt man ab, so lautet das 1, 2, 3. Hier zählen wir aber 2, 1, 3 – ich habe die binären Operatoren mit zwei Operanden vor die unären Operatoren gezogen. Dies liegt daran, weil der Begriff binär in den meisten Köpfen mit einer Zwei verankert ist. Ein binärer Operator wird also bei einer Operation mit zwei Operanden vorkommen. Wesentlich ungeläufiger ist dagegen der Ausdruck *unärer Operator* – dies ist einfach ein Operator mit nur einem Operand. Unär kommt wohl von Unus oder von Unikum – na ja, auf jeden Fall aus dem Lateinischen.

Operator	Funktion	Bezeichnung
!	`operator!`	logisches Nicht
~	`operator~`	binäres Nicht (Not)
-	`operator-`	negative Zahl (Inversion)
++	`operator++`	Inkrement
--	`operator--`	Dekrement

Tabelle 8.2: Die unären Operatoren in C++

Allen Operatoren aus Tabelle 8.2 ist gemeinsam, dass sie nur ein Argument besitzen. Sie besitzen damit eine große Ähnlichkeit zu den Zuweisungsoperatoren, die auch nur mit einem Argument bestückt werden. Die Zuweisungsoperatoren sind aber streng genommen weder binäre noch unäre Operatoren, sondern eine Art Mischding.

Operator	Funktion	Bezeichnung
+=	operator+=	Addition mit Zuweisung
-=	operator-=	Subtraktion mit Zuweisung
*=	operator*=	Multiplikation mit Zuweisung
/=	operator/=	Division mit Zuweisung
%=	operator%=	Modulo mit Zuweisung
||=	operator||=	logisches Oder mit Zuweisung
&&=	operator&&=	logisches Und mit Zuweisung
|=	operator|=	binäres Oder mit Zuweisung
&=	operator&=	binäres Und mit Zuweisung
^=	operator^=	binäres exklusiv Oder mit Zuweisung
>>=	operator>>=	bitweises Rechtsschieben mit Zuweisung
<<=	operator<<=	bitweises Linksschieben mit Zuweisung

Tabelle 8.3: Zuweisungsoperatoren in C++

Für diese Operatoren gibt's noch ein paar wissenswerte Details, die in der Zusammenfassung aufgelistet sind.

✔ Sie kennen sicherlich das Problem mit Postinkrement und Preinkrement, dass es ein Unterschied ist, ob man a++ oder ++a schreibt? Dies kann man in jedem Buch über C nachlesen (zum Beispiel in *C für Dummies*). Will man den operator++ überladen, so taucht die Frage auf, wie man denn Post- und Preinkrement unterscheiden soll. Den Designern von C++ fiel dazu eine Lösung ein, die schon fast zur Klasse der »Dirty Hacks'n'Tricks« gehört. Ein Preinkrement operator++ (also ++a) wird als

```
operator++(a)
```

aufgerufen, ein Postinkrement operator++ (a++) führt zu einem Aufruf der Funktion

```
operator++(a, int)
```

Die Funktion bekommt einfach noch einen Dummy-Parameter vom Typ int verpasst, damit kann man zwei verschiedene Funktionen für das ++ implementieren und der getrennte Aufruf von Post- und Preinkrement ist möglich.

✔ Analog gilt dies auch für den Dekrementoperator --.

✔ Postinkrement/-dekrement sollten immer über den entsprechenden Preinkrement/-dekrement-Operator implementiert werden, um zu verhindern, dass man Code doppelt ausprogrammiert.

Hätten Sie was Anständiges gelernt, müssten Sie sich nicht mit solchen Sachen herumschlagen. Noch ist es nicht zu spät zur Umkehr.

Schon bemerkt, dass das – in der Tabelle der binären und in der Tabelle der unären Operatoren auftaucht? Das liegt daran, weil die Mathematik leider das Zeichen - sowohl für 5 - 3 als auch für die negativen Zahlen (-3) benutzt. Unterscheiden kann man die beiden `operator-` nur durch die Anzahl der Parameter, der unäre besitzt einen weniger als der binäre. Schauen Sie sich am Ende des Abschnitts das Beispiel der Klasse `Matrix` an, dort sind beide Operatoren implementiert. Schreiben Sie mal testhalber an das Ende des Demoprogramms vor das `return` noch die Zeile

```
(-vecrot).print();
```

✔ Implementiert man binäre Operatoren als Methoden, so sehen diese aus wie unäre Operatoren. Nicht vergessen: Der linke Operand wird implizit durch `this` vorgegeben, die Rechenoperation bleibt also auch in diesem Falle binär.

Ebenso wie beim normalen Zuweisungsoperator `operator=` ist es manchmal notwendig, auch bei den Zuweisungsoperatoren mit kombinierter Rechenoperation intern zu prüfen, ob das Objekt rechts vom = das gleiche Objekt ist wie das linke. Man sollte sich also genau überlegen, ob nicht eine Prüfung auf Selbstzuweisung erforderlich ist.

Trinäre Operatoren

Ich gebe zu, das war gemein. In C++ gibt's nur einen einzigen trinären Operator, den ?:-Operator. Aber dieser ist nicht überladbar. Auch so sorgt dieser oft genug für Verwirrung – nur wenige Leute wissen damit was anzufangen.

Die Zeile

```
a = (b < c) ? b : c;
```

ist identisch zu

```
if (b < c)
    a = b;
else
    a = b;
```

Elegant einfach, einfach elegant.

Glauben Sie nicht alles, was in der Überschrift steht, nur weil es ein Buchautor geschrieben hat.

✔ Den trinären ?:-Operator in C++ kann man nicht überladen.

✔ Außerdem kann man die folgenden Operatoren nicht überladen:

1. Scopeoperator `::`

2. Punktoperator `.` für die Elementauswahl: `a.show()`

3. Punkt-Stern-Operator `(.*)`

4. `sizeof`

5. `typeid`

Operatorfunktionen als Member oder als Friendfunktionen?

Am Beispiel vom `operator+` haben Sie zuvor schon gesehen, dass man einige Operatoren als Memberfunktion oder als globale Funktion (evtl. als `friend` deklariert) implementieren kann. So viel Freiheit ist ja ganz schön, aber als Einsteiger in eine Programmiersprache verunsichert dies eher, als dass es nützlich ist.

Schlaue Leute haben sich daher schon viele Gedanken gemacht, welchen Operator man wie am besten realisiert. Es gibt nämlich durchaus Gründe, was je nach Operator besser oder schlechter passt. Als Beispiel betrachten wir noch einmal den `OpDemo1::operator+`:

```
const OpDemo1 operator+(const OpDemo1& right)
{
    return OpDemo1(m_Value + right.getValue());
}
```

Bei einem + verheiratet man eigentlich gleichberechtigte Objekte miteinander. In dieser Form der Implementation dagegen ist der linke Operator ganz anders behandelt als der rechte, da man mit dem aktuellen Objekt in den linken Operator hineingeht. Versuchen Sie zu verstehen, warum ich diese Implementation als »schräg« und »unsymmetrisch« bezeichne.

Anders sieht das hier bei der globalen Funktion aus:

```
const OpDemo2 operator+(const OpDemo2& left,
                        const OpDemo2& right)
{
    return OpDemo2(left.m_Value + right.m_Value);
}
```

Beide Operatoren werden nun gleichberechtigt behandelt, was dem Sinn der Operation + wesentlich näher kommt. Derartige Überlegungen gab es für viele Operatoren, wir sind nun mal ein bisschen faul und ich gebe Ihnen einfach eine Tabelle, in der für die ganzen Operatoren die sinnvollste Implementation aufgelistet ist.

Operator	wie zu implementieren
alle unären Operatoren (z.B. `!` `~`)	Memberfunktion
`=` `[]` `()` `->` `->*`	*müssen* Memberfunktion sein
`-=` `/=` `*=` `^=` `!=` `%=` `>>=` `<<==`	Memberfunktion
alle binären Operatoren (z.B. `+` `*` `||`)	globale Funktionen

Tabelle 8.4: Vorschlag, wie welcher Operator zu realisieren ist

Eine kurze und knappe, dennoch wesentliche Erkenntnis.

✔ Beachten Sie, dass einige Operatoren immer Memberfunktionen sein müssen, dazu gehört unter anderem auch der Zuweisungsoperator `operator=`.

✔ Implementiert man den `operator+` (oder andere) als Memberfunktion, so muss im Ausdruck a + b der erste Operand zwingend ein Typ dieser Klasse sein, er kann nicht konvertiert werden. Wichtig wird das, wenn man Operatoren für verschiedene Typen (`int`, `float`, andere Klasse) erstellt, diese sind dann nicht mehr kommutativ. Auf deutsch: vertauschbar. Ein `Klasse + int` ist nicht identisch zu `int + Klasse`.

✔ Wenn Sie Zweifel haben, sehen Sie einfach immer in Tabelle 8.4 nach.

Ist Ihnen die Tabelle zu knapp, so hilft bei der Frage nach »Methode oder globale (`friend`) Funktion?« die *ppp-Regel* ganz gut:

1. *Position*: falls das zu bearbeitende Objekt nicht das am weitesten links stehende Objekt sein kann.

   ```
   cout << x;
   ```

   x ist nicht das am weitesten links stehende Objekt. Der `operator<<` kann also nicht Member der Klasse sein, von der x ist.

2. *Promotion*: falls das am weitesten links stehende Objekt konvertierbar sein muss (über einen Konstruktor mit einem Parameter). Ein Beispiel wäre eine Bruchklasse. Schließlich soll sowohl x `*` 3, als auch 3 `*` x funktionieren (x wäre dabei ein Objekt der Bruchklasse).

3. *Perception*: falls dadurch die Syntax des Funktionsaufrufs klarer wird.

   Für eine Bruchklasse würde mancher ein `square(x)` einem `x.square()` vorziehen, falls x unverändert bleibt. Häufig kann man hier durch eine globale Methode denselben Effekt erzielen. Dieser Punkt hat allerdings nicht mehr unmittelbar mit Operatorüberladung zu tun.

Warum habe ich nicht die blaue Pille genommen?

... werden Sie sich gleich denken. In diesem Abschnitt dreht sich alles um Mathematik. Pfui. Ich weiß ... aber Sie verzeihen, wenn man über Operatoren wie + und - redet, driften die Beispiele dafür fast automatisch in die Mathematik ab.

Wir implementieren nun eine Matrixklasse – das hat nichts mit dem gleichnamigen Film zu tun – eine Matrix ist ein Zahlenschema, wo viele Zahlen rechteckig in Zeilen und Spalten angeordnet sind, und nachher macht man eine große runde Klammer herum. Interessant wird die Anwendung in der 3D-Grafik, da sich Koordinaten von Punkten mit Hilfe von Matrizen drehen und verschieben lassen. Gerade in der Computergrafik sind Matrizen die ultimative mathematische Grundlage. Das Beispiel enthält die Dinge, die wir bisher besprochen haben, in geballter Form:

✔ Die Klasse besitzt einen Copykonstruktor mit tiefer Kopie

✔ und einen Zuweisungsoperator, der natürlich den Speicher sauber aufräumen muss.

✔ Sie wirft Exceptions, falls die Operation mathematisch unmöglich ist (Rechenoperationen auf Matrizen unterliegen eben bestimmten Gesetzen).

✔ Es gibt überladene Operatoren als `friend`-Funktionen

✔ und überladene Operatoren als Member-Funktionen.

✔ Es wird demonstriert, dass der gleiche Operator für verschiedene Parameter mehrfach realisiert werden kann (beachten Sie den Operator+ und den Operator=+).

✔ Speicher für die Matrix wird dynamisch reserviert.

✔ Ich habe auch die Matrixmultiplikation implementiert, viele Bücher (Feiglinge) drücken sich gerne davor, da der Algorithmus dafür ein bisschen umständlich ist.

Die folgende Datei enthält den Header der Matrixklasse

```cpp
#ifndef _MATRIX_H
#define _MATRIX_H
#include <stdexcept>
class Matrix
{
public:
    Matrix(int m, int n, double value = 0.0);
    Matrix(const Matrix& matrix);
    virtual ~Matrix();
    const Matrix& operator=(const Matrix& matrix)
        throw (std::range_error);
    double getAt(int i, int j) const
        throw (std::range_error);
    void setAt(int i, int j, double value)
        throw (std::range_error);
    friend const Matrix operator+(const Matrix& left,
                                  const Matrix& right)
        throw (std::range_error);
    friend const Matrix operator-(const Matrix& left,
                                  const Matrix& right)
        throw (std::range_error);
    friend const Matrix operator*(const Matrix& left,
                                  double scalar);
    friend const Matrix operator*(const Matrix& left,
                                  const Matrix& right)
        throw (std::range_error);
    friend bool operator==(const Matrix& left,
                           const Matrix& right)
        throw (std::range_error);
    friend bool operator!=(const Matrix& left,
                           const Matrix& right)
        throw (std::range_error);
    const Matrix& operator-();
    const Matrix& operator+=(const Matrix& right)
        throw (std::range_error);
    const Matrix& operator-=(const Matrix& right)
        throw (std::range_error);
    const Matrix& operator*=(const Matrix& right)
        throw (std::range_error);
    const Matrix& operator*=(double scalar);
    void print() const;
```

```
private:
   double* m_Values;
   int      m_M;
   int      m_N;
};
#endif
```

Listing 8.4: KAP08/MATRIX.H

Dazu gehört natürlich noch die vollständige Implementation. Zusätzliche Informationen zur Funktionsweise der Funktionen sind immer direkt an der jeweiligen Funktion angegeben – sonst suchen Sie sich nachher zu Tode.

```
#include "matrix.h"
#include <stdexcept>
#include <iostream>
using namespace std;
```

Dieser Konstruktor erzeugt eine Matrix mit m Zeilen und n Spalten und füllt die Elemente mit dem Vorgabewert in value. Obwohl die Matrix zweidimensional ist, wird der Speicher nur als eindimensionales Array verwaltet und beschrieben. Warum auch nicht – zweidimensional 2 * 3 Elemente kann man ja auch als 6 Elemente in Reihe betrachten.

```
Matrix::Matrix(int m, int n, double value)
   : m_M(m), m_N(n)
{
   m_Values = new double[m_M * m_N];
   for (int i = 0; i < m_M * m_N; i++)
      m_Values[i] = value;
}
```

Der Copykonstruktor kopiert den Inhalt aus dem Quellobjekt um, wozu eine tiefe Kopie notwendig ist. Beachten Sie, dass die Größeninformation ebenfalls kopiert wird, wir nehmen hierzu die Initialisierungsliste, um die Membervariablen mit Werten zu füllen.

```
Matrix::Matrix(const Matrix& matrix)
   : m_M(matrix.m_M), m_N(matrix.m_N)
{
   m_Values = new double[m_M * m_N];
   for (int i = 0; i < m_M * m_N; i++)
      m_Values[i] = matrix.m_Values[i];
}
```

Soll man dazu was sagen? Der Destruktor wird auch erwähnt, damit er nicht traurig ist. Er ist übrigens virtual, damit er auch bei Ableitungen auf jeden Fall aufgerufen wird – wie wollen Sie sonst den Speicher loswerden?

```
Matrix::~Matrix()
{
   delete[] m_Values;
}
```

Der Zuweisungsoperator `operator=` prüft zunächst, ob wirklich eine Kopie notwendig ist, um andernfalls die Zeit zu sparen. Zunächst wird eine temporäre Matrix erzeugt, in die der ganze Inhalt mit einer tiefen Kopie kopiert wird. Danach werden die Datenmember zwischen dem temporären Objekt und dem aktuellen Objekt vertauscht (mit Hilfe von jeweils zusätzlichen Variablen). Das temporäre Objekt besitzt nun alle Werte, die das aktuelle Objekt zu Beginn hatte, und wird danach am Ende des `operator=` automatisch entfernt.

```cpp
const Matrix& Matrix::operator=(const Matrix& matrix)
{
   if (this == &matrix)
      return *this;
   if ( (m_M != matrix.m_M) ||
        (m_N != matrix.m_N) )
      throw range_error("op= size doesn't match");
   Matrix temp(matrix);
   int m = m_M;
   int n = m_N;
   double* pVals = m_Values;
   m_M = temp.m_M;
   m_N = temp.m_N;
   m_Values = temp.m_Values;
   temp.m_M = m;
   temp.m_N = n;
   temp.m_Values = pVals;
   return *this;
}
```

Die `getAt`- und `setAt`-Methoden lesen beziehungsweise schreiben einen Wert an eine bestimmte Zelle. i ist die Zeile, j die Spalte – diese Reihenfolge ist in der Mathematik bei Matrizen so üblich, auch wenn man sonst eher die andere Reihenfolge erwartet. Falls die Adresse der Zeile außerhalb der Matrix liegt, wird eine Exception geworfen. Trickreich ist die Umrechnung `i * m_N + j`, hier wird aus der zweidimensionalen Adresse eine eindimensionale berechnet.

```cpp
double Matrix::getAt(int i, int j) const
{
   if ( (i < 0) || (i >= m_M) )
      throw range_error("getAt param 1 out "
                        "of bounds");
   if ( (j < 0) || (j >= m_N) )
      throw range_error("getAt param 2 out "
                        "of bounds");
   return m_Values[i * m_N + j];
}
void Matrix::setAt(int i, int j, double value)
{
   if ( (i < 0) || (i >= m_M) )
      throw range_error("setAt param 1 out "
                        "of bounds");
   if ( (j < 0) || (j >= m_N) )
      throw range_error("setAt param 2 out "
```

```
                        "of bounds");
    m_Values[i * m_N + j] = value;
}
```

Die folgenden binären Operatoren benötigen alle zwei Parameter, um die Rechenoperation ausführen zu können. Als Ergebnis wird intern ein temporäres `Matrix`-Objekt angelegt, in dem die Ergebnisse gespeichert und zurückgegeben werden. Beachten Sie, dass sich die eigentliche Berechnung jeweils in Wirklichkeit in den Operatoren +=, -=, ..., abspielt. Damit vermeidet man mehrfache Implementationen der gleichen Operation. Ausnahme ist allerdings der `operator*`, hier ist es einfacher, den `operator*=` getrennt zu realisieren.

```
const Matrix operator+(const Matrix& left,
                       const Matrix& right)
{
    Matrix temp(left);
    temp += right;
    return temp;
}
const Matrix operator-(const Matrix& left,
                       const Matrix& right)
{
    Matrix temp(left);
    temp -= right;
    return temp;
}
const Matrix operator*(const Matrix& left,
                       const Matrix& right)
{
    if (left.m_N != right.m_M)
       throw range_error("op*= size doesn't match");
    Matrix temp(left.m_M, right.m_N);
    for (int i = 0; i < left.m_M; i++)
    {
        for (int k = 0; k < right.m_N; k++)
        {
            double sum = 0;
            for (int j = 0; j < left.m_N; j++)
               sum += left.getAt(i, j) *
                      right.getAt(j, k);
            temp.setAt(i, k, sum);
        }
    }
    return temp;
}
```

Ja, was haben wir denn da? Den `operator*` gibt's gleich noch mal. In der Mathematik dürfen Matrizen mit Matrizen multipliziert werden, aber auch Matrizen mit Zahlen (so genannten Skalaren). Daher wird der `operator*` noch einmal mit anderen Parametern überladen, der zweite Parameter ist hier `double`. Je nach aktuellem Typ wird dann eine andere Multiplikation aufgerufen.

```
const Matrix operator*(const Matrix& left,
                       double scalar)
{
   Matrix temp(left);
   temp *= scalar;
   return temp;
}
```

Die Vergleichsoperationen sind schnell realisiert; interessieren sollte Sie, dass der operator!= mit Hilfe des operator== realisiert wurde. Das ist ein übliches Vorgehen, man realisiert zum Beispiel den operator== und den operator> und leitet daraus dann auch >=, <=, < und den ganzen Rest ab. Vereinfacht den Aufwand doch erheblich, oder?

```
bool operator==(const Matrix& left,const Matrix& right)
{
   if ( (left.m_M != right.m_M) ||
        (left.m_N != right.m_N) )
     throw range_error("op== size doesn't match");
   for (int i = 0; i < left.m_M * left.m_N; i++)
   {
      if (left.m_Values[i] != right.m_Values[i])
         return false;
   }
   return true;
}
bool operator!=(const Matrix& left,const Matrix& right)
{
   return !(left == right);
}
```

Dies ist der unäre operator-, der von jedem Element der Matrix einfach das Vorzeichen umkehrt. Wesentlich ist vor allem der Unterschied zum binären operator-.

```
const Matrix& Matrix::operator-()
{
   for (int i = 0; i < m_M * m_N; i++)
      m_Values[i] = -m_Values[i];
   return *this;
}
```

Dies sind die Memberoperatoren – für die Rechnung ist das »linke« Objekt jeweils das aktuelle Objekt, das links vom Operator steht. Hier sind die eigentlichen Rechenoperationen implementiert. Darf eine davon aus mathematischen Gründen nicht ausgeführt werden, wird eine Exception geworfen. Alle liefern jeweils eine konstante Referenz auf das aktuelle Objekt (gekennzeichnet durch das this) zurück. Beachten Sie, dass für die Ausführung der Multiplikation eine interne Kopie notwendig ist, ansonsten würden Elemente während der Multiplikation zu früh überschrieben.

```
const Matrix& Matrix::operator+=(const Matrix& right)
{
   if ( (m_M != right.m_M) ||
        (m_N != right.m_N) )
```

```
      throw range_error("op+= size doesn't match");
   for (int i = 0; i < m_M * m_N; i++)
      m_Values[i] += right.m_Values[i];
   return *this;
}
const Matrix& Matrix::operator-=(const Matrix& right)
{
   if ( (m_M != right.m_M) ||
        (m_N != right.m_N) )
      throw range_error("op-= size doesn't match");
   for (int i = 0; i < m_M * m_N; i++)
      m_Values[i] -= right.m_Values[i];
   return *this;
}
const Matrix& Matrix::operator*=(const Matrix& right)
{
   // das geht nur bei bestimmten Matrizen
   if (m_N != right.m_N)
      throw range_error("op*= dimension doesn't "
                        "match");
   if (m_M != right.m_M)
      throw range_error("op*= size doesn't match");
   // von eigener Matrix eine Kopie machen
   Matrix left(*this);
   // multiplizieren und Ergebnis wieder in aktuelles
   // Objekt kopieren
   *this = left * right;
   return *this;
}
const Matrix& Matrix::operator*=(double scalar)
{
   for (int i = 0; i < m_M * m_N; i++)
      m_Values[i] *= scalar;
   return *this;
}
```

Und das ist nur fürs Auge und zum Testen ...

```
void Matrix::print() const
{
   for (int i = 0; i < m_M; i++)
   {
      for (int j = 0; j < m_N; j++)
      {
         cout << getAt(i, j) << "\t";
      }
      cout << endl;
   }
}
```

Listing 8.5: KAP08/MATRIX.CPP

In dem kleinen Demoprogramm können Sie die Komponenten eines dreidimensionalen Vektors eingeben und danach für jede der drei Achsen X, Y und Z einen Drehwinkel, um den er gedreht werden soll.
Das Programm berechnet dies mit Hilfe der Matrixmultiplikation und gibt den neuen Vektor aus.

```cpp
#include <iostream>
#include <cmath>
using namespace std;
#include "matrix.h"
double deg2rad(double deg)
{
   return deg / 180 * 3.141592653589793;
}
int main()
{
   Matrix vec(3, 1);
   // Eingabe
   cout << "Vektor eingeben: " << endl;
   for (int i = 0; i < 3; i++)
   {
      cout << "[" << i << "] : ";
      double input;
      cin >> input;
      vec.setAt(i, 0, input);
   }
   cout << "Drehwinkel eingeben: " << endl;
   double phix, phiy, phiz;
   cout << "x-Achse: ";
   cin >> phix;
   cout << "y-Achse: ";
   cin >> phiy;
   cout << "z-Achse: ";
   cin >> phiz;
   Matrix rotX(3, 3);
   rotX.setAt(0, 0, cos(deg2rad(phix)));
   rotX.setAt(0, 1, sin(deg2rad(phix)));
   rotX.setAt(1, 0, -sin(deg2rad(phix)));
   rotX.setAt(1, 1, cos(deg2rad(phix)));
   rotX.setAt(2, 2, 1);
   Matrix rotY(3, 3);
   rotY.setAt(0, 0, cos(deg2rad(phiy)));
   rotY.setAt(0, 2, -sin(deg2rad(phiy)));
   rotY.setAt(1, 1, 1);
   rotY.setAt(2, 0, sin(deg2rad(phiy)));
   rotY.setAt(2, 2, cos(deg2rad(phiy)));
   Matrix rotZ(3, 3);
   rotZ.setAt(0, 0, 1);
   rotZ.setAt(1, 1, cos(deg2rad(phiz)));
   rotZ.setAt(1, 2, -sin(deg2rad(phiz)));
   rotZ.setAt(2, 1, sin(deg2rad(phiz)));
   rotZ.setAt(2, 2, cos(deg2rad(phiz)));
```

```
Matrix rotation(3, 3);
rotation = rotX;
rotation *= rotY;
rotation *= rotZ;
Matrix vecrot(rotation * vec);
vecrot.print();
return 0;
}
```

Listing 8.6: KAP08/MATRIX_TEST.CPP

Schaurig schön … so einfach kann Mathematik sein. Schlussakkord für die Operatoren.

Die binären Operatoren wie zum Beispiel `operator+` liefern als Ergebnis ein `const Ma-trix`-Objekt. Schon mal überlegt, warum `const`? Wenn es nicht `const` wäre, so könnte man Folgendes programmieren:

```
Matrix m1(4, 4, 1.0);
Matrix m2(4, 4, 2.0);
(m1 * m2).setAt(0, 0, 0.0);
```

Es ist in diesem Fall möglich, das temporäre Zwischenobjekt aktiv mit nicht-konstanten Memberfunktionen zu beschreiben. Das macht nicht sonderlich viel Sinn und kann sogar gefährlich sein. Ist der Rückgabewert dagegen `const`, so sind derartige Spielereien verboten.

✔ Generell sollte man Operatoren wie den `operator+` immer über den `operator+=` (für andere Operatoren entsprechend) implementieren.

Verwenden Sie Operatorüberladung. Aber tun Sie es, um Ihre Programme lesbarer zu machen.

✔ Die Klasse `Matrix` wäre übrigens ein idealer Kandidat für das reference counting, das im Kapitel 6 behandelt wurde.

Die Matrizen `rotX`, `rotY` und `rotZ` in obigem Beispiel sind die Rotationsmatrizen für die Drehung um die entsprechende Achse. Die Definition dafür finden Sie ruckzuck im Internet bei einer Suche nach »Rotationsmatrix«. Die Gesamtmatrix ergibt sich aus der Multiplikation der einzelnen Drehungsmatrizen, der neue Vektor ergibt sich durch eine Multiplikation der Rotationsmatrix mit dem Ausgangsvektor. Dies ist wohl die schnellstmögliche Einführung in die 3D-Grafik, die Sie irgendwo finden können.

Klassenzimmer, Klassenfunktionen und Klassenvariablen

9

In diesem Kapitel

▷ Befassen Sie sich mit dem Zauberwort `static` im Zusammenhang mit Klassen

▷ Lernen Sie die Möglichkeiten kennen, die C++ für Zeiger auf Funktionen anbietet

▷ Eerfahren Sie, wie man auch Memberfunktionen von Objekten als Callbacks einrichten kann

▷ Merken Sie rasch, dass »Klassenzimmer« eines dieser typisch-sinnlosen Wörter
in der Überschrift war, um eine Alliteration hinzubekommen

*B*isher war die Trennung klar und eindeutig: Attribute gehören zu einem Objekt, ein Objekt ist eine Instanz einer Klasse. Eine Klasse selbst ist etwas Totes, wie eine Party ohne Gäste. Bekanntermaßen lässt sich aber auch Klassen etwas Leben verordnen, da man Klassen mit Hilfe des Schlüsselworts `static` Funktionen und Variablen verordnen kann.

Durchzählen bitte!

Wozu benötigt eine Klasse eigene Variablen? Eine interessante Frage, stehen doch die ganzen Daten bekanntermaßen bei den Objekten. Wohl mit die häufigste Anwendung von Klassenvariablen sind Verwaltungsaufgaben, die bestimmte Eigenschaften der Objektinstanzen der Klasse erfassen.

Im Klartext: Typische Aufgabe wäre zum Beispiel ein Zähler, der mitzählt, wie viele Objekte der Klasse schon erzeugt wurden. Es gibt noch komplexere Verwaltungsaufgaben in diesem Zusammenhang, eine davon wird uns in einem späteren Kapitel unter dem Stichwort »Singleton« begegnen.

Diese Information kann sinnvoll nur außerhalb der Objekte gespeichert werden – denn die Objekte wissen nichts voneinander. Man könnte dafür eine globale Variable verwenden – rein technisch. Das trifft aber nicht so ganz den Sinn der Sache, denn eine globale Variable hätte keinerlei Bezug mehr zu der Klasse der Objekte. Eine Klassenvariable ist genau der notwendige Kompromiss. Immer existent, aber weiterhin mit eindeutigem Bezug zur Klasse, vor allem mit den notwendigen Zugriffsrechten.

Im Buchladen, Teil 1: Definition

Betrachten Sie nun zunächst die Definition der Klasse `Book`, deren Objekte schön brav mitgezählt werden.

```
#ifndef _BOOK_H
#define _BOOK_H
#include <string>
class Book
{
```

```
public:
   Book(const std::string& title,
        const std::string& author);
   Book(const Book& book);
   ~Book();
   const std::string& getTitle() {return m_Title;};
   const std::string& getAuthor() {return m_Author;};
   static int getObjectCount();
private:
   std::string m_Title;
   std::string m_Author;
   static int  ms_ObjectCount;
};
#endif
```

Listing 9.1: KAP09/BOOK.H

Soweit ist nichts Auffälliges vorhanden, beachtenswert ist nur, dass natürlich auch für den Zugriff auf Klassenvariablen wieder eigene `get`-Funktionen eingeführt werden. Diese sind ebenfalls statisch, schließlich gehört auch der Zugriff auf den Wert zur gesamten Klasse und nicht zu einem einzelnen Objekt.

Damit Sie nicht verlernen, wie das geht, auch gleich noch die Darstellung als UML-Diagramm.

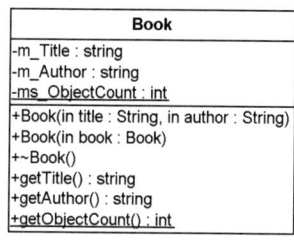

Abbildung 9.1: UML-Diagramm von Book *mit statischen Elementen*

Knapp und kurz gesagt, bleiben folgende Fakten hängen.

✔ Klassenvariablen gehören nicht zu einer Objektinstanz der Klasse, sondern sind immer verfügbar, auch dann, wenn kein einziges Objekt existiert.

✔ Einer Definition einer Klassenvariablen wird das Schlüsselwort `static` vorangestellt.

✔ Ebenso wie für Attribute eines Objekts gelten auch für statische Klassenvariablen die Sichtbarkeitsbereiche `public`, `protected` und `private`.

 Bekanntermaßen ist es eine der elementaren Regeln, niemandem Zugriff auf die Membervariablen zu gewähren, diese also niemals `public` zu machen und für Zugriffe öffentliche `get`- und `set`-Methoden bereitzustellen. Diese Regel kann man 1:1 auf Klassenvariablen übertragen, auch hier wird man diese niemals öffentlich (`public`) machen.

 Jede Klassenvariable existiert nur ein einziges Mal für die gesamte Klasse.

✔ Zu den Klassenvariablen gibt es auch Klassenmethoden, die ebenfalls unabhängig von Objekten existieren. Auch deren Definition wird durch das Schlüsselwort `static` eingeleitet.

✔ Im UML-Klassendiagramm werden statische Variablen oder Methoden <u>unterstrichen</u> dargestellt. Ansonsten gibt es keinen Unterschied.

Im Buchladen, Teil 2: Implementation

Es folgt sogleich –
der zweite Streich.

Schauen Sie sich nun die Implementation von Book in der Datei BOOK.CPP an.

```
#include "Book.h"
```

Ein interessanter Punkt ist die Frage, wo eigentlich der Zähler gespeichert wird. In einem Objekt jedenfalls nicht, soviel ist klar. Also muss irgendwo ein Speicherplatz vergeben werden, in dem der Wert steht. Dies geschieht in der folgenden Zeile:

```
int Book::ms_ObjectCount = 0;
Book::Book(const std::string& title,
           const std::string& author)
        : m_Title(title),
          m_Author(author)
{
    ms_ObjectCount++;
}
Book::Book(const Book& book)
        : m_Title(book.m_Title),
          m_Author(book.m_Author)
{
    ms_ObjectCount++;
}
```

In den Konstruktoren wird die statische Variable inkrementiert, im Destruktor gerade in die umgekehrte Richtung entsprechend dekrementiert. Das macht wohl Sinn, wenn man die Objekte zählen will. Beachten Sie vor allem, dass die zu den Objekten gehörenden Konstruktoren Zugriff auf die zur Klasse gehörende Variable haben.

```
Book::~Book()
{
    ms_ObjectCount--;
}
```

Auch die statische Klassenfunktion darf auf die Klassenvariable zugreifen. Dazu werden gleich noch einige Experimente durchgeführt.

```
int Book::getObjectCount()
{
    return ms_ObjectCount;
}
```
Sie wollen noch ein kleines Demoprogramm für die obige Klasse? Kein Problem.
```
#include <iostream>
#include "book.h"
using namespace std;
const int MaxBooks = 10;
int main()
{
    Book* books[MaxBooks];
    for (int i = 0; i < MaxBooks; i++)
    {
        books[i] = new Book("Marcus Baeckmann",
                            "OOP fuer Dummies");
        cout << "Anzahl der Buchobjekte: "
            << Book::getObjectCount() << endl;
    }
    for (int k = 0; k < MaxBooks; k++)
    {
        delete books[k];
        books[k] = NULL;
        cout << "Anzahl der Buchobjekte: "
            << Book::getObjectCount() << endl;
    }
    return 0;
}
```

Listing 9.2: KAP09/STATIC_DEMO.CPP

Die Implementation und die eigentliche Arbeit mit den statischen Elementen vertieft Ihre bisherigen Kenntnisse weiter – bald sind sie komplett.

✔ Auf Klassenvariablen dürfen alle Funktionen einer Klasse zugreifen, egal, ob es sich um Memberfunktionen handelt oder um Klassenfunktionen.

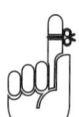 Statische Funktionen hingegen dürfen nur auf Klassenvariablen zugreifen.

✔ Der Zugriff auf eine Klassenfunktion aus einem Programm heraus erfolgt über den Klassennamen, gefolgt vom *Scope-Operator* :: und dem Namen der Funktion: Book::getObjectCount. Dies steht im Gegensatz zu Memberfunktionen, wo der Objektname die wesentliche Rolle spielt.

✔ Klassenvariablen existieren auch ohne Objekte, wie im obigen Beispiel sichtbar ist. Auch bevor ein einziges Book-Objekt angelegt wurde und nachdem wieder alle zerstört wurden, existiert ein Wert, der von Book::getObjectCount zurückgeliefert wird.

Eine normale Membervariable gehört zu einer Instanz, zu einem Objekt. Damit ist klar, wo der Speicherplatz bereitgestellt wird. Für eine statische Membervariable muss der Speicherplatz explizit angegeben werden, üblicherweise in der CPP-Datei. Dort wird der Typ, die Klasse und der Name der Variablen angegeben. Optional kann noch ein Startwert angegeben werden, mit dem die Variable initialisiert wird.

```
int Book::ms_ObjectCount = 0;
```

Wird kein Wert angegeben, so wird jeder Typ mit seinem entsprechendem Nullwert initialisiert. Bei Zeigern also NULL, bei skalaren Typen 0. Bei Strukturen werden alle Elemente genullt und bei Klassentypen wird der Standardkonstruktor aufgerufen.

Wenn die statische Membervariable selbst wiederum ein Objekt einer Klasse ist, dann kann bei der Zuweisung des Speicherplatzes auch einer der Konstruktoren dieser Klasse aufgerufen werden, damit das Objekt entsprechend erzeugt wird. Nehmen Sie an, Ihre Klasse besitzt einen statischen String `static std::string ms_Bookshop`. Dann sind folgende Aufrufe möglich:

```
std::string Book::ms_Bookshop = "Amazonen";
std::string Book::ms_Bookshop("BAL");
std::string Book::ms_Bookshop;
```

In allen drei Fällen wird der entsprechende Konstruktor von `std::string` aufgerufen – im letzten Fall übrigens der Defaultkonstruktor.

Variationen eines Themas

Stellen Sie noch rasch ein paar Überlegungen zu Ihrem bisherigen Wissen an. Am Konstruktor und Destruktor von `Book` war zu sehen, dass Memberfunktionen Zugriff auf Klassenvariablen haben. Wie sieht es umgekehrt aus? Bauen Sie doch mal einen Zugriff auf eine nicht-statische Membervariable ein.

```
int Book::getObjectCount()
{
    m_Title = "Per Anhalter durch die Galaxis";
    return ms_ObjectCount;
}
```

Ja nu, da hustet Ihnen der Compiler aber was. Je nach verwendetem Compiler bekommen Sie eine Meldung à la »Illegaler Zugriff auf nicht-statische Membervariablen in einer statischen Funktion« um die Ohren gehauen.

Bei genauerer Überlegung ist das aber auch logisch: `m_Title` ist eine Membervariable einer Objektinstanz von `Book`. Aber welche Instanz soll `getObjectCount` nehmen? Es kennt nur die Klasse, keine Objekte. Gehen Sie noch einen Schritt weiter, ein wesentliches Element von Objekten ist der `this`-Zeiger, der immer das jeweilige Objekt bezeichnet. Versuchen Sie mal so was in der Art:

```
int Book::getObjectCount()
{
    if (this->getTitle() == "")
        ms_ObjectCount--;
    return ms_ObjectCount;
}
```

Hier wird der Compiler so richtig deutlich, meiner sagt wörtlich »static member functions do not have `'this'` pointers«, was ziemlich identisch ist zu »statische Funktionen haben keine `this`-Zeiger«. Auch dies überrascht nicht – wo kein Objekt, da kein `this`-Zeiger.

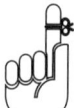

Statische Klassenfunktionen können nicht auf nicht-statische Membervariablen oder -funktionen zugreifen, weil sie kein konkretes Objekt kennen, zu dem die Membervariablen gehören würden.

✔ Statische Klassenfunktionen besitzen keinen `this`-Zeiger, die Ärmsten.

✔ Weitere interessante Anwendungen für statische Klassenelemente lernen Sie im Kapitel *Einzelkinder* kennen.

Statische Member in Vererbungshierarchien

Kann man statische Elemente eigentlich vererben? Was meinen Sie? Die kurze und rasche Antwort lautet: Ja, man kann. In der abgeleiteten Klasse hat man ebenfalls Zugriff auf statische Variablen und Methoden.

Sie haben für die Klasse `Book` bereits einen Referenzzähler eingeführt, leiten Sie kurz und spontan eine spezialisierte Fachbuchklasse `SpecialistBook` davon ab.

```
class SpecialistBook : public Book
{
public:
   SpecialistBook(const std::string& title,
                  const std::string& author);
};
```

und implementieren Sie den Konstruktor von `SpecialistBook` wie folgt:

```
SpecialistBook::SpecialistBook
   (const std::string& title,
    const std::string& author)
   : Book(title, author)
{
}
```

Dann ersetzen Sie im Programmbeispiel KAP09/STATIC_DEMO.CPP noch alle Verweise auf `Book` durch `SpecialistBook` und siehe, das Beispiel funktioniert immer noch. Statische Klassenelemente und -funktionen sind vererbbar, quod erat demonstrandum Das vollständige geänderte Beispiel nennt sich übrigens KAP09/STATIC_DEMO2.CPP.

Damit sind Sie eigentlich durch, herzlichen Glühstrumpf, über `static` kann Ihnen nun keiner mehr was erzählen. Merken Sie sich einfach noch die folgenden Punkte.

✔ Leitet man von der Klasse `Book` eine Klasse `SpecialistBook` ab, so ruft ein Zugriff auf `SpecialistBook::getObjectCount` direkt die Funktion `Book::getObjectCount` auf.

✔ Statische Klassenvariablen werden innerhalb von Vererbungshierarchien ebenfalls mitvererbt, falls ihr Sichtbarkeitsbereich mindestens `protected` ist.

Hat man in einer Klasse einen Objektzähler für die Instanzen der Klasse realisiert, so zählt dieser Objektzähler standardmäßig auch alle Instanzen eventuell abgeleiteter Klassen mit. Dies hat eine interessante Konsequenz: Leitet man von einer Basisklasse zwei Klassen ab (zum Beispiel für Fachbücher und für Romane), so teilen sich beide abgeleiteten Klassen den Zähler, da dieser zur Oberklasse gehört. Das ist absolut logisch und richtig, man sollte es eben nur mal gehört (und sich gemerkt) haben.

Ich rufe Sie zurück!

Kennt man doch aus dem täglichen Leben: Man trifft einen alten Schulkollegen, schwärmt kurz von der guten alten Zeit. Dann tauscht man Telefonnummern, verabredet ein neues Treffen und verspricht sich gegenseitig »Ich ruf dich an!«.

Doch nichts passiert – kein Rückruf. Wahrscheinlich fehlt in diesen Momenten einfach etwas Wichtiges, damit der Rückruf klappen kann. Was das sein kann, sehen Sie gleich.

Falls Sie zur Zeit mit Betriebssystemen und fremden Bibliotheken noch nichts am Hut haben oder hatten, dann springen Sie gleich weiter ins nächste Kapitel. Sie können sich den folgenden Teil auch jederzeit später anlesen.

Callback-Funktionen

Machen wir uns nichts vor, obwohl C++ sich als Sprache im Bereich der Anwendungsprogrammierung etabliert hat, sind doch viele Schnittstellen für Treiber oder das Betriebssystem (so genannte APIs = _Application Programmer's Interface_) rein funktional aufgebaut. Sprich: Bei der Schnittstelle handelt es sich um Funktionen, die als Aufrufstil normale C-Funktionen darstellen, ohne Klassen und Objekte.

Die meiste Zeit beeinträchtigt dies die Programmentwicklung unter C++ nicht sonderlich, doch man kommt rasch mit den so genannten _Callback-Funktionen_ in Berührung. Die Idee hinter dem Begriff ist recht einfach – das Betriebssystem soll eine Funktion des Programms aufrufen, sobald ein Ereignis eingetreten ist. Das kann ein abgelaufener Timer sein, ankommende Daten einer Schnittstelle oder eine Aktion in einem Fenster bei einer grafischen Oberfläche. Derartige Einrichtungen gibt es in jedem bekannten Betriebssystem, es ist eine grundsätzliche Lösungsmöglichkeit für derartige Benachrichtigungen. Der Ablauf sieht ungefähr so aus:

1. Sie schreiben eine Funktion, die so genannte Callback-Funktion, in unserem Programm.

2. Es wird eine Initialisierungs-Funktion der API aufgerufen und die Adresse der Callback-Funktion mitgeteilt, indem die Adresse als Parameter mitgegeben wird. Die API speichert diese Adresse intern für spätere Zwecke.

3. Tritt nun das zugehörige Ereignis ein, ruft die API einfach die an der Adresse liegende Funktion auf, dadurch kann die API in unserem Programm aktiv einen Vorgang auslösen.

4. Zur Beendigung teilt man der API mit, dass sie ab sofort die Callback-Funktion nicht mehr aufrufen soll.

Merken Sie sich einfach die folgenden Features von Callbacks.

✔ Eine Callback-Funktion ermöglicht es einer API, bei bestimmten Ereignissen eine Funktion unseres Programms aufzurufen. Dadurch wird unabhängig vom normalen Ablauf des Programms eine Bearbeitung von Daten möglich.

Die Funktionsweise einer Callback-Funktion entspricht der Idee eines Software-Interrupts.

Eine Callback-Funktion hat je nach Zweck und API eine bestimmte Anzahl an Parametern oder Rückgabewerten. Dies hängt aber von der API ab und ist nicht allgemein festgelegt.

✔ Der Name entstand aus dem Ablauf: Eine API ruft in unser Programm zurück – can you *call* me *back*?

Callback am Beispiel eines Timers

Es ist manchmal ein bisschen schwierig, ein Buch wie dieses neutral zu halten. Ich kann hier und jetzt natürlich kein Beispiel für eine Windows- oder eine Linux-Callback-Funktion bringen, man könnte das dann auf dem anderen System nur schwer nachvollziehen. Suchen wir also mal nach einer neutralen Möglichkeit, die Vorgehensweise beim Callback zu demonstrieren.

Wir schreiben uns der Einfachheit halber ein kleines Minibetriebssystem selbst. Okay, es ist wirklich seeeehr klein. Immerhin kann es bereits im Sekundentakt eine Timerfunktion aufrufen, das ist doch schon mal ganz nett. Um es mir ein bisschen einfacher zu machen, habe ich intern wieder unsere DummiesTools verwendet, den Quellcode finden Sie im Anhang. Nach außen besitzt das MyOS nur eine klassische C-API mit einer funktionalen Schnittstelle.

```
#ifndef _MYOS_H
#define _MYOS_H
typedef void (*CALLBACK)();
void setTimer(CALLBACK callback);
int run();
#endif
```

Listing 9.3: KAP09/MYOS_BETA.H

```
#include "myos_beta.h"
#include "tools.h"
CALLBACK  pCallback = 0;
void setTimer(CALLBACK callback)
{
   pCallback = callback;
}
void doTimer()
{
   if (pCallback != 0)
      (*pCallback)();
}
int run()
{
```

```
   while (-1)
   {
      DummiesTools::sleep(1000);
      doTimer();
   }
   return 0;
}
```

Listing 9.4: KAP09/MYOS_BETA.CPP

Das »MyOS Intern« finden Sie im folgenden Abschnitt.

Funktionsweise von MyOS

Mit der API-Funktion setTimer kann ein Zeiger auf eine Funktion gesetzt werden. Die Funktion muss die gleiche Signatur haben, wie es in der Typdefinition vom Typ CALLBACK gefordert wird – keine Parameter, kein Rückgabewert.

Sobald die Funktion run unseres MyOS gestartet wurde, ruft sie in einer Endlosschleife im Sekundentakt immer wieder die Funktion doTimer auf, diese wiederum den zuvor gespeicherten Funktionszeiger.

Übrigens: Ein echtes Betriebssystem funktioniert genauso. Nur mit 1.000 API-Funktionen mehr ... und die Funktion run ist deutlich länger. Stellen Sie sich einfach vor, dass die Funktion run nach dem Bootvorgang des Rechners automatisch gestartet wird, dann haben Sie die Funktionsweise eines OS schon verstanden. Darf ich Sie nun Linus oder Bill nennen?

Zunächst beginnen Sie mit einer Lösung in C, damit Sie den Einstieg bekommen.

```
#include "myos_beta.h"
#include <stdio.h>
void showValue()
{
   printf("Eine staendige Meldung...\n");
};
int main()
{
   setTimer(&showValue);
   return run();
}
```

Listing 9.5: KAP09/OSCALLBACK_C.CPP

Starten Sie das Programm und stellen Sie überrascht fest, dass im Sekundentakt eine Meldung am Bildschirm ausgegeben wird. Halten Sie Ihren Kenntnisstand zunächst mal fest.

✔ Dies ist ein klassischer C-Lösungsansatz, die von der API aufzurufende Funktion wird als globale Funktion definiert und deren Adresse an das MyOS übergeben.

✔ Der Start unseres Minibetriebssystems ist ein bisschen unrealistisch, dennoch können Sie sich den Ablauf vorstellen: Sie setzen die Timerfunktion, das OS ruft sie auf.

Orientierung an C++

»Eigentlich können wir aufhören, funktioniert ja prima.« »Wäre aber ein bisschen seltsam, so eine Mischung aus C++ und globalen Funktionen, oder?«

Unser Ziel ist es, so was wie eine kleine Uhr zu bauen. Wie sich das gehört, ist die Uhr mitsamt ihrer Funktionalität natürlich in einer Klasse `Clock` verpackt. Versuchen Sie also, dies mit unserer Callback-Funktion zu verheiraten, Schritt für Schritt.

```cpp
#include "myos_beta.h"
#include <iostream>
#include <iomanip>
using namespace std;
class Clock
{
public:
    Clock(unsigned hour, unsigned min, unsigned sec)
        : m_hour(hour), m_min(min), m_sec(sec)
    {}
    void tickTack()
    {}
    void show()
    {
        cout << setfill('0')
            << setw(2) << m_hour << ':'
            << setw(2) << m_min << ':'
            << setw(2) << m_sec << endl;
    }
private:
    unsigned m_hour;
    unsigned m_min;
    unsigned m_sec;
};
int main()
{
    Clock clock(20, 4, 0);
    setTimer(&tickTack);
    return run();
}
```

Listing 9.6: KAP09/OSCALLBACK_0.CPP

Die Funktion `Clock::tickTack` muss vom Timer periodisch aufgerufen werden, damit der Taktstock geschwungen wird. Später werden Sie hier die Zeitzählung einbauen. So weit sind wir aber noch nicht.

Wetten, dass Ihr Compiler nun gemotzt hat? Eigentlich stimmt's ja ... tickTack gehört zur Klasse Clock. Also noch mal:

```
setTimer(&Clock::tickTack);
```

Nun wird's wunderlich ... wieder nicht. Sie können sich hier ruhig den Kopf zerbrechen und noch andere Spielarten ausdenken, so wird das nichts. Der Compiler ist ein Dickkopf, aber manchmal hat er halt Recht.

Das Geheimnis liegt darin, dass eine normale Memberfunktion einer Klasse eben immer einen zusätzlichen Parameter besitzt, einen Zeiger auf das konkrete Objekt – bekanntlich heißt das Teil auch this-Zeiger.

Zählen Sie mal kurz durch: Clock::tickTack hat einen Parameter – dieser ist der unsichtbare this-Zeiger – und die von unserer API benötigte Funktion besitzt keinen Parameter. Dieser Schlüssel passt sicher nicht ins Schloss. Da fällt uns aber doch wieder das Thema dieses Kapitels ein ... statische Memberfunktionen besitzen kein Objekt, also auch keinen this-Zeiger. Machen Sie doch Clock::tickTack zu einer Klassenfunktion! Und zwar so:

```
public:
    static void tickTack()
    {
        cout << "tick tock" << endl;
    }
```

Die Übergabe der Adresse an unseren Callback-Handler verwendet den folgenden Aufruf:

```
setTimer(&Clock::tickTack);
```

Sonst muss nichts geändert werden, und siehe da, plötzlich funktioniert auch unser Programm. Die Uhr zählt noch nicht, aber sie tickt schon. Zwischendurch zunächst eine Bestandsaufnahme.

Art und Anzahl der Parameter einer Funktion nennt man übrigens auch *Signatur* der Funktion. Will man mit Zeigern auf Funktionen arbeiten, so müssen die Funktionen, von denen man die Adressen ermittelt, in ihrer Signatur übereinstimmen.

✔ Statische Funktionen unterscheiden sich von der Signatur her nicht von einer normalen globalen Funktion, weil sie keinen »unsichtbaren« Parameter haben, der auf das Objekt zeigen muss. Denn sie besitzen kein Objekt.

✔ Innerhalb statischer Funktionen gibt es, wie Sie wissen, auch keinen this-Zeiger und jeder Zugriff auf Variablen des Objekts schlägt fehl – da kein Objekt vorhanden ist.

✔ Um an die Adresse einer statischen Memberfunktion zu kommen, adressiert man diese über den Namen der Klasse, gefolgt vom Scope-Operator ::. Daher auch die Zeile setTimer(&Clock::tickTack);.

Ich brauche aber das Objekt!

Fasst man mal alle bisher feststehenden Tatsachen zusammen, so zeigt sich noch ein Dilemma: Ist die Funktion static, so kann sie nicht auf das Objekt zurückgreifen. Ist sie nicht-statisch, so können Sie Ihren Zeiger nicht übergeben. Eine Zwickmühle.

Müssen Sie in der statischen Funktion auf das Objekt zurückgreifen? Ich denke, dies wäre eine sinnvolle Sache. Denn die Zeit wird in den Membervariablen m_hour, m_min und m_sec gespeichert, diese befinden sich eindeutig im Objekt. Zudem wollen Sie in der statischen Funktion tickTack ja auch noch show aufrufen, um die Zeit am Bildschirm sichtbar zu machen.

Dazu benötigen Sie Hilfe vom Betriebssystem MyOS. Haben Sie bemerkt, dass die bisherigen Entwürfe noch ein BETA im Dateinamen trugen? Kein Wunder, es fehlte der Funktion setTimer noch ein wichtiges Feature. Schauen Sie sich zunächst einmal die endgültige Version von MyOS an.

```
#ifndef _MYOS_H
#define _MYOS_H
typedef void (*CALLBACK)(void*);
void setTimer(CALLBACK callback,
             void* userdata);
int run();
#endif
```

Listing 9.7: KAP09/MYOS.H

```
#include "myos.h"
#include "tools.h"
CALLBACK  pCallback = 0;
void*     pUserdata = 0;
void setTimer(CALLBACK callback,
             void* userdata)
{
   pCallback = callback;
   pUserdata = userdata;
}
void doTimer()
{
   if (pCallback != 0)
     (*pCallback)(pUserdata);
}
int run()
{
   while (-1)
   {
     DummiesTools::sleep(1000);
     doTimer();
   }
   return 0;
}
```

Listing 9.8: KAP09/MYOS.CPP

Wenn Sie genau hinsehen, erkennen Sie an verschiedenen Stellen einen neuen Parameter pUserdata. Der folgende Abschnitt erklärt, wie unser »ultimatives OS« funktioniert.

Funktionsweise der Callback-Funktion in MyOS

Im Header wird ein Typ für Funktionszeiger deklariert, CALLBACK genannt. Es gibt keine Rückgabe und als einziger Parameter wird ein void*-Pointer übergeben:

```
typedef void (*CALLBACK)(void*);
```

Die Funktion setTimer erhält einen Zeiger auf eine solche Funktion und einen neutralen void*-Pointer als Parameter, diese beiden Werte werden einfach für den späteren Gebrauch in zwei Variablen pCallback und pUserdata innerhalb von MyOS aufgehoben.

Die eigentliche Aktion spielt sich in doTimer ab, dort wird die Funktion mit Hilfe der zuvor gespeicherten Adresse aufgerufen. Der zweite Parameter von setTimer, pUserdata, wird nun als Parameter an die Funktion übergeben. Der Name zeigt auch die Bedeutung an: Man kann einen Zeiger auf beliebige Benutzerdaten übergeben, die dann bei den eigentlichen Callback-Aufrufen an die Callback-Funktion jedes Mal mitgeliefert werden.

Diese Vorgehensweise ist bei Callback-Funktionen in echten großen Betriebssystemen üblich, dort steht immer noch eine Ablage für Userdaten zur Verfügung.

Erweitern Sie nun unsere Clock um die wichtigen Zählfunktionen. Außerdem müssen Sie die Signatur von Clock::tickTack noch anpassen, da hier nun ein weiterer Parameter für Userdaten hinzu kommt.

Was war eigentlich noch mal unser Problem? Sie müssen innerhalb der statischen Funktion tickTack auf Objektdaten zugreifen. Ein unlösbares Problem? Papperlapapp, schauen Sie sich zunächst den Democode an.

```cpp
#include "myos.h"
#include <iostream>
#include <iomanip>
using namespace std;
class Clock
{
public:
   Clock(unsigned hour, unsigned min, unsigned sec)
      : m_hour(hour), m_min(min), m_sec(sec)
   {
   }
   static void tickTack(void* pClock)
   {
      Clock* pThis = static_cast<Clock*>(pClock);
      pThis->m_sec++;
      if (pThis->m_sec >= 60)
      {
         pThis->m_sec = 0;
         pThis->m_min++;
      }
      if (pThis->m_min >= 60)
```

```
    {
        pThis->m_min = 0;
        pThis->m_hour++;
    }
    if (pThis->m_hour >= 24)
    {
        pThis->m_hour = 0;
    }
    pThis->show();
    }
    void show()
    {
        cout << setfill('0')
            << setw(2) << m_hour << ':'
            << setw(2) << m_min << ':'
            << setw(2) << m_sec << endl;
    }
private:
    unsigned m_hour;
    unsigned m_min;
    unsigned m_sec;
};
int main()
{
    Clock clock(20, 4, 0);
    setTimer(&Clock::tickTack, &clock);
    return run();
}
```

Listing 9.9: KAP09/OSCALLBACK.CPP

Bevor es ins Detail geht, starten Sie doch erst mal das Programm. Sind Sie beeindruckt? Das sollten Sie auch sein ... die Uhr tickt ganz großartig.

Zur Erinnerung auch gleich noch das UML-Klassendiagramm zu unserer Klasse Clock.

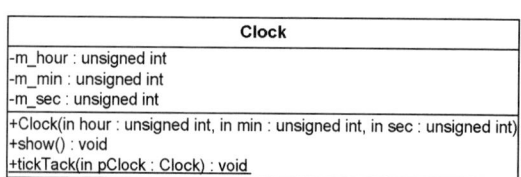

Clock
-m_hour : unsigned int
-m_min : unsigned int
-m_sec : unsigned int
+Clock(in hour : unsigned int, in min : unsigned int, in sec : unsigned int)
+show() : void
+tickTack(in pClock : Clock) : void

Abbildung 9.2: Die Klasse CLOCK *– achten Sie wieder auf statische Elemente*

Der graue Kasten *I werd narrisch – statische Funktion heiratet Objekt* erklärt, wie die Abläufe hinter den Kulissen sind, denn Sie sehen an der Ausgabe, dass hier in unserem Fall tatsächlich eine statische Funktion auf Objektdaten zugreift – was nach bisherigem Wissensstand nicht möglich war.

I werd narrisch - statische Funktion heiratet Objekt

Es gibt im Programm nur zwei wesentliche Punkte, die man verstanden haben muss und die einer Erklärung bedürfen. Das ist zum einen die Initialisierung der Callback-Funktion:

```
setTimer(&Clock::tickTack,
&clock);
```

Als erster Parameter wird die Adresse der statischen Funktion Clock::tickTack übergeben, das kennen Sie bereits von den anderen Beispielen in der Betaversion von MyOS. Der zweite Parameter wird mit der Adresse unseres Objekts gefüttert. Von der Funktionsweise von MyOS wissen Sie, dass diese Adresse gespeichert wird und später beim Aufruf der Callback-Funktion wieder übergeben wird. Und das führt gleich zur Gestalt der Callback-Funktion:

```
static void tickTack(void* pClock)
{
    Clock* pThis = static_cast<Clock*>(pClock);
    pThis->m_sec++;
    // usw
}
```

tickTack bekommt einen void*-Zeiger geliefert, der bei doTimer mit dem gespeicherten Wert für die Userdaten gefüttert wird. Dieser Wert entspricht aber unserem ursprünglichen Zeiger auf das Objekt clock vom Typ Clock*. Innerhalb von tickTack müssen Sie diesen Zeiger wieder zurückcasten auf Clock*, aber danach kann man mit Hilfe dieses Zeigers problemlos auf Objektdaten wie zum Beispiel m_hour zugreifen. Beachten Sie übrigens die Sichtbarkeit: m_hour wurde in Clock als private deklariert, trotzdem ist hier ein Zugriff über einen Zeiger möglich – da tickTack ebenfalls zur Klasse Clock gehört. Um anzudeuten, dass Sie hier eigentlich den normalen this-Zeiger emulieren, habe ich die Variable zur Aufnahme des Objektzeigers pThis getauft.

Läuft Ihre Uhr immer noch? Das Programm verharrt in einer Endlosschleife, sie müssen es mit Gewalt abbrechen. Wie ein echtes Betriebssystem ... finale Zusammenfassung.

✔ Viele Betriebssysteme und Systemschnittstellen benötigen Callback-Funktionen. Diese werden dann aufgerufen, wenn bestimmte Ereignisse aufgetreten sind, zum Beispiel sind Zeichen an der Schnittstelle eingetroffen, ein Mausklick hat sich ereignet oder eine Zeit ist abgelaufen.

✔ Richtet man Callback-Funktionen ein, so gibt es häufig noch die Möglichkeit, dort Userdaten zu hinterlegen. Hier kann man auch Zeiger auf Objekte angeben, mit denen die Callback-Funktion arbeiten soll.

✔ Eine statische Klassenfunktion besitzt keinen this-Zeiger, weil sie kein *eigenes* Objekt besitzt. Es ist aber möglich, innerhalb einer statischen Klassenfunktion auf ein *anderes* Objekt der *gleichen* Klasse zuzugreifen. Man benötigt dazu nur den this-Zeiger des anderen Objekts.

Da hier zwischen Objektzeigern und void*-Zeigern gecastet wird, hat man keine Sicherheit, dass einem nicht ein böswilliger Aufrufer ein fremdes Objekt unterschmuggelt. Dann macht's so richtig schön bumm und das Programm schmiert ab. Dies ist aber einer der notwendigen Kompromisse, wenn man sehr systemnah programmieren muss, hier verlässt man von Zeit zu Zeit einen der sicheren Pfade.

Technisch gesehen gibt es viel elegantere und sicherere Möglichkeiten, Callbacks über virtuelle Methoden zu realisieren. Im Kapitel über die C++-Standardbibliothek werden Sie dies kennen lernen. Das Problem ist nur, dass viele Schnittstellen zu Systemen sich noch der Vorgehensweise von C bedienen. Und da müssen Sie eben dem C geben, was das C fordert.

✔ Sie sehen, wenn Sie einen Klassenkameraden treffen, sollten Sie ihm immer noch Ihren persönlichen this-Zeiger überreichen, damit Sie Ihren Rückruf auch tatsächlich erhalten. Pfui ... das klingt irgendwie unanständig.

C++ - objektorientiertes C

In diesem Kapitel

▷ Realisieren Sie Klassen als Strukturen

▷ Lernen Sie die konkrete Realisierung von Memberfunktionen kennen

▷ Vererben Sie wichtige Eigenschaften weiter – auch in C

▷ Setzen Sie Polymorphie in C-Programmen ein

▷ Erfahren Sie alles über Klassenfunktionen und statische Funktionen

▷ Stoßen Sie an die Grenzen der Sprache C

Ganz tief in unseren Herzen sind wir doch alle auch irgendwie C-Programmierer, oder nicht? Zumindest die Masochisten unter uns werden dem zweifelsfrei zustimmen können. Aber Spaß beiseite: Auch wenn man C++ gelernt hat, ohne vorher jemals C programmiert zu haben, so wissen wir doch, dass »unser« C++ seine Wurzeln in der wesentlich älteren und nicht objektorientieren Programmiersprache C hat. Logo – ein Nachfolger von C konnte nur C++ heißen!

Sie werden nun aber einen Schritt zurück machen – mancher wird es berechtigterweise als Rückschritt betrachten – und die Neuerungen von C++ aus der Sichtweise eines C-Programmierers betrachten. Denn irgendwie müssen die letzten C-Programmierer, die zu den ersten C++-Programmierern wurden, ja den Umstieg auf Klassen und Objekte geschafft haben. So ganz nebenbei bekommen Sie ein paar Argumente an die Hand, sich ein paar dieser lästigen Vorurteile à la »C++ ist langsam« oder »C++ verbraucht zu viel Speicher« zu entledigen. Es wird Ihnen gezeigt, dass eine bestimmte Aufgabe eine gewisse Zeit benötigt, egal ob Sie C oder C++ verwenden.

Wenn Sie dann die Leute aus dem C-Lager immer noch nicht bekehren können, dürfen Sie zu den Fäusten greifen.

Noch nichts Neues

Zunächst müssen Sie sich überlegen, wie Sie das Schlüsselwort `class` möglichst rasch über Bord werfen können. Was ist eigentlich so eine Klasse noch mal schnell? Letztlich nur eine Ansammlung von anderen Variablentypen, jeweils mit einem Namen versehen ... irgendwo hatten Sie das schon mal gehört, war das nicht in »Grundlagen der Programmierung Teil 1«? Richtig: die Struktur erfüllt, was die Attribute der Klassen betrifft, genau den gleichen Zweck. Legen Sie also los – ausgehend von dieser Klassenstruktur:

```
#ifndef _BOOK_H
#define _BOOK_H
class Book
{
public:
```

```
   Book();
   ~Book();
   void setTitle(char* title);
   char* getTitle();
   void setAuthor(char* author);
   char* getAuthor();
   void setPrice(float price);
   float getPrice();
   Book& operator=(const Book& book);
   static int getIDCount();
private:
   char  m_Title[255];
   char  m_Author[255];
   float m_Price;
   int   m_ID;
   static int ms_IDCount;
};
#endif
```

Listing 10.1: Datei Book.hpp

Eine wirklich ganz simple Klasse, die einige einfache Daten über Bücher speichern könnte.

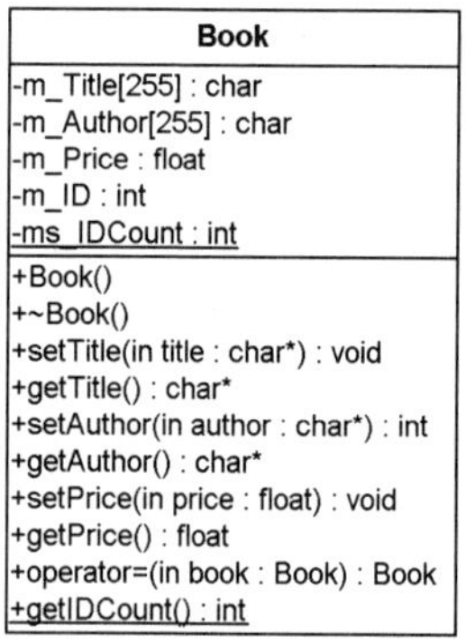

Book
-m_Title[255] : char
-m_Author[255] : char
-m_Price : float
-m_ID : int
-ms_IDCount : int
+Book()
+~Book()
+setTitle(in title : char*) : void
+getTitle() : char*
+setAuthor(in author : char*) : int
+getAuthor() : char*
+setPrice(in price : float) : void
+getPrice() : float
+operator=(in book : Book) : Book
+getIDCount() : int

Abbildung 10.1: UML-Darstellung der Beispielklasse Book dieses Kapitels

Auch die zugehörige Implementation in C++ ist absolut nahe liegend und bringt keine Überraschungen.

```
#include "Book.hpp"
#include <cstring>
#include <cassert>
int Book::ms_IDCount = 0;
Book::Book()
{
   strcpy(m_Title, "");
   strcpy(m_Author, "");
   m_Price = 0;
   ms_IDCount++;
```

```
    m_ID = ms_IDCount;
}
Book::~Book()
{
    ms_IDCount--;
}
int Book::getIDCount()
{
    return ms_IDCount;
}
void Book::setTitle(char* title)
{
    assert(title != 0);
    strcpy(m_Title, title);
}
char* Book::getTitle()
{
    return m_Title;
}
void Book::setAuthor(char* author)
{
    assert(author != 0);
    strcpy(m_Author, author);
}
char* Book::getAuthor()
{
    return m_Author;
}
void Book::setPrice(float price)
{
    assert(price >= 0);
    this->m_Price = price;
    // natürlich reicht auch ein m_Price = price aus!
}
float Book::getPrice()
{
    return this->m_Price;
    // natürlich reicht auch ein return m_Price; aus!
}
Book& Book::operator=(const Book& book)
{
    if (this == &book)
        return *this;
    strcpy(m_Title, book.m_Title);
    strcpy(m_Author, book.m_Author);
    m_Price = book.m_Price;
    m_ID = book.m_ID;
    return *this;
}
```

Listing 10.2: KAP10/BOOK.CPP

Fehlt noch ein kleines Testprogramm ...

```cpp
#include "Book.hpp"
#include <iostream>
using namespace std;
const int bookshelf_size = 2;
int main()
{
    Book* bookshelf;
    // 2 Bücher
    bookshelf = new Book[bookshelf_size];
    bookshelf[0].setAuthor("Dan Gookin");
    bookshelf[0].setTitle("C fuer Dummies");
    bookshelf[0].setPrice(25.51f);
    Book aBook;
    aBook.setAuthor("Stephen Davis");
    aBook.setTitle("C++ fuer Dummies");
    aBook.setPrice(25.51f);
    bookshelf[1] = aBook;
    for (int i = 0; i < bookshelf_size; i++)
    {
        cout << bookshelf[i].getTitle() << " von "
            << bookshelf[i].getAuthor() << " kostet "
            << "EUR " << bookshelf[i].getPrice()
            << endl;
    }
    cout << "Es wurden " << Book::getIDCount()
        << " IDs registriert" << endl;
    delete[] bookshelf;
    bookshelf = 0;
    // damit die Konsole offen bleibt
    getchar();
    return 0;
}
```

Listing 10.3: OOP_WITH_C.CPP

Starten Sie das Programm und probieren Sie es aus. Die benutzten Elemente entstammen überwiegend den bisherigen Kapiteln.

✔ Die Klasse Book besitzt drei Attribute zur Aufnahme typischer Objektdaten.

✔ Zur Zählung der Objektinstanzen wurde eine statische Variable eingeführt, damit man immer die Anzahl der gerade vorhandenen Objekte ermitteln kann.

Vielleicht ein bisschen ungewöhnlich für Sie, aber man benennt in C++ die Headerdateien manchmal auch mit der Endung HPP statt H, quasi als Anlehnung CPP zu C. Ich verwende dies in diesem Kapitel, damit ganz klar wird, wann ich von C++ und wann von C spreche.

✔ Ist das aufregend ...

Die Rückkehr der Strukturen

Um zunächst einmal die Attribute in C zu verwalten, müssen Sie nicht sonderlich nachdenken, das ist einfacher, als einen guten Film im Fernsehen zu finden.

 Achten Sie unbedingt darauf, in diesem Kapitel alle Programmbeispiele mit der richtigen Dateiendung abzuspeichern, sonst übersetzt der Compiler die Beispiele falsch. C-Beispiele haben hier ein .c oder .H als Endung, C++-Beispiele ein .CPP oder .HPP.

```
#ifndef _BOOK_H
#define _BOOK_H
struct Book
{
    char  m_Title[255];
    char  m_Author[255];
    float m_Price;
    int   m_ID;
};
```

Listing 10.4: Datei BOOK1.H

Dazu brauchen Sie nun noch ein kleines Testprogramm, damit Sie sehen, wie Sie Ihre ehemalige Klasse benutzen können.

```
#include "Book1.h"
#include <stdio.h>
#include <string.h>
int main()
{
    struct Book ourbook;
    strcpy(ourbook.m_Author, "Stephen Davis");
    strcpy(ourbook.m_Title, "C++ fuer Dummies");
    ourbook.m_Price = 25.51f;
    ourbook.m_ID = 1;
    printf("%s von %s kostet EUR %.2f\n",
            ourbook.m_Title,
            ourbook.m_Author,
            ourbook.m_Price);
    /* damit die Konsole offen bleibt */
    getchar();
    return 0;
}
```

Listing 10.5: Datei C_VERSION_1.C

So richtig parallel zu C++ sieht das noch nicht aus, weil Sie die ganzen Daten noch von Hand in die Struktur füttern müssen. Dennoch sind schon erste Erkenntnisse möglich.

✔ Betrachtet man nur die Daten einer Klasse, so lässt sich ein class von C++ durch ein struct in C ersetzen.

✔ In einer Struktur aus C sind immer alle Datenelemente `public`, wie Sie bereits wissen, eine reichlich unschöne Sache.

✔ Für das obige Beispiel haben Sie selbst die Initialisierung übernommen. Betrachten Sie mit dem Debugger gleich zu Beginn des Programms die Variable `ourbook`, so sehen Sie, dass dort relativ viel Unsinn steht. Konstruktoren scheinen hier noch nicht vorzukommen, im Gegensatz zu der C++-Variante: Hier sorgt der Konstruktor dafür, dass das Objekt mit leeren Strings initialisiert wird.

Vorhang auf für die Memberfunktionen

Stellen Sie sich mal die Struktur für die Verwaltung von Büchern im Alltag vor – toter geht's nimmer. Nichts bewegt sich, fast wie im verstaubten Wohnzimmerschrank, wo auch nur die Bücher gesammelt, aber nie gelesen werden. Wir wollen Action sehen – hier bei uns bewegt sich nicht nur der Ventilator, hier wird mit den Daten auch was gearbeitet.

Blicken Sie noch einmal kurz auf C++, es fällt auf, dass es an den typischen `get`- und `set`-Methoden für die einzelnen Datenelemente für Ihre `struct` noch fehlt. Ein bisschen Overkill ... sind doch bisher Ihre Variablen alle ohnehin `public`. Gehen Sie aber zunächst nach Lehrbuch Plan C vor.

```
#ifndef _BOOK_H
#define _BOOK_H
struct Book
{
    char  m_Title[255];
    char  m_Author[255];
    float m_Price;
    int   m_ID;
};
void Book_construct(struct Book* pBook);
void Book_destruct(struct Book* pBook);
void Book_setTitle(struct Book* pBook, char* title);
char* Book_getTitle(struct Book* pBook);
void Book_setAuthor(struct Book* pBook, char* author);
char* Book_getAuthor(struct Book* pBook);
void Book_setPrice(struct Book* pBook, float price);
float Book_getPrice(struct Book* pBook);
struct Book* Book_equalize(struct Book* pBook, const struct Book* pSourceBook);
int Book_getIDCount();
#endif
```

Listing 10.6: Datei BOOK.H

```
#include "Book.h"
#include <string.h>
#include <assert.h>
static int Book_IDCount = 0;
void Book_construct(struct Book* pBook)
{
    assert(pBook != 0);
```

```
   strcpy(pBook->m_Title, "");
   strcpy(pBook->m_Author, "");
   pBook->m_Price = 0;
   Book_IDCount++;
   pBook->m_ID = Book_IDCount;
}
void Book_destruct(struct Book* pBook)
{
   Book_IDCount--;
}
void Book_setTitle(struct Book* pBook, char* title)
{
   assert(pBook != 0);
   assert(title != 0);
   strcpy(pBook->m_Title, title);
}
char* Book_getTitle(struct Book* pBook)
{
   assert(pBook != 0);
   return pBook->m_Title;
}
void Book_setAuthor(struct Book* pBook, char* author)
{
   assert(pBook != 0);
   assert(author != 0);
   strcpy(pBook->m_Author, author);
}
char* Book_getAuthor(struct Book* pBook)
{
   assert(pBook != 0);
   return pBook->m_Author;
}
void Book_setPrice(struct Book* pBook, float price)
{
   assert(pBook != 0);
   assert(price >= 0);
   pBook->m_Price = price;
}
float Book_getPrice(struct Book* pBook)
{
   assert(pBook != 0);
   return pBook->m_Price;
}
struct Book* Book_equalize(struct Book* pBook, const struct Book* pSourceBook)
{
   if (pBook == pSourceBook)
      return pBook;
   assert(pBook != 0);
   assert(pSourceBook != 0);
   strcpy(pBook->m_Title, pSourceBook->m_Title);
```

```
    strcpy(pBook->m_Author, pSourceBook->m_Author);
    pBook->m_Price = pSourceBook->m_Price;
    return pBook;
}
int Book_getIDCount()
{
    return Book_IDCount;
}
```

Listing 10.7: Datei BOOK.C

Dazu brauchen Sie auch ein inzwischen schon etwas längeres Beispielprogramm, das ein kleines Array aus Book-Objekten anlegt und damit ein wenig arbeitet.

```
#include "Book.h"
#include <stdio.h>
#include <stdlib.h>
const int bookshelf_size = 2;
int main()
{
    struct Book* bookshelf;
    struct Book aBook;
    int i;
    /* 2 Bücher */
    bookshelf = malloc(bookshelf_size *
                        sizeof(struct Book));
    for (i = 0; i < bookshelf_size; i++)
    {
        Book_construct(&bookshelf[i]);
    }
    Book_setAuthor(&bookshelf[0], "Dan Gookin");
    Book_setTitle(&bookshelf[0], "C fuer Dummies");
    Book_setPrice(&bookshelf[0], 25.51f);
    Book_construct(&aBook);
    Book_setAuthor(&aBook, "Stephen Davis");
    Book_setTitle(&aBook, "C++ fuer Dummies");
    Book_setPrice(&aBook, 25.51f);
    Book_equalize(&bookshelf[1], &aBook);
    for (i = 0; i < bookshelf_size; i++)
    {
        printf("%s von %s kostet EUR %.2f\n", Book_getTitle(&bookshelf[i]),
                Book_getAuthor(&bookshelf[i]), Book_getPrice(&bookshelf[i]));
    }
    printf("Es wurden %d IDs registriert\n", Book_getIDCount());
    for (i = 0; i < bookshelf_size; i++)
    {
        Book_destruct(&bookshelf[i]);
    }
    free(bookshelf);
    bookshelf = 0;
```

```
    Book_destruct(&aBook);
    return 0;
}
```

Listing 10.8: KAP10/C_VERSION_2.C

Der graue Kasten *Funktionsweise des Programms c_VERSION_2.c* erklärt den Ablauf des obigen Programms.

Funktionsweise des Programms C_VERSION_2.C

Zunächst wird ein Zeiger auf struct Book eingerichtet, damit hier dynamisch Speicher allokiert werden kann.

Nach der Speicherbelegung mit malloc wird in einer Schleife für jedes Objekt der Konstruktor aufgerufen, damit die Strukturen mit Defaultwerten belegt werden.

Das erste Buchobjekt wird über den Aufruf von set-Methoden mit dem Datensatz von »C für Dummies« gefüttert, als Datenstruktur wird der Zeiger auf das erste Objekt &bookshelf[0] mitgeliefert.

Es wird ein lokales Buchobjekt aBook angelegt und mit Werten befüllt, danach werden über die Kopierfunktion Book_equalize die Daten in das zweite Buchobjekt des Arrays kopiert.

In der for-Schleife werden nun die Objekte des Arrays durchlaufen, mit Hilfe der get-Methoden werden die Daten aus den Objekten ausgelesen und angezeigt. Im Anschluss wird noch der Objektzähler ausgegeben.

Zum Aufräumen wird der Destruktor der Objekte von Hand aufgerufen, danach der Speicher des dynamischen Arrays mit free wieder an das System zurück gegeben.

Das Programm tut nichts anderes als die C++-Version zuvor, wie Sie feststellen werden. Schauen Sie sich mal Zeile für die Zeile die beiden Programme an, um die Parallelen zu erkennen. Können Sie sich nun ungefähr vorstellen, was ein C++-Compiler im Hintergrund für Sie tut?

✔ Immer wenn man in C++ eine Objektinstanz einer Klasse erzeugt, wird ein Konstruktor aufgerufen. Dies verursacht tatsächlich also einen Aufruf einer Funktion, die völlig im Hintergrund abläuft. In der Realisierung in C sieht man, wo und wann dies der Fall ist. Das Gleiche gilt auch für den Destruktor.

✔ Die Erzeugung von Objektinstanzen verdoppelt nicht den Code. Jedes weitere Objekt einer Klasse in C++ benötigt zwar zusätzlichen Speicher für die Daten, aber der Code steht nach wie vor nur *einmal* im Speicher.

✔ Damit der Code nur einmal vorkommen muss, benötigen alle Memberfunktionen zum Zugriff auf das Objekt noch einen Zeiger, der auf die Objektdaten zeigt. In C muss dazu explizit ein Zeiger auf die Strukturdaten mitgeliefert werden, in C++ geschieht das im Hintergrund automatisch. Innerhalb der Memberfunktionen kennt man diesen Zeiger als den allseits bekannten this-Zeiger.

✔ Die Realisierung einer statischen Klassenvariablen und der zugehörigen Zugriffsfunktion ist in C als gewöhnliche Variable möglich. Einzig über die Namensgebung ist der Zusammenhang zur Klasse erkennbar.

✔ Eine statische Klassenfunktion besitzt im Gegensatz zu einer zum Objekt gehörenden Member-funktion keinen `this`-Zeiger. Dies wird bei der Realisierung in C deutlich. Hintergrund ist der, dass statische Klassenfunktionen keine Objektdaten besitzen, also brauchen sie auch keinen Zeiger auf Objektdaten.

✔ Der Operator `new` aus C++ wird in C durch ein `malloc` mit zusätzlichem expliziten Aufruf des Konstruktors realisiert.

Das Original

Wie Sie wissen, ist Polymorphie ein wesentliches Merkmal einer objektorientierten Programmierung. Bevor der heimtückische Polymorphius aber wieder zuschlagen kann, brauchen Sie erst noch ein Beispiel in C++, damit eine Ausgangsbasis für die Überlegungen vorhanden ist.

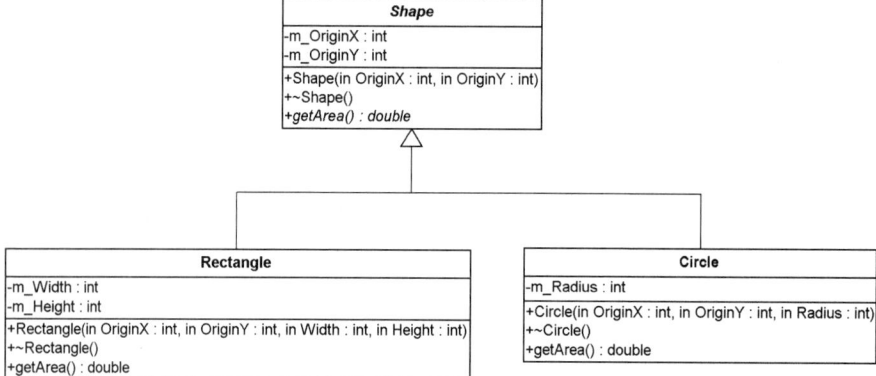

Abbildung 10.2: Statisches Klassendiagramm für eine einfache polymorphe Beziehung

Die obigen Klassen werden durch die folgenden Beispielprogramme implementiert.

```
#ifndef _SHAPES_HPP
#define _SHAPES_HPP
class Shape
{
public:
    Shape(const int OriginX, const int OriginY);
    virtual ~Shape() {};
    virtual double getArea() = 0;
private:
    int m_OriginX;
    int m_OriginY;
};
class Rectangle : public Shape
{
public:
```

```
   Rectangle(const int OriginX, const int OriginY,
             const int Width, const int Height);
   virtual ~Rectangle() {};
   virtual double getArea();
private:
   int m_Width;
   int m_Height;
};
class Circle : public Shape
{
public:
   Circle(const int OriginX, const int OriginY, const int Radius);
   virtual ~Circle()  {};
   virtual double getArea();
private:
   int m_Radius;
};
#endif
```

Listing 10.9: KAP10/SHAPES.HPP

Gleich weiter mit der Implementation:

```
#include "shapes.hpp"
Shape::Shape(const int OriginX, const int OriginY)
{
   m_OriginX = OriginX;
   m_OriginY = OriginY;
}
Rectangle::Rectangle(const int OriginX, const int OriginY,
                     const int Width, const int Height)
                   : Shape(OriginX, OriginY)
{
   m_Width = Width;
   m_Height = Height;
}
double Rectangle::getArea()
{
   return m_Width * m_Height;
}
Circle::Circle(const int OriginX, const int OriginY, const int Radius)
              : Shape(OriginX, OriginY)
{
   m_Radius = Radius;
}
double Circle::getArea()
{
   return 2 * 3.141592 * m_Radius;
}
```

Listing 10.10: KAP10/SHAPES.CPP

Für Testzwecke verwenden Sie ein kurzes Prögrämmchen, das zehn Objekte zufälliger Größe und zufälligen Typs erzeugt und in einem Array einhängt. Das Array durchläuft eine Schleife und ruft die virtuelle Methode getArea auf, die jeweils den Flächeninhalt des Objekts berechnet. Im Anschluss wird die Gesamtfläche ermittelt und ausgegeben.

```cpp
#include <iostream>
#include <cstdlib>
#include <ctime>
#include "shapes.hpp"
using namespace std;
const unsigned NOfShapes = 10;
int main()
{
   Shape* shapes[NOfShapes];
   srand((unsigned)time(NULL));
   for (int i = 0; i < NOfShapes; i++)
   {
      if (rand() % 2 == 0)
      {  // Kreis erzeugen
         shapes[i] = new Circle(rand() % 1000 - 500, rand() % 1000 - 500,
                                rand() % 100 + 1);
      }
      else
      {  // Rechteck erzeugen
         shapes[i] = new Rectangle(rand() % 1000 - 500, rand() % 1000 - 500,
                                rand() % 100 + 1, rand() % 100 + 1);
      }
   }
   // Fläche aller Objekte
   double area = 0;
   for (int j = 0; j < NOfShapes; j++)
   {
      area += shapes[j]->getArea();
   }
   cout << "Gesamtflaeche: " << area << endl;
   for (int k = 0; k < NOfShapes; k++)
   {
      delete shapes[k];
   };
   return 0;
}
```

Listing 10.11: KAP10/OOP_CPP_MAIN.CPP

Erinnert Sie das Beispiel ein bisschen an unsere Fahrzeugschlange an der Ampel? Die Spielarten mit virtuellen Methoden sind schier unerschöpflich. Hier einige Kleinigkeiten im Programm, auf die Sie achten sollten.

✔ Der Ausdruck rand() % 2 liefert eine zufällige Folge von 0 und 1, auf dieser Basis wird der Objekttyp ausgewählt und das entsprechende Objekt in das Array eingehängt.

✔ Die Zeile `srand((unsigned)time(NULL));` initialisiert den Zufallszahlengenerator mit einem Startwert, der von der Systemzeit abhängt. Damit wird erreicht, dass sich der Ablauf von Programmstart zu Programmstart unterscheidet.

✔ Innerhalb der `for`-Schleife zur Berechnung der Gesamtfläche ist keine explizite Fallunterscheidung notwendig, da durch die Eigenschaft der virtuellen Funktion `getArea` immer die richtige Funktion aufgerufen wird. Dies entspricht der bekannten Aussage: »Eine virtuelle Methode ersetzt eine Abfrage.«

Vererbung in C

Teilen Sie Ihre Klasse wieder auf – in die Daten und die Methoden. Und betrachten Sie zunächst wieder die Daten, die können sich nämlich nicht so leicht wehren.

Eine Vererbung besteht daraus, dass die abgeleitete Klasse alle Daten von der Oberklasse übernimmt, die nicht `private` sind. Lassen Sie mal die Sichtbarkeitsbereiche außer Acht, so lässt sich das schon fast zu einfach in den Griff bekommen.

Die Daten der Oberklasse `Shape` lassen sich in C durch eine Struktur implementieren:

```
struct Shape
{
    int m_OriginX;
    int m_OriginY;
};
```

Nehmen wir dazu nun die abgeleitete Klasse `Rectangle`, so muss die Struktur `Shape` dort wieder vorkommen, zusammen mit den zusätzlichen Datenelementen von `Rectangle`.

```
struct Rectangle
{
    struct Shape m_Shape;
    int m_Width;
    int m_Height;
};
```

Bisher keine Neuigkeiten. Bleiben Sie dran.

Eine Vererbung lässt sich in C dadurch realisieren, dass man in der Datenstruktur der abgeleiteten Klasse die Datenstruktur der Oberklasse einbettet. Dabei werden aber die Sichtbarkeitsbereiche nicht beachtet, auch private Elemente der Oberklasse sind erreichbar. Dies ist ein Unterschied zur C++-Lösung, wo man innerhalb von `Rectangle` nicht auf `m_OriginX` und `m_OriginY` zugreifen kann.

Virtuelle Methoden in C

Das hätten Sie sich bestimmt nicht träumen lassen ... man kann in C mit virtuellen Methoden arbeiten. Fragen Sie mal einen C++-Papst aus der Nachbarschaft, ob es virtuelle Methoden auch in C gibt. Wetten, dass er »Nein« sagen wird? Tja, denkste.

Um sich zu überlegen, wie man das in C emulieren könnte, müssen Sie noch einmal kurz das wesentliche Merkmal einer virtuellen Funktion auflisten:

 Es handelt sich um eine *späte Bindung*, je nach Objekttyp wird eine andere Funktion aufgerufen.

Damit gehört die virtuelle Funktion wohl nicht nur zu den Funktionen, die einfach einen Objektzeiger besitzen, denn zu Beginn dieses Kapitels haben Sie gesehen, dass das, was Sie als Objekt bezeichnen, sich letztlich in den Datenstrukturen verbirgt. Ergo muss die Erkenntnis, welche Funktion aufgerufen werden soll, auch in dieser Datenstruktur stecken.

Die Verbindung zwischen Daten und Funktionen kann man dadurch herstellen, dass man in den Daten Zeiger auf Funktionen speichert. Über diese Zeiger kann man in den Objektdaten jederzeit die Information mitführen, welche Funktion gemeint ist. Legen Sie also los:

```
typedef double (*getAreaPtr)(struct Shape* pShape);
typedef void (*destructorPtr)(struct Shape* pShape);
struct Shape
{
    int m_OriginX;
    int m_OriginY;
    getAreaPtr      getArea;
    destructorPtr destruct;
};
```

Für jede virtuelle Methode unserer Klasse (getArea und den Destruktor) wurde jeweils ein Funktionszeiger angelegt. Die typedef-Anweisungen vereinfachen nur ein klein bisschen die Syntax, sonst würde die Struktur zu unübersichtlich.

Will man nun für ein konkretes Objekt die virtuelle Methode aufrufen, so kann man dies über den Funktionszeiger tun:

```
struct* Shape shape;
/* hier fehlen noch Initialisierungen */
(*shape->getArea)(shape);
```

Ganz schön raffiniert, was sich die Erfinder von C++ hier ausgedacht haben. Wussten Sie übrigens, dass die ersten C++-Compiler die Programme gar nicht direkt in Maschinensprache übersetzten, sondern erst in ein C-Programm? Dieses wurde erst im zweiten Schritt in Maschinensprache überführt. Diesen Zwischencompiler können Sie nun auch schon fast schreiben, wenn Sie sich diesen Merkzettel für die Realisierung virtueller Funktionen unter das Kopfkissen legen.

✔ Virtuelle Funktionen lassen sich durch Zeiger auf Funktionen in der Datenstruktur des Objekts erzeugen. Damit ist sichergestellt, dass jedes Objekt selbst immer weiß, welche Funktion nun gemeint ist.

✔ Den Bereich in der Datenstruktur von Klassen, der die Funktionszeiger aufnimmt, nennt man *virtual table* oder auch kurz *vtable*.

✔ Der Ausdruck `typedef double (*getAreaPtr)(struct Shape* pShape)` definiert einen Zeiger mit dem Namen `getAreaPtr`, der auf eine Funktion zeigt, die als Parameter einen Zeiger auf eine Struktur `Shape` erhält, und als Rückgabewert einen `double` liefert.

✔ Wenn eine Variable `getArea` vom Type `getAreaPtr` ist, so kann man über den Ausdruck `(*getArea)(shape)` die Funktion aufrufen, auf die der Zeiger zeigt.

Und nun alles auf einmal

Es wird Zeit, zum Punkt zu kommen. Fassen Sie nun die Erkenntnisse der letzten beiden Abschnitte zusammen und übertragen Sie Ihr `Shape`-Beispiel vollständig in C. Auch das Beispielprogramm wird nicht vergessen.

```
#ifndef _SHAPES_H
#define _SHAPES_H
typedef double (*getAreaPtr)(struct Shape* pShape);
typedef void (*destructorPtr)(struct Shape* pShape);
struct Shape
{
   int m_OriginX;
   int m_OriginY;
   getAreaPtr     getArea;
   destructorPtr destruct;
};
void Shape_Construct(struct Shape* pShape, const int OriginX,
                     const int OriginY);
struct Rectangle
{
   struct Shape m_Shape;
   int m_Width;
   int m_Height;
};
void Rectangle_Construct(struct Rectangle* pRect, const int OriginX,
                         const int OriginY, const int Width,
                         const int Height);
struct Circle
{
   struct Shape m_Shape;
   int m_Radius;
};
void Circle_Construct(struct Circle* pCircle, const int OriginX,
                      const int OriginY, const int Radius);
#endif
```

Listing 10.12: KAP10/SHAPES.H

```
#include <assert.h>
#include <stdio.h>
#include "Shapes.h"
```

```c
void Shape_Destruct(struct Shape* pShape);
void Shape_Construct(struct Shape* pShape, const int OriginX, const int OriginY)
{
   assert(pShape != 0);
   pShape->m_OriginX = OriginX;
   pShape->m_OriginY = OriginY;
   /* Zeiger auf virtuelle Funktionen einrichten */
   pShape->getArea = 0; /* pure virtual */
   pShape->destruct = &Shape_Destruct;
}
void Shape_Destruct(struct Shape* pShape)
{
}
void Rectangle_Destruct(struct Rectangle* pRect);
double Rectangle_getArea(struct Rectangle* pRect);
void Rectangle_Construct(struct Rectangle* pRect, const int OriginX,
                         const int OriginY, const int Width,
                         const int Height)
{
   assert(pRect != 0);
   Shape_Construct(&pRect->m_Shape, OriginX, OriginY);
   pRect->m_Width = Width;
   pRect->m_Height = Height;
   /* Zeiger auf Funktionen einrichten */
   pRect->m_Shape.getArea = &Rectangle_getArea;
   pRect->m_Shape.destruct = &Rectangle_Destruct;
}
void Rectangle_Destruct(struct Rectangle* pRect)
{
   assert(pRect != 0);
   Shape_Destruct(&pRect->m_Shape);
}
double Rectangle_getArea(struct Rectangle* pRect)
{
   assert(pRect != 0);
   printf("Rechteck\n");
   return pRect->m_Width * pRect->m_Height;
}
void Circle_Destruct(struct Circle* pCircle);
double Circle_getArea(struct Circle* pCircle);

void Circle_Construct(struct Circle* pCircle, const int OriginX,
                      const int OriginY, const int Radius)
{
   assert(pCircle != 0);
   Shape_Construct(&pCircle->m_Shape, OriginX, OriginY);
   pCircle->m_Radius = Radius;
   /* Zeiger auf Funktionen einrichten */
   pCircle->m_Shape.getArea = &Circle_getArea;
   pCircle->m_Shape.destruct = &Circle_Destruct;
```

```
}
void Circle_Destruct(struct Circle* pCircle)
{
   assert(pCircle != 0);
   Shape_Destruct(&pCircle->m_Shape);
}
double Circle_getArea(struct Circle* pCircle)
{
   assert(pCircle != 0);
   printf("Kreis\n");
   return 2 * 3.141592 * pCircle->m_Radius;
}
```

Listing 10.13: KAP10/SHAPES.C

 Bei der Übersetzung dieses Programms bekommen Sie mindestens vier Warnungen angezeigt. Anders als sonst können Sie diese ignorieren. Sie könnten das durch explizites Casting wegbekommen, aber das führt hier nur vom Weg ab und macht die Sache weniger durchschaubar.

```
#include <stdio.h>
#include <stdlib.h>
#include <time.h>
#include "shapes.h"
enum {NOfShapes = 10};
int main()
{
   int i;
   /* Fläche aller Objekte */
   double area = 0;
   struct Shape* shapes[NOfShapes];
   srand((unsigned)time(NULL));
   for (i = 0; i < NOfShapes; i++)
   {
      if (rand() % 2 == 0)
      {  // Kreis erzeugen
         shapes[i] = malloc(sizeof(struct Circle));
         Circle_Construct((struct Circle*)shapes[i], rand() % 1000 - 500,
                     rand() % 1000 - 500, rand() % 100 + 1);
      }
      else
      {  // Rechteck erzeugen
         shapes[i] = malloc(sizeof(struct Rectangle));
         Rectangle_Construct(
                  (struct Rectangle*)shapes[i],
                  rand() % 1000 - 500, rand() % 1000 - 500,
                  rand() % 100 + 1, rand() % 100 + 1);
      }
   }
```

```
    for (i = 0; i < NOfShapes; i++)
    {
        /* Funktionsaufruf über den Funktionszeiger */
        area += (*shapes[i]->getArea)(shapes[i]);
    }
    printf("Gesamtflaeche: %lf\n", area);
    for (i = 0; i < NOfShapes; i++)
    {
        (*shapes[i]->destruct)(shapes[i]);
        free(shapes[i]);
    };
    return 0;
}
```

Listing 10.14: KAP10/OOP_C_MAIN.C

Tief in SHAPES.C

Konzentrieren Sie sich bei Ihrer Analyse auf zwei Bereiche, auf die Konstruktoren und die Aufrufe der virtuellen Funktionen.

```
void Circle_Construct(...)
```

Der Konstruktor ruft zunächst gleich den Konstruktor der Oberklasse auf.

```
    Shape_Construct(&pCircle->m_Shape, OriginX, OriginY);
```

Es wird dabei der Teil der Datenstruktur als Objekt an die Oberklasse übergeben, der Daten des Shape-Objektes enthält, hier also &pCircle->m_Shape.

Der Konstruktor von Shape Shape_Construct ist zu Beginn reichlich unspektakulär, doch dann wird die vtable initialisert.

```
    /* Zeiger auf virtuelle Funktionen einrichten */
    pShape->getArea = 0; /* pure virtual */
    pShape->destruct = &Shape_Destruct;
```

Zwei virtuelle Funktionen sind vorhanden, getArea und der Destruktor Shape_Destruct. Dafür gibt es jeweils einen Funktionszeiger, der nun mit Werten belegt wird – es wird die Adresse der Funktion von Shape zugewiesen. Halt – pShape->getArea wird mit einer 0 bestückt. Diese virtuelle Funktion ist rein virtuell, besitzt also in der Oberklasse (die, wie Sie wissen, abstrakt ist) keine Implementation. Also gibt's dafür auch keinen Zeiger.

Nun gelangen Sie wieder in den Konstruktor Circle_Construct zurück. Dort werden die zusätzlichen Datenobjekte der Struktur gefüllt, und die vtable wird nun mit den Werten des Objekts Circle bestückt. Hier werden jetzt neue Zeiger eingetragen, die bisherigen Werte überschrieben.

```
    pCircle->m_Shape.getArea = &Circle_getArea;
    pCircle->m_Shape.destruct = &Circle_Destruct;
```

Machen Sie gleich den Sprung rüber zum Aufruf einer virtuellen Funktion:

```
for (i = 0; i < NOfShapes; i++)
{
    /* Funktionsaufruf über den Funktionszeiger */
    area += (*shapes[i]->getArea)(shapes[i]);
}
```

Zunächst ist nicht bekannt, welches Objekt jeweils in `shapes[i]` gespeichert ist. Der Ausdruck `shapes[i]->getArea` liefert die zuvor in der Struktur gespeicherte Adresse, über den Dereferenzierungsoperator `*` findet der Funktionsaufruf selbst statt. Zu Beginn wurde in der Header-Datei angegeben, dass natürlich auch diese Funktion einen Zeiger auf das aktuelle Objekt als Parameter bekommen muss, daher wird `shapes[i]` als Parameter übergeben. Beachten Sie, dass `shapes[i]` entweder auf die Struktur `Circle` oder `Rectangle` zeigt, also unterschiedlich groß sein kann.

Zeit für eine Kaffeepause. Nur noch eine kurze Zusammenfassung und Sie dürfen das Buch zur Seite legen, um zu Atem zu kommen.

✔ Wird der Konstruktor einer abgeleiteten Klasse aufgerufen, so wird zunächst der Konstruktor der Oberklasse aufgerufen. Dieser initialisiert die `vtable` erst mit den Zeigern auf die virtuellen Funktionen der *Oberklasse*. Für rein virtuelle Funktionen (*pure virtual*), zu erkennen am = 0 am Ende der Funktionsdeklaration, wird in die `vtable` noch gar nichts eingetragen.

 Da im Konstruktor der Oberklasse die `vtable` noch auf die Funktionen der Oberklasse zeigt, ist es im Konstruktor von `Shape` nicht möglich, auf virtuelle Methoden der Klassen `Rectangle` oder `Circle` zuzugreifen. Dies ist ein ganz wichtiger Punkt, der häufig zu Verwunderungen führt. Aber die `vtable` wird in der Reihenfolge der Vererbung von oben nach unten gefüllt, daher können Klassen, die in der Hierarchie höher stehen, im Konstruktor keine virtuellen Methoden von tieferen Klassen aufrufen. Dies gilt ebenso in C++.

 Sobald die Konstruktoren durchlaufen wurden, ist jederzeit ein Aufruf aller virtueller Methoden möglich. Dann kann auch aus einer Oberklasse heraus eine virtuelle Methode einer abgeleiteten Klasse aufgerufen werden, da die `vtable` fertig initialisiert wurde.

 Der Aufruf einer virtuellen Funktion dauert geringfügig länger als der Aufruf einer normalen Funktion, da natürlich zunächst ein Zugriff auf die `vtable` erfolgen muss. Dies spielt sich aber im Bereich weniger Taktzyklen ab – also kein Grund, darauf zu verzichten. Denken Sie lieber daran, dass Sie sich durch die virtuelle Funktion eine Abfrage (`if` oder `switch`) einsparen – denn Sie hätten ja anders entscheiden müssen, welcher Objekttyp vorliegt. Dies kostet ebenfalls Zeit.

✔ Die Verkettung, warum man von abstrakten Klassen mit rein virtuellen Funktionen keine Objekte anlegen kann, wird nun deutlich: Man hätte für ein Objekt der Oberklasse für diese Funktion keine Adresse, die man eintragen kann. Das Objekt wäre in einem undefinierten Zustand, deswegen darf man davon keine Objekte erzeugen.

Wir wollen mal nicht übertreiben mit dem vielen C

Tja nun, haben Sie Ihren C++-Compiler schon deinstalliert? Wie Sie sehen, können Sie das ruhig tun, auch ohne C++ muss man nicht auf objektorientierte Programmierung verzichten. Aber Scherz beiseite, natürlich wäre das ziemlich mühsam.

Sie sehen aber auch, dass im Hintergrund für so einfache Dinge wie der Erzeugung eines Objekts Funktionsaufrufe stattfinden, die in C richtige Mehrzeiler sind. Gleichzeitig konnten Sie aber auch feststellen, dass selbst so wunderlich anmutende Dinge wie das aktuelle Objekt mit seinem this-Zeiger und die virtuellen Funktionen keine Geheimnisse darstellen, sondern sich auch ganz banal durch einige Anweisungen von Hand realisieren lassen. C++ eine geschickte Abkürzung? Ja, so könnte man es sagen.

Sinn dieses Kapitels war nicht, Ihnen zu sagen, dass Sie lieber C programmieren sollen. An diesem Punkt sollten Sie im Hinterkopf den Gedanken »Ach, so machen die das!« haben. Hat doch auch geklappt, oder?

✔ Jeder Aufruf einer Methode eines Objekts enthält immer noch einen Zeiger auf die Daten des konkreten Objekts, den so genannten this-Zeiger. Dies entspricht einem Zeiger auf eine struct mit Daten.

Klassenfunktionen – statische Funktionen – gehören nicht zu einem Objekt, also brauchen sie auch keinen this-Zeiger. Im Aussehen entsprechen sie den gewöhnlichen Funktionen in C, wenn man mal vom Sichtbarkeitsbereich absieht.

✔ Vererbung der Daten lässt sich dadurch erreichen, dass man einfach die Datenstrukturen der Oberklasse in allen abgeleiteten Klassen wieder in die Strukturen einbaut.

✔ Virtuelle Methoden werden in einer Tabelle mit Zeigern auf Funktionen realisiert. Diese Tabelle – vtable genannt – gehört zu den Objektdaten und wird immer bei jedem Aufruf einer Memberfunktion des Objekts mitgeliefert. Deswegen kann also auch zur Laufzeit immer unterschieden werden, welche der möglichen Funktionen in der Klassenhierarchie die richtige ist.

✔ Sichtbarkeitsbereiche wie private und public sind wirklich C++-spezifisch. Rein technisch könnte man dies durch Tricks wie typenlose Zeiger (void*) wohl auch erreichen, aber Sie sollten einfach akzeptieren, dass C in dieser Analogie Grenzen gesetzt sind.

Denken Sie bei der Erzeugung von Objektinstanzen – auch im Rahmen von Kopien – daran, dass hier im Hintergrund Funktionsaufrufe ablaufen. Jeder Funktionsaufruf kostet Zeit, und Zeit kostet Geld. Oder so ähnlich. Man sollte also mit der Anzahl seiner Objekte schon ein bisschen sparsam sein, sonst motzen die ganzen Hardcore-C-Programmierer immer darüber, dass C++-Programme zu langsam sind. Und das wollen Sie doch nicht ...

✔ Danken Sie den C++-Göttern, dass der Aufruf der Konstruktoren und Destruktoren dort automatisch abläuft. Muss man die Strukturen immer explizit selbst füllen, so wird allzu leicht vergessen, hier die notwendigen Funktionen aufzurufen. Allzu leicht arbeitet man dann mit nicht-initialisierten Objekten oder vergisst am Ende, wieder sauber aufzuräumen.

Übergabe von Objekten

In diesem Kapitel

▷ Bekommen Sie eine kurze Wiederholung zum Thema Referenzen und Zeiger

▷ Ist die Parameterübergabe an Funktionen ein sehr wichtiges Thema

▷ Spielt das Thema const correctness eine Rolle

▷ Erfahren Sie, wie man möglichst geschickt Objekte an Funktionen übergibt ...

▷ ... und wie man möglichst geschickt Objekte aus Funktionen herausgibt

A m Anfang war das Feuer – gleich danach kamen die Zeiger. Zumindest in der Sprache C. Zeiger hier, Zeiger dort, Zeiger an jedem Ort. So kommt einem C vor, gerade wenn man sich erst kurze Zeit damit befasst. C++ erbt diese natürlich, hat aber auch noch eine sehr ähnliche neue Variante davon bekommen: die Referenz.

Obwohl sich jeder mit Zeigern auskennt, mit Referenzen sind die meisten Leute sehr vorsichtig, irgendwie scheint das unheimlich zu sein. Kein Wunder, erinnert eine Referenz doch verdächtig an den VAR-Parameter in Pascal – und mit den Pascal-Leuten wollen wir ja wirklich nicht in eine Schublade gesteckt werden!

Zunächst kommt noch eine Wiederholung einiger Dinge zu Referenzen und Zeigern, danach lernen Sie den Zusammenhang mit unserer objektorientierten Programmierung kennen.

Referenzen

Eine Referenz? Das ist das hier: ein &, wenn es hinter einem beliebigen Typ steht. Schreiten Sie sofort zur Tat in einer kleinen Demo.

```
#include <string>
#include <iostream>
using namespace std;
int main()
{
   int  base1 = 5;
   int& base2 = base1;
   cout << base1 << endl
        << base2 << endl;
   string  str1 = "Hallo Welt";
   string& str2 = str1;
   cout << str1 << endl
        << str2 << endl;
   return 0;
}
```

Listing 11.1: KAP11/REFS.CPP

Das Programm erzeugt die Ausgabe

```
5
5
Hallo Welt
Hallo Welt
```

 Ist das Programm besoffen oder warum sieht man alles doppelt? Ein Blick ins Innere zeigt, dass alles seine Ordnung hat. base2 ist eine int&, eine Referenz auf eine int-Variable. Dieser wird base1 zugewiesen, die Referenz zeigt also auf den Speicherplatz, der base1 gehört. Zunächst mal Material sammeln und am Ende kommt die Zusammenfassung, trotzdem schreibe ich es noch mal deutlicher: *Die Referenz zeigt also auf den Speicherplatz*.

Fügen Sie noch mal im Programm nach der Definition von base2 die Zeile

```
int& base3;
```

ein. Sofort wird der Compiler einen Fehler bemängeln. Interessant, das müssen Sie sich merken. Doch zunächst noch ein Beispiel, verwenden Sie Referenzen zur Parameterübergabe.

```cpp
#include <string>
#include <iostream>
using namespace std;
void addSomething(int val1, int& val2)
{
    val1++;
    val2++;
}
void addSomething(string str1, string& str2)
{
    str1 += "!";
    str2 += "!";
}
int main()
{
    int base1 = 5;
    int base2 = 5;
    addSomething(base1, base2);
    cout << base1 << endl
         << base2 << endl;
    string str1 = "Hallo Welt";
    string str2 = "Hallo Welt";
    addSomething(str1, str2);
    cout << str1 << endl
         << str2 << endl;
    return 0;
}
```

Listing 11.2: KAP11/REFS2.CPP

Hier ergibt sich eine etwas andere Ausgabe:

```
5
6
Hallo Welt
Hallo Welt!
```

 In den beiden Funktionen wurde jeweils der erste Parameter als Werteparameter (*call by value*) und der zweite als Referenz (*call by reference*) übergeben. Bei einem Werteparameter wird in der Funktion eine lokale Variable mit dem Namen des Arguments angelegt und der Wert des Arguments hineinkopiert. Bei der Referenzübergabe dagegen arbeitet die Funktion direkt mit der Variablen des Aufrufers, nur unter einem anderen Namen.

Kurz und gut alle Informationen noch mal im Überblick:

 Referenzen sind von der technischen Realisierung her nur Zeiger, aber sie sehen etwas anders aus. Ein Zeiger im Schafspelz.

✔ Im Gegensatz zu einem Zeiger kann eine Referenz niemals uninitialisiert sein (siehe das Beispiel mit base3). Ein Zeiger kann auch angelegt werden, ohne dass er mit einem Wert bestückt wird.

✔ Bei const-Referenzen muss das & nicht unbedingt hinter einem Typ stehen.

```
int i = 0;
const int& r = i;   //ok, steht hinter dem Typ, aber
int const& j = i;
```

zwar auch hinter dem Typ, aber mehr hinter dem const. C++ ist was Tolles. Lassen Sie sich von solchen Kleinigkeiten nicht aus der Ruhe bringen.

✔ Ruft man eine Funktion mit Werteparametern auf, so werden die Werte vom Aufrufer in lokale Kopien innerhalb der Funktion kopiert.

✔ Verändert man innerhalb einer Funktion den Wert eines Werteparameters, so hat das für die Originalwerte keine Auswirkung, da man nur die Kopie innerhalb der Funktion verändert (siehe im Beispiel val1 und str1).

✔ Ruft man eine Funktion mit Referenzparametern auf, so arbeitet die Funktion direkt auf den Originaldaten des Aufrufers.

✔ Wird innerhalb einer Funktion ein Referenzparameter geändert, so ändert sich damit auch der Originalwert (da es sich um das Original nur unter anderem Namen handelt).

✔ Die obigen Aussagen gelten sowohl für skalare Typen (int, float, double) als auch für komplexe Typen (Klassen und Strukturen, wie std::string oder eigene Klassen).

✔ Ein Zeiger der auf »nichts« zeigen soll, wird mit NULL oder 0 initialisiert. In C++ gibt es im Gegensatz zu Java aber keine Nullreferenz.

Konstant und korrekt

In diesem Abschnitt experimentieren Sie ein bisschen. Teilen Sie das schön ordentlich in die Teile Versuchsaufbau und Versuchsdurchführung mit anschließender Auswertung. Jeder Chemielehrer wäre stolz auf Sie.

Versuchsaufbau

Für die Tests habe ich eine kleine Klasse erstellt, die einigermaßen komplett ist. Die Klasse XXX besitzt einen Defaultkonstruktor, einen Copykonstruktor, einen Zuweisungsoperator sowie einen Konstruktor mit Parameter für int-Werte. Außerdem sind get- und set-Methoden enthalten. Hier der Code:

```
#ifndef _XXX_H
#define _XXX_H
class XXX
{
public:
    XXX();
    XXX(int value);
    XXX(const XXX& source);
    const XXX& operator=(const XXX& source);
    int getValue() const {return m_Value;}
    void setValue(int value) {m_Value = value;}
private:
    int m_Value;
};
#endif
```

Listing 11.3: KAP11/XXX.H

```
#include "xxx.h"
#include <iostream>
using namespace std;
XXX::XXX(): m_Value(0)
{
    cout << "Defaultkonstruktor" << endl;
}
XXX::XXX(int value): m_Value(value)
{
    cout << "int-Konstruktor" << endl;
}
XXX::XXX(const XXX& source): m_Value(source.m_Value)
{
    cout << "Copykonstruktor" << endl;
}
const XXX& XXX::operator=(const XXX& source)
{
    m_Value = source.m_Value;
```

```
   cout << "Operator =" << endl;
   return *this;
}
```

Listing 11.4: KAP11/XXX.CPP

Einige kleine Anmerkungen noch

✔ Im Kapitel über Operatorüberladung waren aus Vereinfachungsgründen alle Operatoren immer direkt in der Headerdatei definiert. Hier ist die Klassendeklaration und -definition, wie es sich gehört, in zwei Dateien aufgeteilt. Beachten Sie, wie dabei der `operator=` als `XXX::operator=` in der CPP-Datei bezeichnet wird.

✔ Alle wichtigen Funktionen besitzen Ausgaben, damit Sie den Ablauf genau verfolgen können.

Versuchsdurchführung, Teil 1

Zur Verwendung obiger Klasse `XXX` werden nun Parameter vom Typ dieser Klasse in verschiedenen Varianten an Funktionen übergeben. Diese versuchen den gespeicherten Wert zu holen, um eins zu erhöhen und wieder in das Objekt zurückzuschreiben.

```
#include <iostream>
#include "xxx.h"
using namespace std;
void test1(XXX xxx)
{
   int i = xxx.getValue();
   xxx.setValue(i + 1);
}
void test2(const XXX xxx)
{
   int i = xxx.getValue();
// xxx.setValue(i + 1); COMPILERFEHLER
}
void test3(XXX& xxx)
{
   int i = xxx.getValue();
   xxx.setValue(i + 1);
}
void test4(const XXX& xxx)
{
   int i = xxx.getValue();
// xxx.setValue(i + 1); COMPILERFEHLER
}
int main()
{
   XXX x1, x2, x3, x4;
   cout << "x1" << endl; test1(x1);
   cout << "x2" << endl; test2(x2);
   cout << "x3" << endl; test3(x3);
   cout << "x4" << endl; test4(x4);
```

```
    cout << x1.getValue() << endl
         << x2.getValue() << endl
         << x3.getValue() << endl
         << x4.getValue() << endl;
    return 0;
}
```

Listing 11.5: KAP11/CONSTTEST1.CPP

Ihnen fällt sofort auf, dass einige Zeilen gleich mit Kommentaren // versehen sind. Das liegt daran, dass ohne diese Kommentarzeichen das Programm nicht übersetzbar wäre – auch dazu ist das letzte Wort noch nicht gesprochen. Die Beispielausgabe des Programms sieht so aus:

```
Defaultkonstruktor
Defaultkonstruktor
Defaultkonstruktor
Defaultkonstruktor
x1
Copykonstruktor
x2
Copykonstruktor
x3
x4
0
0
1
0
```

In den Funktionen test2 und test4 musste die Zeile mit setValue auskommentiert werden. Grund: setValue ist keine konstante Methode, das Objekt wurde aber als const übergeben. Es darf also nicht verändert werden. Beachten Sie, dass der Aufruf der konstanten Methode getValue dennoch funktioniert.

Die Bildschirmausgabe beweist es, beim Aufruf von test1(x1) und test2(x2) wird der Copykonstruktor aufgerufen. Dies entspricht aber genau unserer Erwartung von einem Werteparameter, da hier ja wie gesagt eine Kopie des aktuellen Parameters erzeugt wird. Im Fall von test3(x3) und test4(x4) wurde dagegen keine spezielle Klassenmethode von XXX aufgerufen.

Aus der Ausgabe der Werte lässt sich erkennen, dass nur beim Aufruf von test3(x3) das Objekt des Aufrufers geändert wurde – das war die Variante, wo direkt eine Referenz XXX& übergeben wird. In den anderen Fällen ist eine Veränderung mit setValue wegen der const-Eigenschaft gar nicht erlaubt, oder (bei test1) es wird nur die lokale Kopie verändert, was aber den Aufrufer herzlich wenig kümmert.

Merken Sie sich also die folgenden Fakten zu Referenzübergaben und Wertübergaben von Objekten.

Übergibt man ein Objekt als Werteparameter (XXX xxx), so wird vom Objekt eine Kopie erstellt, mit der alles gemacht werden darf.

✔ Übergibt man ein Objekt als konstanten Werteparameter (const XXX xxx), so wird vom Objekt eine Kopie erstellt, für die nur konstante Methoden aufgerufen werden können. Dies entspricht quasi einem Readonly-Zugriff.

Der Begriff *const correctness* bezeichnet den Sachverhalt, dass man, wann immer keine Änderung von Daten erfolgt, zugehörige Funktionen und Parameter als const deklariert. Da sich konstante Objekte selbst schützen können, erreicht man eine höhere Sicherheit gegenüber ungewollten Änderungen durch Programmierfehler.

Übergibt man ein Objekt als Referenzparameter (XXX& xxx), so arbeitet die Funktion direkt auf dem Originalobjekt. Alle Methodenaufrufe sind erlaubt, insbesondere auch Veränderungen.

✔ Übergibt man ein Objekt als konstanten Referenzparameter (const XXX& xxx), so arbeitet die Funktion ebenfalls auf dem Originalobjekt. Es sind aber nur konstante Methoden erlaubt, auch dies entspricht wieder letztlich einem Readonly-Zugriff auf das Objekt.

Eine Übergabe von Objekten als Kopie ist im Regelfall langsamer, da eine Objektkopie erstellt werden muss. Die Referenzübergabe ist daher normalerweise vorzuziehen. Darf die Funktion keine Änderungen durchführen, so ist eine konstante Referenz die beste Wahl.

✔ Ausnahme von vorstehender Regel sind Klassen, die intern *reference counting* verwenden. Hier ist der Copykonstruktor nämlich besonders schnell und effizient, so dass die Übergabe der Referenz möglicherweise sogar (minimal) langsamer ist. Nehmen Sie als Beispiel hierfür die Klasse CString aus den MFC (Microsoft Foundation Classes, Bibliothek von Microsoft zur Windows-Programmierung), auch gibt es einige Implementationen der C++-Standardbibliothek, die referenzgezählte std::strings implementieren. Allerdings sollte Sie das nicht abschrecken, im Regelfall mit (konstanten) Referenzen zu arbeiten.

✔ Für skalare Typen (int, float, double, ...) lauten die Regeln übrigens gerade anders herum. Eine Objektkopie (const int oder int) ist dort besonders schnell in einem Prozessortakt machbar, während bei einer Referenz (const int& oder int&) zusätzlich intern ein Zeiger gebildet werden muss. Verwenden Sie also bei skalaren Typen die Referenzübergabe nur, wenn die Funktion den Wert verändern muss.

✔ Bei skalaren Typen macht auch der konstante Werteparameter (const int) wenig Sinn: Die Funktion erhält eine Kopie, die sie dann nicht ändern darf – das Verbot der Änderung ergibt keinen Sinn, weil der Wert am Ende der Funktion doch sowieso vernichtet wird.

✔ Konstante Referenzen (const int&) für skalare Typen sind weitgehend sinnfrei und nur Verschwendung von Prozessorzeit. Die Erstellung der Referenz kostet Zeit und die Funktion darf den Wert nachher doch nur lesen. Unter dem Strich erreichen Sie genau das gleiche Ergebnis, wenn Sie der Funktion gleich einen Werteparameter (int) übergeben.

✔ Alles, was zuvor für Objekte und Klassen gesagt wurde, gilt ebenso für Strukturen.

Versuchsdurchführung, Teil 2

Eine interessante und viel sagende Modifikation ermöglicht uns noch einige weitere Erkenntnisse. Ändern Sie die main-Funktion aus dem obigen Testprogramm wie unten stehend ab.

```
/* dieser Teil ist identisch zu consttest1.cpp
   nur die main-Funktion unterscheidet sich */
int main()
{
    cout << "x1" << endl; test1(1);
    cout << "x2" << endl; test2(1);
    //cout << "x3" << endl; test3(1); COMPILERFEHLER
    cout << "x4" << endl; test4(1);

    return 0;
}
```

Listing 11.6: KAP11/CONSTTEST2.CPP

In drei Fällen geht das so gut, in einem Fall wird ein Compilerfehler erzeugt und die Zeile muss auskommentiert werden. Die Ausgabe liefert

```
x1
int-Konstruktor
x2
int-Konstruktor
x4
int-Konstruktor
```

Offenbar wird in allen drei Fällen der int-Konstruktor aufgerufen.

Was ist mit test1 ... test4?

test1(1) führt zu folgender Aktion: Gesucht wird ein XXX als Werteparameter. Gegeben ist aber ein int. Es gibt den geeigneten Konstruktor, um aus int ein XXX zu machen. Der Compiler übergibt den int-Wert an die Funktion, dort wird eine lokale Variable mit dem Namen xxx erstellt, für die der int-Konstruktor mit der übergebenen Zahl aufgerufen wird. Schreibzugriffe mit setValue sind möglich, verpuffen aber, da die lokale Variable am Ende gelöscht wird.

Bei test2(1) passiert das Gleiche wie bei test1, nur dass die Schreibzugriffe wegen const ohnehin nicht möglich sind.

test4(1) verhält sich anders. Es wird ein temporäres XXX-Objekt mit Hilfe des int-Konstruktors erzeugt. Für dieses temporäre XXX-Objekt wird eine konstante Referenz an die Funktion übergeben und ein Auslesen des Wertes funktioniert. Auch hier wird also der int-Konstruktor aufgerufen, aber an einer ganz anderen Stelle, nämlich außerhalb der Funktion. In den beiden anderen Fällen fand der Aufruf innerhalb der Funktion statt.

Wie sieht es aus mit test3(1)? Dieser Aufruf funktioniert offensichtlich nicht. Der Grund liegt im fehlenden const. Würde nämlich auch hier ein temporäres Objekt erzeugt, so dürfte die Funktion das temporäre Objekt schreibend ändern. Dies steht aber im Widerspruch dazu, dass das temporäre Objekt eine Konstante ist – es vertritt die Konstante 1 ja nur in einer anderen Form. Das würde zum Paradoxon führen, dass man durch die Hintertür eine Konstante ändern könnte. Ergo ist diese Konstellation verboten.

In gesammelter Form bedeutet das:

Beachten Sie, welche Aktionen der Compiler für Sie im Hintergrund automatisch ausführt. Dies ist sehr komfortabel, aber Sie sollten sich über die Aufrufe im Hintergrund im Klaren sein.

Passt der Typ des aktuellen Parameters nicht zu dem Typ des Parameters, der gefordert wird, so versucht der Compiler, den Typ mit geeigneten Mitteln (Konstruktoren, Typecast) so hinzubiegen, dass der Aufruf funktioniert. Dabei entstehen unter Umständen temporäre Objekte.

✔ Dass für `test1` und `test2` nur der `int`-Konstruktor aufgerufen wird, liegt an der guten Optimierung des Compilers. Rein sprachlich müssten hier noch die Copykonstruktoren aufgerufen werden. Dies wäre das »normale« Verhalten. Die Optimierung ist aber erlaubt. Beachten Sie diesen kleinen, aber feinen Unterschied, falls Ihre Copykonstruktoren irgendeinen Seiteneffekt haben.

Konstante Werte kann man nicht als aktuelle Werte an Referenzparameter übergeben.

Rückgabe lokaler Objekte an den Aufrufer

Wenn Ihre Funktionen immer nur `void` als `return`-Wert haben, können Sie gleich zum nächsten Kapitel weiterblättern. Aber wer ist schon so glücklich? Meistens erzeugen die Funktionen irgendeinen Wert ... und den wollen Sie gefälligst wiederhaben. Sie haben gezahlt, also wollen Sie auch die Ware. Der Kunde ist König.

const oder nicht-const, das ist hier die Frage

Hilfsmittel für unsere Tests ist wieder die Klasse `XXX`, die sich allseits bewährt hat. Zunächst eine kleine Untersuchung, wie man Kopien von Objekten aus Funktionen herausgeben kann.

```
#include "xxx.h"
#include <iostream>
using namespace std;
XXX getX1()
{
   XXX x1(1);
   cout << x1.getValue() << endl;
   return x1;
}

const XXX getX2()
{
   XXX x2(2);
```

```
    cout << x2.getValue() << endl;
    return x2;
}
int main()
{
    XXX x1, x2;
    cout << "x1" << endl;
    x1 = getX1();
    cout << "x2" << endl;
    x2 = getX2();
    cout << x1.getValue() << endl;
    cout << x2.getValue() << endl;
    return 0;
}
```

Listing 11.7: KAP11/RETLOCAL1.CPP

Im Beispiel wird zunächst mal direkt ein Objekt vom Typ XXX zurückgegeben, allerdings im Fall zwei als konstantes Objekt. Wirkt sich das aus? Das Kompilieren klappt problemlos, sehen Sie sich hier die Beispielausgabe an.

```
Defaultkonstruktor
Defaultkonstruktor
x1
int-Konstruktor
1
Copykonstruktor
Operator =
x2
int-Konstruktor
2
Copykonstruktor
Operator =
1
2
int-Konstruktor
1
Copykonstruktor
```

Für Sie ist der Teil jeweils nach den Zeilen x1 und x2 interessant. Das sieht ziemlich identisch aus ... intern wird das Objekt mit dem int-Konstruktor erzeugt. Beim return wird nun eine Kopie in Form eines temporären Objekts zurückgegeben – und die Daten werden aus dem temporären Objekt mit Hilfe des Zuweisungsoperators in die Objekte x1 und x2 kopiert. Ziemlich viele Aufrufe ... aber was ist mit dem const? Es spielt hier keine Rolle, weil nur das temporäre Objekt als const markiert ist. Dieses wird aber nur als Quelle für den Zuweisungsoperator benutzt, und dem ist – da er ja nur lesend auf das Objekt zugreift – egal, ob const oder nicht-const.

Wenn's doch nur so einfach wäre ... fügen Sie in main noch folgende Zeilen ein:

```
    getX1().setValue(5);
    getX2().setValue(5);
```

Erkenntnis 1: Das Programm lässt sich nun nicht mehr übersetzen, für die zweite Zeile wird ein Fehler angezeigt. Logisch? Ja, schon. Das temporäre Objekt, auf das hier zugegriffen wird, wird durch `setValue` mit einer nicht konstanten Methode beaufschlagt. Das ist wegen der geforderten Konstanz aber verboten, ergo hat der Compiler recht. Auskommentieren, kompilieren, starten – die Zeilen sehen nun so aus:

```
    getX1().setValue(5);
//  getX2().setValue(5);
```

Es funktioniert ... aber bleibt natürlich ziemlich wirkungslos. In der Tat wird nun innerhalb des temporären Objekts mit `setValue` der Wert 5 gesetzt, danach wird das temporäre Objekt bereits zerstört. Okay, wenn `setValue` nun eine ganz tolle Methode mit Bildschirmausgabe und Grafik gewesen wäre, die eine Animation über die Relativitätstheorie zeigt – dann hätten Sie was gesehen. Es bleibt also ein gemischtes Gefühl über Sinn und Unsinn in der Magengrube zurück.

✔ Liefert man als Rückgabewert einer Funktion ein Objekt zurück, so muss man sich darüber im Klaren sein, dass hier zunächst ein Kopiervorgang (Copykonstruktor für das temporäre Objekt) und danach eine Zuweisung (das temporäre Objekt wird in das Zielobjekt kopiert) stattfinden.

Der Compiler ist manchmal richtig clever. Fügen Sie noch diese Zeile ein

```
XXX x3 = getX1();
```

In diesem Fall wird nur ein Aufruf vom Copykonstruktor durchgeführt ... er verzichtet hier auf das temporäre Objekt vollständig und kopiert das lokale Objekt direkt mit Hilfe des Copykonstruktors nach x3. Ein Aufruf des Zuweisungsoperators findet in diesem Fall nicht statt. Ein netter Gag am Rande. Das Objekt x3 übernimmt dadurch im Grunde die Stelle des temporären Objekts. Ein Grund mehr für Sie, Objekte immer erst so spät wie möglich zu definieren, um unnötige Konstruktoraufrufe zu sparen. Dieses Verfahren nennt man *inplace construction*.

✔ Gibt man die Objektkopie als `const` zurück, so können keine Aufrufe auf dem Rückgabeobjekt durchgeführt werden, die nicht-konstante Member sind. Für die Kopie des temporären Objekts selbst spielt dies aber keine Rolle. Es ist nicht unbedingt notwendig, das Objekt `const` zurückzuliefern, außer man könnte mit einem Methodenaufruf einen Schaden anrichten.

Referenz oder was?

Jetzt können Sie Ihre Programme schon ganz schön beschleunigen. So viele Kopien, das kann irgendwie nicht gut sein, daher sind künftig diese ganzen Kopien erst einmal zu vermeiden und Sie arbeiten ohne Kopien – direkt mit dem Original. Nichts schmeckt so gut wie das Original.

Folglich werden ab sofort die `return`-Werte nur noch als Referenzen zurückgegeben. Halt. Nicht so schnell, stürmischer Freund. Testen Sie das erst aus, danach können Sie immer noch überlegen, wie gut Ihnen das gefällt.

```
#include "xxx.h"
#include <iostream>
using namespace std;
XXX& getX1()
```

```
{
    static XXX x1(1);
    return x1;
}
XXX& getX2()
{
    XXX x2(2);
    return x2;
}
const XXX& getX3()
{
    static XXX x1(1);
    return x1;
}
int main()
{
    XXX x1, x2, x3;

    cout << "x1" << endl;
    x1 = getX1();
    cout << "x2" << endl;
    x2 = getX2();
    cout << "x3" << endl;
    x3 = getX3();
    cout << x1.getValue() << endl;
    cout << x2.getValue() << endl;
    cout << x3.getValue() << endl;

    return 0;
}
```

Listing 11.8: KAP11/RETLOCAL2.CPP

Zunächst mal stellen Sie hoffentlich fest, dass Ihr Compiler für die Funktion `test2` gleich eine Warnung anzeigt. Das fängt schon gut an. Trotzdem läuft das Programm, wie die Ausgabe zeigt.

```
Defaultkonstruktor
Defaultkonstruktor
Defaultkonstruktor
x1
int-Konstruktor
Operator =
x2
int-Konstruktor
Operator =
x3
int-Konstruktor
Operator =
1
1245056   (<- hier kann auch eine andere Zahl stehen)
1
```

Eines steht auf jeden Fall fest: anders als bei der Übergabe der Parameter sind die Unterschiede hier deutlich subtiler – es passiert immer das Gleiche. Es wird das lokale Objekt in der Funktion immer direkt mit dem Zuweisungsoperator in das Objekt des Aufrufers kopiert. Auf jeden Fall ist dies schon mal schlanker, als das ganze Objekt nach oben zu würgen.

Etwas störend dürfte bei der Zahlenausgabe diese 1245056 sein. Das sieht nicht nach einem funktionierenden Aufruf von test2 aus. Aber da kam ja schon vorher die Warnung. Ob das zusammenhängt? Die Warnung lautete »returning address of local variable or temporary«. Eine Adresse einer lokalen Variable oder eines temporären Objekts wurde zurückgegeben.

In der Tat. Innerhalb der Funktion test2 wird ein Objekt XXX angelegt und mit return wird eine Referenz (Sie erinnern sich: Das ist ein getarnter Zeiger) darauf zurückgeliefert. Dieser Zeiger ist noch vorhanden, es wird die Funktion verlassen und das Objekt entfernt. Nun schlägt auch noch der Zuweisungsoperator zu und will mit Hilfe der Referenz die Daten aus dem bereits zerstörten Objekt kopieren. Ein Wunder, dass das Programm das überhaupt mitmacht.

Bei bestimmten Klassen führt diese Aktion sogar zum Programmabsturz. Probieren Sie so was mal mit std::string aus. Ich wünsche Ihnen viel Vergnügen.

Bei test1 und test3 funktioniert dies deswegen, weil das lokale Objekt static deklariert wurde. Zur Erinnerung: Damit haben Sie nur Erfolg, weil die als static deklarierten lokalen Variablen auch nach dem Ende der Funktion erhalten bleiben. So existiert das Objekt, auf das die Referenz zeigt, immer noch.

Um den Unterschied zwischen test1 und test3 noch auszuloten, fügen Sie ein paar Zeilen im Programm ein:

```
XXX& x1b = getX1();
x1b.setValue(5);
cout << x1b.getValue() << endl;
```

Achten Sie auf den feinen Unterschied, x1b ist vom Typ eine Referenz auf XXX. Wenn man x1b.set Value aufruft, so wird über die Referenz das lokale statische Objekt in der Funktion test1 verändert. Oha! Ob das gewollt sein kann? Ein Seiteneffekt übelster Sorte. Daher gibt es test3, wo die Referenz als const deklariert wurde. Versuchen Sie dafür mal, setValue aufzurufen. Es wird vom Compiler verboten, Problem gelöst.

Geben Sie niemals Referenzen auf lokale nicht-statische Objekte zurück. Bis der Aufrufer über die Referenz auf das Objekt zugreifen kann, hat sich dieses nämlich bereits in Luft aufgelöst.

Dies gilt analog auch für klassische Zeiger:

```
XXX* getX2()
{
    XXX x2(2);
    return &x2;
}
```

Auch diese Programmversion schlägt aus den gleichen Gründen fehl.

Wenn Sie Referenzen auf lokale statische Objekte zurückliefern, so machen Sie diese im Normalfall immer `const`. Sonst kann der Aufrufer von außen lokale Objekte innerhalb der Funktion ändern, was als so genannter Seiteneffekt sehr fehlerträchtig ist.

Tun Sie dies aus den gleichen Gründen auch niemals mit klassischen Zeigern, da hier die identischen Fehlerquellen dahinter stecken.

```
XXX* getX1()
{
    static XXX x1(1);
    return &x1;
}
XXX* pXXX = getX1();
pXXX->setValue(4711);
```

✔ Eigentlich wollten Sie zu neuen und besseren Erkenntnissen kommen und nun stehen lauter Warnungen da. Schöner Mist. Die Referenz als `return`-Value ist wohl nicht so gelungen, aber warten Sie am besten noch etwas ab ...

Wie gut, dass dies mit skalaren Typen alles viel einfacher ist. Diese lassen sich direkt kopieren, eine Rückgabe von Referenzen auf skalare Typen verursacht mehr Prozessoraufwand als eine direkte Rückgabe. Also muss man sich darüber gar nicht den Kopf zerbrechen, Skalare werden direkt mit dem Typ zurückgegeben.

✔ Die Verwendung von statischen Objekten ist natürlich keine allgemeingültige Lösung, da immer nur ein einziges Objekt geliefert werden kann. Sobald man mehr als ein Objekt benötigt, ist diese Erkenntnis leider nicht Gewinn bringend verwendbar.

Der Trick mit der Durchreiche

Manchmal haben Grundlagenerfahrungen in C doch etwas für sich. In C muss man sich bei Strings mit diesen lästigen `char`-Arrays herumschlagen, aber man lernt dabei einige Tricks. So wie diesen im folgenden Beispielprogramm – es soll einen String umkehren. Rein in die Funktion, umkehren und wieder raus. Ich zeige Ihnen kurz und knapp das Programm.

```c
#include <stdio.h>
#include <string.h>
#include <stdlib.h>

char* reverse1(const char* string)
{
    char* newbuf = new char[strlen(string) + 1];
    for (unsigned i = 0; i < strlen(string); i++)
        newbuf[i] = string[strlen(string) - i - 1];
    newbuf[strlen(string)] = '\0';
    return newbuf;
}
```

```
int main()
{
    puts(reverse1("Hallo"));
    char* str1 = reverse1("Welt");
    puts(str1);
    delete[] str1;
    return 0;
}
```

Listing 11.9: KAP11/PUTTHRU.CPP

Die Funktion reverse1 kopiert den String zeichenweise von hinten in einen neuen Speicherbereich, der innerhalb der Funktion allokiert wurde. Jetzt schluckt der eine oder andere Leser bereits. Ja ja, das ist böse, sehr böse. Betrachten Sie nämlich die Anwendung, gleich zu Beginn der main-Funktion das puts. Alarmstufe Rot! Ein Speicherloch – wer gibt hier den Speicher frei? Niemand.

Nur der zweite Aufruf wäre ordentlicher – der Aufrufer muss den Zeiger zwischenspeichern und explizit mit delete[] freigeben. So ist es speichertechnisch sauber – aber es sieht wirklich stümperhaft aus.

Man kann das mit einem Trick natürlich umgehen, der Aufrufer allokiert selbst den Speicher und übergibt den Puffer an die Funktion, die das Ergebnis dort reinkopiert. Etwa so:

```
void reverse2(const char* string, char* tobuf)
```

Nun kann der String nach tobuf kopiert werden. Leider funktioniert danach der einfache Zugriff auf das Ergebnis mit einer Funktion nicht mehr, ein puts(reverse2("Hallo", buffer)); ist nicht erlaubt, weil der Rückgabetyp von reverse2 void ist. Fügen Sie daher die folgende Funktion in PUTTHRU.CPP ein, die beide Möglichkeiten anbietet (man übergibt aus Gründen der Sicherheit noch die Länge des Puffers, damit es zu keiner Überschreitung des Speichers kommen kann):

```
char* reverse2(const char* string,
               char* tobuf, unsigned buflen)
{
    unsigned maxlen = (strlen(string) < buflen - 1) ?
                       strlen(string) : buflen - 1;
    for (unsigned i = 0; i < maxlen; i++)
        tobuf[i] = string[strlen(string) - i - 1];
    tobuf[maxlen] = '\0';
    return tobuf;
}
```

Nun klappt auch die unmittelbare Verwendung des Rückgabewerts

```
    char str2[20];
    reverse2("Hallo", str2 ,
             sizeof(str2) / sizeof(char));
    puts(str2);
    // oder so
    puts(reverse2("Welt", str2 ,
                  sizeof(str2) / sizeof(char)));
```

Um die Speicherfreigabe muss sich die Funktion nicht kümmern, da der Aufrufer den Speicher bereitstellt.

Der eigentliche Trick ist hier, dass man als Parameter einen Zeiger entgegennimmt und diesen am Ende wieder mit `return` herausgibt. Dadurch kann beim Aufruf ein aktueller Parameter eingesetzt werden und gleichzeitig das Ergebnis der Funktion weiterverarbeitet werden. Der Parameter wird einfach durchgereicht.

Geben Sie niemals in einer Funktion dynamisch allokierten Speicher mit `return` aus einer Funktion hinaus. In 97,39 % aller Fälle vergisst man, diesen korrekt freizugeben und es hagelt Speicherlöcher ohne Ende.

✔ Obige Punkte gelten sinngemäß natürlich genauso für `malloc` und `free`.

✔ Mit der Berechnung von `sizeof(array) / sizeof(T)` kann man für ein statisches Array der Form `T array[limit];` die Größe ermitteln. Alternativ findet man manchmal auch `sizeof(array) / sizeof(array[0])`. Leider funktioniert das nicht für mit `new` dynamisch angelegte Arrays.

Das beste aus zwei Welten

Vereinigen Sie diese Erkenntnis aus der Welt der `char`-Arrays mit Objekten, so gelangen Sie gleich zum nächsten Beispiel.

```cpp
#include "xxx.h"
#include <iostream>
using namespace std;
XXX& getX1(XXX& xxx)
{
    xxx.setValue(1);
    return xxx;
}
const XXX& getX2(XXX& xxx)
{
    xxx.setValue(2);
    return xxx;
}
int main()
{
    XXX x1, x2;

    cout << getX1(x1).getValue() << endl;
    cout << getX2(x2).getValue() << endl;

    return 0;
}
```

Listing 11.10: KAP11/RETLOCAL3.CPP

Der Trick dieser Funktionen ist, dass sie als Parameter eine Referenz erwarten. Über diese Referenz verändert die Funktion das Objekt, das als aktueller Parameter hier übergeben wurde. Gut, ich schalte einen Gang runter – das kennt man schon seit Pascal. Der Gag an der Sache ist aber, dass man die Referenz auf diesen Parameter auch noch einmal als `return`-Wert zurückliefert. Damit kann man das Ergebnis der Funktion nämlich gleich prächtig weiterverarbeiten. Um Speicherplatzreservierung muss sich die Funktion gar keine Gedanken machen, da sie den Speicher über die Referenzübergabe schon in den Händen hält. Eine schöne Lösung, die wir mit abrundenden Worten umschließen.

Will man ein Objekt in einer Funktion verändern, so bietet es sich an, dieses als Referenzparameter an die Funktion zu übergeben. Dies minimiert die Anzahl an Objektkopien und Konstruktoraufrufen erheblich.

✔ Ein solcher Art übergebenes Objekt darf natürlich *nicht* als konstante Referenz übergeben werden.

Um die Funktion trotzdem leicht in andere Ausdrücke einsetzen zu können, ist es eine gute Idee, mit `return` eine Referenz auf dieses Objekt zurückzuliefern. Dann kann der Aufrufer dafür weitere Funktionen aufrufen.

Schauen Sie sich noch einmal die Klasse `Matrix` aus dem Kapitel über die Operatorüberladung an. Viele der Operatoren verwenden diese Technik ebenfalls.

Es gibt eine Variante, dies für `set`-Methoden anzuwenden. Sehen Sie selbst:

```
class Demo
{
public:
    Demo()
        : m_a(0), m_b(0) {}
    Demo& setA(int a) {m_a = a; return *this;}
    Demo& setB(int b) {m_b = b; return *this;}
private:
    int m_a;
    int m_b;
};
int main()
{
    Demo demo;
    demo.setA(5).setB(9);
    return 0;
}
```

Jede `set`-Methode gibt eine Referenz auf Demo zurück (`Demo&`). Damit kann man Ausdrücke wie `demo.setA(5).setB(9)` verketten, da von links nach rechts immer wieder der Aufruf von `set` für das aktuelle Objekt möglich ist. Hier wird nicht der aktuelle Parameter zurückgegeben, sondern das aktuelle Objekt, gekennzeichnet durch den `this`-Zeiger. Denken Sie an die Parallele zum Zuweisungsoperator `operator=`.

✔ Wenn Sie in Ihren Klassen solche Tricks anwenden, fangen Ihre Freunde so langsam an zu staunen. Bedenken Sie allerdings: »Wenn es dem Esel zu wohl wird, geht er aufs Eis.«

✔ Im Normalfall gibt man bei einer solchen Funktion eine konstante Referenz zurück. Einige Seiten vorher bei der Rückgabe von Referenzen finden Sie Gründe für und wider die Rückgabe konstanter Referenzen.

Machen Sie keine Haustürgeschäfte mit Referenzen!

Wenn Sie locker flockig Referenzen durchreichen, darf eine Warnung nicht fehlen. Ich hatte zwar schon erwähnt, dass man in C++ keine Nullreferenz bewusst erzeugen kann – was aber durchaus geht, ist, eine Referenz ungültig werden zu lassen, wenn das Ding noch auf ein nicht mehr existierendes Objekt zeigt. Folge: *bumm*. Programmabsturz.

Zunächst muss unsere Demoklasse XXX etwas anspruchsvoller werden, damit Sie den Effekt gleich deutlich sehen. Eine Klasse XXXL, die einen String mit Hilfe eines Pointers verwaltet, wäre nun sehr hilfreich.

```
#ifndef _XXXL_H
#define _XXXL_H
#include <string>
class XXXL
{
public:
    XXXL();
    XXXL(const std::string& val);
    XXXL(const XXXL& source);
    ~XXXL();
    const XXXL& operator=(const XXXL& source);
    std::string getValue() const;
    void setValue(const std::string& value);
private:
    std::string* m_pValue;
};
#endif
```

Listing 11.11: KAP11/XXXL.H

```
#include "XXXL.h"
#include <iostream>
using namespace std;
XXXL::XXXL()
{
    cout << "Defaultkonstruktor" << endl;
}
XXXL::XXXL(const std::string& value)
{
    m_pValue = new std::string(value);
    cout << "int-Konstruktor" << endl;
}
XXXL::XXXL(const XXXL& source)
{
```

```
    m_pValue = new std::string(*source.m_pValue);
    cout << "Copykonstruktor" << endl;
}
XXXL::~XXXL()
{
    delete m_pValue;
}
const XXXL& XXXL::operator=(const XXXL& source)
{
    std::string* pVal = new std::string(*source.m_pValue);
    delete m_pValue;
    m_pValue = pVal;
    cout << "Operator =" << endl;
    return *this;
}
std::string XXXL::getValue() const
{
    return *m_pValue;
}
void XXXL::setValue(const std::string& value)
{
    *m_pValue = value;
}
```

Listing 11.12: KAP11/XXXL.CPP

Gesehen, geprüft und inzwischen auf Anhieb verstanden – Sie sind ja schon ein richtiger C++-Freak.

Schauen Sie sich dazu das Beispielprogramm an, ob Sie hier die Schwachpunkte sehen können.

```
#include "XXXL.h"
#include <iostream>
using namespace std;
XXXL& getX1(XXXL& XXXL)
{
    XXXL.setValue("Hallo");
    return XXXL;
}
const XXXL& getX2(const XXXL& XXXL)
{
    return XXXL;
}
int main()
{
    XXXL& x1 = getX1( XXXL() );
    x1.setValue("ganz schlecht");
    return 0;
}
```

Listing 11.13: KAP11/DESASTER.CPP

Starten Sie das Programm – falls der Compiler Ihnen das ohne Warnung oder Fehler durchgehen lässt. Das ergibt einen fantastischen Programmabsturz.

 Eigentlich hätte der Compiler (der Visual-C++- und der Borland-C++-Builder tun es) diesen Code gar nicht akzeptieren dürfen, er ist nämlich illegal. Erzeugt man mit `XXXL` (`"ganz schlecht"`) ein temporäres Objekt, so ist dieses automatisch `const`. Haben Sie ja schon in Aktion gesehen, Konstanten als Parameter werden unter Umständen konvertiert, aber wieder in konstante Objekte. Also wird hier ein `const XXXL` an eine `XXXL&`-Referenz übergeben. Konstante an Referenz? Das ist nicht erlaubt. Die Compiler fressen es aber und Sie haben den Absturz auszubaden.

Fügen Sie nun in der Funktion `main` noch folgende Zeilen ein und kommentieren Sie den Teil mit `x1` aus.

```
const XXXL& x2 = getX2( XXXL("nicht gut") );
cout << x2.getValue() << endl;
```

Schon wieder ein Absturz! Kein guter Tag heute.

Diesmal ist der Code aber const correct, er nimmt das konstante temporäre Objekt als `const XXXL&` auf und gibt es in dieser Form zurück an eine Konstante `x2` im Hauptprogramm. Nun wird dafür `getValue` aufgerufen – Moment mal, wie lange gibt's eigentlich dieses temporäre Objekt? Da sind Sie mir auf den Leim gegangen, dieses Objekt gibt's nur, bis die Funktion `getX2` vollständig abgeräumt wurde. Danach wird das Objekt gelöscht und die Referenz ungültig, wodurch im `cout` der Zugriff über `getValue` mächtig danebengeht.

Diesmal muss in der Zusammenfassung wohl für jeden Punkt eine dicke Warnung stehen.

 Rechnen Sie damit, dass manchmal Dinge machbar sind, die nicht erlaubt sein sollten – und Sie erhalten keine Warnung. Schauen Sie auf den Fall `x1`.

 Für `x2` wurde hier im Grunde wieder der Fall konstruiert, dass eine Referenz auf ein lokales Objekt zurückgegeben wird. Eigentlich kennen Sie das schon, ebenso die Konsequenzen. Die Form ist diesmal neu.

✔ Folgender Code für `getX2` wäre übrigens legal:

```
cout << getX2( XXXL("prima") ).getValue() << endl;
```

Hier existiert das Objekt zum Zeitpunkt des Aufrufs von `getValue` nämlich noch.

 Um das Problem von `x2` zu vermeiden, halte man sich zur Sicherheit an folgende Regel: »Gebe niemals einen konstanten Referenzparameter als konstante Referenz zurück.«

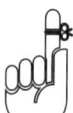 Die Rückgabe von Referenzparametern als konstante Referenz ist erlaubt, da hier theoretisch ausgeschlossen ist, dass man als aktuellen Parameter ein temporäres Objekt übergeben bekommt.

✔ Das hier ist auch erlaubt:

```
XXXL xxxl;
XXXL& x1 = getX1(xxxl);
x1.setValue("prima");
```

✔ Ein Verstoß gegen die Vorschriften ist auch der Aufruf:

```
getX1( "autsch" );
```

Hier wird aus dem String `"autsch"` ein Objekt `XXXL` gemacht (über den entsprechenden Konstruktor mit `string`-Parameter). Dieses Objekt ist aber konstant und darf nicht als nicht-konstante Referenz übergeben werden.

Wieder mal Ihr guter Freund auto_ptr

Sind Sie nun ein bisschen traurig? Das Geheimnis der Referenzen ist geknackt und unnötige Objektkopien werden zukünftig vermieden. Aber ... irgendwie ... Das man dynamisch angelegte Objekte nicht mit `return` zurückgeben soll, das ist bitter. Es macht die Sache zwar sicherer, aber auch aufwendiger.

Den einen oder anderen Leser wird es freuen, dass uns in dieser Situation unser Freund `auto_ptr` wieder mal helfen kann. Der wäre doch glatt in Vergessenheit geraten. Zur Erinnerung: Ein `auto_ptr` verwaltet ein Objekt mit Hilfe eines Zeigers, gibt dieses Objekt aber frei, sobald es nicht mehr benötigt wird. Im Kapitel »Ausnahmezustand« haben Sie `auto_ptr` im Zusammenhang mit Exceptions erstmalig nutzbringend anwenden können.

```
#include "xxx.h"
#include <iostream>
#include <memory>
#include <string>
using namespace std;
const auto_ptr<XXX> getX1()
{
    return auto_ptr<XXX>(new XXX(1));
}
int main()
{
    auto_ptr<XXX> x1;
    cout << "x1" << endl;
    x1 = getX1();
    cout << x1->getValue() << endl;

    return 0;
}
```

Listing 11.14: KAP11/RETLOCAL4.CPP

Zunächst ausführen – es funktioniert. Aber viel wichtiger ist, dass dieses Programm kein Speicherloch hinterlässt. Es wird schön brav alles aufgeräumt.

 Würde man das lokal mit `new XXX(1)` angelegte Objekt direkt mit `return` aus der Funktion herausgeben, muss sich der Aufrufer darum kümmern, dass irgendwann ein `delete` aufgerufen wird. In diesem Falle unnötig – die Funktion liefert einen `auto_ptr<XXX>` zurück, der ab nun die Verwaltung des Speichers übernimmt. Bei jeder Kopie, wie sie etwa bei `x1 = getX1()` auftritt, wird die Verantwortung für den Speicher weitergegeben. Zugriffe auf das Objekt erfolgen ganz normal über `x1` und die Indirektion `->`.

Und weil das auch nicht so selten vorkommt – es ist in meinem C++-Forum sogar eine ausgesprochen häufige Frage – wie kann man eigentlich dynamisch allokierte Strings aus Funktionen herausgeben? Auch dies funktioniert ganz genauso. Ergänzen Sie obiges Programm zu Beginn noch um eine Funktion

```
const auto_ptr<string> getString(const string& str)
{
    string* pStr = new string(str);
    *pStr += " Welt";
    return auto_ptr<string>(pStr);
}
```

Innerhalb wird ein String `pStr` als dynamisches Objekt mit `new` angelegt, an das Objekt wird noch ein Teilstring angehängt. Auch hier liefert man nicht den Pointer an den Aufrufer zurück, sondern einen `auto_ptr<string>`, der sich um die Verwaltung des Speichers kümmern wird. Ergänzen Sie noch in der `main`-Funktion die Zeile

```
    cout << *getString("Hallo") << endl;
```

Über ein `*getString` kommt man an den Inhalt direkt heran. Eine wunderbare Sache, die viel zu selten erwähnt und verwendet wird. Ein letzter Rückblick:

 Muss man lokal angelegte Objekte als Rückgabewert aus einer Funktion herausgeben, so sollte dies immer unter Verwendung von Smart Pointern wie etwa der Klasse `auto_ptr<T>` geschehen. Damit verhindert man Speicher- und Ressourcenlöcher.

✔ In obigem Beispiel kann man beim `return`-Typ jeweils auch auf das `const` verzichten. Dann darf man eben auch wieder schreibende Funktionen für das verwaltete Objekt ausführen. Versuchen Sie im Beispiel einmal ein `x1->setValue`, dies schlägt fehl. Entfernen Sie das `const`, funktioniert es. Das verhält sich ganz analog zu dem bisherigen Wissen über konstante und nicht-konstante Rückgabewerte.

✔ Wenn Sie ein Objekt über einen Zeiger ansprechen, können Sie einige Operatoren nicht mehr direkt anwenden. In der Funktion `getString` sollte ein String mit `+=` angehängt werden, allerdings ist `+=` nur für `string`-Objekte erklärt. In `pStr` liegt aber ein `string*` vor. Folglich müssen Sie den `operator+=` auf `string*` anwenden, wie es in `getString` auch gezeigt wird.

Kinder vieler Väter

In diesem Kapitel

▷ Lernen Sie die Mehrfachvererbung und Interfaceklassen kennen

▷ Implementieren Sie Callbackfunktionen mit Hilfe von virtuellen Methoden

▷ Wird das Schlüsselwort `virtual` noch einmal in einer anderen Form verwendet

Denken Sie an einen schönen Sommertag im Wald. Schauen Sie sich einen der Bäume an ... unten ein Stamm, von dem aus sich viele kleinere Zweige verästeln, bis man irgendwann nach vielen Verästelungen bei den Blättern landet. Sehr schön harmonisch. Und nun denken Sie sich die Blätter verschiedener Zweige wieder zusammengewachsen. Wie sieht das denn aus? Lauter Verwucherungen, die Struktur wird gestört. Ein Monster.

Genau das ist auch das Problem bei der so genannten Mehrfachvererbung. Durch dieses Hilfsmittel wird es möglich, dass die schöne baumartige Struktur von Klassen sich plötzlich nicht mehr weiter verästelt, sondern wieder zusammenwächst. Aus diesem Grund halten nicht wenige Leute auch Mehrfachvererbung für ein Monster. Wenn es nach ihnen ginge, sogar ein totes und zwei Meter tief zu verbuddelndes Monster. In den 80er-Jahren zur Zeit der strukturierten Programmierung war das Schlüsselwort `goto` das Hassobjekt eines jeden Softwerkers. Die Mehrfachvererbung bekam 10 Jahre später den schönen Titel »Das Goto der 90er« verpasst.

Das Goto der 90er

Also Mehrfachvererbung (*multiple inheritance*), schön, schön. Was bedeutet das eigentlich? Gehen wir gleich in medias res – dies ist der Diskussionspunkt:

```
class AB : public A, public B
```

Eine Klasse wird von mehr als einer Klasse abgeleitet. In Lehrbüchern finden Sie dafür auch viele praxisnahe Beispiele (grafisch geht das natürlich auch, betrachten Sie die Abbildung 12.1.):

```
class Amphibienfahrzeug : public Auto, public Boot
```

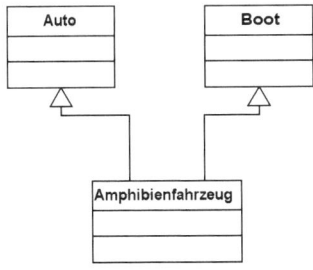

Abbildung 12.1: Mehrfachvererbung im Klassendiagramm

Das muss man sich auf der Zunge zergehen lassen, damit man den Inhalt der Grafik wirklich erfasst – eine Klasse hat zwei Oberklassen. Normal war es so, dass eine Oberklasse zwei oder mehr Kinder hat, diese Klasse hat aber zwei Väter. Es wäre nicht C++, wenn durch die Mehrfachvererbung nicht sogar auch drei, vier und mehr Väter möglich wären. Kein Wunder, dass konservative Programmierer da an die Decke gehen.

Betrachten Sie zunächst ein kleines Fallbeispiel für drei Klassen, die über Mehrfachvererbung miteinander verkoppelt sind.

```cpp
#include <iostream>
using namespace std;
class A
{
public:
    A() : m_a(0) {}
    int getValA() const {return m_a;}
    void setValA(int val) {m_a = val;}
private:
    int m_a;
};
class B
{
public:
    B() : m_b(0) {}
    int getValB() const {return m_b;}
    void setValB(int val) {m_b = val;}
private:
    int m_b;
};
class AB : public A, public B
{
};
int main()
{
    AB objectAB;
    objectAB.setValA(5);
    objectAB.setValB(6);
    cout << "A: " << objectAB.getValA() << endl;
    cout << "B: " << objectAB.getValB() << endl;
    return 0;
}
```

Listing 12.1: KAP12/MULTI1.CPP

Wunderprächtig funktioniert das, das Objekt `objectAB` erbt die Eigenschaften und Fähigkeiten der Klassen A und B. Was haben die Leute nur? Modifizieren Sie das Beispiel geringfügig:

```cpp
#include <iostream>
using namespace std;
class A
{
```

```
public:
   A() : m_a(0) {}
   int getVal() const {return m_a;}
   void setVal(int val) {m_a = val;}
private:
   int m_a;
};
class B
{
public:
   B() : m_b(0) {}
   int getVal() const {return m_b;}
   void setVal(int val) {m_b = val;}
private:
   int m_b;
};
class AB : public A, public B
{
};
int main()
{
   AB objectAB;
   objectAB.setVal(5);
   objectAB.setVal(6);
   cout << "A: " << objectAB.getVal() << endl;
   cout << "B: " << objectAB.getVal() << endl;
   return 0;
}
```

Listing 12.2: KAP12/MULTI2.CPP

Sehen Sie den feinen Unterschied? In den Klassen A und B wurden die get-/set-Methoden gleich benannt und schon lässt sich das Programm nicht mehr übersetzen. Der Compiler wirft mit Fehlern nach Ihnen, die etwas von »Doppeldeutigkeit der Funktion getVal« und »Doppeldeutigkeit der Funktion setVal« murmeln. Und er bittet Sie um Aufklärung, ob Sie mit setVal nun den Teil meinen, der zu A gehört, oder den Teil, der zu B gehört. Dafür muss schleunigst eine Lösung her.

 Als *Mehrfachvererbung* (*multiple inheritance*) bezeichnet man es, wenn eine Klasse von mehr als einer Oberklasse gleichzeitig erbt.

✔ In C++ wird Mehrfachvererbung dadurch realisiert, dass man bei der Klassendeklaration für die Ableitung weitere Oberklassen mit einem Komma getrennt anreiht. Für jede Oberklasse wird wieder ein Sichtbarkeitsbezeichner angegeben, der die gleichen Auswirkungen hat, wie man das von der gewöhnlichen Einfachvererbung kennt:

```
class Derived : public BaseClass1, protected BaseClass2, private BaseClass3
{
};
```

Benutzen verschiedene Oberklassen für Methoden oder nicht-private Attribute den gleichen Namen, so gibt es in der abgeleiteten Klasse Namenskonflikte. In der abgeleiteten Klasse ist dann nicht mehr klar, welcher der Basisklassen die aufgerufene Methode oder das angesprochene Attribut gehört. Der Compiler erzeugt für diese Fälle Fehler.

In komplexen Modellen ist es oft nur noch schwer nachvollziehbar, woher die einzelnen Attribute oder Methoden in der abgeleiteten Klasse tatsächlich kommen. Vermeiden Sie Mehrfachvererbung daher nach Möglichkeit oder setzen Sie sie nur sparsam und bedächtig ein.

✔ Ein Beispiel für den letzten Punkt, denken Sie an die Klasse Amphibienfahrzeug. Sowohl das Auto als auch das Boot besitzen einen Motor. Wer nun nach getPS() fragt, will derjenige die Motorstärke des Fahrzeugmotors oder des Bootes wissen? Oder was bedeutet Höchstgeschwindigkeit in diesem Fall? Und wie oft muss man tatsächlich Amphibienfahrzeuge modellieren?

✔ Kernigham (der mit dem C) hat mal gesagt: Wer Mehrfachvererbung verwendet, war nur zu faul, die entsprechende Lösung mit einfacher Vererbung zu suchen.

Aber wer ist nun wirklich der Vater?

Zunächst wird eine Lösung für das Problem der Doppeldeutigkeit, wie Sie es im letzten Beispiel MULTI2.CPP gesehen haben, benötigt. Die Lösung gibt es natürlich auch, das folgende Programm baut darauf auf.

```
#include <iostream>
using namespace std;
class A
{
public:
   A() : m_a(0) {}
   int getVal() const {return m_a;}
   void setVal(int val) {m_a = val;}
private:
   int m_a;
};
class B
{
public:
   B() : m_b(0) {}
   int getVal() const {return m_b;}
   void setVal(int val) {m_b = val;}
private:
   int m_b;
};
class AB : public A, public B
{
public:
   void setVal(int val)
   {
```

```
        A::setVal(val);
        B::setVal(val);
    }
};
int main()
{
    AB objectAB;
    objectAB.A::setVal(5);
    objectAB.B::setVal(6);
    cout << "A: " << objectAB.A::getVal() << endl;
    cout << "B: " << objectAB.B::getVal() << endl;
    objectAB.setVal(7);
    cout << "A: " << objectAB.A::getVal() << endl;
    cout << "B: " << objectAB.B::getVal() << endl;
    return 0;
}
```

Listing 12.3: KAP12/MULTI3.CPP

Das Programm ist gegenüber MULTI2.CPP sogar noch erweitert, weil auch die Klasse AB nun noch eine Methode setVal mit gleicher Signatur bekommen hat. Vergleichen Sie dazu auch noch einmal Abbildung 12.2.

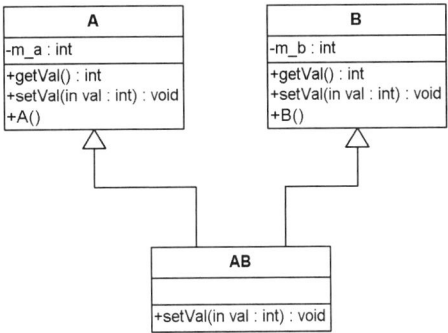

Abbildung 12.2: Das Klassendiagramm zum Programm MULTI3.CPP

Wie Sie in der Funktion main erkennen können, gibt es für das »Wer bin ich«-Problem eine Lösung. Die Mehrdeutigkeit der Funktionsaufrufe lässt sich mit einigen Regeln eindeutig machen.

 Kommt in einer Klasse nach Mehrfachvererbung der Name für eine Methode mehrfach vor, so lässt sich die Mehrdeutigkeit des Namens dadurch auflösen, dass man den zugehörigen Klassennamen vor den Methodenaufruf voranstellt. Von außerhalb sieht das dann so aus:

```
objectAB.A::setVal(1);
```

Damit wird eindeutig auf das Teilobjekt A innerhalb des Objekts objectAB zugegriffen.

✔ Muss man innerhalb einer Memberfunktion von AB die Mehrdeutigkeit auflösen, stellt man ebenfalls den Klassennamen voran:

```
A::setVal(1);
```

ruft setVal für das Teilobjekt A auf,

```
B::setVal(2)
```

ruft setVal für das Teilobjekt B auf.

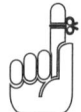 Diese Auflösungsregeln gelten selbstverständlich auch für Attribute, aber da Sie Attribute ja grundsätzlich private machen, kann es hier nie zu Mehrdeutigkeiten kommen. Der Sichtbarkeitsbereich ist dort immer auf die aktuelle Ebene der Klassenhierarchie beschränkt.

Anwendungsfall Interfaceklassen

»Wir haben verstanden«, zumindest teilweise: Mehrfachvererbung ist böse. Nachdem Sie so weit geeicht wurden, können Sie sich ja mal mit einigen praktischen Anwendungsmöglichkeiten befassen. Denn eins steht fest: Wäre Mehrfachvererbung völlig sinnlos, würde es sie ja bestimmt nicht geben.

Interfaces – zu Deutsch Schnittstellen – tauchen in der Computerei an vielen Ecken auf. Mal in Hardware, mal in Software. So genannte Interfaceklassen wurden besonders populär, als die so genannte *komponentenbasierte Software* aufkam. Hierbei hackt man eigenständige Objekte in andere Programme ein und kann diese Objekte zur Laufzeit austauschen. Damit das funktioniert, muss natürlich das eigenständige Objekt ein definiertes Interface anbieten, sonst kommt keine Kommunikation zustande. Natürlich kann dieses interessante Themengebiet hier nicht tief behandelt werden, dafür gibt es eigene meterdicke Bücher. Aber eine Vorahnung können Sie durchaus mitnehmen.

Interfaces für Bild und Ton

Freuen Sie sich nicht zu früh, wenn Sie die Überschrift lesen. Bild und Ton sind nicht unser Thema, hier geht es um das Know-how, nicht um das Look-alike. Ich zeige Ihnen hier, wie in einem modernen Betriebssystem die Wiedergabe von Video- und Audiodateien realisiert sein kann.

Das geht eigentlich ganz einfach; um einen simplem Audioplayer zu modellieren, reichen uns drei Klassen aus. Trotzdem enthält Abbildung 12.3 noch eine vierte Klasse, etwas Geduld bitte.

Die Klasse MultimediaSystem besitzt Zeiger auf zwei abstrakte Basisklassen IAudioCodec und IVideoCodec. Wird die Methode playFile aufgerufen, parst die Methode die übergebene Datei nach Audio- und Videodaten und reicht diese an die konkrete Objekte der Klasse IAudioCodec und IVideoCodec weiter.

Wie im wirklichen Leben soll das Programm zwei Dateitypen lesen können, Audio und Video. Als Format habe ich für Videodaten definiert:

```
V: ******************** A: 3
V: *                  * A: 4
...
```

Listing 12.4: KAP12/VIDEO.TXT

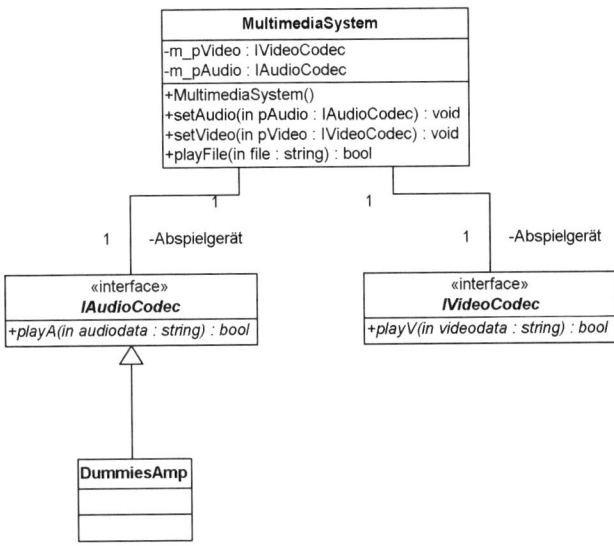

Abbildung 12.3: Das »Dummies-Multimedia-System«, nur Ton, kein Bild

Alles, was zwischen V: und A: steht, sind Videodaten. Hinter dem A: stehen dann die Audiodaten, demnach sieht eine reine Audiodatei dann so aus:

```
A: 3
A: 4
...
```

Listing 12.5: KAP12/AUDIO.TXT

Auch echte Multimediadateien sind im Prinzip so ähnlich aufgebaut, wenn Sie an MPEG2 für DVDs oder an mp3 für Audiodateien denken. Die Interfaceklassen kann man nahtlos aus dem UML-Diagramm ableiten:

```
#ifndef _INTERFACES_H
#define _INTERFACES_H
#include <string>
class IVideoCodec
{
public:
    bool
    virtual playV(const std::string& videodata) = 0;
};
class IAudioCodec
{
public:
    bool
    virtual playA(const std::string& audiodata) = 0;
};
#endif
```

Listing 12.6: KAP12/INTERFACES.H

Es handelt sich hier um abstrakte Klassen, die keine Implementation besitzen, es gibt also keine INTERFACES.CPP.

 Von einer *Interfaceklasse* spricht man dann, wenn es sich um eine Klasse handelt, die ausschließlich eine Schnittstelle anbietet. Solche Klassen sind abstrakt, besitzen keine Attribute und sämtliche Methoden sind pur `virtual`.

✔ Um ein Interface zu realisieren, leitet man von einer abstrakten Interfaceklasse eine konkrete Klasse ab, die nun die virtuellen Methoden mit Leben füllt.

 Es ist eine gute Idee, den Namen einer Interfaceklasse mit einem großen `I` zu beginnen. Aber das ist rein freiwillig.

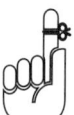 Im statischen UML-Klassendiagramm sehen Interfaceklassen aus wie gewöhnliche Klassen, aber im Kopf steht noch ein `<<interface>>`. Weiterhin ist der Klassenname kursiv geschrieben. Dies aber nur, weil sie abstrakt ist, und nicht, weil sie ein Interface ist.

✔ Eine Interfaceklasse darf keine Attribute besitzen. Allerdings gibt es hier in C++ die Möglichkeit, dennoch Attribute zu der Klasse hinzuzufügen. Dies ist dann im strengen Sinn keine Interfaceklasse mehr, sondern »nur« noch eine abstrakte Basisklasse. Demnach stellt man diese Klasse auch in UML nur noch als abstrakte Klasse dar, die Bezeichnung mit `<<interface>>` muss dann im Klassendiagramm wegfallen.

 In Abbildung 12.3 wurde erstmals bei den Assoziationsbeziehungen an die Linie noch ein Begriff geschrieben. Hierbei handelt es sich um die *Rolle*, die die Klasse für diese Beziehung spielt. In unserem Fall übernehmen `IAudioCodec` und `IVideoCodec` in den Beziehungen die Rolle des Wiedergabegeräts.

✔ Typischerweise besitzen Interfaceklassen keinen Konstruktor und keinen Destruktor, da es keine Attribute gibt, die zu initialisieren wären.

Das Dummies-Multimedia-System

Implementieren Sie die Klasse `MultimediaSystem` zunächst einmal.

```
#ifndef _MMSYSTEM_H
#define _MMSYSTEM_H
#include <string>
#include "interfaces.h"
class MultimediaSystem
{
public:
   MultimediaSystem();
   void setVideo(IVideoCodec* pVideoCodec)
   {
      m_pVideo = pVideoCodec;
   }
```

```
    void setAudio(IAudioCodec* pAudioCodec)
    {
        m_pAudio = pAudioCodec;
    }
    bool playFile(const std::string& file);
private:
    IVideoCodec* m_pVideo;
    IAudioCodec* m_pAudio;
};
#endif
```

Listing 12.7: KAP12/MULTIMEDIASYSTEM.H

```
#include "MultimediaSystem.h"
#include <fstream>
using namespace std;
MultimediaSystem::MultimediaSystem()
{
    m_pVideo = NULL;
    m_pAudio = NULL;
}
bool MultimediaSystem::playFile(const std::string& file)
{
```

Sie öffnen die Datei und geben gleich ein false zurück, falls es Probleme gab.

```
    ifstream thefile(file.c_str());
    if (!thefile.good())
        return false;
```

Nun wird die Datei zeilenweise bis ans Ende gelesen. Im Kapitel über Exceptions haben Sie sich ja bereits mit den zugehörigen Funktionen und Klassen befasst.

```
    while (thefile.good())
    {
        string line;
        getline(thefile, line);
```

Nun wird die gelesene Zeile gemäß der Formatdefinition in den Teil nach V: und den Teil nach A: zerlegt.

```
        int videostart = line.find("V:");
        int audiostart = line.find("A:");

        if (videostart != string::npos)
        {   // Videodaten gefunden
            string videodata;
            videodata = line.substr(videostart + 2, audiostart - videostart - 3);
```

Falls ein Videowiedergabegerät gesetzt wurde, bekommt dieses nun die Daten geliefert.

```
            if (m_pVideo)
            {
                if (!m_pVideo->playV(videodata))
```

```
            return false;
        }
    }
```

Und für Audio funktioniert das auch nicht anders.

```
    if (audiostart != string::npos)
    { // Videodaten gefunden
        string audiodata;
        audiodata = line.substr(audiostart + 3, line.length() - audiostart);
        if (m_pAudio)
        {
            if (!m_pAudio->playA(audiodata))
                return false;
        }
    }
    }
    return true;
}
```

Listing 12.8: KAP12/MULTIMEDIASYSTEM.CPP

Holen Sie Luft und halten Sie noch mal die wesentlichen Punkte fest.

✔ Die Klasse `MultimediaSystem` enthält den Parser, der die Eingabedaten liest, zerlegt und an die konkreten Objekte für Audio und Video übergibt. Ist eines der Wiedergabegeräte nicht gesetzt worden, so findet einfach keine Ausgabe statt.

Wenn Sie in Ihren Programmen Funktionen übergebener Objekte aufrufen, wie Sie es hier für `m_pVideo->playV` tun, so muss immer vorher der Zeiger `m_pVideo` abgeprüft werden. Verlassen Sie sich niemals darauf, dass jemand das bereits getan hat. Vertrauen ist gut, Kontrolle ist besser.

✔ Die ganzen Parsingfunktionen hier sind nur spärlich ausgeführt, in Realität muss man noch ein wenig mehr tun. Beachten Sie: Falls einer der Codecs über die `playA`/`playV`-Methoden als Rückgabewert ein `false` liefern würde, wird `playFile` sofort verlassen. Da die Datei als Objekt angelegt wurde, führt das zu keinem Ressourcen- oder Speicherloch.

✔ Die Methode `substr(n, m)` der Klasse `std::string` liefert einen Teilstring zurück, der mit dem n-ten Zeichen beginnt und die Länge m hat.

✔ Die Methode `find(substring)` der Klasse `std::string` sucht nach dem Vorkommen des Strings `substring` im Stringobjekt. Wurde sie fündig, liefert sie die Position des ersten Vorkommens, andernfalls den Wert `string::npos`.

✔ Mit `length()` ermittelt man für ein Stringobjekt die Länge in Zeichen.

Falls Sie sich eines Tages mal unter Windows mit den DirectShow-Filtern befassen (wenn Sie zum Beispiel Ihre DVDs auf CD archivieren wollen), diese Filter funktionieren genau nach dem hier gezeigten Prinzip. Allerdings gibt es dort einige 100 zusätzliche Funktionen.

Unser abgespeckter Audioplayer

Zeit für konkrete Realisierungen. In Anlehnung an einen bekannten mp3-Player nenne ich unseren Audiocodec DummiesAmp. Er ist die konkrete Realisierung der Interfaceklasse IAudioCodec, die, wie schon in Abbildung 12.3 gezeigt, realisiert ist.

```cpp
#ifndef _DUMMIESAMP
#define _DUMMIESAMP
#include "interfaces.h"
class DummiesAmp : public IAudioCodec
{
public:
    bool virtual playA(const std::string& audiodata);
};
#endif
```

Listing 12.9: KAP12/DUMMIESAMP.H

```cpp
#include "dummiesamp.h"
#include <iostream>
using namespace std;
bool DummiesAmp::playA(const std::string& audiodata)
{
    cout << "Musik: " << audiodata << endl;
    return true;
}
```

Listing 12.10: KAP12/DUMMIESAMP.CPP

Jaaaaaa .... ich weiß. Das ist natürlich Betrug, die Audiodaten einfach mit cout am Bildschirm auszugeben. Und dass die play-Funktion nie Fehler erzeugt und immer true zurückliefert. Dafür ist die Implementation schön übersichtlich. Fehlt noch ein Programm, das die ganzen Einzelteile zusammensetzt.

```cpp
#include "multimediasystem.h"
#include "dummiesamp.h"
int main()
{
    MultimediaSystem mmsystem;
    DummiesAmp dummiesAmp;
    mmsystem.setAudio(&dummiesAmp);
    mmsystem.playFile("audio.txt");
                    // video.txt geht auch!
    return 0;
}
```

Listing 12.11: KAP12/MAIN1.CPP

Sieht richtig neckisch kurz aus, oder? Damit kommen Sie auch dem Grundgedanken objektorientierter Programmierung immer näher – die ganze lästige Funktionalität liegt irgendwo in den Klassen verborgen, der eigentliche Aufruf ein paar kurze knappe Objektinstanzen, fertig.

 Zunächst werden von unseren Klassen `MultimediaSystem` und `DummiesAmp` Instanzen gebildet. Das Objekt `mmsystem` bekommt über `setAudio` mitgeteilt, dass es unseren `dummiesAmp` für die Audiowiedergabe benutzen soll.

Im Anschluss erfolgt der Startschuss, indem ein Dateinamen übergeben wird. Und nun geht's ab, in wilder Folge rauschen die eingelesenen Audiodaten nur so über den Bildschirm.

Das liegt daran, weil im Hintergrund `MultimediaSystem` für jede gelesene Zeile `m_pAudio->playA` aufruft. Da für `m_pAudio` der Zeiger auf `DummiesAmp` hinterlegt ist, bekommt die Klasse die Daten nach und nach übergeben.

Probieren Sie mal alternativ aus, die Datei VIDEO.TXT zu lesen. Hier werden nur die Audiodaten ausgegeben; da kein `IVideoCodec` gesetzt ist, werden die Bilddaten unterdrückt.

Was haben Sie bisher erreicht?

✔ Eine Interfaceklasse wird durch Ableitung einer konkreten Klasse realisiert. Diese Klasse kann nun die Funktionen des Interfaces mit Leben füllen.

 Erinnert Sie das nicht verdächtig an die schon bekannten Callbackfunktionen? Damals haben Sie das im C-Stil mit Funktionszeigern machen müssen. Die hier gezeigte Vorgehensweise ist auch Callback, aber nun im C++-Stil.

✔ Mit Mehrfachvererbung hat das bisher noch nichts zu tun.

Es lebe das Fernsehen!

Was ist ein Fernseher? Nun, ein Radio, das auch Bilder ausgeben kann. Da jubelt unser Herz, das riecht nach Mehrfachvererbung. Genauso wird auch der `DummiesPlayer` realisiert – als Ableitung von `IAudioCodec` und `IVideoCodec`.

Sie erkennen an Abbildung 12.4, dass die Klasse `DummiesPlayer` sowohl das Interface `IAudioCodec` als auch `IVideoCodec` implementiert.

```
#ifndef _DUMMIESPLAYER_H
#define _DUMMIESPLAYER_H
#include "interfaces.h"
class DummiesPlayer : public IAudioCodec,
                      public IVideoCodec
{
public:
   bool virtual playA(const std::string& audiodata);
   bool virtual playV(const std::string& videodata);
private:
   std::string m_Videobuffer;
};
#endif
```

Listing 12.12: KAP12/DUMMIESPLAYER.H

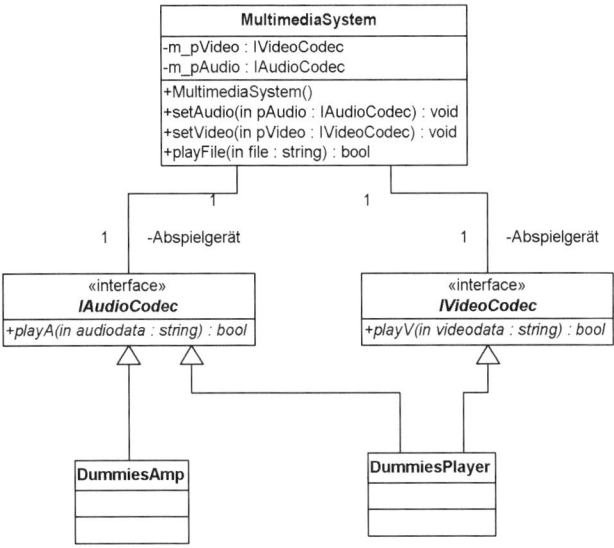

Abbildung 12.4: Das komplette Dummies-Multimedia-System

```
#include "dummiesplayer.h"
#include <iostream>
using namespace std;
bool DummiesPlayer::playA(const std::string& audiodata)
{
    cout << "Bild + Ton: "
         << m_Videobuffer << " "
         << audiodata << endl;
    m_Videobuffer = "";
    return true;
}
bool DummiesPlayer::playV(const std::string& videodata)
{
    m_Videobuffer = videodata;
    return true;
}
```

Listing 12.13: KAP12/DUMMIESPLAYER.CPP

Selbstverständlich spielt unser Player Bild und Ton synchron ab! Denn sonst hätte man das ja auch in zwei verschiedenen Playern realisieren können. Nein, Sie speichern die Videodaten in m_Videobuffer zwischen und geben nachher Bild und Ton zusammen aus. Falls Sie noch Herausforderungen suchen, können Sie den DummiesPlayer so ausbauen, dass er mit fehlerhaften Dateien klarkommt.

```
#include "multimediasystem.h"
#include "dummiesplayer.h"
int main()
{
```

```
    MultimediaSystem mmsystem;
    DummiesPlayer dummiesPlayer;
    mmsystem.setAudio(&dummiesPlayer);
    mmsystem.setVideo(&dummiesPlayer);
    mmsystem.playFile("video.txt");
    return 0;
}
```

Listing 12.14: KAP12/MAIN2.CPP

Das Hauptprogramm ist nur geringfügig anders als zuvor. Ein wesentlicher Unterschied ist, dass nun auch setVideo aufgerufen wird. Sowohl für setAudio als auch setVideo wird immer das gleiche Objekt dummiesPlayer übergeben.

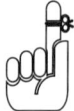

So funktioniert Mehrfachvererbung. Notwendig wurde sie hier, weil die Daten verschiedener Aufrufe in einem Objekt gesammelt werden müssen, um sie synchron auszugeben. Ansonsten könnte man das Objekt dummiesPlayer auch auf zwei Klassen aufteilen.

Hätte der Klassendesigner von IVideoCodec und IAudioCodec (also ich) die virtuellen Methoden beide play genannt (statt einmal playV und einmal playA), so wäre hier keine Mehrfachvererbung möglich gewesen. Denn in der Klasse DummiesPlayer hätte man zweimal virtual bool play schreiben müssen, diese Mehrdeutigkeit im Namen kann man nicht auflösen.

✔ Java kennt keine Mehrfachvererbung, bei der vollständige Klassen (inklusive Attributen) vererbt werden können. Ebenso wenig kann das C#. Trotzdem erlauben Java und C# Mehrfachvererbung für den Aufbau von Interfaceklassen. Bei Java wurde das sogar erst nachträglich in die Sprache eingebaut. Nachtigall, ick hör dir trappsen.

✔ Mehr Informationen zum Stichwort komponentenbasierte Software finden Sie unter den Begriffen CORBA, COM, COM+, Java-Rmi und Enterprise Java Beans.

Das Problem der mehrfach vorhandenen Basisklasse

Nachdem Sie sich gerade so schön an die Mehrfachvererbung gewöhnt haben und sich in deren Vorzügen sonnen, zeige ich Ihnen nun einige Nachteile und Probleme. Namentlich bekannt ist das so genannte *deadly diamond of death* Problem (»tödlicher Todesdiamant«, ein sehr schönes Wort). Vielleicht hören Sie das auch mal als *deadly diamond derivation* oder *deadly derivation diamond*.

Woher der Name kommt? Schauen Sie sich einfach das UML-Klassendiagramm an.

Zu Beginn wurde eine Klasse AB von den Klassen A und B abgeleitet, wodurch sie die Eigenschaften von A und B erhalten hat. Hier liegt mit der Ableitung der Klasse CD von C und D die gleiche Konfiguration vor, aber mit einer Erschwerung: Die Klassen C und D sind noch einmal von der gleichen Klasse Base abgeleitet.

Bekanntlich enthält eine abgeleitete Klasse die Oberklassen und deren Attribute und erbt deren sichtbaren Methoden. Für den Deadly Diamond gibt es daher zwei unterschiedliche Interpretationsmöglichkeiten.

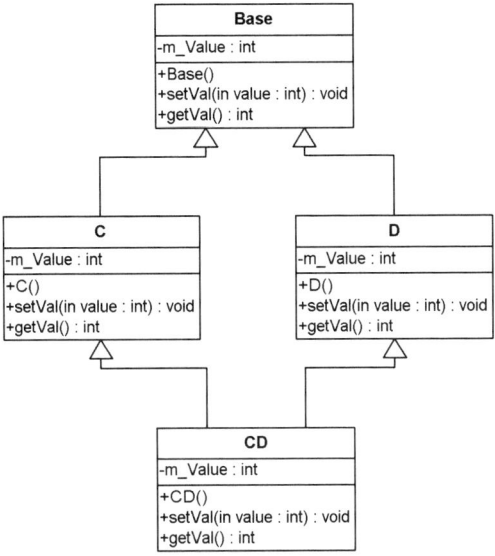

Abbildung 12.5: Deadly Diamond of Death

Wie soll die gemeinsame Basisklasse `Base` interpretiert werden? Kommt sie einmal oder zweimal vor? C++ bietet in der Sprache die Möglichkeit, beide Varianten zu implementieren.

✔ Der Deadly Diamond entsteht, wenn bei Mehrfachableitung die Klassen noch einmal von einer gemeinsamen Oberklasse abstammen.

✔ Es ist möglich, die gemeinsame Oberklasse so zu interpretieren, dass deren Daten zweimal vorhanden sind.

✔ Es ist möglich, die gemeinsame Oberklasse so zu interpretieren, dass deren Daten nur einmal vorhanden sind.

✔ Seien Sie gespannt.

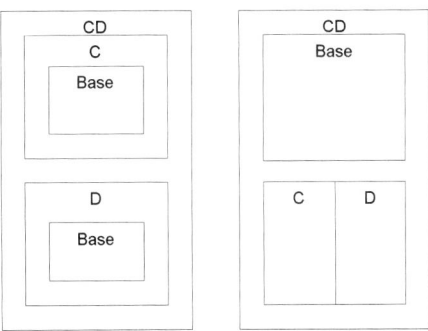

Abbildung 12.6: Mögliche Interpretationen des tödlichen Diamanten

Mehrfachvererbung und doppelte Datenhaltung

Betrachten Sie zunächst die C++-Implementation, bei der die Daten der Basisklasse Base doppelt vorkommen. In der Basisklasse Base wurde noch ein statisches Element ergänzt, um den Startwert des Datenelements zu inkrementieren – das hilft uns bei der Interpretation der Ergebnisse, weil Sie nun verschiedene Objekte von Base unterscheiden können.

```cpp
#include <iostream>
using namespace std;
class Base
{
public:
    Base() : m_Value(ms_Count)
    {
        cout << "Base::Base" << endl;
        ms_Count++;
    }
    void setVal(int value) {m_Value = value;}
    int getVal() const {return m_Value;}
private:
    int m_Value;
    static int ms_Count;
};
int Base::ms_Count = 0;
class C : public Base
{
public:
    C() : m_Value(1)
    {
        cout << "C::C" << endl;
    }
    void setVal(int value) {m_Value = value;}
    int getVal() const {return m_Value;}
private:
    int m_Value;
};
class D : public Base
{
public:
    D() : m_Value(2)
    {
        cout << "D::D" << endl;
    }
    void setVal(int value) {m_Value = value;}
    int getVal() const {return m_Value;}
private:
    int m_Value;
};
class CD : public C, public D
{
```

```
public:
   CD() : m_Value(3)
   {
      cout << "CD::CD" << endl;
   }
   void setVal(int value) {m_Value = value;}
   int getVal() const {return m_Value;}
private:
   int m_Value;
};
int main()
{
   CD objectCD;
   objectCD.setVal(5);
   objectCD.C::setVal(6);
   objectCD.D::setVal(7);
   return 0;
}
```

Listing 12.15: KAP12/MI1.CPP

Dieses Programm erzeugt die Ausgabe

```
Base::Base
C::C
Base::Base
D::D
CD::CD
```

Es wird der Konstruktor von Base tatsächlich zweimal aufgerufen. Versuchen Sie nun nach dem bereits bekannten Prinzip mal, auf die Teilobjekte der Klasse B schreibend zuzugreifen:

```
   objectCD.Base::setVal(6);
```

Das geht nicht – weil es nicht eindeutig ist. Klingt logisch. Aber wie dann? Auch Versuche mit

```
   objectCD.C::Base::setVal(6);
   objectCD.Base::C::setVal(6);
```

können nicht zum Ziel führen, da die Klasse anders definiert ist. Fügen Sie der Klasse CD noch die Methode showAll hinzu, die Ihnen zeigt, wie man an die Basisklassen herankommt:

```
   void showAll()
   {
      cout << "CD: " << m_Value << endl
           << "C:  " << C::getVal() << endl
           << "D:  " << D::getVal() << endl;
      C* pC = this;
      D* pD = this;
      cout << "Base(C): "
           << pC->Base::getVal() << endl;
      cout << "Base(D): "
           << pD->Base::getVal() << endl;
   }
```

Man muss tatsächlich den Typ der Klasse casten – genau genommen sogar upcasten –, damit man an das jeweilige Teilobjekt C oder B und danach an die Basisklasse herankommt. Fügen Sie als zweite Zeile in main noch ein

```
objectCD.showAll();
```

hinzu. In der Tat sieht man nun, dass die Daten von Base zweimal vorkommen.

Halten wir das einmal fest.

✔ Der Ausdruck D* pD = this ist ein so genannter Upcast, weil this ein Zeiger auf eine von D abgeleitete Klasse ist. Über pD sprechen Sie danach den Teil des aktuellen Objekts an, der zur Klasse D gehört.

✔ Die Konstruktions- und Destruktionsreihenfolge der Klassen ist für diesen Fall übrigens völlig unkritisch. Da jede Teilklasse ihre eigenen Vorgänger hat, kann man die Reihenfolge bei der Erzeugung und beim Abbau von objectCD eindeutig festlegen. Es spielt gar keine Rolle, ob C mit seinem Teilobjekt Base zuerst oder D mit seinem Teilobjekt Base zuerst erzeugt wird.

✔ Der Standard schreibt vor, dass die Konstruktionsreihenfolge der Deklarationsreihenfolge entspricht, von links nach rechts (hier also Base von C, C, Base von D, D, CD).

✔ Entfernen Sie einmal aus der Klasse CD die Methode setVal. Der Compiler wird nun einen Fehler erzeugen, in dem er die Mehrdeutigkeit anmahnt. Er kann nun nämlich nicht mehr unterscheiden, ob Sie das setVal von C oder von D meinen.

Mehrfachvererbung und virtuelle Basisklassen

Unser Diamant lässt sich auch so bauen, dass die Basisklasse Base nur ein einziges Mal vorkommt. Hilfsmittel dazu ist die so genannte virtuelle Basisklasse, eine weitere Verwendungsmöglichkeit des bekannten Schlüsselworts virtual.

Sie können das vorige Beispiel durch den Tausch nur zweier Zeilen völlig umkrempeln. Ersetzen Sie in der Klassendeklaration von C und D jeweils die ersten Zeilen durch

```
class C : virtual public Base
class D : virtual public Base
```

Listing 12.16: vollständig zu finden als KAP12/MI2.CPP

Ich bin etwas neugierig auf das Ergebnis, Sie auch? Am Bildschirm erscheint nun eine andere Ausgabe:

```
Base::Base
C::C
D::D
CD::CD
CD: 3
C:  1
D:  2
Base(C): 0
Base(D): 0
```

Es sticht ins Auge, dass der Konstruktor von Base nur noch ein einziges Mal aufgerufen wurde. Zum Beweis möge man sich noch einmal die beiden letzten Zeilen ansehen, der Zugriff auf das zu Base gehörende Teilobjekt über C und D führt jeweils auf das gleiche Ergebnis.

Es hat geklappt. Das ist aber auch die einzige gute Nachricht. Es gibt an dieser Stelle zahllose Details zu erwähnen, von denen ich hier nur eine Teilmenge aufliste. Sie sollte Sie aber vor allzu sorglosem Umgang mit diesem Sprachfeature warnen und nicht ermutigen.

Leitet man Klassen virtual von Basisklassen ab, so teilen sich bei Mehrfachvererbung die abgeleiteten Klassen ein Objekt dieser Basisklasse. Diese nennt man auch virtuelle Ableitung (*virtual inheritance*).

Gewöhnlich wird ein Objekt konstruiert, indem zunächst alle Konstruktoren der Basisklassen aufgerufen werden. Das kann hier nicht der Fall sein, wie man sich leicht ausrechnen kann. Führen Sie als Experiment noch eine kleine Änderung ein

```
Base(int value) : m_Value(value)
{
    cout << "Base::Base" << endl;
}
```

und ändern Sie ebenfalls die Konstruktoren von C und D ab:

```
C() : m_Value(1), Base(111)
D() : m_Value(2), Base(222)
```

Wenn Sie nun das Programm starten, stellen Sie fest, dass weder der Wert 111 noch der Wert 222 in der Basisklasse Base ankommt. Bei der Konstruktion wird also unter Umständen die Initialisierungsliste mit den dort angegebenen Konstruktoren außer Kraft gesetzt.

✔ Die am weitesten abgeleitete Klasse muss den Konstruktor der virtuellen Basisklasse aufrufen. Tut sie das nicht und besitzt die Basisklasse keinen Defaultkonstruktor, so führt dies zu einem Compilerfehler.

✔ Nachteilig wirkt sich auch aus, dass man die virtuelle Basisklasse Base nicht bei der Erstellung von CD erzwingen kann, sondern dass dies bereits in C und D durch das public virtual Base geschehen sein muss. Der Entwickler der Oberklassen muss dies also bereits vorhersehen, damit Sie virtuelle Basisklassen nachher eine Stufe tiefer auch verwenden können.

✔ Noch schlimmer wird es bei der Zerstörung. Der Compiler wird die Objekte in der Reihenfolge aufräumen, dass die am weitesten oben stehenden Klassen, die von anderen Klassen abgeleitet sind, zuletzt zerstört werden. Für sehr komplexe Klassenstrukturen versteht man die Reihenfolge nur noch mit Hilfe von Graphen.

Gänzlich übel wird die Zerstörungsreihenfolge, wenn der Code in den Destruktoren von anderen Objekten abhängt. Dann muss man sich vor der Programmierung der Destruktoren noch mit der Zerstörungsreihenfolge befassen. Ergänzt man nun die Klassen noch um weitere Mehrfachableitungen und virtuelle Basisklassen, so kann es passieren, dass sich die Zerstörungsreihenfolge ändert. Gotcha! Im Klartext: Plötzlich sind die Destruktoren falsch.

Eine kleine abschließende Zusammenfassung zur Mehrdeutigkeit von Methoden bei virtueller und mehrfacher Vererbung (ich empfehle dringend, beim ersten Lesen des Buches nun sofort weiterzublättern – heben Sie sich das noch ein wenig auf):

✔ Die folgenden Arten von Member-Funktionen können mehrdeutig sein:

1. Methoden die nur in der virtuellen Basisklasse deklariert werden und von A und B geerbt werden.

2. Methoden, die von A (oder B) überschrieben und in B (oder A) geerbt werden.

3. Methoden, die in A und B überschrieben werden.

✔ Diese Regeln gelten für die Auflösung der Mehrdeutigkeit:

Alle Methoden aus 1. können aufgerufen werden, da es nur eine gemeinsam benutzte Base gibt.

Alle Methoden aus 2. können aufgerufen werden, da einer »spezialisierten« Version immer der Vorzug erteilt wird – das Programm geht nach der Regel des kürzesten Wegs.

Alle Methoden aus 3. müssen qualifiziert, also über den Namen der Klasse angesprochen, werden.

Abschließende Worte

Vermutlich ist es möglich, über den Themenkomplex Mehrfachvererbung, virtuelle Basisklassen und den daran hängenden Casting- und Konstruktionsmöglichkeiten eigene Bücher zu schreiben. Schier ein Wunder ist es, dass die Compilerbauer das noch im Griff haben oder in selbigen bekommen.

Merken Sie sich zunächst einmal die folgenden Punkte, damit sollten Sie längere Zeit ganz gut leben können.

✔ Mehrfachvererbung ist ein hochkomplexes Thema mit einigen Fallen.

✔ Man kann Mehrfachvererbung sehr oft durch eine Kombination aus Einfachvererbung und geeigneten Kompositionen ersetzen.

✔ Mehrfachvererbung ist nichts für Typtheoretiker, sondern was für Typterroristen – kann ein Ding gleichzeitig zwei verschiedene Dinge sein?

✔ Ja, kann es durchaus. Donald Duck ist eine Ente *und* eine Comicfigur.

✔ Am gefährlichsten ist der *Spaghetti-Effekt*, dass Beziehungen zwischen verschiedenen Teilen der Klassenhierarchie aufgebaut werden, die eigentlich getrennt sein sollten. Die dadurch entstehenden Seiteneffekte lassen sich vom Entwickler praktisch nicht mehr überblicken.

✔ Der vorstehende Punkt ist letztlich auch der Grund für den Ausspruch »Mehrfachvererbung ist das goto der 90er.«

✔ Interfaceklassen sind dennoch ein schönes und zweckmäßiges Einsatzgebiet für Mehrfachvererbung.

✔ Wie immer gilt: Genuss in Maßen erhöht die Lebensfreude. Ein Glas Rotwein ist ein Hochgefühl, aber ein Fass Rotwein führt zu Übelkeit.

Programmierfehler? Ich? Niemals!

In diesem Kapitel

▷ Machen Sie Ihre Klassen mit Hilfe von Vor- und Nachbedingungen sicherer

▷ Lernen Sie `assert` kennen und lieben

▷ Bekommen Sie noch eine Hilfsklasse für das so genannte Tracing mit auf den Weg

▷ Erfahren Sie, was der Unterschied zwischen einer Debug- und einer Release-Programmversion ist

> *»Wenn Debugging der Vorgang ist, Fehler aus einem Programm auszubauen, dann ist Programmieren der Vorgang, Fehler einzubauen.«*

> (unbekannter Verfasser)

Am leichtesten wäre es im Grunde ja, wenn man gar keine Fehler machen würde, denn dann müsste man sie auch nicht suchen. In einigen Büchern schreiben schlaue Leute regelmäßig, dass man bei toller Planung und viel Überlegung gar keine Programmierfehler machen würde.

Soweit zur Theorie.

Was hilft einem das aber, wenn im Programm nun tatsächlich doch Fehler auftreten? Da wäre es vielleicht nicht schlecht, wenn man ein paar kleine Hilfsmittel im Werkzeugkasten hätte, um hier genauer sehen zu können, was passiert.

Vor- und Nachbedingungen

In der Informatik gibt es für Testverfahren und besseren Code die Idee der Vor- und Nachbedingungen (*preconditions* und *postconditions*). Die Idee ist eigentlich sehr einfach, die praktische Anwendung kann richtig schwierig sein.

Grundprinzip ist, dass Variablen und Zustände vor der Abarbeitung von Funktionen und Algorithmen einen bestimmten Zustand haben. Und am Ende nach der Bearbeitung haben sie wieder einen Zustand. Fasst man diese Zustände in Bedingungen, so kann man prüfen, ob vorher die Voraussetzungen gestimmt haben und ob hinterher das Ergebnis korrekt ist.

Schauen Sie sich einige einfache Beispiele an:

```
void division(double a, double b)
{
   // Precondition: b != 0
   double ret = a / b;
   // Postcondition: ret == a / b
   return ret;
}
```

Gefordert wird für die Division, dass der Divisor ungleich 0 ist. Eine verständliche Voraussetzung, damit hier nichts in die Hosen geht. Schwieriger ist im Regelfall das Fassen der Nachbedingungen. Die Angabe a / b für diesen Fall ist zwar richtig: Für das Ergebnis der Division von a durch b soll gelten, dass a / b herauskommt. Aber ehrlich – wo liegt der Sinn in dieser Erkenntnis?

Eine sinnvollere Nachbedingung für die Division a / b kann zum Beispiel sein, dass ret mit b multipliziert wieder a ergibt:

```
// Postcondition: ret * b == a
```
Oder nehmen Sie eine Funktion, die Strings addiert.

```
std::string add(const std::string& s1,
                const std::string& s2)
{
    // Precondition: keine
    std::string ret = s1 + s2;
    // Postcondition:
        ret.length() == s1.length() + s2.length()
        ret.substr(s1) == 0
        ret.substr(s2) != npos
    return ret;
}
```

Bei den Nachbedingungen sind hier verschiedene Möglichkeiten aufgelistet, damit Sie auf die Idee kommen. Der Ergebnisstring muss zum Beispiel so lang sein wie die beiden Einzelstrings zusammen. Oder wenn man nach den Teilstrings sucht, müssen diese beide im Ergebnis vorhanden sein.

Ich gebe zu, dass man für solche trivialen Funktionen das Ergebnis nicht nachzuprüfen braucht – wie die meisten Leute verlasse auch ich mich zunächst darauf, dass die Standardfunktionen fehlerfrei arbeiten.

Je genauer man die Nachbedingung zu fassen versucht, desto schwieriger wird das. Aber einfache Nachbedingungen lassen sich auch ohne grundlegende Kenntnisse der Informatik formulieren. Sucht man zum Beispiel in einer Verwaltungsklasse nach einem Objekt und gibt einen Zeiger zurück, so darf der Zeiger nicht NULL sein (Postcondition: Zeiger != NULL). Lustigerweise findet man aber nur ganz selten Programme, die so was abprüfen. Prüfungen der Vorbedingungen sind vereinzelt zu finden, die der Nachbedingungen muss man schon mit der Lupe suchen.

Dabei ist das Hilfsmittel dafür in C++ schon so alt, dass es bereits im ANSI-C-Standard vorhanden ist: Die Funktion nennt sich assert.

Puristen werden nun einwenden, dass assert keine Funktion ist, sondern ein Makro. Recht haben sie. Für Sie als Benutzer ist das aber wirklich nur ein sehr kleiner Unterschied.

Interessieren sollte Sie eigentlich nur, ob so was denn nun Zeit kostet? Zusätzliche Abfragen und Vergleiche, das geht am Programm nicht spurlos vorüber. Das ist ganz klar. Der Trick am assert geht aber noch ein wenig tiefer – Sie verstehen das, wenn Sie den Abschnitt *Das Innenleben von assert* lesen.

Das Innenleben von assert

Um Ihnen zu zeigen, wie `assert` funktioniert, schreiben Sie eine kleine eigene Version einer solchen Testfunktion. Dann sehen Sie sofort, warum `assert` letztlich in Programmen keine Zeit kostet.

Eine mögliche Implementation kann so aussehen:

```
void assert_function(int expression)
{
    if (!expression)
    {
        cout << "Schlimmer Fehler!" << endl;
        exit(EXIT_FAILURE);
    }
}
#ifndef NDEBUG
    #define assert(expression) assert_function(expression)
#else
    #define assert(expression)
#endif
```

Man schreibt also eine Funktion `assert_function`, die bei einem nicht-wahren Argument eine Meldung ausgibt und das Programm abbricht – den Programmabbruch erledigt die Funktion `exit`.

Ein solcher Funktionsaufruf würde Zeit kosten, ganz klar. Daher schreibt man ein Makro mit dem Namen `assert`, das in Abhängigkeit von einem anderen Makro `NDEBUG` auf zwei Wegen definiert wird.

Im ersten Fall wird das Makro `assert` immer durch die Funktion `assert_function` ersetzt – im zweiten Fall (wenn also `NDEBUG` irgendwo definiert wurde) wird `assert` durch nichts ersetzt. Es wird also kein einziger Befehl im Programm eingebaut.

Man kann nun global oder auch auf Ebene einzelner Dateien durch die Anweisung

```
#define NDEBUG
```

die ganzen Prüfungen ausschalten (`NDEBUG` steht für »*no debug*ging«) und verschenkt nun keine Rechenzeit mehr.

Eine Demonstration für dieses eigene `assert`-Makro finden Sie in der Datei KAP13/MYASSERT.CPP. Das Makro aus dem Header `<cassert>` funktioniert ähnlich, allerdings sind die Aktionen beim Abbruch des Programms etwas komplizierter.

Dazu gehören noch ein paar Anmerkungen, die Sie sich ebenfalls merken sollten.

Verwenden Sie während der Entwicklungsphase Ihrer Klassen am Anfang und nach Möglichkeit auch am Ende der Funktionen `assert`-Makros, um die Gültigkeit von Parametern und von Ergebnissen zu checken.

✔ Sobald Sie sich sicher sind, dass im Programmablauf keine ungültigen Zustände mehr auftreten können, dürfen Sie das Makro NDEBUG mit einem #define NDEBUG setzen und damit die Prüfungen ausschalten.

✔ Das #define NDEBUG muss in dem jeweiligen Modul geschrieben sein, bevor erstmalig <cassert> inkludiert wird.

Man kann Makros auch auf Compilerebene global setzen, diese Makros sind dann automatisch überall definiert. Sehen Sie dazu in der Hilfe Ihres Compilers nach.

In assert-Ausdrücken dürfen niemals Zuweisungen oder Aufrufe nicht-konstanter Funktionen stehen. Solche Ausdrücke

```
assert(i++ > 10);
assert(object.insert(other_object) == true);
```

mögen verführerisch sein. Schalten Sie aber nun die Assertions über NDEBUG in der Kompilierung aus, werden diese beiden Zeilen zu

```
;
;
```

Und weg ist sowohl das i++ als auch das object.insert. Das Programm hat sich dadurch geändert!

Verstehen Sie im Zusammenhang mit assert nun auch, warum jeder was gegen public-Membervariablen hat? Schreibt man eine Klasse

```
class A
{
public:
    double m_Price;
...
};
```

so kann man mit m_Price = - 32.34; auch eine negative Preisangabe setzen. Gibt es aber nur einen Zugriff über eine set-Methode

```
class A
{
public:
    void setPrice(double price)
    {assert(price > 0.0); m_Price = price;}
private:
    double m_Price;
...
};
```

so lässt sich der Preis nicht an dem Wächter namens assert vorbeischmuggeln. Die gleiche Argumentation bringt man auch gegen protected-Membervariablen vor.

✔ Einige Programmiersprachen besitzen eigene Funktionen mit solchen Namen wie precondition, postcondition. Nicht in C++, dort gibt es nur assert für beide Zwecke.

Der Ausschalter für das Debugging (die Release-Version)

Nach dem, was Sie gerade über `assert` gelesen haben, kommt Ihnen das vielleicht etwas lästig vor, nachher im fertigen Programm überall noch mal Zeilen mit `NDEBUG` einzufügen. Die meisten Entwicklungsumgebungen besitzen zusätzlich zu einer Projektverwaltung auch noch verschiedene Parametersätze, mit denen das Projekt erstellt werden kann.

Minimal sind das zwei verschiedene Einstellungen, einmal die so genannte *Release*-Version und dann die *Debug*-Version. In der Debug-Version sind sämtliche Makros wie `NDEBUG` (und ähnliche) deaktiviert, das Programm wird auch ohne jegliche Codeoptimierung übersetzt. Weiterhin sind in der Regel noch weitere Überwachungsmodule aktiv, die den Speicher auf Überschreitungen der Grenzen testen. In der Release-Version dagegen ist `NDEBUG` definiert, der Code wird zusätzlich optimiert und weitere Überwachungsmodule sind deaktiviert.

Das Programm ist in der Debug-Version deutlich größer und auch spürbar langsamer als in der Release-Version. Man kann folglich zwei Schlussfolgerungen ableiten:

1. Während der Programmentwicklung und für die ersten Tests sollte man die Debug-Version verwenden

2. Zur Auslieferung des Programms sollte man die Release-Version bereithalten

Das klingt soweit ganz nett und vernünftig, wenn Sie noch Kenntnis der folgenden Kleinigkeiten besitzen.

Wie man das Projekt zwischen den verschiedenen Versionen umstellt, ergibt sich aus der Hilfe des Compilers oder der Entwicklungsumgebung.

Sinnvoll ist es auf jeden Fall, für die ersten Testversionen die Debug-Version zu verwenden und diese von den Benutzern testen zu lassen. Da dort auch noch die ganzen `assert`-Anweisungen enthalten sind, kann man damit sehr leicht fehlerhafte Parameter und Variablen entdecken.

Obwohl der Unterschied zwischen Debug- und Release-Version rein oberflächlich nur ein Schalter ist, muss auch die Release-Version noch einmal getestet werden. Wenn Sie nur immer die Debug-Version testen und am letzten Tag des Projekts alles noch mal als Release kompilieren und diese dann als fertig freigeben, fallen Sie sicher auf die Nase. Die Ursache dafür ist Murphys Gesetz: »Was schief gehen kann, geht auch schief.«

✔ Rein theoretisch gibt es zwischen Debug- und Release-Version im Programmablauf keinen Unterschied. Sie als Programmierer können jedoch aus Versehen solche Unterschiede herbeiführen. Potenzielle Fehler dafür sind:

✔ `assert`-Makros, in denen Anweisungen ausgeführt werden (Beispiele dafür finden Sie im vorigen Abschnitt in der Zusammenfassung)

✔ Variableninitialisierungen, da in der Debug-Version auch gewisse Speichertests durchgeführt werden, die in der Release-Version wegfallen, ist dort mit `new` oder `malloc` allokierter Speicher immer mit einem bestimmten Wert (häufig eine 0) gefüllt. In der Release-Version dagegen ist der Speicher in einem undefinierten Zustand, mit reinem Datenmüll gefüllt. Wenn Sie sich also darauf verlassen, dass dynamisch allokierter Speicher genullt ist, können Sie später Schiffbruch erleiden.

✔ Laufzeitprobleme, da in der Debug-Version viele Funktionen langsamer ablaufen, bemerken Sie möglicherweise Timing-Probleme nicht. Gerade bei der Programmierung nahe am Betriebssystem (wenn Sie sich mit Grafik oder Schnittstellen befassen) erfolgen möglicherweise bestimmte Funktionsaufrufe in der Release-Version zu schnell und es kommt zu Problemen im Ablauf. In der Debug-Version klappt alles dagegen hervorragend. Lesen Sie in solchen Fällen lieber noch einmal genau die Dokumentation der verwendeten Funktionen, da das Betriebssystem mit Sicherheit eine Möglichkeit bietet, dieses Problem sauber mit korrektem Timing zu lösen. Meistens haben Sie nämlich vergessen, vor dem Aufruf von Funktionen eine Fehlerabfrage durchzuführen.

Logging von Programmabläufen

Wenn Sie schon mal Programme aus der Hand gegeben haben, kennen Sie das folgende Problem sicherlich:

1. Führt man ein selbst programmiertes Programm vor, dann stößt man beim ersten Mal auf einen offensichtlichen Fehler, der niemals hätte passieren dürfen. Aber nur, wenn fremde Personen anwesend sind.

2. Gravierende Fehler sind von Ihnen nicht reproduzierbar. Sie werden allerdings von jedem bemerkt, der außer Ihnen das Programm benutzt.

Vor allem Punkt 2 macht einem in der Regel zu schaffen. Man hat asserted bis zum Geht-Nicht-Mehr, die ganzen Haken und Ösen mit Debug- und Release-Version beachtet, alles sieht prima aus. Man gibt das Programm einem Fremden und der meldet sich nach fünf Tagen: »Du, das Programm stürzt irgendwie noch ab«. Glauben Sie mir, die Leute sagen immer »irgendwie«.

Es sagt nie einer »Wenn ich im Dateimenü auf Öffnen klicke und dabei eine auf einem Netzwerkverzeichnis liegende Datei mit dem Namen `problem.txt` anklicke, stürzt das Programm ab, sobald ich drucke«. Nein. Es ist immer »irgendwie, nachdem ich irgendwo draufgeklickt habe«.

Gehen Sie also davon aus, dass der Benutzer nicht gerade eine Hilfe sein wird. Im entscheidenden Moment hat der immer gerade telefoniert und nicht gemerkt, dass was schief läuft.

Hätte man doch einen kleinen Spion platziert, der die ganzen Aktionen im Hintergrund mitgeschrieben hätte. Eine Art Blackbox.

Dieses Verfahren ist durchaus eine gängige und sinnvolle Praxis – man schreibt an wichtigen Eckpunkten im Programm Testzeilen oder Fehlermeldungen in den Programmcode. Diese Meldungen werden in einer Datei abgelegt. Stürzt das Programm nun ab oder macht sonstigen Unsinn, kann man mit Hilfe des Logging-Files herausfinden, bis zu welchem Punkt noch alles ordentlich lief.

Den Header einer solchen Klasse könnten Sie beispielhaft so implementieren:

```
#ifndef _BLACKBOX_H
#define _BLACKBOX_H
#include <string>
#include <fstream>
class Blackbox
{
public:
```

```
   Blackbox(bool flushall = false);
   void trace(const std::string& line);
private:
   void writeCurrentTime(std::fstream& thefile);
   static const std::string m_filename;
};
#endif
```

Listing 13.1: KAP13/BLACKBOX.H

Die Klasse Blackbox besitzt einen Konstruktor, bei dem man angeben kann, ob die vorhandene Logging-Datei gelöscht werden soll oder nicht. Mit Hilfe der Funktion trace kann man nun einen String ans Ende des Logging-Files hinzufügen.

Implementieren lässt sich dies unter Verwendung der Streamklassen

```
#include "blackbox.h"
#include <ctime>
#include <iomanip>
using namespace std;
const std::string
   Blackbox::m_filename("logfile.txt");
Blackbox::Blackbox(bool flushall)
{
   if (flushall)
   {
      fstream thefile(m_filename.c_str(),
         ios::out | ios::trunc);
   }
}
void Blackbox::trace(const std::string& line)
{
   fstream thefile(m_filename.c_str(),
      ios::out | ios::app);
   if (thefile.is_open())
   {
      writeCurrentTime(thefile);
      thefile << line << endl;
   }
}
void Blackbox::writeCurrentTime(
               std::fstream& thefile)
{
   time_t long_time;
   time(&long_time);
   tm* newtime;
   newtime = localtime(&long_time);
   if (thefile.is_open())
   {
      thefile << setfill('0') << setw(2)
```

```
                << newtime->tm_mday << "."
                << setfill('0') << setw(2)
                << newtime->tm_mon + 1 << "."
                << setfill('0') << setw(4)
                << newtime->tm_year + 1900 << " - "
                << setfill('0') << setw(2)
                << newtime->tm_hour << ":"
                << setfill('0') << setw(2)
                << newtime->tm_min << ":"
                << setfill('0') << setw(2)
                << newtime->tm_sec << "   ";
    }
}
```

Listing 13.2: KAP13/BLACKBOX.CPP

Da stecken eine paar kitzlige Details drin, die gleich näher erläutert werden. Vorher finden Sie noch ein kleines Demoprogramm, dessen Ausgabe Sie sich zunächst anschauen sollten.

```
#include "blackbox.h"
int main()
{
    Blackbox blackbox(true);
    blackbox.trace("begin of main");
    int a = 5;
    if (a == 5)
    {
        blackbox.trace("a == 5");
    }
    blackbox.trace("end of main");
    return 0;
}
```

Listing 13.3: KAP13/LOGTEST.CPP

Zunächst wird hier ein Objekt der Klasse Blackbox angelegt (und zwar in der Form, dass der alte Dateiinhalt vom letzten Lauf gelöscht wird), im Anschluss wird immer die Memberfunktion Blackbox::trace mit einem String aufgerufen. Interessant ist die erzeugte Logging-Datei, die etwa so aussehen wird:

```
26.01.2002 - 19:47:20  begin of main
26.01.2002 - 19:47:20  a == 5
26.01.2002 - 19:47:20  end of main
```

Nett ... so richtig mit Datums- und Zeitstempel, damit Sie auch wissen, was die Uhr geschlagen hat. Schauen Sie sich aber in der Zusammenfassung noch mal die Details der Klasse Blackbox an.

✔ Öffnet man ein Filestreamobjekt der Klasse fstream mit den Parametern ios::out | ios::trunc, so wird die Datei zum Schreiben geöffnet und der vorhandene Inhalt wird überschrieben – so wurde der Konstruktor realisiert, der bei entsprechendem Parameter die vorhandenen Daten löscht.

✔ Öffnet man ein Filestreamobjekt der Klasse `fstream` mit den Parametern `ios::out | ios::app`, so wird die Datei ebenfalls zum Schreiben geöffnet, aber alle Ausgaben werden am Ende der Datei angehängt. Dies wird in der Methode `trace` verwendet.

✔ Der Methode `writeCurrentTime` wird eine Referenz auf die Datei übergeben, dadurch kann auch eine bereits geöffnete Datei an andere Funktionen übergeben werden.

✔ Mit der Befehlsfolge

```
time_t long_time;
time(&long_time);
```

wird die aktuelle Zeit in der Variablen `long_time` vom Type `time_t`. gespeichert. Zu finden sind die Funktion `time` und der Typ `time_t` im Header `<ctime>`.

✔ Die Funktion `localtime` wandelt einen Zeitwert vom Typ `time_t` mit Hilfe der Zeitzoneneinstellung in die lokale Uhrzeit um. Als Ergebnis liefert sie einen Zeiger auf eine Struktur `tm`, aus der man über die Membervariablen die Zeitwerte ablesen kann.

✔ Solche Methoden sind klassische *Post-Mortem*-Verfahren (Post Mortem = nach dem Tod des Programms), theoretisch nicht notwendig und nicht mehr Stand der Technik, aber – ungemein nützlich.

Und nun der Schalter zur Blackbox

Unsere Klasse `Blackbox` hat noch einen Schönheitsfehler in der Verwendung. Entweder muss man überall lokale `Blackbox`-Objekte erzeugen:

```
void anyFunction()
{
   Blackbox blackbox;
...
}
```

oder man benötigt irgendwo ein globales Objekt dieser Klasse. Das ist etwas doof und viel zusätzliche Tipparbeit.

Außerdem sollte Sie noch etwas stören: Vom `assert` wissen Sie, dass man die Überprüfung sehr schön über Makros ausschalten kann. Es wäre ja nun nett, wenn man auch das Logging in ähnlicher Weise mit einem Ausschalter versehen könnte. Die Lösung dazu finden Sie tatsächlich mit Hilfe von Makros. Ergänzen Sie die Datei KAP13/BLACKBOX.H am Ende hinter dem `#endif` um die folgenden Zeilen.

```
#ifdef BLACKBOX_ENABLED
   #define BLACKBOX(line) {Blackbox _bbox_; \
                          _bbox_.trace(line);};
   #define BLACKBOX_FLUSH() {Blackbox _bbox_(true);};
#else
   #define BLACKBOX(line)    ;
   #define BLACKBOX_FLUSH() ;
#endif
```

Listing 13.4: Ergänzung von KAP13/BLACKBOX.H

Ziemlich viele # hier, oder?

Betrachten Sie zunächst den Teil, wenn das Makro BLACKBOX_ENABLED definiert ist. Das Makro BLACKBOX(line) wird definiert als Kurzform für den Programmcode

```
{
    Blackbox _bbox_;
    _bbox_.trace(line);
};
```

Es wird also ein Objekt der Klasse Blackbox erzeugt und dafür trace aufgerufen. Die geschweiften Klammern um diesen Block müssen stehen, damit man mehrfach hintereinander das Makro BLACKBOX aufrufen kann. Ohne die { } würde sonst aus einem

```
BLACKBOX("Hallo");
BLACKBOX("Welt");
```
nämlich ein
```
    Blackbox _bbox_;
    _bbox_.trace("Hallo");
    Blackbox _bbox_;
    _bbox_.trace("Welt");
```

werden, und das ist ein Programmfehler, da das Objekt _bbox_ zweimal mit dem gleichen Namen erzeugt würde. Sie wissen aber, dass der Sichtbarkeitsbereich von Objekten auf einen Block { } beschränkt ist und daher _bbox_ am Ende des Blocks wieder entfernt wird. Mit geschweiften Klammern kann also nichts passieren.

Das Makro BLACKBOX_FLUSH erzeugt mit dem gleichen Trick ein Objekt, allerdings wird hier einfach der Konstruktor mit Parameter zum Löschen der Datei aufgerufen. Hiermit wird die vorhandene Logging-Datei auf eine leere Datei zurückgesetzt.

Falls das Makro BLACKBOX_ENABLED nicht definiert ist, werden die beiden Makros BLACKBOX und BLACKBOX_FLUSH einfach durch leere Anweisungen ersetzt.

Ein modifiziertes Beispielprogramm für diese Version sieht so aus.

```
#define BLACKBOX_ENABLED
#include "blackbox.h"
int main()
{
    BLACKBOX_FLUSH();
    BLACKBOX("begin of main");
    int a = 5;
    if (a == 5)
    {
        BLACKBOX("a == 5");
    }
    BLACKBOX("end of main");
    return 0;
}
```

Listing 13.5: KAP13/LOGTEST2.CPP

Beachten Sie, dass durch das `#define BLACKBOX_ENABLED` zu Beginn das Logging aktiviert wird.

Exklusiv für Sie noch einmal die Zusammenfassung der neuen Details.

✔ Soll die Definition eines Makros über mehrere Zeilen gehen, so muss am Ende der Zeile ein Backslash \ stehen. Dann gehört auch die folgende Zeile zum Makro dazu.

✔ Gibt man bei einem Makro hinter dem Makronamen Klammern und Parameter an, so werden diese in der Makrodefinition durch den aktuellen Wert ersetzt.

 Ersetzen Sie im Demoprogramm die Zeile `#define BLACKBOX_ENABLED` durch `#undef BLACKBOX_ENABLED`. Sie sollten nun sehen, dass ab sofort keinerlei Daten mehr in die Logging-Datei geschrieben werden.

✔ Das `BLACKBOX_ENABLED` muss vor der Inkludierung von BLACKBOX.H gesetzt oder gelöscht werden. Sie können die Blackbox auch nur für einzelne Dateien getrennt ein- und ausschalten, wenn Sie in der CPP-Datei vor dem Inkludieren von BLACKBOX.H das Makro entsprechend definieren oder aufheben.

 Der Compiler erlaubt es auch, `BLACKBOX_ENABLED` global für alle Dateien zu setzen, sehen Sie dazu in der Hilfe Ihres Compilers nach.

✔ Diesen Trick mit der Umschaltung des Codes mit Hilfe von `#ifdef`, `#endif` und Makros nennt man *bedingte Kompilierung*.

 Sollten Sie professionell Software erstellen, dann müssen Sie vorher abklären, ob Ihr Auftraggeber mit derartigen Verfahren einverstanden ist und welche Bedingungen für solche Logging-Dateien erfüllt sein müssen. Unter Umständen wird sogar eine Verschlüsselung verlangt oder Ihr Auftraggeber lehnt derartige Verfahren komplett ab. Durchaus verständlich: ein `trace("Karl Napf Konto: 39232342 Kontostand: -349.323,43 EUR")` wird wegen der Gefahr des Missbrauchs nicht überall auf Zustimmung stoßen. Auch Betriebsräte mögen so was nicht immer, obwohl es hierbei wirklich nicht darum geht, Tastatureingaben des Benutzers aufzuzeichnen.

Teil IV

Generische Programmierung
- gener ... generi ... was?

The 5th Wave

By Rich Tennant

»Der Support meint, was auch immer wir machen, es sollte auf gar keinen Fall
jemand anfangen zu rennen.«

In diesem Teil ...

Vielleicht hätten Sie für den vierten Teil dieses Buches eher mit einer Überschrift wie »Templates« oder »Die Standardbibliothek« gerechnet. Denn in der Tat dreht sich hier alles um Templates. Auf Deutsch heißt dieses Zauberwort Template übrigens einfach nur *Schablone*.

Sicherlich sind Templates in C++ eines der raffiniertesten und elegantesten Sprachmittel, man kann damit elegante Konstrukte einmal erstellen und mehrfach wiederverwenden. So neu und einmalig das für C++ aber immer hingestellt wird, ist die Sache eigentlich gar nicht, die Informatik kennt dafür schon lange den Begriff der »generischen Programmierung« oder der »Generizität«.

Zunächst erfahren Sie, wie Sie selbst generische Funktionen und Klassen erstellen können und welche sprachlichen Hilfsmittel C++ Ihnen dafür bietet.

Die restlichen Seiten dieses Teils sind dann mit Beispielen und Anwendungen der C++-Standardbibliothek angefüllt. Ihre Mächtigkeit verdankt die Standardbibliothek von C++ nicht zuletzt der intensiven Anwendung generischer Datenstrukturen, so dass man in Windeseile seine Objekte in vorgefertigten Datenstrukturen ablegen kann.

Templates und Funktionen

In diesem Kapitel

▷ Befassen Sie sich erstmalig mit generischer Programmierung

▷ Wundern Sie sich, dass C so was Ähnliches bereits konnte

▷ Wenden Sie Templates für die so genannten Template-Funktionen an

▷ Erfahren Sie wichtige Dinge über die Syntax von Templates

▷ Wird erklärt, wo man Template-Funktionen deklariert und definiert

---

Schlägt man in einem Informatik-Duden zum Begriff *generische Programmierung* oder zu *Generizität* nach, so erfährt man dort im Wesentlichen, dass man hier bestehenden Programmcode parametrisieren kann. Das klingt vernünftig – einmal schreiben, und dann mit verschiedenen Werten bestücken. Ihren Ohren wird das bekannt vorkommen, das tun Sie doch schon viel länger:

```
int sum(int a, int b)
{
    return a + b;
}
```

Nun kann man diesen Programmcode mit sum(3, 5) oder mit sum(6, 9) mit aktuellen Parametern versorgen. Dies betrifft aber nur die Parametrisierung zur Laufzeit – die Funktion selbst bleibt gleich, nur die Werte für den Aufruf ändern sich.

Bei generischer Programmierung kommt aber noch eine so genannte *Compilezeit-Parametrisierung* hinzu – für das Beispiel der sum-Funktion kann sich der ganze Typ ändern, man kann das int in der sum-Funktion auch durch andere Typen ersetzen. Der *Code selbst* ist parametrisierbar.

Abschied von den Makros

Wahrscheinlich haben Sie das nun bisher gelesen und sich gedacht »so ein abstrakter Unsinn«. Okay, ein Beispiel ist im Anmarsch. Und halten Sie sich fest – das ist ein Beispiel aus der Sprache C. Viel fähiger als man immer denkt, dieses C!

```
#include <iostream>
using namespace std;

#define max(a, b) ((a) > (b) ? (a) : (b))

int main()
{
    int num1, num2;
    cout << "Geben Sie zwei Zahlen ein:" << endl;
```

```
    cin >> num1;
    cin >> num2;
    cout << max(num1, num2)
         << " ist die groessere Zahl" << endl;
    return 0;
}
```

Listing 14.1: KAP14/MAX_MACRO.CPP

Das Beispiel kennen Sie, es steht in jedem Lehrbuch zur Sprache C in dem Kapitel, wo erstmalig Makros und #define-Direktiven behandelt werden. Das Makro max liefert die größere von zwei Zahlen zurück. Wo ist hier die Generizität, die Parametrierbarkeit des Codes?

Sie liegt in der freien Anwendbarkeit des Makros max für verschiedene Typen. Schreibt man die main-Funktion etwas um

```
    double num1, num2;
```

funktioniert max immer noch richtig. Der Ausdruck max(a, b) ist also für verschiedene Typen parametrierbar.

Wie parametrierbar und damit flexibel das ist, kann man mit der Stringklasse std::string testen (inkludieren Sie dazu am Anfang noch den Header <string>).

```
    std::string str =
        max(string("Hallo"), string("Welt"));
```

Tatsächlich steht dann hinterher "Welt" (der alphabetisch größere String) in str. Aber schauen Sie sich an, was hier tatsächlich geschehen ist – das Makro max ist nur eine abgekürzte Schreibweise, tatsächlich hat der Compiler max in diesen Code umgewandelt:

```
    std::string str =
        ((string("Hallo")) > (string("Welt")) ?
        (string("Hallo")) : (string("Welt")));
```

Da werden wohl einige Konstruktoraufrufe dazwischen liegen, um das Ergebnis zu erhalten. Summa summarum ergeben sich einige Erkenntnisse zu den Makros im alten C-Stil.

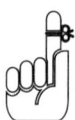

Generische Programmierung für Funktionen war auch in C in Ansätzen möglich, da man Funktionen oder Programmteile parametrisieren konnte.

✔ Mit #define erstellte Makros sind nur Abkürzungen, der Präprozessor fügt bei jedem Aufruf des Makros immer den kompletten Code an der entsprechenden Stelle ein.

Als C-Hase weiß man von Makros mit Parametern vor allem: Klammern setzen, viele Klammern setzen. Lässt man die ganzen Klammern im #define von max weg, können nämlich durch die rein textuelle Ersetzung lustige Fehler entstehen. Dann arbeitet der Compiler die Zeile nämlich entsprechend der Rangfolge der Operatoren ab, was zusammen mit Punkt-vor-Strich interessante Ergebnisse bringt. Probieren Sie mal aus:

```
    #define max(a, b) (a > b) ? a : b
```

Das geht zusammen mit dem `cout << max(num1, num2) << ...` schon gar nicht mehr, weil der Compiler hier mit dem Operator `<<` ins Schleudern kommt.

✔ Makros sind schwer zu debuggen, da vor dem Compilerstart der Präprozessor diese Ersetzungen durchführt. Der Compiler weiß also eigentlich gar nicht, dass der dadurch entstandene Code aus einem Makro kommt. Das erzeugt sehr verwirrende Fehlermeldungen, die sich nicht eindeutig zuordnen lassen.

✔ Da der Compiler keinerlei Kenntnis von dem Makro besitzt, kann er auch nichts konkret prüfen. Sind im Makro `max(a, b)` die Parameter `a` und `b` für den aktuellen Aufruf Konstanten? Oder handelt es sich um Referenzen? Im Kapitel *Übergabe von Objekten* haben Sie gesehen, welche Unterschiede es hier geben kann.

✔ Will man einen generischen Ausdruck schreiben, der noch lokale Hilfsvariablen benötigt, muss man richtig nachdenken, wie das Makro aussehen muss. Denn Makros kennen keine Sichtbarkeitsbereiche.

Verwenden Sie in C++ keine Makros mehr für generische Programmierung. Beschränken Sie die Anwendung von Makros ausschließlich auf Probleme bedingter Kompilierung, wie Sie es im letzten Kapitel *Programmierfehler? Ich? Niemals!* gesehen haben – für Test- und Debuggingfunktionen.

Vergessen Sie nie, dass der Präprozessor dumm wie Bohnenstroh ist.

Funktionen mit frei wählbaren Typen

Nach der vernichtenden Kritik bezüglich der geliebten Makros wollen Sie wahrscheinlich nun sehen, wie man das unter C++ korrekt und sauber mit Hilfe von Templates löst. Bestellt und geliefert:

```cpp
#include <iostream>
#include <string>
using namespace std;
template <class T>
T max(const T& a, const T& b)
{
   return a > b ? a : b;
}
int main()
{
   int num1, num2;
   cout << "Geben Sie zwei Zahlen ein:" << endl;
   cin >> num1;
   cin >> num2;
   cout << max(num1, num2)
        << " ist die groessere Zahl" << endl;
   return 0;
}
```

Listing 14.2: KAP14/MAX_TEMPL.CPP

Innerhalb der Funktion `main` hat sich rein gar nichts geändert. Aber dafür bei unserem `max`! Das sieht nun ganz anders aus, auffällig ist vor allem das Schlüsselwort `template`, das uns nun erstmalig begegnet.

```
template <class T>
T max(const T& a, const T& b)
```

Diese beiden Zeilen sagen aus, dass eine Template-Funktion definiert wird, die als Template-Parameter eine Klasse mit dem Namen `T` als Parameter verwendet. In der zweiten Zeile wird mit dem Typ `T` gearbeitet, wie man es sonst auch von Typen wie `int`, `double` oder `std::string` kennt. Eigentlich sieht die gesamte Implementation der Funktion `max` aus wie ein normales Programmstück in C++, das ist doch sehr schön.

Zeit für eine erste Zusammenfassung der neuen Erkenntnisse.

Eine Template-Funktion wird erzeugt, indem man vor den normalen Kopf der Funktion das Schlüsselwort `template` gefolgt von spitzen Klammern `< >` schreibt. In den spitzen Klammern stehen die Template-Parameter der Typen, die man als Parameter in der Funktion verwenden und später ersetzen will.

✔ Im Gegensatz zu Makros verhalten sich Template-Funktionen in jeder Hinsicht wie normale Funktionen. Dies liegt daran, dass sie vom Compiler durch normale Funktionen ersetzt werden.

✔ In diesem Buch wird die Schreibweise bevorzugt, bei der das Schlüsselwort `template` und der Kopf der Funktion in verschiedenen Zeilen stehen, aber das spielt keine Rolle. Auch die Variante

```
template <class T> T max(const T& a, const T& b)
```

ist gültig. Die Zeilen werden eben nur ein bisschen länger als bei meiner Variante. Wichtig ist nur, dass zwischen den Template-Parametern und der Funktion kein sonstiger Code stehen darf.

✔ Statt der Schreibweise `template <class T>` ist nach dem Standard auch `template <typename T>` zulässig. Das ist genau genommen auch sinnvoller, da wie in diesem Beispiel `int` oder `double` ja keine Klassen, sondern Typen sind. Es macht dies ein wenig deutlicher, dass auch skalare Typen eingesetzt werden dürfen. Trotzdem findet man diese Schreibweise relativ selten.

✔ Für den Namen des Template-Parameters darf man einen der üblichen gültigen Bezeichner auswählen, auch ein `<class X>` oder `<class Klasse>` sind erlaubt. Aber auch hier haben sich Schreibweisen wie `<class T>` oder `<class Type>` eingebürgert.

Wie, meinen Sie, läuft die Codeerzeugung ab? Angenommen, Sie verwenden einmal `max` mit zwei `int`-Parametern und einmal mit zwei `float`-Parametern. Dann erzeugt der Compiler intern zweimal den folgenden Code

```
int max(const int& a, const int& b)
{   return a > b ? a : b; }
float max(const float& a, const float& b)
{   return a > b ? a : b; }
```

und übersetzt diesen. Ein Template wird letztlich auf eine Art überladene Funktion zurückgeführt, die nur einmal im Speicher steht und dann jedes Mal neu aufgerufen wird.

Dass C++ tatsächlich prüft, was Sie da tun, können Sie leicht feststellen, wenn Sie folgende Zeile zu kompilieren versuchen:

```
int a = max(5, string("Hallo"));
```

Hier erscheint eine Fehlermeldung, dass Sie sich doch bitte für einen einzigen Typ entscheiden sollen – einmal int, einmal string, das lässt sich nicht mit der Template-Funktion max(const T&, const T&) zur Deckung bringen.

Wollen Sie eine bestimmte Spezialisierung erzwingen, können Sie den Template-Parameter auch explizit angeben. Für das Beispiel

```
int a = 5;
int b = 10;
```

wird bei max(a, b) automatisch die Variante max(const int&, const int&) aufgerufen. Angenommen, Sie wollen aus irgendeinem Grund (hier ergibt das nicht so dramatisch viel Sinn) die Spezialisierung für double verwenden, dann können Sie die automatische Auswahl des Compilers mit einem

```
max<double>(a, b);
```

auf die Spezialisierung für den Typ double umstellen. Dies kann gerade bei mathematischen Funktionen manchmal hilfreich sein, um sich Typkonversionen zu ersparen.

C++ besitzt in der Standardbibliothek übrigens bereits Funktionen für min und max, diese befinden sich im Header <algorithm>. Allerdings nicht beim Microsoft Visual C++ Compiler, dieser kennt min und max dort nicht und verletzt in diesem Punkt den Standard.

Den Vorgang, mit Hilfe des aktuellen Aufrufs einen bestimmten Typ auszuwählen und die richtigen Template-Parameter einzusetzen, nennt man übrigens auch *Spezialisierung*.

Noch mehr Parameter

Die erste grundsätzliche Frage ist, ob man auch mehr als einen einzigen Template-Parameter angeben kann. Ob das geht? Dann könnte man Typen mischen, wäre vielleicht für manche Anwendungen ganz zweckmäßig.

Es geht ganz einfach, man reiht die zusätzlichen Template-Parameter einfach mit einem , getrennt hinten an.

```
#include <iostream>
#include <string>
using namespace std;

template <typename T, typename T2>
T max(const T& a, const T2& b)
{
    return a > b ? a : b;
}
```

```
int main()
{
    int num1;
    double num2;
    cout << "Geben Sie zwei Zahlen ein:" << endl;
    cin >> num1;
    cin >> num2;
    cout << max(num1, num2)
         << " ist die groessere Zahl" << endl;
    return 0;
}
```

Listing 14.3: KAP14/MAX_TEMPL2.CPP

Durch die aktuellen Parameter vom Typ `int` und `double` wird eine geeignete Spezialisierung ausge-wählt. Gibt's dazu sonst noch etwas zu sagen? Wenn, so steht es hier in den folgenden Zeilen.

✔ Es können mehrere Template-Parameter angegeben werden, indem man die weiteren Parameter mit einem Komma , getrennt ebenfalls in den spitzen Klammern 〈 〉 auflistet. Natürlich benötigt jeder Typ einen eigenen Namen.

✔ Außerdem muss jedes Mal das Schlüsselwort `class` oder `typename` auftauchen. Ein `template` 〈class T, U〉 ist also verboten.

✔ Will man eine konkrete Spezialisierung abrufen, so gibt man die Typen direkt an, zum Beispiel `max<int, int>(4, 3.14f)`. Andernfalls würde hier die Spezialisierung für 〈int, float〉 ausgewählt.

Spezialisierung oder Überladung?

Mit Hilfe von Template-Funktionen definiert man im Grunde sehr viele Funktionen auf einmal. Es ist vorstellbar, dass es hier zu gewollten oder ungewollten Konflikten mit bereits vorhandenen normalen Funktionen kommt.

Auch für so eine einfache Funktion wie unsere Maximum-Funktion kann man das leicht provozieren, indem noch eine weitere Funktion hinzugefügt wird.

```
#include <iostream>
#include <string>
using namespace std;

template <typename T>
T max(const T& a, const T& b)
{
    return T(a > b ? a : b);
}

int max(const int& a, const int& b)
{
```

```
    cout << "Ich bin das Maximum" << endl;
    return 0;
}

int main()
{
    int num1, num2;
    cout << "Geben Sie zwei Zahlen ein:" << endl;
    cin >> num1;
    cin >> num2;
    cout << max(num1, num2)
         << " ist die groessere Zahl" << endl;
    return 0;
}
```

Listing 14.4: KAP14/MAX_TEMPL3.CPP

Eine interessante Frage – wird für max(num1, num2) nun max(int, int) aufgerufen oder max<int>? Ist es eine globale Funktion oder ein Template?

Wenn Sie das Programm starten, erscheint die Bildschirmausgabe Ich bin das Maximum. Ein schlagender Beweis dafür, dass die globale Funktion max aufgerufen wurde und nicht etwa die Template-Funktion.

Das ist ein wichtiger Effekt, auf den Sie achten sollten.

✔ Es ist erlaubt, eine generische Funktion explizit noch einmal zu spezialisieren, indem man sie mit gleichem Namen noch einmal definiert. Dies nennt sich auch *explizite Spezialisierung*. In diesem Fall wird für die entsprechenden aktuellen Template-Parameter die explizit spezialisierte Funktion aufgerufen.

✔ Gemäß C++-Standard gibt es für explizite Spezialisierung eine neue Schreibweise, die so aussieht:

```
template <>
T max<int>(const int& a, const int& b)
```

Nach Möglichkeit ist zukünftig diese Schreibweise zu verwenden.

✔ Explizite Spezialisierung bietet sich immer dann an, wenn für einen bestimmten Typ zusätzliche Arbeiten oder Aktionen notwendig sind. Üblicherweise wendet man Templates immer dann an, wenn gleiche Abläufe für verschiedene Typen gebraucht werden. Tun die Funktionen etwas grundsätzlich Unterschiedliches für die einzelnen Typen, kann man dies mit einer Template-Funktion nicht abdecken.

Ein Wort zu den Prototypen

Von so einem klitzekleinen Haken bei den Templates sollte ich Ihnen vielleicht noch erzählen ... ist nicht wirklich wichtig ... nein. Nur so eine klitzekleine Bemerkung im Kleingedruckten.

Schreiben Sie eine Template-Funktion namens `swapdata`, die den Inhalt zweier Objekte vertauscht. Das folgende Programm enthält die Lösung.

```cpp
#include <iostream>
using namespace std;

template <typename T>
void swapdata(T& a, T& b)
{
    T temp = a;
    a = b;
    b = temp;
}

int main()
{
    int num1 = 1;
    int num2 = 2;
    swapdata(num1, num2);
    cout << "num1 = " << num1
         << " num2 = " << num2 << endl;
    return 0;
}
```

Listing 14.5: KAP14/SWAP_TEMPL.CPP

Bisher nix Neues für Sie, eine einfache Template-Funktion mit einem Template-Parameter. Normalerweise trennt man in C und auch C++ doch den Prototyp der Funktion von der eigentlichen Implementation – was auch hier möglich ist. Dann ändert sich das Programm etwas

```cpp
#include <iostream>
using namespace std;

template <typename T>
void swapdata(T& a, T& b);

int main()
{
/* das können Sie direkt von swap_templ.cpp
   übernehmen */
}

template <typename T>
void swapdata(T& a, T& b)
{
    T temp = a;
    a = b;
    b = temp;
}
```

Listing 14.6: KAP14/SWAP_TEMPL2.CPP

Sehen Sie den wesentlichen Unterschied? Zu Beginn wird nur der Kopf der Funktion deklariert, am Ende kommt dann der eigentliche Funktionsrumpf. Das ist für normale Funktionen so was von alt und bekannt, dass ich mich fast schäme, Ihnen das zu zeigen. Bevor Sie sich aber nun gelangweilt abwenden, kommt der Hammer. Natürlich wird man versuchen, die Template-Funktionen in Header- und Implementationsdateien aufzutrennen, wie man das gewohnt ist. Der Prototyp kommt in den Header, der Rumpf in die CPP-Datei.

Probieren Sie das aus. Zunächst einen Header

```
#ifndef _SWAP_H
#define _SWAP_H
template <typename T>
void swapdata(T& a, T& b);
#endif
```

Listing 14.7: KAP14/SWAP.H

und nun der Rumpf

```
#include "swap.h"
template <typename T>
void swapdata(T& a, T& b)
{
    T temp = a;
    a = b;
    b = temp;
}
```

Listing 14.8: KAP14/SWAP.CPP

Die Änderung für das Demoprogramm fällt minimal aus, werfen Sie einfach die Funktion swapdata raus und setzen Sie an die Stelle ein #include "swap.h".

```
#include <iostream>
using namespace std;
#include "swap.h"
int main()
{
    int num1 = 1;
    int num2 = 2;
    swapdata(num1, num2);
    cout << "num1 = " << num1
        << " num2 = " << num2 << endl;
    return 0;
}
```

Listing 14.9: KAP14/SWAP_TEMPL3.CPP

Wenn Sie das nun starten wollen, wird dies nicht von Erfolg gekrönt sein. Es wird ein Linkerfehler für die Funktion swapdata angezeigt. Der Hintergrund für diesen Effekt ist, dass eine Template-Funktion kein Code ist. Erst durch eine Spezialisierung wird aus einem Template tatsächlich Code erzeugt. Dies hat den schönen Effekt, dass der gesamte Template-Code in der cpp-Datei swap.cpp einfach nicht gefunden wird!

 Die Jungs und Mädels vom Standardisierungskomitee von C++ haben natürlich bemerkt, dass dies keine so tolle Idee war und haben ein Schlüsselwort `export` eingeführt, womit man diese Aufspaltung in zwei Dateien erzeugen kann. Der korrekte Header für unsere `swapdata`-Funktion sähe dann so aus:

```
#ifndef _SWAP_H
#define _SWAP_H
export template <typename T>
void swapdata(T& a, T& b);
#endif
```

Listing 14.10: modifizierte KAP14/SWAP.H

Die traurige Nachricht: Das kann immer noch kaum ein Compiler. Die meisten kennen das `export` nicht und können daher das Programm nicht übersetzen.

Es gibt dafür zwei Lösungsmöglichkeiten, die eine wird am häufigsten verwendet – man packt zähneknirschend alles in den Header.

```
#ifndef _SWAP_H
#define _SWAP_H

template <typename T>
void swapdata(T& a, T& b);

template <typename T>
void swapdata(T& a, T& b)
{
    T temp = a;
    a = b;
    b = temp;
}
#endif
```

Listing 14.11: KAP14/SWAP2.H

Die Datei swap.cpp können Sie nun löschen, inkludieren Sie in swap_templ3.cpp nun swap2.h und Sie werden sehen, dass damit alles funktioniert.

Noch eine Möglichkeit gibt es für die hartnäckigen Leute unter uns. Die Sorte, die sich nicht vom Compiler vorschreiben lässt, wie und wo sie etwas programmieren muss. Bei dieser Variante behält man die Aufteilung auf zwei Dateien bei.

Der Header für diese Variante enthält ein weiteres `#include`

```
#ifndef _SWAP_H
#define _SWAP_H

template <typename T>
```

```
void swapdata(T& a, T& b);

#include "swap.inc"
#endif
```

Listing 14.12: KAP14/SWAP3.H

Dieser Trick beruht einfach darauf, dass ein #include den Inhalt der anderen Datei an diese Stelle kopiert. In der inkludierten Datei finden Sie nun – oh Wunder – den Rumpf der Funktion.

```
template <typename T>
void swapdata(T& a, T& b)
{
    T temp = a;
    a = b;
    b = temp;
}
```

Listing 14.13: KAP14/SWAP.INC

Als Dateiendung für diese Datei empfiehlt es sich, nicht CPP zu verwenden, weil man die Projektverwaltung auf diese Weise etwas ins Stolpern bringen kann. Inkludieren Sie im Demoprogramm SWAP_TEMPL3.CPP nun den Header SWAP3.H und auch hier klappt alles prächtig.

Ist es nicht erstaunlich, auf welche Ideen manche Leute kommen? Nur um den eigenen Kopf gegen den Computer durchzusetzen.

✔   Man kann auch für Template-Funktionen Deklaration und Implementation voneinander trennen.

 Das für die Trennung vorgesehene Schlüsselwort export wird von praktisch keinem Compiler unterstützt.

 Üblicherweise schreibt man Deklaration und Implementation von Template-Funktionen in eine einzige Headerdatei.

✔   Als alternative Lösung können Sie die Implementation in eine eigene Datei schreiben und diese Datei im Header inkludieren.

✔   Das gleiche Problem begegnet Ihnen auch im folgenden Kapitel *Template-Klassen für generische Datenstrukturen* wieder.

Template-Klassen für generische Datenstrukturen

In diesem Kapitel

▶ Wenden Sie das Prinzip der Templates auch auf ganze Klassen an

▶ Erfahren Sie, welchen Vorteil diese Art der Programmierung für Ihre Datenstrukturen hat

▶ Wird die bereits bekannte Matrix-Klasse für allgemeine Typen realisiert

▶ Hören Sie erstmalig den Begriff Compilezeit-Polymorphie

Am meisten Angst macht den meisten Leuten bei den Templates die Syntax. Kein Wunder, so eine richtige Template-Klasse kann auf den ersten Blick auch recht unübersichtlich und kryptisch wirken. Sie werden aber gleich feststellen, dass kein Grund für Ängste besteht.

Vielmehr ist es so, dass die Benutzer der anderen verbreiteten Sprachen im PC-Bereich wie Java, C# oder ObjectPascal neidisch auf C++ rüberschielen, weil man so schöne Sachen mit den Templates machen kann.

Definition eigener Template-Klassen

Nachdem Sie schon wissen, wie man Funktionen parametrisiert, werden Sie dies nun auch auf Klassen anwenden. Wo liegt dabei der Charme dieser Lösung? Es wird damit möglich, einen Algorithmus allgemein zu programmieren, nicht nur für einen einzigen Klassentyp.

Bei traditionellen Lösungen programmiert man immer wieder den gleichen Ablauf neu, sobald sich die verwalteten oder zu bearbeitenden Typen ändern. Nehmen wir ein Wertepaar, das zwei zusammenhängende Werte speichern kann. Das kann so vieles sein, ein Koordinatenpärchen für ein Grafikprogramm, zwei Strings für ein Vokabelprogramm, einmal deutsch, einmal englisch. Oder einmal sind die Koordinaten `int`-Werte, im anderen Fall vom Typ `double`. Programmiert man das herkömmlich, so werden am Ende hierfür drei Klassen notwendig sein. Nun gut, man kann sich mit ein wenig Copy&Paste behelfen und Teile zwischen den Klassen hin- oder her kopieren. Letztlich tun diese Klassen immer genau das Gleiche, sie verwalten zwei zusammenhängende Werte. Die dahinter stehenden Algorithmen sind vom reinen Ablauf her gleich, wieso soll man also daher gezwungen werden, diese Algorithmen 25-mal zu tippen? Einmal reicht aus, wenn man die Algorithmen parametrisieren kann. Diese Idee ist der Kern der generischen Programmierung und es war für die Entwickler von C++ nur logisch, für die Klasse als Herzstück der objektorientierten Programmierung eine Generizität zu implementieren. Auf Deutsch: Man kann Templates auch für Klassen anwenden.

Die folgende Klasse `Pair<class T>` speichert ein Wertepaar zweier Typen. Sie kennen bereits die Syntax für Template-Funktionen, demnach sollten Sie die Syntax von Template-Klassen rasch durchschauen.

```
#ifndef _PAIR_H
#define _PAIR_H
template<class T>
class Pair
{
public:
    Pair(const T& val1,
         const T& val2);
    T getFirst() const;
    T getSecond() const;
    bool operator==(const Pair& other) const;
private:
    T m_First;
    T m_Second;
};
template<class T>
Pair<T>::Pair(const T& val1,
              const T& val2)
              : m_First(val1), m_Second(val2)
{
}
template<class T>
T Pair<T>::getFirst() const
{
    return m_First;
}
template<class T>
T Pair<T>::getSecond() const
{
    return m_Second;
}
template<class T>
bool Pair<T>::operator==(const Pair& other) const
{
    if (m_First != other.getFirst())
        return false;
    if (m_Second != other.getSecond())
        return false;
    return true;
}
#endif
```

Listing 15.1: KAP15/PAIR.H

Wesentlich ist, dass vor der Klasse das Schlüsselwort `template` mit dem Template-Parameter `<class T>` steht. In der Klassendeklaration selbst wird nun immer direkt der Typ `T` geschrieben, sobald man ihn verwenden will, wie es zum Beispiel bei der Wertübergabe für den Konstruktor der Fall ist.

Zum Beweis der mehrfachen Anwendbarkeit dieser Klasse betrachten Sie die folgenden Beispiele, wo zunächst `int`-Werte für Koordinaten gespeichert werden.

```cpp
#include <iostream>
using namespace std;
#include "pair.h"
int main()
{
   Pair<int> upperLeft(0, 100);
   Pair<int> lowerRight(200, 0);
   cout << "Ein Rechteck hat 4 Eckpunkte" << endl;
   cout << "(" << upperLeft.getFirst()
        << "," << upperLeft.getSecond()
        << ")" << endl;
   cout << "(" << upperLeft.getFirst()
        << "," << lowerRight.getSecond()
        << ")" << endl;
   cout << "(" << lowerRight.getFirst()
        << "," << lowerRight.getSecond()
        << ")" << endl;
   cout << "(" << lowerRight.getFirst()
        << "," << upperLeft.getSecond()
        << ")" << endl;
   return 0;
}
```

Listing 15.2: KAP15/COORD_PAIR.CPP

Man sieht sehr schön, dass die Klasse Pair für den entsprechenden Typ wie üblich verwendet werden kann. Hätten Sie die Klasse Pair speziell für int programmiert, würde das Programm – abgesehen von der Stelle Pair<int> – keinen Deut anders aussehen. Wie versprochen reiche ich nun aber auch noch einen Fall nach, wo Strings in der Klasse Pair gespeichert werden. Wo braucht man Stringpaare? Natürlich bei einem Vokabelprogramm.

```cpp
#include <iostream>
#include <string>
using namespace std;
#include "pair.h"
int main()
{
   Pair<string> vocabulary("program", "Programm");
   cout << "Was heisst \"" << vocabulary.getFirst()
        << "\" auf Deutsch? ";
   string inp;
   cin >> inp;
   Pair<string> answer(vocabulary.getFirst(), inp);
   if (vocabulary == answer)
      cout << "Korrekt!" << endl;
   else
      cout << "Leider falsch!" << endl;
   return 0;
}
```

Listing 15.3: KAP15/STRING_PAIR.CPP

Das Programm speichert ein korrektes Wortpaar in dem Objekt vocabulary und sichert die Antwort des Benutzers zusammen mit dem englischen Original in dem Objekt answer. Das können Sie dann als Fehlerliste dauerhaft speichern, um später einen Bericht der falschen Antworten zu erstellen. Wie auch immer, am Ende vergleicht man Vorgabe und Antwort und kann den Schüler loben oder tadeln. Wie bereits zuvor sieht man dem Programm kaum etwas von den Template-Klassen an, nur bei der Erzeugung des Objekts gibt man an, um welche Spezialisierung der Klasse Pair es sich tatsächlich handelt.

Mit wichtigen Grundzügen von Template-Klassen sind Sie damit bereits vertraut, wie die folgende Auflistung Ihnen noch einmal zeigt.

Eine *Template-Klasse* ist eine Klasse, bei der ein (oder mehrere) Typen parametrisierbar sind. Bei der Klassendeklaration wird dies durch ein template<class T> vor dem Klassennamen angezeigt, innerhalb der Klasse kann nun der angegebene Typ als Platzhalter für den Klassentyp verwendet werden.

Die Implementation der Methoden erfolgt, indem man erneut das Schlüsselwort template mit den Template-Parametern vor die eigentliche Funktions-Implementation schreibt. Als Name der Klasse gibt man zusätzlich noch die Template-Parameter mit an:

```
template<class T>
T Pair<T>::getSecond() const
{
    return m_Second;
}
```

✔ Wie auch bei den Template-Funktionen kann mehr als ein Template-Parameter angegeben werden. Will man der Klasse Pair beibringen, zwei verschiedene Typen miteinander zu verheiraten, ändert man diese, wie hier zu sehen ist, ab:

```
template<class T1, class T2>
class Pair
{
public:
    Pair(const T1& val1,
        const T2& val2);
    T1 getFirst() const;
    T2 getSecond() const;
// usw.
```

Die Implementation der Memberfunktionen verläuft analog dazu

```
template<class T1, class T2>
Pair<T1, T2>::Pair(const T1& val1,
            const T2& val2)
        : m_First(val1), m_Second(val2)
// usw.
```

Eine Spezialisierung der Klasse können Sie dann zum Beispiel über Pair<string, int> erreichen.

✔ Ebenfalls wie bei den Template-Funktionen kann man bei der Angabe des Template-Parameters statt <class T> auch wieder <typename T> schreiben.

✔ Bei Template-Klassen spricht man genau wie bei virtuellen Methoden von Polymorphie, allerdings von *Compilezeit-Polymorphie*. Ähnlich wie bei virtuellen Methoden kann sich hier die konkrete Ausprägung der Klasse ändern – aber bereits während der Kompilierung, nicht während der Laufzeit des Programms.

Verwendet man eine bestimmte Spezialisierung einer Template-Klasse häufiger, so definiert man üblicherweise dafür einen eigenen Typ. Angenommen, Sie verwenden oftmals `Pair<string>`, so bietet sich dafür ein neuer Typ

```
typedef Pair<string> Strpair;
```

an. Sie können dann über

```
Strpair sp("program", "Programm");
```

jederzeit Objekte dieser Spezialisierung erzeugen. Gerade bei längeren und etwas unübersichtlicheren Template-Spezialisierungen erspart man sich damit Tipparbeit und erhöht die Übersichtlichkeit. Ein sehr prominentes Beispiel dafür ist `std::string`:

```
std::string == std::basic_string<char, char_traits<char>,
        allocator<char> >)
```

Der eigentliche Vorteil von Template-Klassen liegt in dem dadurch möglichen »Write once, use everywhere«. Ganze Algorithmen und komplizierte Datenstrukturen muss man nur noch ein einziges Mal schreiben und kann diese auf viele verschiedene Klassen anwenden.

In der Standardbibliothek von C++ befindet sich bereits eine sehr komfortable Template-Klasse `std::pair` (im Header `<utility>`) für den hier angesprochenen Zweck mit zahlreichen Memberfunktionen. Falls Sie also Wertepaare speichern wollen, verwenden Sie die Klasse aus dem Standard, statt diese neu zu schreiben.

✔ Sehr ähnlich zur Klasse `std::pair` ist auch die Klasse `std::complex` zur Speicherung komplexer Zahlen im Header `<complex>` (falls Sie damit nichts anfangen können, das ist was tierisch Mathematisches, das Sie am besten gleich wieder vergessen).

Bei Einsetzungen von Template-Klassen in Template-Klassen kommt manchmal die Situation vor, dass sich ein

```
EineKlasse<ZweiteKlasse<int>>
```

ergibt. Dies führt selbstverständlich zu einem Syntaxfehler, ausgelöst durch den Compiler. Der Grund: Der Compiler versteht unter >> nämlich den Shift-Operator! Schreiben Sie in solchen Fällen einfach ein Leerzeichen zwischen die spitzen Klammern > > und alles funktioniert wie gewollt:

```
EineKlasse<ZweiteKlasse<int> >
```

Die Fortsetzung der Matrix

Während wahrscheinlich in Hollywood noch am zweiten Teil des Films *Matrix* gedreht wird, sind die Dummies schon viel schneller. Sie erinnern sich an das Kapitel *Operatoroverloading*? Dort wurde am Ende eine Klasse Matrix vorgestellt, um zweidimensionale Zahlenfelder zu speichern und zu rechnen. Als Typ der Felder wurden double-Werte genommen – klingelt es bei Ihnen an dieser Stelle? So eine schöne Klasse schreit doch geradezu nach einem generischen Typ für die gespeicherten Werte. Wieso sollte die Matrix nicht auch int oder float aufnehmen können? Ring frei für *Matrix – Teil 2*.

Mit einigen wenigen zusätzlichen Template-Parametern lässt sich das bereits erreichen.

```
#ifndef _MATRIX_H
#define _MATRIX_H
#include <stdexcept>
template <typename T>
class Matrix
{
public:
   Matrix(int m, int n)
      throw (std::runtime_error);
   Matrix(int m, int n, T value)
      throw (std::runtime_error);
   Matrix(const Matrix& matrix)
      throw (std::runtime_error);
   virtual ~Matrix();
   const Matrix& operator=(const Matrix& matrix)
      throw (std::range_error);
   int getM() const {return m_M;}
   int getN() const {return m_N;}
   T getAt(int i, int j) const
      throw (std::range_error);
   void setAt(int i, int j, T value)
      throw (std::range_error);
   const Matrix& operator-();
   const Matrix& operator+=(const Matrix& right)
      throw (std::range_error);
   const Matrix& operator-=(const Matrix& right)
      throw (std::range_error);
   const Matrix& operator*=(const Matrix& right)
      throw (std::range_error);
   const Matrix& operator*=(T scalar);
   void print() const;

private:
   T*    m_Values;
   int   m_M;
   int   m_N;
};
```

Ab hier folgt nun die Realisierung der Memberfunktionen und der globalen Funktionen für die Operatoren. Zunächst kommen die Konstruktoren – achten Sie besonders auf die `try-catch`-Blöcke, die im Fehlerfall ein sauberes Verlassen der Konstruktoren garantieren müssen.

```
template <typename T>
Matrix<T>::Matrix(int m, int n)
    throw (std::runtime_error)
    : m_M(m), m_N(n), m_Values(NULL)
{
    try
    {
        m_Values = new T[m_M * m_N];
    }
    catch (...)
    {
        throw std::runtime_error("construction of T "
                                 "throwed exception");
    }
}
template <typename T>
Matrix<T>::Matrix(int m, int n, T value)
    throw (std::runtime_error)
    : m_M(m), m_N(n), m_Values(NULL)
{
    try
    {
        m_Values = new T[m_M * m_N];
    }
    catch (...)
    {
        throw std::runtime_error("construction of T "
                                 "throwed exception");
    }
    for (int i = 0; i < m_M * m_N; i++)
    {
        try
        {
            m_Values[i] = value;
        }
        catch (...)
        {
            delete[] m_Values;
            throw std::runtime_error("operator= of T "
                                     "throwed exception");
        }
    }
}
template <typename T>
Matrix<T>::Matrix(const Matrix<T>& matrix)
    throw (std::runtime_error)
```

```
      : m_M(matrix.m_M), m_N(matrix.m_N), m_Values(NULL)
{
   try
   {
      m_Values = new T[m_M * m_N];
   }
   catch (...)
   {
      throw std::runtime_error("construction of T "
                               "throwed exception");
   }
   for (int i = 0; i < m_M * m_N; i++)
   {
      try
      {
         m_Values[i] = matrix.m_Values[i];
      }
      catch (...)
      {
         delete[] m_Values;
         throw std::runtime_error("operator= of T"
                                  " throwed exception");
      }
   }
}
template <typename T>
Matrix<T>::~Matrix()
{
   delete[] m_Values;
}
template <typename T>
const Matrix<T>&
   Matrix<T>::operator=(const Matrix& matrix)
      throw (std::range_error)
{
   if (this == &matrix)
      return *this;
   if ( (m_M != matrix.m_M) ||
        (m_N != matrix.m_N) )
      throw std::range_error("op= size doesn't "
                             "match");
   Matrix<T> temp(matrix);
   int m = m_M;
   int n = m_N;
   T* pVals = m_Values;
   m_M = temp.m_M;
   m_N = temp.m_N;
   m_Values = temp.m_Values;
   temp.m_M = m;
   temp.m_N = n;
```

```
      temp.m_Values = pVals;
      return *this;
}
template <typename T>
T Matrix<T>::getAt(int i, int j) const
      throw (std::range_error)
{
   if ( (i < 0) || (i >= m_M) )
      throw std::range_error("getAt param 1 out of "
                                "bounds");
   if ( (j < 0) || (j >= m_N) )
      throw std::range_error("getAt param 2 out of "
                                "bounds");
   return m_Values[i * m_N + j];
}
template <typename T>
void Matrix<T>::setAt(int i, int j, T value)
      throw (std::range_error)
{
   if ( (i < 0) || (i >= m_M) )
      throw std::range_error("setAt param 1 out of "
                                "bounds");
   if ( (j < 0) || (j >= m_N) )
      throw std::range_error("setAt param 2 out of "
                                "bounds");
   m_Values[i * m_N + j] = value;
}
template <typename T>
const Matrix<T> operator+(const Matrix<T>& left,
                          const Matrix<T>& right)
      throw (std::range_error)
{
   Matrix<T> temp(left);
   temp += right;
   return temp;
}
template <typename T>
const Matrix<T> operator-(const Matrix<T>& left,
                          const Matrix<T>& right)
      throw (std::range_error)
{
   Matrix<T> temp(left);
   temp -= right;
   return temp;
}
template <typename T>
const Matrix<T> operator*(const Matrix<T>& left,
                          T scalar)
{
   Matrix<T> temp(left);
```

```
      temp *= scalar;
      return temp;
}
template <typename T>
const Matrix<T> operator*(const Matrix<T>& left,
                          const Matrix<T>& right)
      throw (std::range_error)
{
   if (left.getN() != right.getM())
     throw std::range_error("op*= size doesn't "
                              "match");
   Matrix<T> temp(left.getM(), right.getN());
   for (int i = 0; i < left.getM(); i++)
   {
      for (int k = 0; k < right.getN(); k++)
      {
         T sum = 0;
         for (int j = 0; j < left.getN(); j++)
            sum += left.getAt(i, j) *
                   right.getAt(j, k);
         temp.setAt(i, k, sum);
      }
   }
   return temp;
}
template <typename T>
bool operator==(const Matrix<T>& left,
                const Matrix<T>& right)
      throw (std::range_error)
{
   if ( (left.getM() != right.getM()) ||
        (left.getN() != right.getN()) )
     throw std::range_error("op== size doesn't "
                              "match");
   for (int i = 0; i < left.getM(); i++)
   {
      for (int j = 0; j < left.getN(); j++)
      {
         if (left.getAt(i, j) != right.getAt(i, j))
            return false;
      }
   }
   return true;
}
template <typename T>
bool operator!=(const Matrix<T>& left,
                const Matrix<T>& right)
      throw (std::range_error)
{
   return !(left == right);
```

```
}
template <typename T>
const Matrix<T>& Matrix<T>::operator-()
{
   for (int i = 0; i < m_M * m_N; i++)
      m_Values[i] = -m_Values[i];
   return *this;
}
template <typename T>
const Matrix<T>&
   Matrix<T>::operator+=(const Matrix<T>& right)
      throw (std::range_error)
{
   if ( (m_M != right.m_M) ||
        (m_N != right.m_N) )
     throw std::range_error("op+= size doesn't "
                            "match");
   for (int i = 0; i < m_M * m_N; i++)
      m_Values[i] += right.m_Values[i];
   return *this;
}
template <typename T>
const Matrix<T>&
   Matrix<T>::operator-=(const Matrix<T>& right)
      throw (std::range_error)
{
   if ( (m_M != right.m_M) ||
        (m_N != right.m_N) )
     throw std::range_error("op-= size doesn't "
                            "match");
   for (int i = 0; i < m_M * m_N; i++)
      m_Values[i] -= right.m_Values[i];
   return *this;
}
template <typename T>
const Matrix<T>&
   Matrix<T>::operator*=(const Matrix<T>& right)
      throw (std::range_error)
{
   // das geht nur bei bestimmten Matrizen
   if (m_N != right.m_N)
      throw std::range_error("op*= dimension doesn't"
                             " match");
   if (m_M != right.m_M)
      throw std::range_error("op*= size doesn't "
                             "match");

   // von eigener Matrix eine Kopie machen
   Matrix<T> left(*this);
   // multiplizieren und Ergebnis wieder in aktuelles
```

```
   // Objekt kopieren
   *this = left * right;
   return *this;
}
template <typename T>
const Matrix<T>& Matrix<T>::operator*=(T scalar)
{
   for (int i = 0; i < m_M * m_N; i++)
      m_Values[i] *= scalar;
   return *this;
}
template <typename T>
void Matrix<T>::print() const
{
   for (int i = 0; i < m_M; i++)
   {
      for (int j = 0; j < m_N; j++)
      {
         std::cout << getAt(i, j) << "\t";
      }
      std::cout << std::endl;
   }
}
#endif
```

Listing 15.4: KAP15/MATRIX.H

Letztlich ist das kein großer Unterschied zur ursprünglichen Definition, nur dass überall der Typ `doub-le` durch den generischen Parametertyp T ersetzt wurde.

Als Beispielprogramm verwenden Sie KAP08/MATRIX_TEST.CPP und ersetzen ganz stur überall den Typ `Matrix` durch `Matrix<double>` – damit haben Sie genau die gleichen Verhältnisse wie zuvor hergestellt.

```
#include <iostream>
#include <cmath>
using namespace std;
#include "matrix.h"
double deg2rad(double deg)
{
   return deg / 180 * 3.141592653589793;
}
int main()
{
   Matrix<double> vec(3, 1);
   // Eingabe
   cout << "Vektor eingeben: " << endl;
   for (int i = 0; i < 3; i++)
   {
      cout << "[" << i << "] : ";
```

```
      double input;
      cin >> input;
      vec.setAt(i, 0, input);
   }
   cout << "Drehwinkel eingeben: " << endl;
   double phix, phiy, phiz;
   cout << "x-Achse: ";
   cin >> phix;
   cout << "y-Achse: ";
   cin >> phiy;
   cout << "z-Achse: ";
   cin >> phiz;

   Matrix<double> rotX(3, 3);
   rotX.setAt(0, 0, cos(deg2rad(phix)));
   rotX.setAt(0, 1, sin(deg2rad(phix)));
   rotX.setAt(1, 0, -sin(deg2rad(phix)));
   rotX.setAt(1, 1, cos(deg2rad(phix)));
   rotX.setAt(2, 2, 1);

   Matrix<double> rotY(3, 3);
   rotY.setAt(0, 0, cos(deg2rad(phiy)));
   rotY.setAt(0, 2, -sin(deg2rad(phiy)));
   rotY.setAt(1, 1, 1);
   rotY.setAt(2, 0, sin(deg2rad(phiy)));
   rotY.setAt(2, 2, cos(deg2rad(phiy)));

   Matrix<double> rotZ(3, 3);
   rotZ.setAt(0, 0, 1);
   rotZ.setAt(1, 1, cos(deg2rad(phiz)));
   rotZ.setAt(1, 2, -sin(deg2rad(phiz)));
   rotZ.setAt(2, 1, sin(deg2rad(phiz)));
   rotZ.setAt(2, 2, cos(deg2rad(phiz)));

   Matrix<double> rotation(3, 3);
   rotation = rotX;
   rotation *= rotY;
   rotation *= rotZ;

   Matrix<double> vecrot(rotation * vec);
   vecrot.print();
   (-vecrot).print();
   return 0;
}
```

Listing 15.5: KAP15/MATRIX_TEST2.CPP

Sie sollten jetzt nicht enttäuscht sein – das war's nämlich schon. So einfach geht das mit den Templates. Der Gag an solchen Klassen ist, dass sofort auch eine Klasse Matrix<float> oder Matrix<int> zur Verfügung stehen kann – was eben gerade notwendig ist.

In der Zusammenfassung sind noch einige wissenswerte Details aufgeführt, die Sie sich aufmerksam zu Gemüte führen sollten.

Bei Klassen-Templates können auch Default-Parameter für die Template-Parameter angegeben werden. Wenn Sie die `Matrix<typename T>` als

```
template <typename T = double>
class Matrix
{
// usw.
```

deklarieren, versteht der Compiler unter einem `Matrix<>` immer sofort und ganz automatisch `Matrix<double>`.

Für Funktions-Templates sind Default-Parameter als Template-Parameter nicht erlaubt, im Gegensatz zu den Klassen-Templates.

Im Unterschied zur alten Deklaration der Klasse `Matrix` sind diesmal die globalen Operatoren wie `operator*`, `operator+`, ..., nicht mehr als `friend`-Funktionen deklariert. Dies wurde möglich, weil zusätzlich zwei Methoden `getN` und `getM` ergänzt wurden, nun können die globalen Operatoren auf die Innereien zugreifen, ohne `friend` sein zu müssen.

Es gibt einen weiteren Unterschied im Vergleich zur alten Matrix-Klasse, die Konstruktoren sind diesmal wesentlich umfangreicher, da man nie wissen kann, ob und welche Exceptions von den Konstruktoren von `T` ausgelöst werden können. Dies ist ein wichtiger Punkt, den Sie sich merken müssen. Während man beim Arbeiten mit konkreten Klassen noch relativ genau weiß, was bei Konstruktion oder Kopie passieren kann, muss man bei Template-Typen auf alles gefasst sein. Sichern Sie also gerade Konstruktoren und Zuweisungsoperatoren so ab, dass sie mit von `T` geworfenen Exceptions klarkommen.

✔ Sie sehen, dass in diesem Anwendungsfall eine Template-Klasse mit Template-Funktionen gemischt wurde, um alle Möglichkeiten abzudecken.

✔ Beachten Sie die Schreibweise für die Implementation der Funktion, wie zum Beispiel beim Zuweisungsoperator

```
const Matrix<T>&
   Matrix<T>::operator=(const Matrix<T>& matrix)
```

Der `operator=` wird für die Klasse `Matrix<T>` definiert, er bekommt als Quellobjekt eine Referenz auf einen Typ `Matrix<T>` zugewiesen. Als Rückgabewert wiederum liefert er erneut eine Referenz auf ein `Matrix<T>`-Objekt zurück. Vergegenwärtigen Sie sich immer, dass die komplette Klasse `Matrix<T>` heißt und nicht `Matrix`, dann ist dieser Ausdruck auch durchschau- und lesbar.

Allerdings kann man alternativ auch

```
const Matrix<T>&
   Matrix<T>::operator=(const Matrix& matrix)
```

schreiben. Innerhalb der Klassendefinition und in Parameterlisten kann der Typ weggelassen werden.

Interessant ist die Klasse `Matrix` auch noch aus einem anderen Grund – es zwingt Sie keiner, dass Sie sich auf skalare Typen wie `double` und `float` beschränken. Versuchen Sie mal so was

```
Matrix<std::string> tictactoe(3, 3, " ");
tictactoe.setAt(1, 1, "X");
tictactoe.setAt(1, 2, "O");
tictactoe.print();
```

Wie Sie sehen, speichert die `Matrix`-Klasse auch andere Klassentypen. Aber nicht völlig bedingungslos. Lesen Sie dazu weiter!

Ergänzen Sie das vorige Experiment noch um die Zeile

```
tictactoe *= "a";
```

und kompilieren Sie das Projekt neu. Es taucht nun ein Fehler auf, da für die Klasse `string` keine Multiplikation erklärt ist. Der `operator*=` führt intern Schritte aus, die ein `T * T` benötigen. Dies wird für die aktuelle Spezialisierung zu `string * string`, woraus der Fehler folgt.

Möglich wurde die Nutzung der Template-Klasse `Matrix` für andere Klassen wie `string` deswegen, weil für den Konstruktor auf den Defaultparameter `0.0` verzichtet wurde. Dieser war in der alten `Matrix`-Klasse (vergleichen Sie dazu KAP08/MATRIX.H) noch vorhanden, passt aber nun nicht mehr ins Bild der generischen Variante. Um alle Elemente mit einem Defaultelement zu belegen, dient nun der Konstruktor

```
template <typename T>
Matrix<T>::Matrix(int m, int n)
```

Im Rumpf steht dort die Zeile

```
m_Values[i] = T();
```

wodurch nun der jeweilige Defaultkonstruktor des Template-Parameters aufgerufen wird. Für skalare Typen wie `double` oder `int` führt dies zu einer Nullung der Elemente, für komplexe Typen wie `string` oder Ihre eigenen Klassen entscheidet der Defaultkonstruktor über das Resultat.

Eine Template-Klasse benötigt zur Ausführung ihrer Aufgaben gewisse Methoden, die die Parameter-Klasse besitzen muss. Ist das nicht der Fall, wird ein Fehler erzeugt. Solange man in der Template-Klasse keine Methoden benutzt, die auf die fehlenden Methoden angewiesen sind, funktioniert aber alles problemlos.

Bei einigen Compilern kann man sogar fehlerhaften Code in die Methoden der Template-Klassen schreiben. Solange man diese Methode der Template-Klasse nie aufruft, wird kein Fehler angezeigt. Sobald erstmalig die Methode verwendet wird, kommt dann auch die vermisste Fehlermeldung. Solche Compiler prüfen Template-Code tatsächlich nur bei Verwendung, was zumindest ein Beweis für das schablonenartige Verhalten der Templates ist. Gute Compiler allerdings prüfen auch für nicht verwendete Methoden von Template-Klassen die Syntax auf Korrektheit, dieser Vorgang nennt sich auch *Template-Body-Parsing*. Allerdings wirklich nur die Syntax, ein Semantik-Check darf nur durchgeführt werden, wenn eine Funktion instanziiert wird. Der Compiler findet also einen fehlenden Strichpunkt, aber er wird (und kann auch) nicht prüfen, ob es eine Funktion `T.dummy` tatsächlich gibt.

Zum Testen ist es deshalb häufig eine gute Idee, eine explizite Instanziierung zu benutzen. Sie können zum Beispiel ans Ende von MATRIX.H die Zeile

```
template class Matrix<int>;
```

schreiben, dann kann der Compiler auch die Semantik der Klasse prüfen. Allzu oft kommt es nämlich vor, dass man fertige Template-Klassen verwenden will, aber sie funktionieren nach Spezialisierung nicht richtig – der Entwickler hatte versäumt, die Klasse auch auf richtige Funktionsweise für verschiedene eingesetzte Klassentypen T zu prüfen.

Was fällt UML dazu ein?

Wie Sie gesehen haben, sind Templates keine verrückte Spielerei in C++, sondern besitzen sogar eine ganz hochoffizielle Bedeutung im Rahmen der generischen Programmierung. Wen wundert es da, wenn auch die UML einige Anmerkungen zum Thema »parametrisierbare Klassen« mitreden will?

Im statischen Klassendiagramm der UML gibt es zusätzlich zu den Symbolen für Klassen und Objekte auch ein Symbol für Template-Klassen, wie Sie Abbildung 15.1 entnehmen können.

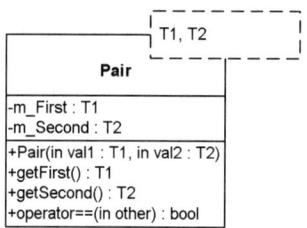

Abbildung 15.1: UML-Darstellung von Template-Klassen

Bei der im Bild dargestellten Klasse Pair handelt es sich um die Template-Klasse Pair vom Beginn dieses Kapitels, diesmal allerdings erweitert, so dass die beiden im Paar gespeicherten Werte unterschiedliche Typen besitzen. In C++ sieht die Klasse so aus:

```
template<class T1, class T2>
class Pair
{
public:
   Pair(const T1& val1,
        const T2& val2);
   T1 getFirst() const;
   T2 getSecond() const;
   bool operator==(const Pair& other) const;
private:
   T1 m_First;
   T2 m_Second;
};
```

Wie Sie sehen, handelt es sich im Wesentlichen um das Bild einer Klasse, nur dass zusätzlich noch in der Ecke rechts oben die Template-Parameter angegeben werden. Interessanter ist dann schon, wie zwei Spezialisierungen dieser Template-Klasse aussehen würden, also zum Beispiel

```
Pair<double, double> point;
typedef Pair<int, string> IndexWord;
IndexWord word;
```

Dafür gibt es zwei unterschiedliche Darstellungsarten im UML-Klassendiagramm. Beide sind im folgenden Bild dargestellt.

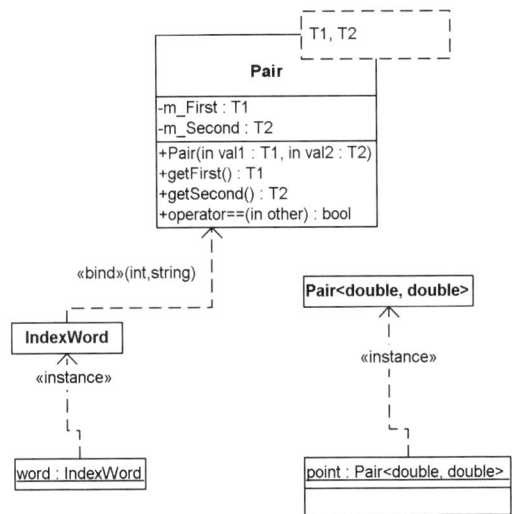

Abbildung 15.2: Spezialisierung von Templates als explizite Bindung (links) oder implizite Bindung (rechts)

Wie es bereits der C++-Quellcode andeutet, kann man die Spezialisierung auf zwei Arten darstellen.

✔ Bei der *expliziten Bindung* wird eine Klasse mit der Template-Klasse über eine Beziehung verbunden, die Beziehung erhält den Namen `<<bind>>` und in runden Klammern die Parameter des Templates. Es wird hier für eine Spezialisierung der Template-Klasse noch einmal ein eigener neuer Name eingeführt, in C++ entspricht dies von der Idee her der Einführung eines `typedef` für eine bestimmte Template-Spezialisierung. Diese Beziehung ist in Abbildung 15.2 links dargestellt.

✔ Bei der *impliziten Bindung* wird direkt eine Klasse mit den Template-Parametern angegeben. Entsprechende Objekte werden über die schon bekannte Instanziierungsbeziehung mit der Klasse verbunden. Sie sehen dies in Abbildung 15.2 rechts im Bild dargestellt.

✔ Eine Template-Klasse wird im UML-Klassendiagramm wie eine gewöhnliche Klasse dargestellt, rechts oben wird ein zusätzlicher Rahmen eingeblendet, in dem die Template-Parameter stehen.

Und das wird alles gratis mitgeliefert

In diesem Kapitel

▷ Erhalten Sie einen Abriss über die Entstehung der STL

▷ Wird Ihnen erzählt werden, dass die STL eigentlich nicht STL heißt

▷ Bekommen Sie einen Überblick über Teile der C++-Standard-Bibliothek

▷ Erfahren Sie, wie Namensräume funktionieren

▷ Lernen Sie den Namensraum `std` kennen

Fürchte nicht mehr Klammer spitz < >,
noch der grimmen Header Droh'n
jetzt dein mühsam Tippen ruht,
heim gehst, nahmst den Tageslohn;
Struktur'n und Templates düster gemalt
haben sich zu deinem Vorteil gepaart.

frei nach: »Fürchte nicht mehr Sonnenglut«,

nach dem englischen Original von William Shakespeare (1564-1616)

Ihren Ritterschlag als ausgebuffter C++-Profi erhalten Sie dann, sobald Sie beginnen, mit der so genannten STL zu arbeiten. Eine wunderschöne Abkürzung ... Standard Template Library. Okay, hat also mit dem Standard, mit Templates zu tun, und ist wohl in eine Bibliothek gepackt. Trockenes Thema. Viele Leute wenden sich rasch von der STL ab, sobald sie die Header-Dateien das erste Mal sehen ... überwinden Sie Ihre Angst, denn dieses Ding kann Ihnen richtig viel Arbeit abnehmen.

Am Anfang war ein Container ...

Was stört Sie eigentlich am meisten am Programmieren? Denken Sie gut darüber nach ... es gibt viele Dinge. Die Tippfehler, Fehler im Algorithmus, Denkfehler, Kunden, das alles nervt ungeheuer. Aber wenn wir ehrlich sind, am schlimmsten sind diese ganzen Wiederholungen. Wenn Sie noch aus der C- oder Pascal-Welt kommen, wie oft mussten Sie Strukturen programmieren, damit eine blöde dynamische Liste funktionierte? Wer im Studium die Vorlesung »Datenstrukturen und Algorithmen« genießen durfte, wie oft mussten Sie Sortier- und Suchalgorithmen auf den dynamischen Datenstrukturen programmieren?

Wenn man eine tolle Idee hat und mit Energie an einem Programm arbeitet, so ist das hinderlich und nervig, wenn man solches Zeugs immer wieder erstellen muss.

Entstehung und Zweck

Anscheinend haben die Entwickler von C++ damals auch keine große Lust mehr verspürt, für solche täglichen Anwendungsfälle wie Arrays, Listen, Stacks und Queues immer wieder Programme zu schreiben. Bereits die Standardbibliothek von C besitzt einige Hilfsmittel für die Verarbeitung von Zeichenarrays oder zur Erledigung von Verwaltungsaufgaben.

Die Standardbibliothek von C++ geht noch einen erheblichen Schritt weiter, indem nun komplette Datenstrukturen und Algorithmen, mit einer einheitlichen Schnittstelle versehen, bereits im Umfang enthalten sind. Dies hat zwei bestechende Vorteile:

1. Häufig benutzte Datenstrukturen sind bereits fertig – und dies fehlerfrei.

2. Man kann sie auf jedem C++-Compiler benutzen, der den Standard unterstützt.

Ein wesentliches Hilfsmittel, das diese *generischen* Datenstrukturen erst möglich macht, haben wir im letzten Kapitel *Template-Klassen für generische Datenstrukturen* kennen gelernt. Templates ermöglichen es, in einer Bibliothek ganz neutral Datenstrukturen und darauf lauffähige Algorithmen zu implementieren, ohne dass man wissen muss, welche Klassen damit nachher verwaltet werden.

Die ersten Implementationen dieser Bibliothek aus dem Umfeld der Firmen Hewlett Packard und sgi (Silicon Graphics) wurden STL genannt – *Standard Template Library*. Genau genommen wurde die STL seit 1992 von Alexander Stepanov und Meng Lee entwickelt. »STL – STepanov and Lee«. Im Januar 1994 eröffnete Andrew Koenig den beiden, dass man die Bibliothek zum Standard machen wollte. Von da an ging die Arbeit erst richtig los: Eine Bibliothek vereinheitlichter Templates entstand. Obwohl die STL später im Rahmen der Standardisierung von C++ Teil des Standards wurde und sich damit der Name eigentlich überlebt hatte, weiß auch heute noch jeder, was er unter dem Begriff STL verstehen muss.

 »Quelltext statt Quältext«, so lautet die Devise. Die STL ist etwas für faule Leute, weil sie viel Arbeit abnimmt. Sie wissen ja, der kreative Faule arbeitet zunächst eifrig und angestrengt eine Stunde, danach geht er ins Schwimmbad. Der nicht so clevere Faule dagegen arbeitet den ganzen Tag über. Kreative Faule nehmen STL.

Übersicht über enthaltene Datenstrukturen und Algorithmen

Sicherlich wollen Sie nun erfahren, was sich denn so alles in der Standardbibliothek verbirgt, einige Klassen haben Sie ja bereits kennen gelernt. Im Wesentlichen lässt sich die Standardbibliothek in vier Teile untergliedern:

1. *Container* sind Klassen, mit deren Hilfe man Objekte erstellen kann, die andere Objekte speichern. Typisches Beispiel dafür sind Arrays und Listen.

2. *Algorithmen* arbeiten auf Containern, um bestimmte Operationen auszuführen. Das geht vom Suchen bis hin zum Sortieren, aber man kann damit auch vom Benutzer selbst definierte Operationen automatisch ausführen lassen.

3. *Iteratoren* sind Objekte, die man als Zeiger auf Objekte innerhalb der Container betrachten kann. Sie können sich leicht vorstellen, dass man durch einen Karteikasten durchblättern kann, der Finger auf der jeweiligen Karteikarte entspricht dem Iterator. Es liegt in der Natur der Sache, dass man

verschiedene Iteratortypen für Vorwärtsblättern, Rückwärtsblättern oder den freien Zugriff irgend-
wohin unterscheiden kann.

4. *Stream-Klassen* für Objekte, die den Zugriff auf Eingabe- und Ausgabeströme ermöglichen. Dazu
gehört die Ausgabe und Eingabe am Bildschirm, aber auch der Dateizugriff.

5. Sonstige Elemente der Standardbibliothek, wie die bereits öfter benutzte Stringklasse `string`, die
Klasse `auto_ptr`, Klassen für komplexe Zahlen, bestimmte Klassen für häufig benutzte Elemente
wie `pair` und Klassen für Funktionsobjekte.

Vor allem die Container, Algorithmen und Iteratoren bilden den Teil, der als STL bezeichnet wird.
Schauen Sie sich in der folgenden Tabelle noch einmal ausführlich an, welche Container in der STL
enthalten sind.

Container	Beschreibung	zugehöriger Header
bitset	Eine Menge von Bits	<bitset>
deque	Warteschlange mit zwei Enden	<deque>
list	Lineare Liste	<list>
map	Speicherung von Paaren aus Schlüssel und Wert, jeder Schlüssel besitzt genau einen Wert	<map>
multimap	wie map, aber jedem Schlüssel können zwei oder mehr Werte zugeordnet sein	<map>
multiset	Eine Menge, in der bestimmte Elemente mehrfach vorkommen können	<set>
priority_queue	Eine Prioritäts-Warteschlange	<queue>
queue	Eine Warteschlange	<queue>
set	Eine Menge, in der jedes Element nur einmal vorkommen kann	<set>
stack	Ein Stack	<stack>
vector	Ein dynamisches Array	<vector>

Tabelle 16.1: Die Container-Klassen der STL

Die Liste ist in der Tat ziemlich eindrucksvoll – das entspricht so in etwa der typischen Vorlesung
»Datenstrukturen und Algorithmen« aus dem Informatikstudium. Ach halt – mit ein paar kleinen Ausnahmen.

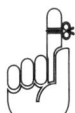

Die STL enthält keine Klassen für Bäume oder Multibäume, ebenso enthält die STL keine
Datenstrukturen für Matrizen und Graphen. Dafür finden Sie aber im Internet zahlreiche
alternative Bibliotheken, die dies mitbringen.

✔ Die STL enthält zurzeit auch keine Hash-maps (-multmaps, -sets, -multsets). Auch hier bietet das
Internet aber seine Hilfe an. Die freie STL-Implementation von sgi bringt von Haus aus solche Container mit.

✔ `stack`, `queue` und `priority_queue` sind genau genommen keine Container. Es sind lediglich
Container-Adapter, technische Tricks, damit ein Container sich anders verhält, als es ursprünglich
gedacht war.

✔ Vector besitzt noch eine explizite Spezialisierung `vector<bool>` für dynamische Bitsets. Allerdings raten so ziemlich alle von der Benutzung dieser Klasse ab, da sie sich nicht 100%ig wie ein STL-Container verhält.

Und ich muss gar nichts mehr tun?

Bisher klingt das alles sehr nach Zurücklehnen und Zusehen. Ganz so passiv ist Ihre Rolle im Rahmen der STL dann aber auch wieder nicht – schließlich speichern Sie, Templates sei Dank, Ihre Klassen in diesen Containern. Diese müssen gewisse Bedingungen erfüllen, damit die Template-Klassen auch richtig arbeiten können.

Die Bedingungen, die Sie erfüllen müssen, führen Sie recht rasch back to the Roots. In der Regel können Sie davon ausgehen, dass Ihre Klassen

✔ konstruierbar

✔ kopierbar

✔ zuweisbar

✔ zerstörbar

sein müssen. Vor Schreck fällt Ihnen nun sicherlich wieder die Regel der großen Drei ein, von der Sie im Kapitel *Operatoroverloading* gehört haben.

Das sollte nicht weiter verwundern, die Containerklassen verwalten andere Klassen, und dazu gehört eben auch, dass Copykonstruktoren oder Zuweisungsoperatoren aufgerufen werden.

Für einige Algorithmen müssen ebenfalls auch noch bestimmte Operatoren in den Klassen überladen werden. Das Suchen erfordert zum Beispiel den `operator==`, eine Sortierung ist ohne überladene Operatoren für die Ungleichheit nicht möglich. Welche zusätzlichen Operatoren für bestimmte Aktionen vorhanden sein müssen, entnehmen Sie am besten einer Referenz der Algorithmen der STL. Natürlich nur, soweit Sie es nicht hier in diesem Buch sehen.

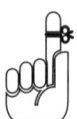 Die STL wird den von ihr versprochenen Verwaltungsjob sauber erledigen, falls Ihre Klassen richtig funktionieren und die notwendigen Methoden mitbringen.

Die Sache mit dem <header>

Wenn man über die C++-Standardbibliothek spricht, kommt noch eine andere Kleinigkeit ins Spiel. Sie wissen von C her, dass man dort Header der Standardbibliothek so inkludiert:

```
#include <stdlib.h>
#include <string.h>
```

Sicherlich ist Ihnen im bisherigen Verlauf des Buches aber bereits aufgefallen, dass dort Header immer etwas anders inkludiert werden:

```
#include <iostream>
#include <string>
#include <memory>
```

Wo ist denn unser kleines »h« hingekommen? Wenn Sie ganz aufmerksam waren, sind Sie an ein paar wenigen Stellen sogar über diese Includes gestolpert:

```
#include <cstdlib>
#include <cstring>
```

Das sieht natürlich den Headern von C sehr ähnlich, aber ähnlich ist nicht identisch. Des Rätsels Lösung lässt sich aber ziemlich rasch überblicken.

Die Header der C++-Standardbibliothek tragen alle keine File-Extension .h. Typische Namen sind `<iostream>`, `<string>`, `<memory>`, `<list>`, `<vector>` und viele andere.

Von Zeit zu Zeit begegnen Ihnen aber dennoch Header wie `<iostream.h>` oder `<vector.h>` oder Ihr Compiler kennt kein `<vector>`, sondern nur `<vector.h>`. Die Header *mit* der Endung .h gehören zu einer alten STL-Version, die nicht mehr im Standard enthalten ist. Verwenden Sie diese Header, so programmieren Sie mit einer veralteten Bibliotheksversion. Der wesentliche Unterschied zwischen alten und neuen Headern ist, dass nun alle Klassen und Funktionen im Namensraum `std` liegen. Außerdem kann es sein, dass sich Namen von Klassen und Funktionen geändert haben oder nicht vorhanden sind.

✔ Da C als Teilmenge von C++ natürlich auch den Zugriff auf die C-Standardbibliothek besitzen muss, sind auch die C-Header weiterhin in C++ enthalten. Der Name wird aus einem c mit dem Originalnamen gebildet, das ganze wieder ohne Endung .h. Aus einem STDLIB.H wird so CSTDLIB.

✔ Im Gegensatz zu den C-Headern mit der Endung .H liegen alle Funktionen und Deklarationen der neuen C-Header wie CSTDLIB im Namensraum `std`.

✔ Was ist eigentlich dieser Namensraum, von dem der Kerl ständig spricht?

Namensräume

Namensräume sind ein Konzept, das in letzter Zeit in allen Sprachen aufzufinden ist, sogar in solchen Beschreibungssprachen wie XML, die gar nicht direkt mit Programmierung zu tun haben. Der Hintergrund ist die wachsende Komplexität der Programme und die Vielzahl von Bibliotheken, die man in Programmen gleichzeitig verwenden möchte.

Dummerweise haben Software-Entwickler aber alle die Angewohnheit, bestimmte Dinge mit dem gleichen Namen zu bezeichnen. Es wimmelt in Klassenbibliotheken von Namen wie `list` oder `array`.

Schauen Sie sich einfach mal das folgende Problem an.

```
#ifndef _LIB1_H
#define _LIB1_H
class Array
```

```
{
public:
    Array() {};
};
#endif
```

Listing 16.1: KAP16/LIB1.H

Und hier noch eine weitere Bibliothek mit der gleichen Klasse

```
# ifndef _LIB2_H
#define _LIB2_H
class Array
{
public:
    Array() {};
};
#endif
```

Listing 16.2: KAP16/LIB2.H

Dummerweise wollen oder müssen Sie beide Bibliotheken verwenden – einmal wollen Sie ein Array aus der LIB1.H, das andere Mal ein Array aus LIB2.H.

```
#include "lib1.h"
#include "lib2.h"
int main()
{
    Array a1; // Lib1??
    Array a2; // Lib2??
    return 0;
}
```

Listing 16.3: KAP16/NSDEMO.CPP

Offensichtlich funktioniert das so nicht. Der Compiler motzt wegen einer doppelten Deklaration. Natürlich kann man das Ganze hinbiegen, indem man die Bibliothek von Hand editiert – was bei einer großen Bibliothek keine gute Idee ist –, oder man teilt sein Programm irgendwie so auf, dass sich die verschiedenen Bibliotheken nie zu Gesicht bekommen.

Auf jeden Fall sind konventionelle Lösungen dafür ein ziemlicher Krampf. Wie einfach wäre es doch, wenn die Bibliotheken jeweils einen eigenen Namensraum verwenden würden.

```
#ifndef _LIB1_H
#define _LIB1_H
namespace MyLib1
{
    class Array
    {
    public:
        Array() {};
```

```
    };
}
#endif
```

Listing 16.4: KAP16/LIB1A.H

```
#ifndef _LIB2_H
#define _LIB2_H
namespace SomeLib2
{
    class Array
    {
    public:
      Array() {};
    };
}
#endif
```

Listing 16.5: KAP16/LIB2A.H

Nun wurde in den beiden Bibliotheken jeweils die Klasse Array in einem eigenen Namensraum definiert. Schauen Sie sich den Unterschied in der Verwendung an.

```
#include "lib1a.h"
#include "lib2a.h"
int main()
{
    MyLib1::Array   a1;
    SomeLib2::Array a2;
    return 0;
}
```

Listing 16.6: KAP16/NSDEMO2.CPP

Wunderprächtig. Der Compiler kann nun über den Namen des Namensraumes die beiden Array-Klassen voneinander unterscheiden. Wo wären wir übrigens, wenn nicht auch die UML etwas Schlaues zum Thema Namensräume anzumerken hätte? Auch dafür gibt es grafische Darstellungen, wie Sie in den Abbildungen 16.1 und 16.2 sehen können.

Abbildung 16.1: Der Namensraum MyLib1 *als Package im UML-Klassendiagramm*

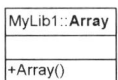

Abbildung 16.2: Die Klasse Array *im Namensraum* MyLib1

Mit ein paar zusätzlichen Anmerkungen können Sie Ihr Wissen zum Thema Namensräume komplettieren.

Ein Namensraum wird durch das Schlüsselwort `namespace` und einem Namen des Namensraums eingeleitet. Alle im folgenden Block { } getroffen Definitionen und Deklarationen (Funktionen, Klassen, Variablen, Enumerationen usw.) gehören zu diesem Namensraum.

```
namespace DummiesTools
{
    /* viele lustige Dinge */
}
```

✔ Man kann den Namensraum mehrfach für Definitionen benutzen, es ist durchaus erlaubt, in verschiedenen Dateien erneut den gleichen Namensraum für Definitionen zu benutzen. Alle insgesamt darin getroffenen Definitionen gehören damit zum gleichen Namensraum. Hiermit wird es möglich, einen Namensraum über viele Dateien zu verteilen. Man sagt deshalb auch, dass Namensräume offen sind, im Gegensatz zu Klassendefinitionen, die nur am Stück erfolgen können.

Um auf Bezeichner, die innerhalb eines Namensraumes liegen, zuzugreifen, schreiben Sie den Namen des Namensraumes, gefolgt vom Scope-Operator `::` und danach den Bezeichner, also so:

```
MyLib1::Array
```

Sollte sich einmal ein Header von Template-Klassen wegen einer Doppelt-Deklaration etwas zickig verhalten, so können Sie diesen selbst in einen Namensraum legen:

```
namespace BloederHeaderDu
{
    #include "lib.h"
}
```

Danach können Sie über `BloederHeaderDu::`, gefolgt von den ursprünglichen Namen, auf alle Elemente der Bibliothek zugreifen. Der Trick daran: Sie müssen nicht in der Original-Datei herumpfuschen und sind auch bei Updates noch voll im Geschäft.

✔ Wenn Sie sehr oft auf Elemente des gleichen Namensraumes zugreifen müssen, können Sie den Namensraum für die Dauer der gerade aktuellen CPP-Datei ständig offen halten. Dazu dient das Schlüsselwort `using`. Nach einem

```
using namespace MyLib1;
```

bedeutet der Zugriff auf `Array` immer automatisch `MyLib1::Array`. Für `SomeLib2` würde sich im Beispiel keine Änderung ergeben.

✔ Wollen Sie nur ein oder zwei Typen aus einem Namensraum verwenden, so kann man das `using` auch einschränken.

```
namespace Example
{
    class A
    {
```

```
   public:
      A() {}
   };
   class B
   {
   public:
      B() {}
   };
}
int main()
{
   using Example::A;
   A objectA(42);
   return 0;
}
```

Schreibt man using *Namensraum*::*Typ*, so kann man nun direkt auf *Typ* zugreifen, ohne den Namensraum komplett zu öffnen.

Wenn Sie innerhalb einer CPP-Datei Variablen global als

```
namespace

{
   int global;
}
```

deklarieren, ist diese globale Variable mit dem Namen global nur innerhalb dieser aktuellen Übersetzungseinheit sichtbar. Wenn Sie schon globale Variablen einsetzen müssen ... (was Sie nicht tun sollten, greifen Sie lieber zu den Singletons aus dem Kapitel *Einzelkinder*). Damit können Sie dann den gleichen Variablennamen innerhalb von verschiedenen CPP-Dateien mehrfach verwenden, ohne dass es hier gegenseitige Konflikte gibt.

✔ Im statischen Klassendiagramm der UML werden Namensräume als *Package* dargestellt, siehe dazu Abbildung 16.1.

✔ Wenn irgendein Scherzbold seinen Namensraum z.B. ManDasIstAberMalEinVerdammtLanger NameFuerEinenNamensraum genannt hat, können Sie auch einen Aliasnamen verwenden:

```
namespace GanzLangerName
{
   void Func();
}
namespace GLN = GanzLangerName;
void GLN::Func()
{}
GLN wäre hier der Aliasname für GanzLangerName.
```

Der Namensraum std

Also, gerade haben Sie gehört, dass man Bibliotheken zur Vermeidung von Doppel-Deklarationen und Namenskonflikten zur Sicherheit in einen Namensraum packen soll. Die Standardbibliothek von C++ ist eine solche Bibliothek und raten Sie mal – sie liegt tatsächlich in einem Namensraum mit der wunderschönen Bezeichnung

```
std
```

Ob das std hier für *St*and*ard* steht?

Ein bisschen kleinlaut an dieser Stelle gebe ich zu, dass dieser Hinweis erst relativ spät erfolgt, wurde doch schon in allen Beispielen der bisherigen Kapitel immer wieder

```
std::string
std::cout
std::auto_ptr
```

verwendet. Aber auch folgende Zeile haben Sie oft gesehen:

```
using namespace std;
```

All dies hat also Zugriffe auf Klassen und Funktionen der Standardbibliothek ermöglicht. Ein Zweifel bleibt hier, da man anscheinend zwei Möglichkeiten hat, diese Zugriffe zu verwirklichen, doch diese beiden Möglichkeiten sind nicht gleichwertig und es gibt gewisse Regeln für die Anwendung.

Ganz rasch erkennt man dies an einem Header:

```
#ifndef _DEMO_H
#define _DEMO_H
#include <vector>
#include <string>
using namespace std;
class Demo
{
private:
    vector<string> m_Names;
    /* und mehr */
};
#endif
```

Listing 16.7: KAP16/DEMO.H

Stellen Sie sich vor, jemand (oder Sie?) inkludiert diesen Header mit #include "demo.h". Nach wie vor ist ein #include eine Textkopie an diese Stelle. Was haben Sie also mit dieser Nettigkeit erreicht? Sie haben dem Inkludierenden (ein tolles Wort) gleich auch noch den Namensraum std geöffnet. Das ist sehr freundlich und zuvorkommend von Ihnen, aber will der andere das auch? Beachten Sie, dass auch noch folgende Bibliothek im Programm verwendet wird.

```
#ifndef _SOMELIB_H
#define _SOMELIB_H
namespace Somelib
```

```
{
   template <class T>
   class vector
   {
      T m_Value;
   };
}
#endif
```

Listing 16.8: KAP16/SOMELIB.H

Denken Sie an solche Seiteneffekte, dass dadurch die Kompilierung funktioniert, wenn man das #include "demo.h" möglichst weit unten in der CPP-Datei schreibt, aber dass es nicht mehr geht, wenn das #include "demo.h" gleich zu Beginn der Datei steht.

Schauen Sie sich dazu die beiden folgenden Programme an und versuchen Sie, den Unterschied zu sehen.

```
#include "demo.h"
#include "somelib.h"
using namespace Somelib;
int main()
{
   vector<int> myVector;
   return 0;
}
```

Listing 16.9: KAP16/ABUSE_NS1.CPP

```
#include "somelib.h"
using namespace Somelib;
#include "demo.h"
int main()
{
   vector<int> myVector;
   return 0;
}
```

Listing 16.10: KAP16/ABUSE_NS2.CPP

Sehen Sie den Unterschied? Bei ABUSE_NS1.CPP ist myVector vom Typ SomeLib1::vector<T> und bei ABUSE_NS2.CPP ist myVector vom Typ std::vector<T>. Wenn das nicht ein klitzekleiner Unterschied ist ... natürlich war der Aufrufer ein bisschen leichtsinnig, aber sicherer wäre es gewesen, hätten Sie in DEMO.H einfach std::vector<std::string> > geschrieben und auf das using namespace std; verzichtet.

Solche Fehler zu suchen, ist furchtbar und macht keinen sonderlichen Spaß, seien Sie nett zu Ihren Mitbenutzern, dann sind diese (vielleicht) auch nett zu Ihnen. Merken Sie sich daher am Ende dieses Kapitels die folgenden Punkte sehr sorgfältig.

Verwenden Sie in Headern bei Bezeichnern aus Namensräumen immer die Form `Namens-raum::Bezeichner`, also zum Beispiel `std::string`.

Öffnen Sie keine Namensräume innerhalb von Header-Dateien.

Verwenden Sie `using namespace Namensraum;` nur innerhalb von CPP-Dateien. Ausnahmen gelten nur dann, falls Sie Buchautor sind und anders Ihre Beispiele zu lang werden.

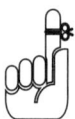

Wenn Sie Bibliotheken oder Klassen schreiben, sind Sie so etwas wie ein Dienstleister. Dass es ein wenig bequemer ist, sich den Tippaufwand mit dem `std::` im Header zu sparen, kann sich später bitter rächen.

Bei einigen Compilern lässt sich einstellen, ob die Header der Standardbibliothek im Namensraum `std` liegen. Man kann dies teilweise dadurch aktivieren, dass man das Programm neu kompiliert und global ein Makro mit einem Namen ähnlich zu `__NO_NAMESPACE_STD` definiert. Näheres erfahren Sie in der Dokumentation des Compilers oder der mitgelieferten Standardbibliothek. Ach ja, tun Sie so was nur, wenn Sie wirklich wissen, was Sie da machen.

Standard schreibt man übrigens hinten mit d.

Wachsweiche Felder

In diesem Kapitel

▸ Verwenden Sie die erste Container-Klasse der STL: `vector<T>`

▸ Speichern Sie Daten in dynamischen Arrays

▸ Hantieren Sie mit Iteratoren und konstanten Iteratoren

▸ Ist eine Referenz für die Methoden von `vector<T>` zu finden

▸ Bekommen Sie eine Einführung in die Stringklasse `string`

*E*ine Template-Klasse nur für eindimensionale Arrays? Wozu das denn? Wir haben doch

```
double array[20];
```

Oder wenn es dynamischer sein soll, können wir auch mit einem

```
double* pArray = new double[size];
```

aufwarten. Nun, leider gibt es aber auch Folgendes:

```
array[30] = 3.14;
pArray[size + 5] = 42.0;
```

Das Resultat sind Speicherzugriffsverletzungen oder fehlerhafte Veränderungen von Variablen. In C++ findet genau wie in C keinerlei Prüfung statt, ob man sich beim Array-Zugriff mit [ ] noch innerhalb des Arrays befindet oder schon wild um sich schießt. Eine Suche bei google.de nach dem englischen Fachbegriff für diesen Fehler (*out of range error*) liefert als Ergebnis der Suchanfrage immerhin stattliche 414.000 Treffer!

Die Klasse vector<T>

Um den Nutzen einer Array-Klasse zu verstehen, sollten Sie sich einmal über die Nachteile und Defizite gewöhnlicher Arrays klar werden:

✔ Diese sind statisch in der Größe (was man mit `new` und dynamischem Speicher noch umgehen kann)

✔ Einfügen von Elementen in der Mitte muss man von Hand selbst programmieren

✔ Größenänderungen des Arrays funktionieren bei statisch angelegten Arrays gar nicht, bei dynamisch mit `new` angelegten nur über eigene Umkopiermethoden

✔ Komplexe Operationen wie das Zusammenführen von Arrays oder das Löschen von Teilbereichen bleibt ebenfalls immer der Handarbeit überlassen

✔ Die Übergabe eines Arrays an eine Funktion ist immer eine kitzlige Sache, da man Größenangaben explizit aufführen muss

✔ Für dynamisch angelegte Arrays kann man nicht direkt herausfinden, wie groß das Feld zum jeweiligen Zeitpunkt tatsächlich ist. Die Größe muss zusätzlich gespeichert werden.

✔ Für jedes Element eines Arrays muss ein Konstruktor aufgerufen werden, bei dynamischen Arrays ist das immer der Standardkonstruktor. Besitzt eine Klasse keinen Standardkonstruktor, ist es schon mal nichts mit dynamischen Arrays.

✔ Es findet keinerlei Zugriffskontrolle statt, man kann mit dem Feldindex überall hin greifen, egal ob das im Array oder außerhalb davon ist

Der letzte Punkt ist eigentlich der Knackpunkt, der für den praktischen Einsatz am hinderlichsten ist. Das Erbe von C hinterlässt hier deutliche Spuren, oder wussten Sie, dass man für das folgende Codefragment

```
int value;
int array[4];
```

mit einem herzhaften

```
array[-1] = 5;
```

der Variablen value einen Wert zuweisen kann? Das ist ein schöner Hackertrick, um unlesbare und raffitückische Programme zu schreiben, aber gehört nun wirklich nicht zu dem Bereich alltagstauglicher Programmierung.

Erleben Sie also die Container-Klasse vector<typename T> erstmalig in Aktion.

```
#include <vector>
#include <iostream>
using namespace std;
void fillFunction(vector<int>& array)
{
    for (int i = 0; i < array.size(); i++)
    {
        array[i] = i;
    }
}
int main()
{
    vector<int> array(10);
    fillFunction(array);
    for (int i = 0; i < array.size(); i++)
    {
        cout << array[i] << endl;
        cout << array.at(i) << endl;
    }
    return 0;
}
```

Listing 17.1: KAP17/VECTOR1.CPP

Wenn Sie das Programm starten, sehen Sie die zweifache Ausgabe der Zahlen von 0 bis 9. Die Ähnlichkeit zu konventionellen Arrays ist geradezu verblüffend, die Klasse vector<T> besitzt nämlich einen überladenen `operator[]`, so dass schreibende und lesende Zugriffe im klassischen Array-Stil möglich sind. (Der klassische Array-Stil von C++ kann daher rasch durch `vector<T>` ersetzt werden.) Wie ist es um die Sicherheit bestellt? Prüfen Sie das, indem Sie vor dem `return 0` noch die folgenden Zeilen einfügen.

```
cout << array[20] << endl;
array[20] = 42;
array[-1] = 42;
```

Starten, ausführen – PENG. Und prompt gibt's Laufzeitfehler, sobald das Programm beendet wird. `array[20]` liefert nämlich eine Referenz zurück, die nirgendwo hin zeigt. Der schreibende Zugriff darauf zerstört fremden Speicher und das Programm verursacht Fehler. Der Standard sagt dazu nur lapidar, »wenn der Index für den `operator[]` außerhalb der Bereichsgrenzen liegt, ist das Verhalten undefiniert«. Prächtig. Wie steht's also um unsere gelobte Sicherheit gegen Bereichsüberschreitungen?

Tauschen Sie die drei Zeilen gegen die folgenden aus.

```
cout << array.at(20) << endl;
array.at(20) = 42;
array.at(-1) = 42;
```

Schon beim ersten `array.at(20)` wird eine Exception geworfen, die Membermethode `at` blockt also Zugriffe außerhalb der Array-Bereichsgrenzen ab. Das ist doch schon was. Zeit für einen Zwischenstopp.

 Die Container-Klasse `vector<class T>` realisiert ein dynamisches Array für den generischen Typ `T`. Die Klasse liegt im Namensraum `std` der Standardbibliothek.

✔ `vector<class T>` besitzt verschiedene Konstruktionsmöglichkeiten, von denen Sie zunächst

```
vector<int> array1;
vector<int> array2(num);
vector<int> array3(num, default);
vector<int> array4(array);
```

kennen sollten. `array1` ist ein leeres Container-Objekt mit 0 Elementen, `array2` besitzt `num` Elemente. Für die Form `array3` wird der Wert des zweiten Parameters jedem Element zugewiesen, `array3(10, 42)` erzeugt also 10 Feldelemente, die alle mit der Zahl `42` belegt sind. `array4` ruft den Copykonstruktor auf, mit dem der komplette Container kopiert werden kann.

 Die Klasse `vector<T>` besitzt auch einen Zuweisungsoperator. Über

```
vector<int> array1(10, 42);
vector<int> array2;
array2 = array1;
```

wird der Inhalt von `array1` nach `array2` kopiert. Denken Sie (wieder einmal) daran, dass die Anweisung `vector<int> array2 = array1` den Copykonstruktor aufrufen würde.

✔ Über die Membermethode `vector<T>::size()` kann man jederzeit die aktuelle Größe des Arrays ermitteln. Im Beispiel macht die Funktion `fillFunction` intern davon Gebrauch.

✔ Lesender und schreibender Zugriff auf die Elemente des Arrays ist über den `operator[]` möglich oder über die Memberfunktion `at`.

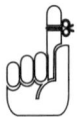

Greift man mit `at` auf Elemente außerhalb der Array-Bereichsgrenzen zu, wird eine Exception vom Typ `std::out_of_range` geworfen.

✔ Beachten Sie, wie im Beispiel der Funktion `fillFunction` das Array-Objekt als Referenz an die Funktion übergeben wird. Diese führt schreibende Zugriffe aus und kehrt danach zurück. Vermeiden Sie gerade bei Container-Klassen Konstruktionen dieser Art

```
vector<int> fillFunction()
{
    vector<int> array(10);
    /* usw */
    return array;
}
```

da hier jedes Mal Zuweisungsoperatoren und/oder Copykonstruktoren aufgerufen werden, um das Container-Objekt zu kopieren. Und das ist – wie man auf Neudeutsch so schön sagt – für große Arrays reichlich unperformant. Also lahm. Blättern Sie noch einmal zurück ins Kapitel *Übergabe von Objekten*, da die dort vorgestellten Regeln sich hier richtig auswirken. Denken Sie daran: Wenn Sie ein Array mit 1.000 Elementen über `return` zurückgeben, werden mindestens 1.000 Copykonstruktoren des Elements T aufgerufen. Auch nicht zu vergessen die vielen Destruktoren, die aufgerufen werden.

Warum die Klasse zur Verwaltung eines Arrays ausgerechnet `vector` heißt? Gute Frage. Wahrscheinlich wegen der Ähnlichkeit von eindimensionalen Arrays mit Vektoren aus der Mathematik.

Du bist aber groß geworden!

Sie wissen ja, wie das ist – kaum ist man irgendwo eingezogen, wird einem die Wohnung schon wieder zu klein. Das geht jedem so, ein völlig normaler Vorgang. Genauso ist das mit Arrays – die Dinger sind immer zu klein. Schon Murphy wusste

(1) Wenn ein Array n Elemente besitzt, so werden Sie n+1 Elemente speichern müssen.
(2) Haben Sie das Array auf n+1 Elemente erweitert, gilt Satz (1) rekursiv.

Da Sie genau mitgelesen haben, wissen Sie aber, dass vector<T> ein eingebautes Wachstum besitzt. Das ist wirklich ein nettes Feature, da es viele unangenehme Probleme im Zusammenhang mit dynamischen Arrays löst.

```
#include <vector>
#include <iostream>
using namespace std;
int main()
{
    vector<int> array;
    for (;;)
    {
```

```
    int input;
    cout << "Zahl eingeben: ";
    cin >> input;
    if (input == -1)
        break;
    array.push_back(input);
    }
    cout << "Nun folgen " << array.size()
        << " Zahlen" << endl;
    for (int i = array.size() - 1; i >= 0; i--)
    {
        cout << array[i] << endl;
    }
    return 0;
}
```

Listing 17.2: KAP17/VECTOR2.CPP

Zu Beginn wird ein völlig leeres Array angelegt, das wir nach und nach mit neuen Werten bestücken, indem diese am Ende angehängt werden. Das Array wächst säuberlich mit, bis der Benutzer irgendwann eine -1 eingibt. Phänomenal.

Gleich mal einen Spickzettel schreiben:

✔ Mittels der Memberfunktion push_back kann man an das vector<T>-Objekt am Ende neue Elemente anhängen. Das Array wächst dabei automatisch mit.

Will man übrigens prüfen, ob ein vector<T>-Objekt noch leer ist, kann man die Methode empty benutzen. Ein true wird geliefert, falls noch keine Elemente im Container eingehängt sind.

Um ein volles Array wieder zu löschen, ruft man clear auf, dadurch werden alle Elemente entfernt. Allerdings wird dabei nicht der belegte Speicher freigegeben, es wird lediglich für alle Elemente deren Destruktor aufgerufen. Dies führt also dazu, dass der von diesen Objekten angelegte Speicher freigegeben wird.

Der letzte Punkt bedarf einer Erklärung – wenn ein Vektor zum Beispiel 10 Elemente vom Typ T enthält und man nun clear aufruft, so wird für jeden dieser 10 Speicherplätze das vorhandene Objekt über den Destruktor zerstört und ein neues Defaultobjekt von T dort angelegt. Das Array selbst schrumpft dadurch nicht, nur die Anzahl der verwalteten Objekte (vector<T>::size()) sinkt auf 0.

✔ Zur Abwechslung zählt die for-Schleife der Ausgabe mal rückwärts von oben nach unten, damit Sie nicht vergessen, wie das geht.

Die Geschichte des O

Jedes Mal, wenn man ein bisschen Komfort ins Spiel bringt, fragen die Leute sofort nach der Performance. Was kostet mich das alles? Die Frage ist nicht ganz unwichtig, weswegen sich die Informatiker dafür eine Klassifikation ausdachten, die so genannte *Groß-O-Notation*. Vielleicht haben sich das auch Mathematiker ausgedacht, wer weiß das nachher schon so genau.

Auf jeden Fall drückt man damit aus, wie die Laufzeit eines Algorithmus von der Anzahl der Elemente N abhängt, wobei man hier nicht sonderlich kleinlich ist, eine Abhängigkeit $N/2$ bekommt genauso ein $O(N)$ verpasst wie eine Abhängigkeit N.

Man unterscheidet ganz grob folgende Grundtypen

1. *O(1)* steht für *konstante Laufzeit*, egal wie viele Elemente, es dauert immer gleich lang. Quasi der Nobelpreis in der Algorithmenforschung.

2. *O(log N)* bedeutet *logarithmische Laufzeit*, man kann vier Mal so viele Elemente nehmen und es dauert nur doppelt so lange.

3. *O(N)* ist die *lineare Laufzeit*, bei doppelt so vielen Elementen dauert es auch doppelt so lang. Typisch für Algorithmen, die etwas durchlaufen und jedes Element verarbeiten.

4. *O(N log N)*, dafür gibt's keinen eigenen Begriff. Eben *N log N*. Vor allem für große *N* recht praktisch, da die Zunahme des Logarithmus sich nicht so stark bemerkbar macht, die Zunahme der Laufzeit wird dann im Wesentlichen von dem linearen Teil bestimmt. Ganz typisch für Sortieralgorithmen, Informatiker sind über *N log N* ziemlich erfreut.

5. *O(N²)* heißt *quadratische Laufzeit*, bei Verdoppelung der Elemente dauert es vier Mal so lang. An dieser Stelle beginnt ein Informatiker so langsam, unglücklich zu werden. Typischer Fall, wenn man verschiedene Datenelemente paarweise durchackert, also jedes mit jedem vergleicht.

6. *O(N³)* bedeutet *kubische Laufzeit*, einfach mal drei `for`-Schleifen verschachteln und man weiß, was damit gemeint ist. Und warum das schon recht langsam wird. Verdoppelung der Anzahl Elemente verachtfacht bereits die Laufzeit. Kann man mühsam für kleine *N* noch anwenden.

7. *O(2^N)* ist die *exponentielle Laufzeit*, das kann man nur noch als lahm bezeichnen. Eine typische Doktorarbeit wäre es nun, den Algorithmus so zu verbessern, dass man ihn wenigstens auch in *O(N²)* hinbekommt. Häufige Klausurlösung von Studenten, die unter Zeitdruck nur eine Gewaltlösung hinbekommen. Leider gibt es einige Probleme aus dem Bereich der Graphentheorie, die so eine Laufzeit haben.

Um den Bezug zu `vector<T>` nicht ganz zu verlieren, erfahren Sie nun, wie lange bestimmte Operationen für Arrays dauern.

✔ Die hohe Kunst der Laufzeitanalyse von Algorithmen sagt über Arrays Folgendes aus:

   1. Lesen an beliebiger Stelle erfolgt in *O(1)*

   2. Überschreiben von Elementen an einer beliebigen Position erfolgt ebenfalls in *O(1)*

   3. Einfügen an beliebiger Position erfolgt in linearer Laufzeit, also *O(N)*, da man die restlichen Elemente alle verschieben muss

   4. Suchen auf einem nicht-sortierten Array erfolgt in linearer Laufzeit, also mit *O(N)*. Im Mittel muss man nämlich immer mindestens die Hälfte des Arrays durchlaufen, um sein Wunschelement zu finden.

5. Einfügen und Löschen von Teilarrays an einer bestimmten Position erfordert ebenfalls *O(N)*, da man die zweite Hälfte des Arrays umkopieren muss

Verwenden Sie Arrays also dann, wenn Sie vor allem einen schnellen Zugriff auf beliebige Elemente über den Index benötigen.

Programmieren Sie erst einmal eine Lösung, später können Sie immer noch die Laufzeit optimieren. Besser es läuft zunächst langsam als falsch. Trotzdem kann die fehlerhafte Auswahl der Datenstruktur bereits dafür sorgen, dass Ihr Programm niemals auf Touren kommen kann.

✔ Die Klasse `vector<T>` ist nicht langsamer als gewöhnliche Arrays, wenn man in Betracht zieht, dass die Angaben zur Größe oder zur Bereichsüberwachung auch bei normalen Arrays gemacht werden müssen. Nur Reallokationen, also Größenänderungen, kosten richtig Zeit.

Ein `vector<T>`-Array ist allerdings langsamer als ein statisches Array, das lokal in einer Funktion definiert wurde und daher auf dem Stack liegt. Dieser Nachteil verschwindet durch die Möglichkeit der eingebauten Index-Überwachung (irgendjemand muss das ja ohnehin irgendwo tun) und der leichten Änderbarkeit der Größe.

Hängt man am Ende des Arrays ein neues Element an, so wird nicht jedes Mal Speicher für nur ein Element geholt und das Array umkopiert. Die Klasse ist schon deutlich cleverer und holt gleich für 10 oder mehr Elemente Speicher. Erst wenn diese Elemente auf Vorrat verbraucht sind, wird neuer Speicher allokiert.

✔ Durch die Verwendung der Methode `reserve` lässt sich die Anzahl der nötigen Reallokationen extrem reduzieren.

✔ Da durch den Aufruf von `clear` bekanntlich nicht der Speicher freigegeben wird, den der Vector für die einzelnen Objekte reserviert hatte, hier noch zwei kleine Freigabe-Tricks, die man sonst nur in viel teureren Büchern findet.

1. Der *Shrink-to-fit-Trick*

```
vector<T>(myVec).swap(myVec);
```

Was passiert: Als Erstes wird ein temporäres `vector<T>`-Objekt als Kopie (Aufruf des Copykonstruktors) von `myVec` gemacht. Dabei werden aber nur tatsächlich enthaltene Objekte kopiert. Danach wird mittels der Methode `swap` der Inhalt des temporären Objekts mit dem von `myVec` getauscht. Am Ende der Zeile stirbt das temporäre Objekt, wodurch der ehemalige Speicher von `myVec` wieder freigegeben wird.

2. Der *Mache-einen-Vector-wirklich-leer-Trick*:

```
vector<T>().swap(myVec);
```

Funktioniert wie oben, nur dass diesmal der Standardkonstruktor verwendet wird.

Anmerkung: In beiden Fällen muss danach nicht unbedingt `myVec.size() == myVec.capacity()` (dies ist die tatsächliche Anzahl an Elementen, die `vector` auf Vorrat bereithält) gelten. Beide führen aber dazu, dass die Menge an verwendeten Speicher für die zu speichernde Anzahl Daten hinterher minimal ist.

Iteratoren

Neben dem Begriff des Containers spielen in der STL auch die so genannten Iteratoren eine markante Rolle. Ein Iterator kommt immer dann ins Spiel, wenn man bestimmte Positionen eines Containers markieren will. Um sozusagen »den Daumen draufzusetzen«.

Jede Container-Klasse der STL definiert dazu einen Iterator-Typ, der für `vector<T>` dann den schönen Typnamen `vector<T>::iterator` trägt. Damit kann man also Schreib- und Lesezeiger bauen, die auf ein bestimmtes Element zeigen.

Als kleine Aufgabenstellung nehmen Sie ein sortiertes Array und mischen es ordentlich durch. Danach berechnen Sie mit einer Funktion den Mittelwert des Arrays, worauf das Array verkleinert wird, indem in der Mitte jeweils zwei Werte herausgeschnitten werden. Für das verkleinerte Array wird wieder der Mittelwert berechnet und so weiter und so fort. Irgendwann ist das Array ja dann mal leer.

```cpp
#include <vector>
#include <algorithm>
#include <iostream>
using namespace std;
void fill(vector<int>& array)
{
    for (int i = 0; i < array.size(); i++)
        array[i] = i;
}
double average(const vector<int>& array)
{
    double avrg = 0.0;
    vector<int>::const_iterator it = array.begin();
    while (it != array.end())
    {
        avrg += *it;
        ++it;
    }
    return avrg / array.size();
}
int main()
{
    vector<int> array(20);
    fill(array);
    random_shuffle(array.begin(), array.end());
    while (!array.empty())
    {
        vector<int>::iterator itStart = array.begin();
        vector<int>::iterator itEnd = array.end();
```

```
        itStart += array.size() / 2 - 1;
        itEnd -= array.size() / 2 - 1;
        cout << average(array) << endl;
        array.erase(itStart, itEnd);
    }
    return 0;
}
```

Listing 17.3: KAP17/VECTOR3.CPP

Starten Sie zunächst das Programm, Sie werden eine Folge von 10 Mittelwerten sehen, die sich immer recht ähnlich sind. Wie das Innenleben funktioniert, erklärt der Abschnitt *Iteratoren auf dem Seziertisch*.

Iteratoren auf dem Seziertisch

Das Programm VECTOR3.CPP gliedert sich in drei interessante Teile. Betrachten Sie zunächst die Funktion fill, wo nichts Neues geschieht. Der Funktion wird ein vector-Objekt als Referenz übergeben, wo es aufsteigend mit Zahlen gefüllt wird. Als Durchlauf durch den Vektor dient eine for-Schleife

```
for (int i = 0; i < array.size(); i++)
    array[i] = i;
```

Diese Form des Durchlaufs durch das Array macht sich die Tatsache zu Nutze, dass ein überladener operator[] zur Verfügung steht.

Im Gegensatz zu fill arbeitet die Funktion average nach einem anderen Prinzip, sie benutzt für den Durchlauf durch das Array Iteratoren.

```
double average(const vector<int>& array)
```

Das vector-Objekt wird als konstante Referenz übergeben, da die Funktion keine inhaltlichen Änderungen vornehmen soll.

```
{
    double avrg = 0.0;
```

Mit dieser Zeile wird eine Variable it als Iterator definiert. Beachten Sie, dass hier ein konstanter Iterator benutzt werden muss, da array als konstante Referenz übergeben wurde. it ist also ein reiner Lesezeiger.

```
vector<int>::const_iterator it = array.begin();
```

Die Funktion begin() von vector<T> liefert einen Iterator auf den Beginn des Arrays, während end() einen Iterator um 1 hinter dem Array liefert. Sobald also it den Wert array.end() angenommen hat, steht der Iterator it hinter dem Array, hat es also komplett durchlaufen. Daher ist dies die Abbruchbedingung für die Schleife.

```
while (it != array.end())
{
```

Da Iteratoren von der Syntax her stark an Zeiger angelehnt sind, kann man wie bei Zeigern über den Dereferenzierungsoperator * mit *it den Wert des aktuellen Elements lesen.

```
avrg += *it;
```

Mit Iteratoren kann gerechnet werden, der Inkrement-Operator ++ erhöht den Iterator, so dass er auf das nächste Element zeigt.

```
    it++;
}
```

Nun noch die Summe durch die Anzahl Elemente teilen und fertig ist der Mittelwert.

```
    return avrg / array.size();
}
```

Die Abarbeitung der Funktion main besteht zunächst aus der Initialisierung.

```
    fill(array);
    random_shuffle(array.begin(), array.end());
```

Mit random_shuffle (definiert in <algorithm>) kann man Container »schütteln«, alle Elemente werden zufällig gemischt. Als Parameter verlangt diese Funktion zwei Iteratoren auf den Start und das Ende des Bereichs, der gemischt werden soll.

Die Mittelwerte werden gebildet, bis nichts mehr da ist, empty also true liefert.

```
    while (!array.empty())
    {
```

Zwei Iteratoren – diesmal ist auch ein Schreibzugriff erlaubt – werden auf den Anfang und das Ende des Vektors gesetzt.

```
        vector<int>::iterator itStart = array.begin();
        vector<int>::iterator itEnd = array.end();
```

Um die Mitte zu treffen, addiert man auf den aktuellen Iterator itStart die Hälfte der aktuellen Größe (logo, die Mitte ist die Hälfte und das ist das Halbe vom Ganzen) abzüglich einer 1, weil das Array um ein Element verkleinert werden soll.

```
        itStart += array.size() / 2 - 1;
```

Gleiches geschieht am Ende, nur wird hier die Distanz abgezogen.

```
        itEnd -= array.size() / 2 - 1;
        cout << average(array) << endl;
```

Die Memberfunktion erase löscht alle Elemente zwischen den angegebenen Iteratoren.

```
        array.erase(itStart, itEnd);
    }
```

Und nun geht's wieder in die Schleife, immer und immer wieder.

Das Konzept der Iteratoren ist vielleicht ein wenig verwirrend, aber nur auf den ersten Blick. Schon in C hatte man immer zwei Möglichkeiten, durch Arrays durchzugehen, entweder man nahm den Index oder verwendete einen Zeiger, den man schrittweise inkrementierte. Iteratoren sind die Analogie dazu, allerdings mit mehr Möglichkeiten.

Alles halb so wild, trotzdem sollten Sie das Wesentliche der Iteratoren noch einmal zusammenfassen.

 Ein Iterator ist ein Objekt, das auf einzelne Elemente von Container-Objekten zeigt. Der Typ des Iterators wird in der zugehörigen Container-Klasse deklariert.

✔ Der Typ `Containerklasse<T>::iterator` ermöglicht lesenden und schreibenden Zugriff auf den Container. Ist nur lesender Zugriff notwendig oder erlaubt, so wird stattdessen der Iterator `const_iterator` verwendet.

 Ist `it` ein `Iterator`, so kann über `*it` auf das zugehörige Elemente lesend oder schreibend zugegriffen werden. Bei einem konstanten Iterator darf nur lesend auf `*it` zugegriffen werden, da `*it` in diesem Falle `const` ist. Vergleichen Sie dazu die Funktion `average` aus dem Beispiel.

 Iteratoren besitzen noch zusätzliche Kategorien, worüber Sie im Kapitel *Von der Arbeit* ausführlicher lesen können.

✔ Die Memberfunktion `begin()` einer Containerklasse liefert einen Iterator auf den Anfang des Containers.

✔ Die Memberfunktion `end()` einer Containerklasse liefert einen Iterator auf ein Element um eins hinter dem Container.

 `end()` liefert also einen Iterator auf ein ungültiges Element, aus diesem Grunde darf der end-Iterator *niemals* dereferenziert werden.

 Durchläuft man einen Container, so bedeutet Gleichheit mit `end()`, dass der Container komplett durchlaufen wurde.

✔ Iteratoren lassen sich wie Zeiger inkrementieren (++) und dekrementieren (--), falls es sich um *bidirektionale* oder *random-access* Iteratoren handelt. Bei `vector<T>` ist das der Fall, ebenso bei `list<T>`. Details erfahren Sie ebenfalls im Kapitel *Von der Arbeit*.

✔ Mit Iteratoren können Additionen und Subtraktionen durchgeführt werden, wenn `it` ein Iterator ist, so wird durch

```
it = array.begin();
it += 2;
```

der Iterator it auf das dritte Elemente (also an [2]) gesetzt. Auch dies ist nur bei *random-access* Iteratoren erlaubt.

Auch Iteratoren können ebenso wie Zeiger ungültig werden. Man kann dies dadurch erreichen, dass man einen Iterator mit Hilfe von Additionen oder Subtraktionen aus dem gültigen Bereich herausfährt oder indem man nach erase-Aufrufen auf alte, vor dem erase gültige, Iteratoren zugreift. In diesem Falle ist das Verhalten des Programms bestenfalls undefiniert – oder es stürzt einfach so satt ab.

Es gibt auch reverse Iteratoren für einen Durchlauf beginnend am Ende, diese nennen sich reverse_iterator und const_reverse_iterator. Die zugehörigen Methoden für den Start- und Endpunkt nennen sich rbegin() und rend(). Damit lässt sich die Funktion average auch anders schreiben

```
vector<int>::const_reverse_iterator
   it = array.rbegin();
while (it != array.rend())
{
   avrg += *it;
   it++;
}
```

Beachten Sie insbesondere, dass trotz des Durchlaufs von hinten nach vorne ein Zugriff auf das nächste Element durch ein Inkrement des Iterators it erreicht wird.

✔ Das Prinzip der Iteratoren gibt es nicht nur für die Klasse vector<T>, sondern für alle Containerklassen der STL.

Weitere Funktionen

Ich will Sie ja gar nicht länger belästigen, das Kapitel hat schon wieder einen beachtlichen Umfang bekommen und Sie sind noch nicht am Ende. Aber vielleicht wäre es nett, noch eine kleine Zusammenfassung wichtiger Memberfunktionen von vector<T> zu bekommen? Ich höre ein »Ja«? Nun gut, siehe dazu Tabelle 17.1.

Memberfunktion	Beschreibung
vector	erzeugt ein leeres Objekt
vector(size_type n, const T& v = T())	erzeugt einen Vektor mit n Elementen, die alle mit einer Kopie des übergebenen Objekts vom Typ T initialisiert werden. Falls kein Objekt angegeben wird, werden die Objekte mit dem Defaultkonstruktor initialisiert.
vector(const vector& x)	Der Copykonstruktor
vector(const_iterator first, const_iterator last)	Erstellt einen neuen Vektor, indem die Elemente zwischen den beiden Iteratoren first und last - 1 kopiert werden
size_type size() const	gibt die Anzahl der Elemente im Vektor zurück
bool empty() const	liefert true, wenn das Array leer ist
T& at(size_type pos)	liefert eine Referenz auf das Objekt an der Position pos, führt eine Bereichsüberprüfung durch

Memberfunktion	Beschreibung
T& operator[size_type pos]	liefert eine Referenz auf das Objekt an der Position pos
T& front()	liefert eine Referenz auf das erste Objekt im Container zurück
T& back()	liefert eine Referenz auf das letzte Objekt im Container zurück
void push_back(const T& x)	hängt ein Objekt vom Typ T am Ende des Arrays ein und vergrößert dieses
void pop_back()	entfernt ein Objekt am Ende des Arrays, falls dies möglich ist
void assign(const_iterator first, const_iterator last)	weist dem Vektor die Elemente zwischen den Iteratoren first und last - 1 zu
vector& operator=(const vector& x)	weist dem aktuellen Vektor-Objekt eine Kopie der Elemente des Vektors x zu
void insert(iterator it, const_iterator first, const_iterator last)	fügt die Elemente zwischen den Iteratoren first und last - 1 an der Stelle des Iterators it ein
iterator insert(iterator it, const T& x= T())	fügt an der Position it ein neues Element ein, das eine Kopie von x ist. Wird kein Objekt übergeben, so wird das neue Objekt mit dem Defaultkonstruktor von T initialisiert. Liefert einen Iterator auf das eingefügte Objekt zurück.
iterator erase(iterator it)	löscht das Element an der Stelle it und liefert einen neuen Iterator auf die aktuelle Position zurück, oder end, falls der Vektor danach leer ist
iterator erase(iterator first, iterator last)	löscht alle Elemente zwischen den Iteratoren first und last - 1 und liefert danach einen Iterator auf das erste Element vor dem gelöschten Bereich zurück. Oder end, falls der Vektor nach dem Löschen leer ist.
void clear()	löscht das Array und ruft für alle Elemente den Destruktor auf
void swap(vector x)	tauscht den Inhalt des aktuellen Vektor-Objekts mit x aus

Tabelle 17.1: Wichtige Memberfunktionen der Template-Klasse vector<class T>

Dazu muss man wohl nicht mehr viel sagen.

 Machen Sie auf diese Seite so einen selbstklebenden gelben Zettel, damit Sie die Tabelle 17.1 schnell wiederfinden.

✔ Für Positionsangaben ist in der STL der Typ Containerklasse::size_type definiert, der eine nicht-negative Positionsangabe darstellt. Funktionen wie at besitzen einen Parameter dieses Typs, genau genommen also hier vector<T>::size_type.

✔ Es gibt noch einige Memberfunktionen mehr, schlagen Sie dazu bitte in einer Klassenreferenz nach.

Eine besondere Art von Array

Unter C wusste jeder, dass es da so eine ganz bestimmte Sorte von Arrays gibt – die berühmten char-Arrays:

```
char Text[] = "Hallo Welt";
```

Welch Spaß hatte man damit ... die so genannten »null-terminierten Zeichenketten«. Vor allem Operationen wie Strings miteinander zu verbinden oder zu kopieren sind – obwohl jedes doofe Basic das im Schlaf kann – gefährliche Fallen. Ist der neue Zielpuffer groß genug? Überschreibt man auch keinen fremden Speicher? Das ist sehr lästig und fehleranfällig.

Kommen Sie aber nun nicht auf die Idee, die Klasse `vector<T>` für `char`-Elemente zu verwenden:

```
vector<char> Text;
```

Das geht natürlich, aber für die Speicherung von Zeichenketten ist das recht unüblich. Verwenden Sie stattdessen die Klasse `string` aus der Standardbibliothek. Ach so, das tun Sie ja ohnehin schon die ganze Zeit in den bisherigen Kapiteln.

`string` hat natürlich eine gewisse Ähnlichkeit mit `vector`, ist aber klassentechnisch nicht mit `vector` verwandt. Dramatischer Vorteil gegenüber gewöhnlichen `char`-Arrays ist, dass `string`-Objekte ihren Speicher selbst verwalten, Kopier- und Übergabeoperationen sind demnach sicher. Auch bei der Übergabe an Funktionen oder der Rückgabe aus Funktionen heraus braucht man sich keine Gedanken über Bereichsüberschreitungen zu machen.

Da Sie in den Beispielen bereits häufigen Kontakt mit `std::string` hatten, sind in der folgende Tabelle nur einige wichtige Memberfunktionen aufgelistet.

Memberfunktion	Beschreibung
`string(const char* s)`	Erzeugt einen String aus einem Zeiger auf `char`
`string(const string& rhs)`	Copykonstruktor
`string(size_type n, char c)`	Erzeugt einen String mit n Zeichen `c`
`string(char c)`	Erzeugt Stringobjekt mit genau einem Zeichen `c`
`at(size_type pos)`	liefert das Zeichen an der Stelle `pos`, lesender oder schreibender Zugriff möglich
`operator[size_type pos]`	liefert das Zeichen an der Stelle `pos`, lesender oder schreibender Zugriff möglich
`const char* c_str()`	liefert einen Zeiger `char*` für das Stringobjekt zurück, dient der Kompatibilität mit Funktionen, die einen `char*` als Parameter erwarten
`size_type length()`	die Länge des Strings
`bool empty()`	`true`, wenn der String leer ist
`string& operator+=(const string& rhs)`	fügt den String `rhs` an das aktuelle Objekt an
`string& append(const string& str)`	fügt den String `str` an das aktuelle Objekt an
`void swap(string& str)`	tauscht die Inhalte vom aktuellen Objekt mit `str` aus
`string& operator=(const string& rhs)`	weist den Inhalt von `rhs` dem aktuellen Objekt zu
`string& assign(const string& str)`	weist den Inhalt von `str` dem aktuellen Objekt zu
`string& insert(size_type pos, const string& str)`	fügt den Inhalt von `str` an der Position `pos` ein

Memberfunktion	Beschreibung
`string& erase(size_type p0 = 0, size_type n = npos)`	löscht n Zeichen ab der Position p0, die Defaultparameter erlauben Löschen bis zum Ende bzw. Löschen ab dem ersten Zeichen
`string& replace(size_type p0, size_type n0, const string& str)`	ersetzt ab der Position p0 n0 Zeichen durch den String `str`
`size_type copy(char* s, size_type n, size_type pos = 0)`	kopiert n Zeichen ab pos, wobei s ein Zeiger auf `char` ist. Liefert die Anzahl kopierter Zeichen zurück
`size_type find(const string& str, size_type pos = 0)`	sucht von vorne im aktuellen Stringobjekt nach dem String `str` ab der Position pos, deren Defaultwert 0 ist. Liefert die Position zurück oder npos, falls nicht gefunden
`size_type rfind(const string& str, size_type pos = npos)`	sucht von hinten im aktuellen Stringobjekt nach dem String `str` ab der Position pos, deren Defaultwert npos ist. Liefert die Position zurück oder npos, falls nicht gefunden
`size_type find_first_of (const string& str, size_type pos = 0)`	sucht von vorne im aktuellen Stringobjekt ab der Position pos nach einem der Zeichen, die in `str` stehen. Liefert die Position zurück, sobald eines der Zeichen erstmalig gefunden wurde oder ansonsten npos
`string substr(size_type pos = 0, size_type n = npos)`	liefert einen Teilstring des aktuellen Stringobjekts als Kopie zurück, beginnend bei pos mit der Maximallänge n
`int compare(const string& str)`	vergleicht das aktuelle Objekt mit dem String `str`, liefert 0 im Falle der Gleichheit, -1, falls der String im aktuellen Objekt kleiner ist `str`, ansonsten 1

Tabelle 17.2: Memberfunktionen der Klasse `string`

In C++ bietet es sich natürlich an, auch Operatoren für die Klasse `string` zu überladen, die nachstehende Tabelle listet diese auf.

Globale Funktion	Beschreibung
`bool operator!=(const string& lhs, const string& rhs)`	liefert `true`, falls lhs ungleich rhs
`bool operator==(const string& lhs, const string& rhs)`	liefert `true`, falls lhs gleich rhs
`bool operator<=/</>/>=(const string& lhs, const string& rhs)`	liefert `true`, falls lhs <=/</>/>= rhs
`string operator+(const string& lhs, const string& rhs)`	liefert ein neues Stringobjekt, indem rhs an lhs angehängt wird
`getline(istream& is, string& str)`	liest den String str vom Eingabestrom is (kann zum Beispiel cin sein)

Tabelle 17.3: Operatoren rund um die Klasse `string`

Damit diese öden Tabellen noch etwas mehr Inhalt bekommen, ein kleines Beispielprogramm mit etwas Stringmanipulation. Strings werden zusammengesetzt, Teile gelöscht und eingefügt.

```
#include <string>
#include <iostream>
using namespace std;
```

```
int main()
{
   string str1 = "Objektorientierte";
   string str2 = "Programmierung";
   string str3("fuer Dummies");
   string str4;

   str4.assign(str1);   // oder: str4 = str1;
   str4.append(" ");
   str4 += str2;
   str4 += ' ';
   str4 += str3;
   cout << str4 << endl;

   string::size_type pos = str4.find(str2);
   str4.erase(pos, str2.length());
   cout << str4 << endl;

   str4.insert(pos, str2);
   cout << str4 << endl;

   string::size_type vocal =
      str4.find_first_of(string("AEIOUaeiou"));
   if (vocal != string::npos)
   {
      cout << "der erste Vokal im String ist: "
           << str4[vocal] << endl;
   }
   return 0;
}
```

Listing 17.3: KAP17/STRINGSTRING.CPP

Beachten Sie vor allem, wie die Memberfunktion find_first_of benutzt wird, um den ersten Vokal im String str4 zu finden. Die Bildschirmausgabe des Programms sollte so aussehen:

```
Objektorientierte Programmierung fuer Dummies
Objektorientierte  fuer Dummies
Objektorientierte Programmierung fuer Dummies
der erste Vokal im String ist: O
```

Noch viel mehr wäre über die Klasse string zu sagen, man könnte letztlich Bücher damit füllen. Nehmen Sie noch folgende Anregungen und Anmerkungen mit auf Ihren Weg, dies sollte für die ersten Anwendungen ausreichen.

 In der Regel gibt es jede Memberfunktion von string mehrfach in überladener Form. Da man die Operationen ja nicht nur auf string-Objekten ausführen kann, sondern auch auf char-Arrays oder Teilstrings, existieren Funktionen wie insert, erase usw., auch mit Parametern für den Typ const char* und andere. Die verschiedenen Konstruktoren in

Tabelle 17.2 zeigen, welche Möglichkeiten es davon geben kann. Ziehen Sie dafür eine vollständige Referenz oder die Online-Hilfe zu Rate.

✔ Alle Suchfunktionen der Klasse `string` liefern die Konstante `string::npos` zurück, falls die Suche erfolglos war. Wenn Sie den Namensraums `std` nicht komplett geöffnet haben, lautet die volle Bezeichnung `std::string::npos`.

✔ Der Rückgabewert von Methoden, die Positionen liefern, ist immer vom Typ `string::size_type`.

✔ Bei den Funktionen, die sich auf Teilstrings beziehen, kann man `string::npos` als Länge angeben, falls man alle Zeichen bis zum Stringende meint.

✔ Die Klasse `string` ist ebenfalls ein Container mit zusätzlichen typischen Funktionen für die Arbeit mit Strings. Das bedeutet aber auch, dass die Algorithmen der STL auch mit Objekten der Klasse `string` arbeiten können.

Die Klasse `string` ist letztlich nur eine Spezialisierung der Template-Klasse `basic_string` für den Typ `char`. Wundern Sie sich also nicht, wenn `basic_string` die gleichen Memberfunktionen besitzt wie `string` – es ist die gleiche Klasse.

Verwenden Sie beim Anhängen von Strings an ein bestehendes `string`-Objekt lieber den `operator+=` als den `operator+`. Ein

```
string str1;
string str2 = "Objektorientierte";
string str3 = "Programmierung";
string str4 = "fuer Dummies";
str1 = str2;
str1 += str2;
str1 += ' ';
str1 += str3;
str1 += ' ';
str1 += str4;
```

ist schneller und effektiver als ein

```
str1 = str2 + ' ' + str3 + ' ' + str4;
```

da hier für die Auswertung des Ausdrucks jeweils für ein + temporäre Zwischenobjekte gebildet werden müssen.

Obacht geben, Folgendes geht nicht:

```
string Text = "Hallo" + " Welt!";
```

Der Grund: `"Hallo"` und `"Welt"` sind jeweils zwei Zeichenkonstanten (`char*`), für das + wird hier nicht der `operator+` von `string` aufgerufen, sondern es wird versucht, zwei Zeiger zu addieren. Richtig wäre dagegen:

```
string Text = string("Hallo") + string(" Welt!");
string Text = string("Hallo") + " Welt!";
```

Wenn Sie aus der Basic-Welt kommen, kennen Sie bestimmt die Funktionen `left$`, `mid$` und `right$`? Diese kann man mit der Memberfunktion `substr` nachbilden.

```
// left$(str$, 4)
cout << str.substr(0, 4);
// mid$(str$, 8, 4)
cout << str.substr(8 - 1, 4);
// right$(str$, 4)
cout << str.substr(str.length() - 4, string::npos);
```

Ein kleiner Unterschied: Bei `string` zählt man das erste Zeichen als 0, in Basic mit der 1. Für `mid$` ergibt sich dann ein kleiner Unterschied bezüglich der Berechnung des Startzeichens.

✔ Auch `string` besitzt Iteratoren. Die Anweisungsfolge

```
string str("Dummies");
random_shuffle(str.begin(), str.end());
```

mischt alle Buchstaben des Wortes `Dummies` in zufälliger Reihenfolge.

Will man alten C-Code mit STL-Klassen mischen, ist manchmal doch die Spezialisierung `vector<char>` ganz nützlich. Schauen Sie selbst

```
void AlteCFunc(char* pArr, int Size)
{
    if (Size > strlen("Hallo"))
        strcpy(pArr, "Hallo");
}
int main()
{
    vector<char> myArr(20);
    AlteCFunc(&myArr[0], myArr.size());
    // ...
}
```

Diese Vorgehensweise ist natürlich nicht auf `char` beschränkt. So kann man sich generell das Gehampel mit den alten hässlichen C-Arrays sparen. Das geht allerdings natürlich nur mit Objekten vom Type `vector<T>`. Außerdem muss man wirklich immer `&myArr[0]` schreiben, nicht etwa `myArr.begin()`. Ersteres liefert garantiert einen `T*`, letzteres liefert einen `vector<T>:: iterator` und das muss nicht zwingend ein `T*` sein.

✔ Nieder mit dem null-terminierten `char`-Array. Welch Leid und Schmerz hast du über uns gebracht! Es lebe die Klasse `string` – sie lebe hoch!

✔ Fazit: Verwenden Sie `std::strings` statt `char`-Arrays und `vector` statt dynamischer Arrays. `char`-Arrays und dynamische Arrays stellen große Löcher da, in die besonders Anfänger gerne stürzen. Und wer das nicht glaubt, der schaue mal im C++-Forum vorbei. Pro Woche findet man dort mindestens zehn verzweifelte Anfänger, die mal wieder ihren Stack zerschossen oder ihren Heap gegrillt haben, nur weil sie glaubten, sie würden Arrays und Zeiger verstehen.

Angekettet!

In diesem Kapitel

▷ Arbeiten Sie mit verketteten Listen, der wichtigsten dynamischen Datenstruktur

▷ Lernen Sie die Template-Klasse `list<class T>` kennen

▷ Werden außer `int`s diesmal auch richtige Objekte in der Liste gespeichert

▷ Sortieren und verwalten Sie Ihren Buchbestand

▷ Implementieren Sie einfaches Framework für Text-Menüs

▷ Erhalten Sie eine Übersicht über die wesentlichen Methoden von `list<class T>` in einer Kurzreferenz

---

Sicherlich die elementarste dynamische Datenstruktur unter den elementaren dynamischen Datenstrukturen sind die Listen. Eine schöne Sache, kann man wundervoll die Schüler und Studenten mit quälen. Listen verwendet man, um Daten zu speichern, wenn sich die Anzahl der Daten beliebig ändern kann. Dazu gibt es schöne Bildchen, die jeder schon mal gesehen hat.

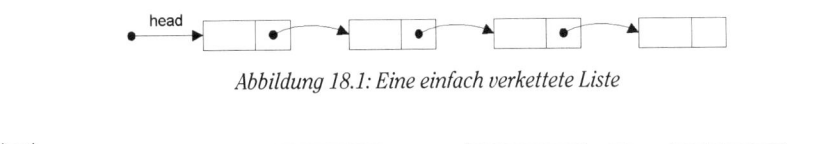

Abbildung 18.1: Eine einfach verkettete Liste

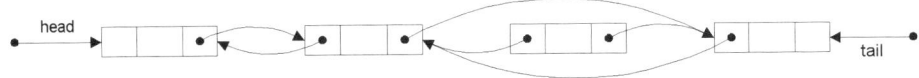

Abbildung 18.2: Eine zweifach verkettete Liste

Bekannte Begriffe aus der Welt der Listen sind die einfach verketteten Listen, wo man sich nur von vorne nach hinten durchhangeln kann, und die doppelt verketteten Listen, wo man auch in der Gegenrichtung vorwärts kommt. Elementar damit verbunden sind die Begriffe *Head* für den Zeiger auf das erste Listenelement und *Tail* für das Ende der Liste. In Büchern über Datenstrukturen findet man dann auch Algorithmen, wie man ein Element in der Mitte einer doppelt verketteten Liste entfernt – Abbildung 18.3 zeigt das Vorgehen grafisch.

Abbildung 18.3: Entfernen eines Elements aus einer doppelt verketteten Liste

Wer das schon einmal von Hand gemacht hat, erinnert sich wohl noch daran, dass es hier Sonderfälle zu beachten gibt, wenn die Liste leer ist oder nur ein Element enthält. Ganz nett sind auch Aufgaben wie »Implementieren Sie einen Quicksort-Sortieralgorithmus auf einer doppelt verketteten Liste.«

An dieser Stelle geht ein lauter Aufschrei durch die Reihen – »Wozu gibt's denn eigentlich die STL?«

Listige Listen

Glücklicherweise bietet die STL eine generische Datenstruktur für doppelt verkettete Listen an, genannt `list<typename T>`. Alle die manchmal lästigen Details sind hier bereits fix und fertig realisiert, man kann gleich herzhaft zubeißen.

Es liegt gerade bei Listen in der Natur der Sache, dass Iteratoren für den Zugriff eine sehr wichtige Rolle spielen. Es ist nämlich nicht so geschickt, bei Listen auf ein n-tes Element zugreifen zu wollen, da man sich immer erst ab dem Anfang durchhangeln muss. Viel schöner ist es da schon, wenn man ein bestimmtes Element über einen Iterator festhält und sich mit einem ++ zum nächsten Element weiterhangelt.

Das folgende Programmbeispiel demonstriert grundlegende Operationen auf Listenobjekten.

```
#include <list>
#include <iostream>
using namespace std;
```

Die Funktion `out` gibt ein Listenobjekt auf dem Bildschirm aus.

```
void out(const list<int>& thelist)
{
```

`list<T>` besitzt ebenfalls eine Methode empty, die true für eine leere Liste liefert.

```
    if (thelist.empty())
    {
        cout << "Die Liste ist doch leer!" << endl;
        return;
    }
```

Wenig erstaunlich, wenn man an den Durchlauf durch `vector<T>` zurückdenkt, ein konstanter Iterator wird benutzt, um die Liste lesend zu durchlaufen, die Methode `begin` liefert einen Iterator auf den Kopf der Liste.

```
    list<int>::const_iterator it = thelist.begin();
```

Ganz analog zu `vector<T>` sieht der Durchlauf durch die Liste aus. Sobald der Iterator auf `end()` steht, wurde die Liste komplett bearbeitet. Über `*it` kann lesend auf das jeweils aktuelle Listenelement zugegriffen werden und `++it` setzt den Iterator auf das Folgeelement.

```
    while (it != thelist.end())
    {
        cout << *it << '\t';
        ++it;
    }
    cout << endl;
}
```

Die Funktion `out_rev` gibt wie `out` die Liste am Bildschirm aus, allerdings in umgekehrter Richtung, von hinten nach vorne. Dazu wird ein `reverse_iterator` benutzt, genau genommen ein `const_reverse_iterator`. Für reverse Iteratoren setzt man den Startwert mit `rbegin` und prüft das Ende des Durchlaufs mit `rend`.

```
void out_rev(const list<int>& thelist)
{
   list<int>::const_reverse_iterator it
      = thelist.rbegin();
   while (it != thelist.rend())
   {
      cout << *it << '\t';
      ++it;
   }
   cout << endl;
}
int main()
{
   list<int> mylist;
```

Die Methode `push_back` fügt ein Element am Ende der Liste ein, während `push_front` dies am Anfang tut.

```
   for (int i = 0; i < 5; i++)
   {
      mylist.push_back(i);
      mylist.push_front(i + 1);
   }
   out(mylist);
```

`remove` entfernt alle Elemente der Liste, die gleich dem übergebenen Element sind. Nach `remove(3)` kommt keine einzige 3 mehr in der Liste vor, die Klasse, die als Template-Parameter benutzt wird, muss allerdings einen `operator==` besitzen, damit `list<T>` den Vergleich durchführen kann.

```
   mylist.remove(3);
   out(mylist);
   out_rev(mylist);
```

Analog zu `push_` entfernen die `pop_`-Methoden Elemente am Anfang oder am Ende.

```
   mylist.pop_back();
   mylist.pop_front();
   out(mylist);
```

Kopien oder teilweise Kopien der Liste lassen sich mit Hilfe von Iteratoren erzeugen. `it1` wird auf das Element hinter dem Listenkopf gesetzt und `it2` auf das Element vor dem Listenende.

```
   list<int>::const_iterator it1 = mylist.begin();
   list<int>::const_iterator it2 = mylist.end();
   ++it1;
   --it2;
```

`list<T>` besitzt einen Konstruktor, der aus den Elementen zwischen zwei Iteratoren eine neue Liste bildet, die Elemente werden dazu kopiert.

```
list<int> newlist(it1, it2);
out(newlist);
```

Verknüpfungen zwischen Listen sind mit der Methode `insert` möglich. Als erster Parameter wird ein Iterator angegeben, ab dem die Elemente eingefügt werden, hier also `mylist.begin()` für den Beginn der Liste. Danach folgt ein Bereich zwischen zwei Iteratoren, aus dem die Elemente kopiert werden. Da dieser Bereich von `begin()` bis `end()` geht, werden alle Elemente aus `newlist` kopiert.

```
mylist.insert(mylist.begin(),
              newlist.begin(), newlist.end());
out(mylist);
out(newlist);
```

Ähnlich wie `insert` arbeitet `splice`, nur mit dem Unterschied, dass die Elemente aus der Liste `newlist` vollständig entfernt werden. Da auch hier für `newlist` der gesamte Bereich von `begin()` bis `end()` angegeben wurde, ist `newlist` nach der Operation leer.

```
mylist.splice(mylist.end(),
              newlist,
              newlist.begin(), newlist.end());
out(mylist);
out(newlist);
```
Um alle Elemente zu entfernen, dient die Methode `clear`.

```
mylist.clear();
out(mylist);
return 0;
}
```

Listing 18.1: KAP18/LIST1.CPP

Wie Sie sehen können, muss man von den ganzen Abläufen im Hintergrund nicht sonderlich viel wissen. Die Iteratoren sind der wesentliche Bezug zu den Elementen der Liste.

Die wissenswerten Informationen sind hier noch einmal zusammengestellt.

Die Template-Klasse `list<typename T>` realisiert eine doppelt verkettete Liste für Elemente des Typs T. Sie befindet sich im Header `<list>`, Namensraum `std` der Standardbibliothek.

✔ Für Durchläufe durch die Liste gibt es die Iteratorklassen `list<typename T>::iterator` für schreibende und lesende Zugriffe in Vorwärtsrichtung, `list<typename T>::const_iterator` für lesende Zugriffe in Vorwärtsrichtung. Um die Liste rückwärts von hinten nach vorne zu durchlaufen, verwendet man die Iteratoren `list<typename T>::reverse_iterator` oder `list<typename T>::const_reverse_iterator`.

✔ Ändern Sie zu Testzwecken die Zeilen

```
mylist.splice(mylist.end(),
              newlist,
          newlist.begin(), newlist.end());
```

ab, so dass ein reverser Iterator verwendet wird:

```
mylist.splice(mylist.end(),
              newlist,
          newlist.rbegin(), newlist.rend());
```

Nun wird die zweite Liste zwar weiterhin eingefügt, aber in umgekehrter Richtung.

Da bei Listen die Iteratoren Instanzen von Klassen sind, ist die Operation ++iterator immer schneller als iterator++. Gleiches gilt für --iterator. Bei iterator++ wird noch eine zusätzliche Instanz angelegt, die gleich wieder weggeworfen wird. Verwenden Sie daher zur Sicherheit bei allen Iteratoren für alle Container-Klassen immer die Präfix-Variante ++iterator/--iterator.

✔ Eine recht vollständige Referenz der Methoden von list<T> finden Sie einige Seiten weiter im Abschnitt *Für Unsportliche: Hangeln leicht gemacht*.

Ein vollständiger Listendurchlauf benötigt lineare Laufzeit, also *O(N)*, ebenso gilt dies für das Einfügen an einer freien Position innerhalb der Liste.

Das Einfügen eines Elements am Anfang oder Ende geschieht in konstanter Laufzeit *O(1)*, ebenso gilt dies für das Löschen des ersten oder letzten Elements. Soll ein Objekt dagegen in eine sortierte Liste eingehängt werden, so wird dafür *O(N)* benötigt, weil man zunächst die Liste durchlaufen muss, um den Einhängeort zu finden.

Soll ein Element gesucht werden, ist ebenfalls eine Laufzeit *O(N)* anzusetzen.

Speicherung von Objekten in Listen

Stille. Ein grauenvoller Lärm. Danach wieder Stille. Die Spannung steigt. Mal unter uns: Wer will denn schon int-Werte in Listen speichern? Das ist was für Lamer. Gut, braucht man schon hin und wieder, aber letztlich heißt das ja generische Datenstruktur, weil man komplette andere Klassen damit verwalten kann.

Sie haben vielleicht noch eine vage Erinnerung an die Klasse Book, die Ihnen erstmalig im Kapitel *Wer kommt nun wann an die Reihe?* begegnet ist? Frischen Sie Ihr Gedächtnis doch bitte kurz mit der folgenden Klassendefinition etwas auf.

```
#ifndef _BOOK_H
#define _BOOK_H
#include <string>
class Book
{
public:
   Book();
   Book(const std::string& title,
        const std::string& author);
   Book(const Book& book);
   ~Book();
   Book& operator=(const Book& book);
   const std::string& getTitle() const
      {return m_Title;}
   const std::string& getAuthor() const
      {return m_Author;}
   void setTitle(const std::string& title)
      {m_Title = title;}
   void setAuthor(const std::string& author)
      {m_Author = author;}
private:
   std::string m_Title;
   std::string m_Author;
};
#endif
```

Listing 18.2: KAP18/BOOK.H

```
#include "Book.h"
Book::Book()
   : m_Title(), m_Author()
{
}
Book::Book(const std::string& title,
           const std::string& author)
   : m_Title(title), m_Author(author)
{
}
Book::Book(const Book& book)
   : m_Title(book.m_Title), m_Author(book.m_Author)
{
}
Book::~Book()
{
}
Book& Book::operator=(const Book& book)
{
   if (this == &book)
      return *this;
```

```
    Book swapBook(book);
    m_Title.swap(swapBook.m_Title);
    m_Author.swap(swapBook.m_Author);
    return *this;
}
```

Listing 18.3: KAP18/BOOK.CPP

Damit ist schon mal klar, welcher Typ in der Liste verwaltet werden soll – Objekte der Klasse Book. Lassen Sie uns eine Bibliothek gründen.

✔ Die Klasse Book wird im weiteren Verlauf dieses Abschnitts noch um einige Methoden erweitert werden.

✔ Zur Vollständigkeit besitzt Book sowohl Copykonstruktor als auch Zuweisungsoperator. Genau genommen wäre dies nicht unbedingt notwendig, da die Defaultmethoden die string-Objekte ebenfalls korrekt kopieren können.

✔ Beachten Sie, dass der Zuweisungsoperator wieder mit einem zusätzlichen Hilfsobjekt arbeitet, damit im Falle einer Exception das aktuelle Objekt nicht zerstört wird.

Ein Wort zu Frameworks und dem MVC-Modell

Obwohl Sie daran vielleicht gar nicht gleich denken, so ist die Frage doch alles andere als trivial: Wer soll eigentlich die Daten eines Buchs ausgeben?

Ein naiver Ansatz wäre so etwas:

```
void Book::output()
{
    cout << "Autor: " << getAuthor() << endl;
    cout << "Titel: " << getTitle() << endl << endl;
}
```

Zu Testzwecken macht man das natürlich von Zeit zu Zeit, aber diesem Ansatz wohnt ein tiefer Fehler inne – die Klasse Book kann Buchdaten verwalten, später vielleicht auch noch mehr Daten als jetzt. Wollen Sie aber immer und ewig Programme für die Konsole schreiben? Wahrscheinlich haben auch Sie vor, möglichst rasch ein Framework wie KDE, Gnome, MFC oder VCL zu benutzen, um unter einer Fensteroberfläche Ihre Programme zu schreiben.

Wenn Sie nun also schön brav Ihr cout in die Klasse Book reinschreiben, so hängt die Klasse an der Konsole fest. Schreibt man die Klasse nun auf MFC oder KDE um, so bleibt der Fehler bestehen, denn was hat eine Klasse eines Datenobjekts mit der Visualisierung zu tun? Einfache Antwort: Nichts, Nullkommanichts.

Diese ganze – teilweise leidvolle – Erfahrung wurde von vielen Softwerkern bereits in den 80er-Jahren gemacht, dass es keine gute Idee ist, die Daten und deren Darstellung in die gleichen Module zu packen. Denn die Darstellung der Daten ist extrem abhängig vom System, auf dem das Programm läuft, während die Datenhaltung und deren Algorithmen neutral sind.

Im Laufe der Forschungsarbeiten und Entwicklungsarbeiten zu diesem Thema entstand das *Model-View-Controller-Modell*, kurz *MVC-Modell*. Dieser Ansatz trennt ein Programm, das Dateneingaben und -ausgaben durchführt, in drei grundsätzliche Teile auf:

1. *Model* – dies ist der Teil der Anwendungen, der die Daten speichert und verwaltet, also solche Klassen wie `Book` in unserem Falle.

2. *View* – die Darstellung der Daten, zu jedem Datenobjekt gibt es mindestens eine View, die je nach Zustand, Lust und Laune die Visualisierung der Daten vornimmt. Dazu muss die View natürlich Zugriff auf die zugehörigen Datenobjekte besitzen. Umgekehrt können die Datenobjekte auch die View benachrichtigen, wenn sich die Daten geändert haben.

3. *Controller* – ist vereinfacht gesagt die Ablaufsteuerung, die die Abläufe in Abhängigkeit der Benutzereingaben koordiniert. Der Controller stellt auch die Verbindung zwischen dem Model und dem View her und greift auf beide zu.

Diese Abhängigkeiten lassen sich auch sehr schön grafisch darstellen, wie Abbildung 18.4 zeigt.

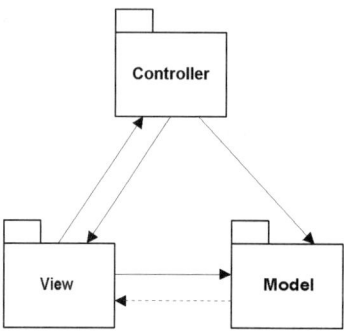

Abbildung 18.4: Das MVC-Modell

Um also die Klasse `Book` möglichst zukunftssicher zu machen – Zukunftssicherheit ist ja wieder in – wird das Beispiel zur Speicherung von Book-Objekten am MVC-Konzept ausgerichtet. Soweit das natürlich im Rahmen eines solchen kurzen Beispiels überhaupt möglich ist.

 Das MVC-Modell kommt ursprünglich aus dem Umfeld der objektorientierten Sprache SmallTalk und wurde dort für die Entwicklung von Benutzeroberflächen eingeführt.

 Wesentlicher Vorteil vom MVC-Modell ist, dass sämtliche Klassen zur Datenhaltung keinerlei Informationen über ihre visuelle Darstellung besitzen. Dadurch kann man die Darstellung sehr leicht an verschiedene Plattformen anpassen. Auch eine Entwicklung der Visualisierung ist möglich, zunächst Darstellung als Text in der Konsole, danach als Text in Dialogen und später als Grafik. Die Klassen des Models werden dadurch nicht angetastet.

✔ Gängige Frameworks wie die MFC von Microsoft oder KDE verwenden das Document-View-Prinzip, um Daten und deren Visualisierung voneinander zu trennen. Die Document-Klassen entsprechen hierbei dem Model und das Framework, das im Hintergrund arbeitet und die ganze Fensterverwaltung übernimmt, entspricht dem Controller.

 Verwechseln Sie nicht die Begriffe MVC (Model-View-Controller) und MFC (Microsoft Foundation Classes), eine Bibliothek der Firma Microsoft zur Windows-Programmierung. Bedenken Sie: F != V.

Übersicht über das Klassenmodell

Vor den Erfolg wurde leider der Schweiß gesetzt. Damit Sie nicht gleich davonlaufen, betrachten Sie bitte zunächst, welche Klassen für dieses Projekt notwendig sind.

Ein wesentliches Hilfsmittel, um sich einen Überblick zu verschaffen, bietet das statische Klassendiagramm der UML.

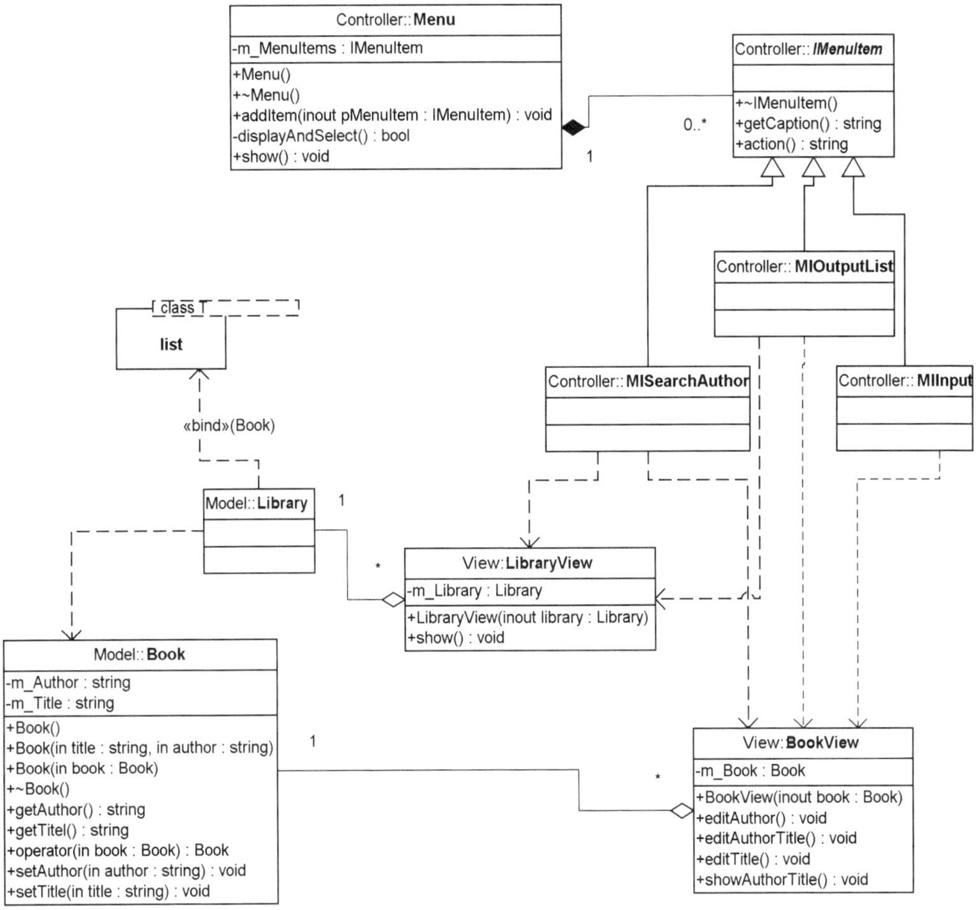

Abbildung 18.5: Das statische Klassendiagramm zur Realisierung der Buchverwaltung

Um die Übersicht zu erhöhen, wurde bei den Namen der jeweiligen Klassen noch die Zugehörigkeit zum jeweiligen Programmteil dargestellt, die Klasse `Book` trägt in Abbildung 18.5 also das Präfix `Model::Book`.

Wie Sie sehen können, werden allerlei Klassen benötigt, um das Programm zu realisieren, was Sie nicht erschrecken sollte. Schauen Sie sich kurz die Aufteilung und Zuordnungen an.

✔ `Controller::IMenuItem` ist eine *Interfaceklasse*, also abstrakt. Sie besitzt zwei virtuelle Methoden, damit der Menüeintrag abgefragt werden kann und damit im Falle einer Menüauswahl eine entsprechende Operation ausgeführt werden kann.

✔ `Controller::Menu` ist eine Menüverwaltung, die mehrere `IMenuItem`-Objekte besitzt. Aus diesen `IMenuItem`-Objekten wird das Menü dargestellt und je nach Menüauswahl die entsprechende Funktion aufgerufen.

✔ `Model::Book` kennen Sie schon.

✔ `Model::Library` ist die Spezialisierung der Template-Klasse `list<T>` für die Klasse `Book`. Da Library von `Book` abhängt, geht noch ein Abhängigkeitspfeil zu dieser Klasse.

✔ `View::BookView` ist die View-Klasse für `Book`, um die Darstellung der Daten am Bildschirm zu übernehmen.

✔ `View::LibraryView` ist die View-Klasse für `Library` für die Ausgabe der Informationen der Bibliothek am Bildschirm.

✔ `Controller::MIOutputList`, `Controller::MIInput` und `Controller::MISearchAuthor` sind Ableitungen von `Controller::IMenuItem`, damit die jeweiligen Menüpunkte »Daten ausgeben«, »Daten eingeben« und »Nach Autor suchen« ausgeführt werden können. Diese Klassen benutzen jeweils die View-Klassen `BookView` und `LibraryView` zur Erledigung ihrer Aufgaben, daher wurde auch hier eine Abhängigkeitsbeziehung zu diesen Klassen hin eingezeichnet. In der Abbildung fehlen die Abhängigkeitsbeziehungen zu `Book` und `Library`, da das Bild dann so langsam ein wenig voll geworden wäre.

Sie grübeln wahrscheinlich, warum da so viele Klassen zusammenkommen. Doch niemand hat ja gesagt, dass es sich hier um viele 100 Zeilen lange Klassenimplementationen handelt. Vielmehr wird das Problem so aufgetrennt, dass für spezielle Aufgaben jeweils spezielle Klassen existieren, ganz im Gegensatz zu einem klassischen Ansatz strukturierter Programmierung, wo das Programm einfach eine endlos lange Liste von Schleifen und Funktionsaufrufen wäre.

✔ In vorhandenen Frameworks wie der MFC, VCL, KDE oder Gnome gehören solche Klassen wie `Controller::Menu` und `Controller::IMenuItem` zum Framework. Da wir hier auf nacktem Standard-C++ programmieren, müssen Sie diese Mini-Frameworkklassen selbst schreiben.

In der UML kann man Abhängigkeiten zwischen Klassen durch einen gestrichelten Pfeil andeuten. Damit wird angedeutet, dass eine Klasse eine andere benutzt, wie zum Beispiel `MIInput` die Klasse `BookView`.

Objektorientierte Designs enden oft in vielen kleinen Klassen, im Gegensatz zu strukturierten Ansätzen, wo sich längere Dateien ergeben, dafür nicht so viele. Der Vorzug kleiner Klassen ist deren Übersichtlichkeit und leichtere Testbarkeit.

Die Model-Klassen

Es wird Zeit, mit der Programmierung der Klassen zu beginnen. Da Book bereits fertig vorhanden ist, widmen Sie Ihre Aufmerksamkeit zunächst der Klasse Library.

```
#ifndef _LIBRARY_H
#define _LIBRARY_H
#include <list>
#include "book.h"
typedef std::list<Book> Library;
#endif
```

Listing 18.4: KAP18/LIBRARY.H

Fertig, das war es schon. Für unsere Zwecke ist die notwendige Funktionalität damit bereits gegeben, da Library unmittelbar eine Spezialisierung von list<T> für die Klasse Book ist.

 Es ist aus Gründen der Übersichtlichkeit und Verständlichkeit sinnvoll, Template-Spezialisierungen mit typedef einen eigenen Namen zu geben.

Die View-Klassen

Bisher kommen Sie gut voran ... es wird Zeit für ein wenig Visualisierung. Ärgert es Sie eigentlich auch, dass C++ in der Konsole keine Farben kann? Irgendwas wie setcolor und danach ist der Text bunt? Oder gotoxy und der Cursor springt woanders hin? Bei der Entwicklung und Standardisierung von C++ hatten die Entwickler immer auch Systeme im Auge, die nur Ströme verwalten können. Ein Strom ist im wahrsten Sinne des Wortes ein Datenstrom, in dem alle Zeichen einfach nur der Reihe nach eintröpfeln oder herausgehen. Das hatte in C noch seinen Ursprung in den Bandlaufwerken und Lochstreifen, einem Lochstreifen kann man eben nicht einfach eine andere Farbe geben oder auf einem Magnetband den Cursor verändern. Der dramatische Vorteil ist aber, dass man C und C++ auch mit vollem Umfang auf Nicht-PC-Systemen realisieren kann, das kann also auch ein Embedded System in einem Aufzug sein, ohne jeglichen Bildschirm, wo es als Anschluss zur Außenwelt nur eine serielle Schnittstelle gibt. Und diese wiederum kommt mit Strömen ganz hervorragend klar.

Leider denkt man als PC-Nutzer oftmals nicht daran, dass man noch viel mehr Sachen programmieren kann als diese Kisten auf dem Schreibtisch. Wie auch immer, unsere Visualisierung in Standard-C++ verwendet also nur das gewöhnliche cout zur Datenausgabe.

Betrachten Sie zunächst die Klasse BookView zur Visualisierung von Book-Objekten.

```
#ifndef _BOOKVIEW_H
#define _BOOKVIEW_H
#include "Book.h"
class BookView
{
public:
   BookView(Book& book)
      : m_Book(book)
```

```
   {
   }
   void editAuthor();
   void editTitle();
   void editAuthorTitle();
   void showAuthorTitle();
private:
   Book& m_Book;
};
#endif
```

Listing 18.5: KAP18/BOOKVIEW.H

Dazu gehört die Implementation

```
#include "bookview.h"
#include <iostream>
using namespace std;
void BookView::editAuthor()
{
   cout << "Autor eingeben: ";
   string author;
   getline(cin, author);
   m_Book.setAuthor(author);
}
void BookView::editTitle()
{
   cout << "Titel eingeben: ";
   string title;
   getline(cin, title);
   m_Book.setTitle(title);
}
void BookView::editAuthorTitle()
{
   cout << "Bitte Daten eingeben" << endl;
   cout << "Autor: ";
   string author;
   getline(cin, author);
   cout << "Titel: ";
   string title;
   getline(cin, title);
   m_Book.setTitle(title);
   m_Book.setAuthor(author);
}
void BookView::showAuthorTitle()
{
   cout << "Autor: " << m_Book.getAuthor() << endl;
   cout << "Titel: " << m_Book.getTitle() << endl
        << endl;
}
```

Listing 18.6: KAP18/BOOKVIEW.CPP

Ein Objekt der Klasse BookView erhält eine Referenz auf ein existierendes Book-Objekt und speichert diese Referenz für die Dauer seiner Existenz. Die entsprechenden Editiermethoden sind in BookView vorhanden, um Autor und/oder Titel einzugeben, und um die Buchdaten am Bildschirm auszugeben. Sie können die View-Klasse bereits jetzt explizit in einem kleinen Programm testen.

```
#include "bookview.h"
int main()
{
    Book book;
    BookView view(book);
    view.editAuthor();
    view.showAuthorTitle();
    view.editTitle();
    view.showAuthorTitle();
    view.editAuthorTitle();
    view.showAuthorTitle();
    return 0;
}
```

Listing 18.7: KAP18/VIEWTEST.CPP

Das Testprogramm erzeugt die folgende Ausgabe (wenn Sie die gleichen Daten eingeben wie ich):

```
Autor eingeben: Marcus
Autor: Marcus
Titel:

Titel eingeben: Dummies
Autor: Marcus
Titel: Dummies

Bitte Daten eingeben
Autor: Marcus Bäckmann
Titel: OOP für Dummies
Autor: Marcus Bäckmann
Titel: OOP für Dummies
```

Relativ ähnlich zu BookView gibt es noch eine Klasse LibraryView.

```
#ifndef _LIBRARYVIEW_H
#define _LIBRARYVIEW_H
#include "library.h"
class LibraryView
{
public:
    LibraryView(Library& library)
        : m_Library(library)
    {}
    void show();
private:
    Library& m_Library;
```

```
};
#endif
```

Listing 18.8: KAP18/LIBRARY.H

Mit der Implementation

```
#include <iostream>
#include "libraryview.h"
using namespace std;
void LibraryView::show()
{
    if (m_Library.empty())
        cout << "keine Daten im Bestand" << endl;
    else
        cout << m_Library.size()
             << " Titel im Bestand" << endl;
}
```

Damit ist ein erheblicher Teil des Programms bereits geschafft.

✔ Üblicherweise besitzt beim MVC-Konzept jede Model-Klasse mindestens eine zugehörige View-Klasse.

✔ Wird das Programm auf einer grafischen Benutzerumgebung realisiert, werden in den View-Klassen die Edit- und Dialogelemente gefüllt.

Die Controller-Klassen des Frameworks

Die Verbindung zwischen den Daten und den Views wird über den Controller mit seinen Klassen hergestellt. Wie bereits besprochen, dient die Klasse IMenuItem als Interface-Klasse, damit die Menu-Klasse das Menü darstellen und ausführen kann.

```
#ifndef _MENUITEM_H
#define _MENUITEM_H
#include <string>
class IMenuItem
{
public:
    virtual ~IMenuItem() {}
    virtual std::string getCaption() const = 0;
    virtual void action() = 0;
};
#endif
```

Listing 18.9: KAP18/MENUITEM.H

Die Methode getCaption liefert in der jeweils abgeleiteten Klasse den Titel des Menüeintrags, über die virtuelle Methode action wird dann bei Auswahl des entsprechenden Eintrags die Aktion ausgeführt. Die Klasse Menu dazu liest sich folgendermaßen:

```
#ifndef _MENU_H
#define _MENU_H
#include <vector>
#include "menuitem.h"
class Menu
{
public:
    Menu() {}
    ~Menu();
    void addItem(IMenuItem* pMenuItem);
    void show();
private:
    bool displayAndSelect();
    typedef std::vector<IMenuItem*> MenuItems;
    MenuItems m_MenuItems;
};
#endif
```

Listing 18.10: KAP18/MENU.H

Mit der Methode addItem kann ein neuer Menüeintrag eingehängt werden, die Funktion show dient der Darstellung des Menübaums. Implementiert sind diese Methoden als:

```
#include "menu.h"
#include <iostream>
#include <vector>
using namespace std;
Menu::~Menu()
{
    for (MenuItems::size_type i = 0;
            i < m_MenuItems.size(); i++)
        delete m_MenuItems[i];
}
void Menu::addItem(IMenuItem* pMenuItem)
{
    m_MenuItems.push_back(pMenuItem);
}
void Menu::show()
{
    while (displayAndSelect())
        ;
}
bool Menu::displayAndSelect()
{
    cout << endl;
    cout << "M E N U E" << endl;
    cout << "=========" << endl << endl;
    for (MenuItems::size_type i = 0;
            i < m_MenuItems.size(); i++)
    {
```

```
      cout << '[' << i + 1 << "] - ";
      cout << m_MenuItems[i]->getCaption() << endl;
   }
   cout << "[0] - Ende" << endl << endl;
   // warte auf Auswahl
   unsigned choice;
   do
   {
      cout << "Ihre Auswahl: ";
      // Tastaturbuffer löschen
      cin.clear();
      cin.ignore(cin.rdbuf()->in_avail());
      cin >> choice;
      if (choice == 0)
         return false;
   } while (!(choice <= m_MenuItems.size()));
   // Tastaturbuffer löschen
   cin.clear();
   cin.ignore(cin.rdbuf()->in_avail());
   m_MenuItems[choice - 1]->action();
   return true;
}
```

Listing 18.11: KAP18/MENU.CPP

Verschiedene Teile dieser Klasse verdienen besondere Aufmerksamkeit, der graue Kasten *Ein simples Framework für Menüs* liefert diese Informationen.

 ### *Ein simples Framework für Menüs*

Die Klasse Menu benutzt die Template-Klasse vector<T> zur Speicherung von Menü-einträgen – eine erstmalige Verwendung ist, dass nun als Typ in dieser dynamischen Struktur Zeiger gespeichert werden, da die Klasse als vector<IMenuItem*> spezialisiert wird.

Notwendig ist dies, damit der Aufruf virtueller Funktionen für die eingehängten IMenuItem-Objekte möglich wird, die Funktion addItem hängt mit

```
   m_MenuItems.push_back(pMenuItem);
```

daher neue entsprechende Objekte am Ende des Vektors ein. Beachten Sie, dass damit die Klasse Menu die Verantwortung für den Speicher des IMenuItem-Objekts übernimmt. Der Destruktor von Menu::~Menu räumt daher mit einer Schleife

```
   for (MenuItems::size_type i = 0;
        i < m_MenuItems.size(); i++)
      delete m_MenuItems[i];
```

die ganzen gespeicherten Objekte auf. Für jeden gespeicherten Zeiger muss explizit ein delete aufgerufen werden, um das IMenuItem-Objekt zu löschen.

```
Menu::show stellt das Menü dar
   while (displayAndSelect())
      ;
```

Sobald die private Funktion `displayAndSelect` erstmalig ein `false` liefert, wird `show` beendet und zum Aufrufer zurückgekehrt.

Innerhalb von `Menu::displayAndSelect` wird zunächst ein Kopf des Menüs geschrieben, danach das Menü selbst. Dies geschieht in der Schleife

```
for (MenuItems::size_type i = 0;
     i < m_MenuItems.size(); i++)
{
   cout << '[' << i + 1 << "] - ";
   cout << m_MenuItems[i]->getCaption() << endl;
}
```

Für jedes gespeicherte `IMenuItem`-Objekt wird über die virtuelle Methode `getCaption` der Titel ermittelt und ausgegeben, das Ganze noch umrahmt von einer Ziffer, damit der Benutzer den Eintrag auch auswählen kann.

Danach wartet das Programm mit einer do-while-Schleife auf eine gültige Eingabe des Benutzers, bei Eingabe von 0 wird die Funktion mit `false` verlassen. Bei gültiger Eingabe erfolgt durch

```
m_MenuItems[choice - 1]->action();
```

der Aufruf der virtuellen Funktion `action` des jeweils eingehängten `IMenuItem`-Objekts, wodurch die eigentliche Bearbeitung des Menüaufrufs stattfindet.

Das Framework ist völlig neutral und weiß nichts über `Book`- oder `Library`-Objekte, Sie können es auch für eigene Objekte weiterverwenden. Sogar ein Test ist zu diesem Zeitpunkt bereits möglich.

```
#include "menu.h"
#include <string>
#include <iostream>
using namespace std;
class MI1 : public IMenuItem
{
public:
   virtual string getCaption() const
   {
      return "Menuepunkt 1";
   }
   virtual void action()
   {
      cout << "Die Auswahl war Menuepunkt 1"
           << endl;
   }
};
class MI2 : public IMenuItem
```

```
{
public:
   virtual string getCaption() const
   {
      return "Menuepunkt 2";
   }
   virtual void action()
   {
      cout << "Die Auswahl war Menuepunkt 2"
           << endl;
   }
};
int main()
{
   Menu menu;
   menu.addItem(new MI1());
   menu.addItem(new MI2());
   menu.show();
   return 0;
}
```

Listing 18.12: KAP18/MENUTEST.CPP

Das Testprogramm zeigt, wie man das Framework initialisiert und damit arbeitet. Sie leiten für jeden Menüeintrag eine Klasse von IMenuItem ab und überschreiben die Methoden getCaption und action mit Ihrem eigenen Code.

Im Hauptprogramm wird ein Menu-Objekt erzeugt und über addItem die Instanzen dieser abgeleiteten Objekte eingehängt. Nach show sehen Sie am Bildschirm eine Ausgabe dieser Form:

```
M E N U E
=========

[1] - Menuepunkt 1
[2] - Menuepunkt 2
[0] - Ende

Ihre Auswahl:
```

Sie können tatsächlich die Punkte auswählen und sehen über die Ausgabe auch, welcher Punkt aktiviert wurde. Das Menüsystem ist somit komplett.

Ein *Framework* ist ein durch den Entwickler erweiterbares oder anpassbares System von Klassen. In der Regel werden abstrakte oder leere Operationen in Unterklassen definiert und dort implementiert. Typische Frameworks sind zum Beispiel Klassenbibliotheken für grafische Oberflächen.

Typisch für ein Framework ist, dass es keine Ahnung vom eigentlichen Problemkreis hat. Wie im vorliegenden Fall, die Framework-Klasse Menu hat keine Ahnung von der Aufgabe, Buchdaten zu verwalten.

✔ Das Funktionsprinzip von Menu ist ganz ähnlich zu dem Dummies::MultimediaSystem aus dem Kapitel *Kinder vieler Väter*, in dem Sie erstmalig mit Interface-Klassen arbeiteten.

Innerhalb der Klasse Menu werden mit der Template-Klasse vector Zeiger auf Objekte gespeichert. Als Template-Parameter sind auch Zeiger erlaubt.

Speichert eine Template-Klasse Zeiger, ist es extrem wichtig, festzulegen, ob die Container-klasse die Verantwortung für den Speicher übertragen bekommt oder nicht. Falls sie die Zeiger nur speichert, aber nicht für den Speicher verantwortlich ist, müssen keine besonderen Vorkehrungen getroffen werden. Im vorliegenden Fall dagegen übernimmt der Container m_MenuItems die Verantwortung für die Speicherfreigabe, es muss daher vor der Zerstörung des Container-Objekts explizit für jedes gespeicherte Element delete aufgerufen werden. Die Memberfunktion erase der Template-Klasse würde nur den Zeiger aus dem Container entfernen, nicht aber den Speicher freigeben.

Die Programmzeilen

```
cin.clear();
cin.ignore(cin.rdbuf()->in_avail());
```

löschen den Tastaturbuffer. Da alle Eingaben auf der Tastatur gepuffert werden, wird damit sichergestellt, dass vor Eingaben alle noch eventuell vorhandenen Eingaben gelöscht werden.

Die Controller-Klassen

Eigentlich fehlen nun noch die von IMenuItem abgeleiteten speziellen Klassen, damit die Menüfunktionen auch ausgeführt werden können.

Sie realisieren zunächst zwei Menüpunkte, die Eingabe von Daten und die Ausgabe der Daten.

```
#ifndef _BOOKMENU_H
#define _BOOKMENU_H
#include <list>
#include "library.h"
#include "menuitem.h"
class MIInput : public IMenuItem
{
public:
   MIInput(Library* pBookList)
     : m_pBookList(pBookList)
   {}
   virtual std::string getCaption() const
   {
      return "Buchdaten eingeben";
   }
   virtual void action();
```

```
private:
   Library* m_pBookList;
};
class MIOutputList : public IMenuItem
{
public:
   MIOutputList(Library* pBookList)
      : m_pBookList(pBookList)
   {}
   virtual std::string getCaption() const
   {
      return "Buchliste ausgeben";
   }
   virtual void action();
private:
   Library* m_pBookList;
};
#endif
```

Listing 18.13: KAP18/BOOKMENU.H

Im Wesentlichen fällt auf, dass die Konstruktoren der beiden Klasse MIInput (für die Eingabe) und MIOutputList (für die Ausgabe) im Konstruktor noch einen Zeiger auf ein Library-Objekt übernehmen und in einer Membervariablen speichern. Dies wird zur Ausführung der Tätigkeiten in den action-Methoden benötigt, wie Sie im folgenden Code sehen können.

```
#include "bookmenu.h"
#include "bookview.h"
#include "libraryview.h"
#include <iostream>
using namespace std;
void MIInput::action()
{
   if (m_pBookList)
   {
      Book newbook;
      BookView view(newbook);
      view.editAuthorTitle();
      m_pBookList->push_back(newbook);
   }
}
void MIOutputList::action()
{
   if (m_pBookList)
   {
      LibraryView libview(*m_pBookList);
      libview.show();
      Library::iterator it = m_pBookList->begin();
      while (it != m_pBookList->end())
      {
```

```
        BookView view(*it);
        view.showAuthorTitle();
        ++it;
    }
  }
}
```

Listing 18.14: KAP18/BOOKMENU.CPP

Hier schlägt dann auch endlich mal die Stunde der Liste. Wobei, wenn wir ganz ehrlich sind, besonders viel taucht auf der Aufruferebene davon gar nicht auf. Ein simples `push_back` des gerade eingegebenen Book-Objekts reicht aus, damit die notwendigen Speicheroperationen im Hintergrund ablaufen.

Die Methode `MIOutputList::action` ist ebenfalls nur unwesentlich länger, sie legt zunächst für das Library-Objekt einen View an, bevor die Liste mit Hilfe eines Iterators Element für Element durchlaufen wird. Der Listendurchlauf unterscheidet sich nicht von dem, was Sie bisher für `list<int>` kennen lernten. Interessant ist hier die Erzeugung des jeweiligen View-Objekts `BookView` aus dem aktuellen Book-Objekt und der anschließenden Darstellung, was in den Zeilen

```
        BookView view(*it);
        view.showAuthorTitle();
```

automatisch abläuft.

Die Funktionalität des Programms ist schon weitgehend perfekt, bleiben nur einige Punkte festzuhalten, bevor es zum letzten Teil geht.

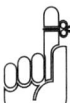

Template-Klassen wie `vector` oder `list` sind keine Spielerei von C++, sondern sie erledigen so viel Arbeit, dass man oftmals gar nicht mehr als eine einzige Zeile davon sieht. Darin liegt die Stärke der STL.

Spezialisiert man Template-Klassen für komplexe Klassentypen, so unterscheidet sich der Zugriff auf die Klasse nicht von der Speicherung einfacher skalarer Typen. Wichtig ist, dass die gespeicherte Klasse einen funktionierenden Copykonstruktor, Zuweisungsoperator und Defaultkonstruktor besitzt. So wird zum Beispiel beim Aufruf von `list<Book>::push_back(newbook)` hinter den Kulissen der Copykonstruktor aufgerufen, um eine Kopie von `newbook` als Element in der Liste zu speichern.

✔ Je nach Anwendung sind noch weitere Operatoren für die gespeicherte Klasse zu implementieren, wie Sie nach ein paar Seiten erfahren werden.

Das Hauptprogramm

Nun noch ein bisschen Uhu dazu und das Haus steht ... schauen Sie auf die Checkliste

✔ Model-Klassen sind komplett.

✔ View-Klassen sind komplett.

✔ Controller-Klassen sind komplett.

Geben Sie ein kleines Hauptprogramm hinzu, in dem das Framework und das Library-Objekt instanziiert werden, dann kann's losgehen. Da fliegen gleich die Löcher aus dem Käse.

```cpp
#include "menu.h"
#include "bookmenu.h"
#include "library.h"
#include <list>
using namespace std;
int main()
{
    Library library;
    Menu menu;
    menu.addItem(new MIInput(&library));
    menu.addItem(new MIOutputList(&library));
    menu.show();
    return 0;
}
```

Listing 18.15: KAP18/LIBMAIN.CPP

Das ist der Nebeneffekt der Objektorientierung und der damit auch verbundenen Kapselung: Ist alles fertig, schrumpfen die Hauptprogramme auf einige Zeilen zusammen. Hinter diesem kurzen Programmstück versteckt sich eine schon ziemlich umfangreiche Verwaltung von Buchdaten.

Starten Sie das Programm und geben Sie nach Eingabe von 1 mal ein paar Daten ein.

```
M E N U E
=========

[1] - Buchdaten eingeben
[2] - Buchliste ausgeben
[0] - Ende

Ihre Auswahl: 1
```
Also, ein paar Daten

```
Bitte Daten eingeben
Autor: Bäckmann, Marcus
Titel: OOP für Dummies
```

Und nun geben Sie im Menü eine 2 ein

```
1 Titel im Bestand
Autor: Bäckmann, Marcus
Titel: OOP für Dummies
```

Toll. Sie können noch einige weitere Titel hinzufügen, das Programm funktioniert schon ganz gut.

Das Programm kann sehr gut als Spielwiese für Erweiterungen der Klasse Book dienen, um mehr und auch komplexere Informationen zu speichern. Der nun vorhandene Kern lässt sich leicht erweitern.

Library v2.0 mit neuen Features

Nervt Sie eigentlich auch diese Inflation an Programmversionen? Früher gingen die Hersteller ja noch behutsam vor, nach 1.0 folgte mal ein 1.1 oder 1.2, inzwischen kommt nach einem 9.2 gleich ein 10. Unter Windows lässt sich das schön beobachten, da die ganzen alten Programme unter DOS in der Version 1.0 vorlagen, sind die Nummern heute alle schon bei 9, 10 oder 11 angekommen.

Wir springen natürlich auf diesen Trend auf und geben unserem ersten Update der Bücherverwaltung sofort die Versionsnummer 2.0. Zwei zusätzliche Funktionen reichen schon aus, um das zu begründen.

Eine genaue Marktanalyse hat nämlich ergeben, dass dem Programm LIBMAIN.CPP zwei wichtige Features fehlen:

1. Die Ausgabe der Buchdaten soll doch bitte sortiert nach Autor (und darunter nach Titeln) erfolgen.

2. Es ist keine Suche nach Autoren möglich.

Erweitern Sie die Datei BOOKMENU.H zunächst um einen weiteren Menüeintrag:

```
class MISearchAuthor : public IMenuItem
{
public:
   MISearchAuthor(Library* pBookList)
      : m_pBookList(pBookList)
   {}
   virtual std::string getCaption() const
   {
      return "Nach Autor suchen";
   }
   virtual void action();
private:
   Library* m_pBookList;
};
```

Listing 18.16: Erweiterung von KAP18/BOOKMENU.H

Es fehlt in LIBMAIN.CPP dann noch ein dritter addItem-Eintrag, ergänzen Sie die Datei um die Zeile

```
   menu.addItem(new MISearchAuthor(&library));
```

Fehlt nun noch die Implementation von MISearchAuthor, die Sie bitte in der Datei BOOKMENU.CPP ergänzen.

```
void MISearchAuthor::action()
{
   if (m_pBookList)
   {
      LibraryView libview(*m_pBookList);
      libview.show();
      if (m_pBookList->empty())
         return;
      Book searchBook(string("*"), string());
      BookView authorView(searchBook);
```

```
    authorView.editAuthor();
    Library::iterator it = m_pBookList->begin();
    while (it != m_pBookList->end())
    {
        if (*it == searchBook)
        {
            BookView view(*it);
            view.showAuthorTitle();
        }
        ++it;
    }
    }
}
```

Listing 18.17: Erweiterung von KAP18/BOOKMENU.CPP/

Wenn Sie das Programm nun kompilieren wollen, schreit Ihr Compiler auf – genau bei dem `*it ==` `searchBook`. Es ist nämlich kein Gleichheitsoperator für die Klasse `Book` implementiert worden. Holen Sie das nach, indem zunächst in BOOK.H der Prototyp der Operator-Funktion deklariert wird

```
bool operator==(const Book& left,
                const Book& right);
```

Listing 18.18: Ergänzung von KAP18/BOOK.H

Was bedeutet Gleichheit zweier Bücher? Das ist eine interessante Frage, normalerweise sind die Bücher gleich, wenn Autor und Titel übereinstimmen. Solche Spielereien wie »gebundener Einband« oder »Paperbackausgabe« interessieren uns ja nicht.

Als Gleichheit von Autor (oder Titel) soll auch gelten, wenn einer der beiden Strings den Wert `"*"` enthält. Damit kann bereits eine einfache Suche nach Mustern durchgeführt werden, da ein Vergleich `"*"` gleich `"Bäckmann, Marcus"` auf jeden Fall `true` liefern soll. Mit diesen Forderungen sieht der `operator==` dann so aus:

```
bool operator==(const Book& left,
                const Book& right)
{
    bool authorMatch = false;
    bool titleMatch = false;
    if ( (left.getAuthor() == right.getAuthor()) ||
         (left.getAuthor() == "*") ||
         (right.getAuthor() == "*") )
        authorMatch = true;
    if ( (left.getTitle() == right.getTitle()) ||
         (left.getTitle() == "*") ||
         (right.getTitle() == "*") )
        titleMatch = true;
    return authorMatch && titleMatch;
}
```

Listing 18.19: Ergänzung zu KAP18/BOOK.CPP

Der Trick mit dem "*" wird in `MISearchAuthor` auch angewendet – dort wird nur ein Titel eingegeben und danach eine Art »zu suchendes Buch« `searchBook` erzeugt, bei dem der Titel auf den Wert "*" gesetzt ist. Die Gleichheit beim Durchlauf der Buchliste ergibt sich dann bereits für die Gleichheit der Autoren, da der Vergleich eines Titels "*" mit einem beliebigen Titel immer `true` ergibt.

Sie können das Programm nun starten und sehen danach auch einen neuen Menüeintrag

```
[3] - Nach Autor suchen
```

der wie gewünscht funktioniert.

Fehlt noch die Sortierung ... machen wir es nicht allzu spannend, `list<T>` besitzt eine Methode `sort`, die hier sofort nutzbar ist. Allerdings muss auch hier für die Klasse `Book` ein `operator<` implementiert werden, damit die Sortierfunktion einen Vergleich zwischen zwei `Book`-Objekten durchführen kann.

```
bool operator<(const Book& left,
               const Book& right);
```

Listing 18.20: Ergänzung von KAP18/BOOK.H

```
bool operator<(const Book& left,
               const Book& right)
{
   if (left == right)
      return false;
   if (left.getAuthor() < right.getAuthor())
      return true;
   else if (left.getAuthor() == right.getAuthor())
   {
      if (left.getTitle() < right.getTitle())
         return true;
   }
   return false;
}
```

Listing 18.21: Ergänzung von KAP18/BOOK.CPP

Gleich zu Beginn wird geprüft, ob die `Book`-Objekte identisch sind. Falls ja wird die Ungleichheit sofort mit einem `false` beantwortet. Der Trick hier liegt darin, dass damit auch der Vergleich zwischen einem Autor "*" und einem Autor "Karl Napf" zu einem korrekten Ergebnis des `operator<` führt. Schließlich muss ja in Betracht gezogen werden, dass einer der Werte auf "*" gesetzt wurde.

Zwei `Book`-Objekte werden danach auf `<` getestet, indem nun nach dem Autor geschaut wird. Sind die Autoren identisch, wird die Prüfung für den Titel durchgeführt. Der Titel »Uta Danella: Wenn Blumen blühen« ist also kleiner als »Uta Danella: Wenn das Herbstlaub fällt«. Welche versteckte Wahrheit doch in dieser Aussage liegt.

Um die Liste komplett zu sortieren, fehlt noch in `MIOutputList::action` vor dem `while` die Zeile

```
      m_pBookList->sort();
```

Listing 18.22: Ergänzung von KAP18/BOOKMENU.CPP

Danach erscheinen die Bücher bei der Ausgabe immer sofort sortiert, testen Sie dies mal mit gleichen Autorennamen aus.

Natürlich kann man die Bücher auch sofort sortiert in die Liste einhängen, in diesem Fall ist die Funktion `MIInput::action` abzuändern, ersetzen Sie dort das `m_pBookList->push_back(newbook);` durch die folgenden Zeilen

```
Library::iterator it = m_pBookList->begin();
while (it != m_pBookList->end())
{
    if (*it < newbook)
        ++it;
    else
        break;
}
m_pBookList->insert(it, newbook);
```

Listing 18.23: Ergänzung zu KAP18/BOOKMENU.CPP

Über einen Durchlauf durch die Liste wird nach Elementen gesucht, die noch kleiner sind als das aktuelle Element. Sind die Elemente in der Liste kleiner als das aktuelle Element, so wird die Schleife verlassen und über `insert` an der aktuellen Stelle das Objekt `newbook` eingefügt, ansonsten wird das nächste Listenelement besucht. Diese Einfügemethode funktioniert sowohl für die leere Liste, für das Einfügen am Anfang als auch am Ende.

Damit können wir die Version 2.0 der Bücherverwaltung zum Verkauf freigeben, Ihrer Karriere als Software-Milliardär steht eigentlich nichts mehr im Wege. Halten Sie sich aber immer an die folgenden goldenen Regeln.

Auf der Homepage des Buches stehen alle Dateien in der endgültigen Form auch zum Download zur Verfügung.

✔ Verwendet man Containerklassen für Klassentypen, so müssen je nach auszuführender Operation bestimmte Operatoren der Klasse zur Verfügung gestellt werden. Vergleiche benötigen einen `operator==`, Sortiermethoden oder sortierte Container-Vergleichsfunktionen wie `operator<`.

✔ Wie ein Vergleich zweier Objekte dieser Klasse intern realisiert wird, ist alleine Ihre Entscheidung. Der Vergleich kann verschiedene Attribute prüfen und daraus das Ergebnis ableiten oder auch nur ein einziges Element abprüfen. Das ist der Vorteil gegenüber festen Vergleichsoperatoren, die nur stur auf Gleichheit der Bits & Bytes testen können.

✔ Skalare Typen wie `int`, `float` und `double`, aber auch Klassen wie `std::string` besitzen diese Operatoren bereits von Haus aus. Daher funktionieren die Container damit auf Anhieb.

Um die Sortierung zu perfektionieren, kann die Klasse `Book` zusätzlich auch noch Vornamen und Nachnamen des Autors unterscheiden, Groß- und Kleinschreibung kann im `operator<` gleich behandelt werden und vieles mehr. Sie können hier also noch reichhaltige Veränderungen vornehmen, um eines Tages auf eine Version 10.0 zu kommen.

Für Unsportliche: Hangeln leicht gemacht

Damit Sie auch für die Zukunft fit sind, fehlt nur noch eine kurze Referenz der wichtigsten Methoden rund um die Template-Klasse `list<typename T>`.

Element	Beschreibung
`list()`	initialisiert eine leere Liste
`list(size_type n, const T& v = T())`	erstellt eine Liste mit n Elementen, die Kopie des Elements v sind. Falls kein Objekt v angegeben wurde, werden die Elemente mit dem Defaultkonstruktor von T initialisiert
`list(const list& x)`	Copykonstruktor, kopiert alle Elemente der Liste x
`list(const_iterator first, const_iterator last)`	Erstellt eine neue Liste und kopiert alle Elemente zwischen den Iteratoren `first` und `last` einer anderen Liste
`void resize(size_type n, T x = T())`	die Liste besitzt danach n Elemente, muss die Liste dazu vergrößert werden, werden die neuen Elemente mit Kopien von T oder dem Defaultkonstruktor von T initialisiert
`size_type size() const`	gibt die Anzahl der Elemente in der Liste zurück
`bool empty() const`	liefert `true`, falls die Liste leer ist
`reference front()`	liefert eine Referenz auf das erste Element der Liste
`reference back()`	wie `front` für das letzte Element der Liste
`void push_front(const T& x)`	hängt eine Kopie des Elements x am Anfang der Liste ein
`void pop_front()`	entfernt des erste Element der Liste
`void push_back(const T& x)`	hängt eine Kopie des Elements x am Ende der Liste ein
`void pop_back()`	entfernt das letzte Element der Liste
`void assign(const_iterator first, const_iterator last)`	weist dem aktuellen Listenobjekt die Kopien der Elemente zwischen `first` und `last` einer anderen Liste zu
`void assign(size_type n, const T& x = T())`	weist dem aktuellen Listenobjekt n Elemente als Kopie von x zu oder initialisiert diese mit dem Defaultkonstruktor
`iterator insert(iterator it, const T& x = T())`	fügt an der Stelle `it` eine Kopie des Elements x ein oder initialisiert das Element mit dem Defaultkonstruktor, falls kein Element angegeben wurde
`void insert(iterator it, size_type n, const T& x)`	fügt n Kopien von x an der Stelle `it` ein
`void insert(iterator it, const T* first, const T* last)`	fügt die Kopien der Elemente zwischen `first` und `last` an der Stelle `it` ein
`iterator erase(iterator it)`	löscht das Element an der Stelle `it` und liefert einen Iterator auf das erste Element vor dem gelöschten Element zurück
`iterator erase(iterator first, iterator last)`	löscht alle Elemente zwischen `first` und `last` und liefert einen Iterator auf das erste Element vor dem gelöschten Element zurück
`void clear()`	löscht die gesamte Liste
`void swap(list x)`	tauscht den Inhalt von x und der aktuellen Liste aus
`void splice(iterator it, list& x)`	wie `insert`, aber das Element wird aus x entfernt

Element	Beschreibung
`void splice(iterator it, list& x, iterator first)`	entfernt alle Elemente aus der Liste x ab der Position `first` und hängt diese ab `it` ein
`void splice(iterator it, list& x, iterator first, iterator last)`	entfernt alle Elemente zwischen `first` und `last` aus der Liste x und hängt diese ab `it` im aktuellen Listen-Objekt ein
`void remove(const T& x)`	entfernt alle Objekte aus der Liste, die gleich x sind
`void unique()`	entfernt alle Elemente aus der Liste, die gleich ihrem Vorgänger sind
`void merge(list &x)`	entfernt alle Elemente aus x und hängt diese sortiert in die aktuelle Liste ein, diese muss ebenfalls sortiert sein
`void sort()`	sortiert die aktuelle Liste
`void reverse()`	kehrt die Reihenfolge der Liste um

Tabelle 18.1: Eine Referenz wichtiger Funktionen der Klasse `list<T>`

Funktionen wie `sort`, `merge` oder `unique` benötigen zu ihrer korrekten Funktion entsprechende Vergleichsoperatoren, die für das verwaltete Objekt `T` existieren müssen.

 Auch diese Seite verdient einen gelben Zettel, damit man die Tabelle schneller findet.

Mehr Container und Adapter

In diesem Kapitel

▷ Bekommen Sie eine kurze Zusammenfassung über weitere wichtige Container-Klassen der STL

▷ Erfahren Sie, was ein Adapter ist

▷ Lernen Sie deque<T> kennen

▷ Verwalten Sie Warteschlangen in queue<T>

▷ Spielen Sie Herzblatt, indem Sie Pärchen mit Hilfe von map<Key, T> verheiraten

*L*isten und Vektoren sind ziemlich grundlegende Elemente in der Welt der Datenstrukturen. Für spezielle Zwecke gibt es noch Modifikationen, gerade die Liste ist in dieser Hinsicht sehr beliebt. Man kann sich verschiedene Einschränkungen der Liste vorstellen, die in der Informatik ganz berühmte Strukturen darstellen.

Die Deque ist eine Schlange mit zwei Köpfen, ähnlich der berühmten Medusa. Allerdings wachsen diese nicht nach, wenn man einen abschlägt.

Eine Queue ist das, was Sie von der Kasse im Supermarkt kennen, Sie stellen sich hinten an, und vorne dürfen Sie irgendwann zahlen. Fachleute sagen dazu auch *FIFO-Speicher*, *First-In-First-Out*, weil der Erste in der Schlange auch als Erster an der Kasse ist. FIFO kennt übrigens keine drängelnden Omas.

Deque

Was ist eigentlich ein Deque? Und wie spricht man das aus? Wahrscheinlich ist das wohl einer der Gründe, warum die Klasse deque<T> so ein Schattendasein führt, keiner weiß, wie man das ausspricht. Wie haben Sie das jetzt beim Lesen im Kopf gehört? »Deck«, so spricht man das aus, als Abkürzung von *double ended queue*, also eine Schlange mit zwei Enden.

Betrachten Sie zunächst das Beispielprogramm für die Container-Klasse deque, in dem Elemente der Klasse Element verwaltet werden.

```
#include <deque>
#include <iostream>
using namespace std;
class Element
{
public:
    Element(int val)
        : m_Value(val)
    {}
    int getVal() const
```

```
    {
        return m_Value;
    }
    void setVal(int val)
    {
        m_Value = val;
    }
private:
    int m_Value;
};
typedef deque<Element> Medusa;
void out(const Medusa& thedeque)
{
    if (thedeque.empty())
    {
        cout << "Die Liste ist doch leer!" << endl;
        return;
    }
    Medusa::const_iterator it = thedeque.begin();
    while (it != thedeque.end())
    {
        cout << it->getVal() << '\t';
        ++it;
    }
    cout << endl;
}
void out2(const Medusa& thedeque)
{
    if (thedeque.empty())
    {
        cout << "Die Liste ist doch leer!" << endl;
        return;
    }
    for (int i = 0; i < thedeque.size(); i++)
    {
        cout << thedeque[i].getVal() << '\t';
    }
    cout << endl;
}
void out_rev(const Medusa& thedeque)
{
    Medusa::const_reverse_iterator
        it = thedeque.rbegin();
    while (it != thedeque.rend())
    {
        cout << it->getVal() << '\t';
        ++it;
    }
    cout << endl;
}
```

```
int main()
{
   Medusa medusa;
   for (int i = 0; i < 5; i++)
   {
      medusa.push_back(Element(i));
      medusa.push_front(Element(i + 1));
   }
   out(medusa);
   // nun Ausgabe von hinten her
   out_rev(medusa);
   // am Anfang und Ende das Element entfernen
   medusa.pop_back();
   medusa.pop_front();
   out2(medusa);
   // eine neue Liste aus den Elementen ohne
   // den Rand erzeugen
   Medusa::const_iterator it1 = medusa.begin();
   Medusa::const_iterator it2 = medusa.end();
   ++it1;
   --it2;
   Medusa newmedusa(it1, it2);
   out2(newmedusa);
   // die andere Liste vorne einhängen
   medusa.insert(medusa.begin(),
                 newmedusa.begin(), newmedusa.end());
   out(medusa);
   out2(newmedusa);
   // alle Elemente entfernen
   medusa.clear();
   out(medusa);
   return 0;
}
```

Listing 19.1: KAP19/DEQUE_DEMO.CPP

Sie sollten inzwischen keine Probleme mehr damit haben, das obige Beispielprogramm zu verstehen, da Sie die Memberfunktionen von deque<T> bereits von vector<T> und list<T> kennen. Falls Sie sich noch etwas unsicher sind, lesen Sie sich die Kapitel *Wachsweiche Felder* und *Listige Listen* noch einmal durch. Zunächst einmal finden Sie in der folgenden Tabelle 19.1 eine Referenz wichtiger Methoden der Klasse deque<T>.

Memberfunktion	Beschreibung
deque	erzeugt ein leeres Objekt
deque(size_type n, const T& v = T())	erzeugt eine Deque mit n Elementen, die alle mit einer Kopie des übergebenen Objekts vom Typ T initialisiert werden. Falls kein Objekt angegeben wird, werden die Objekte mit dem Defaultkonstruktor initialisiert.
deque(const deque& x)	Der Copykonstruktor

Memberfunktion	Beschreibung
deque(const_iterator first, const_iterator last)	erstellt eine neue Deque, indem die Elemente zwischen den beiden Iteratoren first und last - 1 kopiert werden
size_type size() const	gibt die Anzahl der Elemente in der Deque zurück
bool empty() const	liefert true, wenn die Deque leer ist
T& at(size_type pos)	liefert eine Referenz auf das Objekt an der Position pos, führt eine Bereichsüberprüfung durch
T& operator[size_type pos]	liefert eine Referenz auf das Objekt an der Position pos
T& front()	liefert eine Referenz auf das erste Objekt im Container zurück
T& back()	liefert eine Referenz auf das letzte Objekt im Container zurück
void push_back(const T& x)	hängt ein Objekt vom Typ T am Ende der Deque ein und vergrößert diese, falls notwendig
void pop_back()	entfernt ein Objekt am Ende des Deque, falls dies möglich ist
void push_front(const T& x)	hängt ein Objekt vom Typ T am Anfang der Deque ein und vergrößert diese, falls notwendig
void pop_front()	entfernt ein Objekt am Anfang der Deque, falls dies möglich ist
void assign(const_iterator first, const_iterator last)	weist der Deque die Elemente zwischen den Iteratoren first und last - 1 zu
deque& operator=(const deque& x)	weist dem aktuellen Deque-Objekt eine Kopie der Elemente der Deque x zu
void insert(iterator it, const_iterator first, const_iterator last)	fügt die Elemente zwischen den Iteratoren first und last - 1 an der Stelle des Iterators it ein
iterator insert(iterator it, const T& x= T())	fügt an der Position it ein neues Element ein, das eine Kopie von x ist. Wird kein Objekt übergeben, so wird das neue Objekt mit dem Defaultkonstruktor von T initialisiert. Liefert einen Iterator auf das eingefügte Objekt zurück.
iterator erase(iterator it)	löscht das Element an der Stelle it und liefert einen neuen Iterator auf die aktuelle Position zurück, oder end, falls die Deque danach leer ist
iterator erase(iterator first, iterator last)	löscht alle Elemente zwischen den Iteratoren first und last - 1 und liefert danach einen Iterator auf das erste Element vor dem gelöschten Bereich zurück. Oder end, falls die Deque nach dem Löschen leer ist
void clear()	entfernt alle Elemente aus der Deque
void swap(deque& x)	tauscht den Inhalt des aktuellen Deque-Objekts mit dem von x aus

Tabelle 19.1: Wichtige Memberfunktionen der Template-Klasse deque<class T>

Kommen wir zur Zusammenfassung.

Die Klasse deque<class T> aus dem Namensraum std verwaltet eine Schlange mit zwei Enden, der zugehörige Header heißt <deque>.

✔ deque<T> besitzt eine große Ähnlichkeit mit der Klasse vector<T>, kann aber zusätzlich auch noch Elemente am Anfang mit push_front sehr schnell (mit *O(1)*) einfügen. Vor allem ist im Unterschied zur Klasse `list<T>` ein indexierter Zugriff auf eine bestimmte Position mit `deque<T>::at()` oder dem `operator[]` möglich. Im obigen Programmbeispiel wird dies in der Funktion `out2` demonstriert.

 Wenn `deque<T>` so große Ähnlichkeit mit `vector<T>` besitzt, welchen Container sollte man in diesem Falle nehmen? Im Dokument zum C++-Standard (Abschnitt 23.1.1) steht dazu die Aussage

»vector ist der Container-Typ, den man üblicherweise benutzen sollte ... deque ist die Datenstruktur der ersten Wahl, wenn die meisten Einfüge- oder Löschoperationen am Anfang oder am Ende des Containers stattfinden«

✔ Intern arbeitet `deque<T>` ähnlich wie `vector<T>` und allokiert im Voraus ganze Speicherblöcke des Typs `T`. Diese Blöcke (lustigerweise im Englischen auch *decks* genannt) werden wie über eine Liste miteinander verknüpft. Das bedeutet, dass bei einer dynamischen Größenänderung des Containers anders als bei `vector<T>` nicht alle Elemente umkopiert werden müssen, sondern dass nur zusätzliche Blöcke ergänzt werden. Daraus folgt, dass bei `deque<T>` ein Wachsen des Containers deutlich schneller ist als bei `vector<T>`. Dafür ist der Zugriff auf das n-te Element bei `vector<T>` im Normalfall geringfügig schneller als bei `deque<T>`.

✔ Die Klasse `Element` kann über eine flache Kopie kopiert werden, so dass hier weder Copykonstruktor noch Zuweisungsoperator explizit definiert werden müssen.

✔ Die Container-Klasse `deque<T>` ist systemfreundlicher als `vector<T>`, da beim Vektor alle Elemente am Stück im Speicher liegen. Dies stellt eine große Belastung für das Betriebssystem dar, weil dort üblicherweise auch kleinere freie Speicherblöcke vorhanden sind. Diese können mit `vector<T>` nicht benutzt werden, während `deque<T>` seine Blöcke auch in die kleineren freien Speicherbereiche »hineinschmiegen« kann.

✔ Eine `deque<T>` ist normalerweise schneller als ein `list<T>`, dafür wird aber bei `list<T>` tatsächlich nur genau so viel Speicher belegt, wie Elemente vorhanden sind. Zudem besitzt `list<T>` Vorteile, wenn der Container exceptionsicher sein soll.

 Um eine Deque auf die notwendige Größe zu schrumpfen, also den als Reserve benutzten Speicher zu entfernen, kann man wie bei `vector<T>` den *shrink-to-fit*-Trick oder den *mache-einen-Vector-wirklich-leer*-Trick anwenden. Beide sind im Kapitel *Wachsweiche Felder* für `vector<T>` erklärt worden.

Queue

»Schon wieder eine neue Datenstruktur« ... werden Sie vielleicht aufstöhnen. Vektoren halten die Daten in einem einzigen Block, Listen halten dagegen die Daten jeweils in einem eigenen Block und die Deque liegt irgendwo in der Mitte. Was kann es für lineare Anordnungen von Daten denn noch geben?

Sie liegen mit Ihrem Aufschrei nicht ganz falsch, in der Tat ist der Datentyp `queue<T>` keine Datenstruktur, sondern ein Adapter für eine vorhandene Datenstruktur. Ein Adapter ist so was wie eine Verkleidung an Fasching (in den richtigen Bundesländern sagt man dazu Karneval), unter der Oberfläche ist die normale Person, diese trägt aber eine Maske und sieht daher etwas anders aus.

Ein solcher Adapter präsentiert sich bei queue<T>, der eine Schlange (*queue*) verwalten kann. Eine Schlange ist eine ganz klassische Variante einer Datenstruktur, am hinteren Ende kann man Daten einhängen und vorne aushängen. Die Analogie zur Kasse im Supermarkt ist also perfekt, daher bietet es sich an, im Rahmen dieses Buches auch gleich noch das Rätsel zu untersuchen, an welcher der beiden Schlangen man sich anstellen soll. Schauen Sie sich also das folgende Simulationsprogramm an.

```
#include <queue>
#include <iostream>
#include <cstdlib>
#include <ctime>
using namespace std;
class Buyer
{
public:
    Buyer(float price)
        : m_ToPay(price)
    {}
    void pay()
    {
        m_ToPay = 0;
    }
private:
    float m_ToPay;
};
int main()
{
    queue<Buyer> leftCashbox;
    queue<Buyer> rightCashbox;
    srand((unsigned)time(NULL));
    do
    {
        Buyer newPerson(static_cast<float>(rand()) /
                    RAND_MAX * 100.0f);
        if ((rand() % 2) == 0)
            leftCashbox.push(newPerson);
        else
            rightCashbox.push(newPerson);
        int motivation = rand() % 3;
        switch (motivation)
        {
        case 0:
            if (!leftCashbox.empty())
            {
                leftCashbox.front().pay();
                leftCashbox.pop();
            }
            break;
        case 1:
            if (!rightCashbox.empty())
            {
```

```
                rightCashbox.front().pay();
                rightCashbox.pop();
            }
        break;
      }
    cout << "Links : Rechts "
         << leftCashbox.size()
         << " : "
         << rightCashbox.size() << endl;
  } while ( (leftCashbox.size() +
            rightCashbox.size()) != 0);
  return 0;
}
```

Listing 19.2: KAP19/QUEUE_DEMO.CPP

Zufällig werden in die linke und rechte Warteschlange an den Kassen Käufer (Objekte der Klasse Buyer) eingehängt. Bei der Konstruktion dieser Objekte wird noch ein Kaufpreis mit übergeben, dieser stellt die Kaufsumme dar. Abhängig von der Motivation des Kassenpersonals wird nun von einer der Kassen ein Käufer abgefertigt oder es passiert gar nichts. Dies passiert so lange, bis beide Kassen irgendwann leer sind – was übrigens in diesem Programm nicht passieren kann, es werden immer mehr Käufer eingehängt als abgefertigt werden, so dass das Programm in eine Endlosschleife läuft. Aber das entspricht stark der Realität des Problems, auch im Supermarkt hat man das Gefühl, endlos zu warten.

Lassen Sie das Programm einige Male laufen und Sie bekommen eine Antwort auf das Problem, welche Kasse Sie zukünftig aufsuchen sollten.

Die Klasse queue<T> besitzt relativ wenige Memberfunktionen, da sie auch nur einen eingeschränkten Zugriff auf die enthaltenen Daten anbietet. In Tabelle 19.2 sind diese Funktionen aufgelistet.

Memberfunktion	Beschreibung
queue	erzeugt eine leere Schlange
T& back()	gibt eine Referenz auf das letzte Objekt zurück
bool empty() const	liefert true, falls die Schlange leer ist
T& front()	liefert eine Referenz auf das erste Objekt zurück
void pop()	entfernt das Objekt vom Anfang (Kopf) der Schlange
void push(const T& val)	hängt eine Kopie des Objekts val am Ende der Queue ein
size_type size() const	liefert die Anzahl der gespeicherten Werte zurück

Tabelle 19.2: Wichtige Memberfunktionen der Template-Klasse queue<class T>

Zusätzlich sollten Sie noch die folgenden Informationen über Schlangen im Kopf haben.

Eine Schlange ist eine Datenstruktur, bei der Daten nur an einem Ende eingehängt und nur am anderen Ende entfernt werden können. Schlangen sind ein FIFO-Speicher, je früher ein Element eingehängt wurde, desto früher wird es auch entfernt. In der STL wird dies durch die Containerklasse queue<class T> realisiert, die sich im Namensraum std befindet und zu der der Header <queue> gehört.

✔ Im Grunde ist die Klasse `queue<T>` nur ein *Adapter* für andere Containerklassen. Als Adapter bezeichnet man Klassen, die einen anderen Container umbauen oder so ändern, dass der Zugriff auf die Elemente in anderer oder eingeschränkter Form erfolgt. Die eigentliche Speicherung der Daten bei `queue<T>` findet im Normalfall mit Hilfe einer `deque<T>` statt. Allerdings kann man auch eine andere Containerklasse auswählen, dies geschieht durch eine andere Template-Spezialisierung:

```
queue<Buyer, list<Buyer> > leftCashbox;
```

würde eine lineare Liste als Datenstruktur zur Speicherung der Elemente verwenden.

✔ Die Klasse `queue<T>` besitzt keine Iteratoren.

✔ Die Klasse `queue<T>` besitzt auch keinen Copykonstruktor oder Zuweisungsoperator.

Es ist keine gute Idee, bei einer leeren Queue mit `queue<T>::back` oder `queue<T>::front` auf ein Element der Queue zugreifen zu wollen. Prüfen Sie vorher mit `queue<T>::empty`, ob die Queue auch wirklich Elemente enthält.

✔ Die Klasse `Buyer` kann über eine flache Kopie kopiert werden, so dass hier weder Copykonstruktor noch Zuweisungsoperator explizit definiert werden müssen.

✔ Man spricht den Klassennamen `queue` übrigens »kjuh« aus. Nicht!! etwa »köh« – das wäre dieses Stück Holz beim Billardspiel.

✔ Ein weiterer Adapter nennt sich `priority_queue<T>` und ist so etwas wie eine sortierte Queue. Hängt man am Ende mit `push` ein Objekt ein, so wird es mit Hilfe einer Vergleichsfunktion so einsortiert, dass die Objekte mit der höchsten Priorität am Anfang stehen.

✔ Typische Anwendungen für Queues sind Datenstrukturen, bei denen man Befehle und Befehlsfolgen einhängt und der Reihe nach verarbeitet.

Ich habe mir abgewöhnt, immer die kürzere Schlange an der Kasse zu wählen. Stattdessen gebe ich für jeden Artikel in den Warenkörben der Käufer einen Punkt, danach addiere ich für jedes Kind und für jede ältere Dame noch mal zehn Punkte hinzu. Danach wähle ich die Schlange mit dem kleinsten Punktestand aus. Bei zwei Kassen klappt dieses Verfahren in 50 % der Fälle. Alternativer Vorschlag: Lassen Sie Ihren Partner oder Ihre Partnerin einkaufen.

Von der Arbeit

In diesem Kapitel

▷ Wenden Sie zusätzlich zu den Datenstrukturen der STL auch deren Algorithmen an

▷ Erfahren Sie alternative Wege, wie man effektiv sortiert, sucht und vergleicht

▷ Bekommen Sie weitere Informationen zu Iteratoren

▷ Lernen Sie die Familie der Funktionsobjekte kennen

▷ Wird `<algorithm>` Ihr bester Freund werden

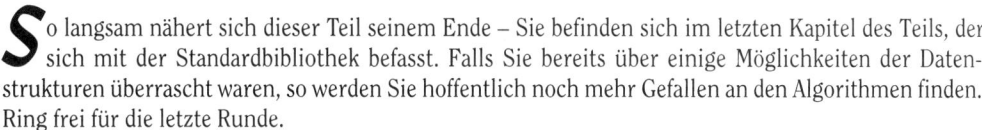

So langsam nähert sich dieser Teil seinem Ende – Sie befinden sich im letzten Kapitel des Teils, der sich mit der Standardbibliothek befasst. Falls Sie bereits über einige Möglichkeiten der Datenstrukturen überrascht waren, so werden Sie hoffentlich noch mehr Gefallen an den Algorithmen finden. Ring frei für die letzte Runde.

Erst mal ein Appetithäppchen

Kennen Sie den Spruch »Essen wir erst mal, gearbeitet haben wir dann gleich«? Genau so halten wir das hier auch. Bevor es so richtig losgeht mit der Arbeit und den Algorithmen, nehmen Sie ein kleines Appetithäppchen zu sich, damit Sie merken, wie mächtig die Algorithmen der STL sein können. Zwei Aufgaben sind von Ihnen zu lösen:

✔ Sie sollen für eine Lottosimulation 6 Zahlen aus 49 ziehen, ohne Wiederholer selbstverständlich und aufsteigend sortiert.

✔ Ein vom Benutzer eingegebener String soll umgekehrt werden.

Fangen Sie nicht gleich an zu grübeln, dieser Abschnitt befasst sich weniger mit dem Selbstmachen, sondern viel mehr mit dem Fertige-Sachen-nur-noch-Zusammenbauen. Falls Ihnen diese Aufgaben bekannt vorkommen, das sind solche Beispiele aus Programmierkursen oder Übungen zu Vorlesungen, womit die Leistungsfähigkeit der Studenten und Schüler gemessen wird.

Die Lösung wird erstaunlich kurz, wenn man die STL verwendet.

```
#include <algorithm>
#include <string>
#include <iostream>
using namespace std;
int main()
{
    unsigned Lotto[49];
    for (int i = 0; i < 49; i++)
```

```
    Lotto[i] = i + 1;
random_shuffle(&Lotto[0], &Lotto[49]);
sort(&Lotto[0], &Lotto[6]);
cout << "Die Zahlen lauten: ";
for (int j = 0; j < 6; j++)
    cout << Lotto[j] << '\t';
cout << endl;

string name;
cout << "Ihr Name: ";
getline(cin, name);
reverse(name.begin(), name.end());
cout << name << endl;
return 0;
}
```

Listing 20.1: KAP20/APPETIZER.CPP

Betrachten Sie das Programm, so erkennen Sie wesentliche Kernpunkte sicherlich auf Anhieb, nämlich die Verwendung der Funktionen `random_shuffle`, `sort` und `reverse`. Die Masse des Programms besteht gar nicht mehr aus den Algorithmen und deren Programmierung, sondern aus der Eingabe und Ausgabe von Daten. Halten wir zunächst einige Punkte fest, die im Verlauf dieses Kapitels noch näher ausgeführt werden.

✔ Im Header `<algorithm>` der Standardbibliothek verstecken sich zahlreiche Algorithmen, die man für verschiedenste Container anwenden kann. Alle Funktionen liegen im Namensraum `std`.

✔ Um den Algorithmen – genauer gesagt, den Funktionen, die die Algorithmen implementieren – den Zugriff auf den jeweiligen Container zu gewähren, sind Iteratoren das Schlüsselelement. Die Funktionen aus `<algorithm>` erhalten in der Regel mindestens zwei Iteratoren als Parameter, womit sie dann ihre Arbeit ausführen können.

 Man kann auch gewöhnliche statische Arrays im Zusammenspiel mit den Algorithmen verwenden, wobei hier die Adresse der Elemente die Rolle der Iteratoren spielt. Ein `&lotto[0]` entspricht einem `begin()`, ein `&lotto[49]` dem `end()`. Beachten Sie, dass das Element `lotto[49]` nicht mehr zum statischen Array gehört und nicht verwendet werden darf – ganz analog zu `end()`, dessen Rückgabewert ebenfalls nicht dereferenziert werden darf.

✔ Die Funktion `random_shuffle` mischt den Bereich zwischen zwei Iteratoren zufällig.

✔ `random_shuffle` benutzt für gewöhnlich die Funktion `rand()` als Zufallsgenerator. Deshalb wird es in der Regel nötig sein, ein

```
srand(time(NULL));
```

zu Beginn des Programms einzufügen – sofern man mit jedem Programmstart andere Werte haben möchte. Alternativ kann man natürlich die Version mit drei Parametern benutzen und einen eigenen Zufallsgenerator übergeben.

✔ Mit der Funktion `sort` kann man den Bereich zwischen zwei Iteratoren sortieren.

✔ `reverse` ist eine Funktion, die den Containerinhalt zwischen zwei Iteratoren umdreht.

✔ Algorithmus, es heißt Algorithmus. Bitte schreiben Sie dieses Wort niemals mit y, Conrad Duden rotiert sonst im Grab wie eine Kreiselpumpe.

 Falls Sie mit der obigen Lottozahlensimulation zufällig einige Millionen Euro gewinnen, will ich die Hälfte haben. Schließlich war das Programm von mir.

Mehr Iteratoren

Mit Iteratoren sind Sie bereits mehrfach in Berührung gekommen, immer dann, wenn Container durchlaufen wurden oder wenn Positionen in Containern markiert wurden. Auch Einfüge- oder Löschoperationen auf Containern verlangen immer nach einem Iterator.

Sie wissen aber auch, dass es allem Anschein nach unterschiedliche Typen von Iteratoren gibt, einzelne Beispiele haben Sie dabei schon kennen gelernt:

✔ Beim Container `vector<T>` konnte man mit dem Iterator rechnen, ein `it += 4` war erlaubt, ebenso ein `++it`.

✔ Für den Durchlauf durch Container gab es für den rein lesenden Zugriff auch die `const_iterator`-Typen.

✔ Beim Container `list<T>` ist für den Iterator zwar ein `++it` erlaubt, aber ein `it += 3` ist illegal.

Das wirkt alles ein bisschen unübersichtlich und unstrukturiert, es stellt sich daher die Frage, welches System hinter diesen Regeln und Verboten steckt.

Grundsätzlich kennt die STL fünf Iteratortypen, wie sie in Tabelle 20.1 aufgelistet werden.

Iterator	Generischer Name	Zugriffsrechte
Random Access	RandIter	Auf Elemente kann beliebig zugegriffen werden, über den Iterator kann gespeichert oder gelesen werden
Bidirectional	BiIter	Es ist nur eine Vorwärts- oder Rückwärtsbewegung erlaubt, über den Iterator kann gespeichert oder gelesen werden
Forward	ForIter	Es ist nur eine Vorwärtsbewegung erlaubt, über den Iterator kann gespeichert oder gelesen werden
Input	InIter	Es ist nur eine Vorwärtsbewegung erlaubt, über den Iterator kann nur gelesen werden, eine Speicherung von Werten (`*it = ...`) ist nicht erlaubt
Output	OutIter	Es ist nur eine Vorwärtsbewegung erlaubt, über den Iterator kann nur geschrieben werden, ein Lesen von Werten (`if (*it == ...`) ist nicht erlaubt

Tabelle 20.1: Elementare Iteratortypen

Iteratoren bilden eine Hierarchie, einige von ihnen erlauben nur eine eingeschränkte Menge an Operationen, während andere zusätzliche Funktionen ergänzen. Die fünf von den Algorithmen benötigten Grundtypen sind der *Input-Iterator*, *Output-Iterator*, *Forward-Iterator*, *Bidirectional-Iterator* und der *Random-Access-Iterator*.

Der stärksten Einschränkung unterliegen Input-Iteratoren und Output-Iteratoren, beide erlauben nur Algorithmen mit einem einzigen Durchlauf. Das ist irgendwo auch klar, sobald ein Input-Iterator einmal an sein Ende bewegt wurde, kann man ihn nicht mehr zurück bewegen. Algorithmen, die Mehrfachdurchläufe erfordern (zum Beispiel eine Sortierung) sind damit nicht möglich.

Input-Iteratoren garantieren nur einen Lesezugriff auf das entsprechende Objekt, man kann den Iterator referenzieren, um auf das durch ihn verwiesene Objekt zuzugreifen, aber man kann damit keinen neuen Wert an das Objekt zuweisen. Bei Output-Iteratoren ist dies gerade umgekehrt, dort ist nur die Neuzuweisung von Werten möglich.

Die Forward-Iteratoren sind eine Verfeinerung der Input- und Output-Iteratoren, sie unterstützen die Möglichkeiten beider Iteratortypen. Mit Forward-Iteratoren sind bereits Algorithmen möglich, die Mehrfachdurchläufe durch den Container erfordern.

Bidirectional-Iteratoren erweitern die Forward-Iteratoren noch um die Möglichkeit, dass man sie sowohl inkrementieren als auch dekrementieren kann. Damit kann ausgehend von einem Element sowohl der Nachfolger als auch der Vorgänger erreicht werden.

Die größte Freiheit bietet der Random-Access-Iterator, dieser erlaubt zusätzlich zu den Operationen des Bidirectional-Iterators auch regelrechte arithmetische Operationen: Man kann auf ihn Offsetwerte addieren, kann zwei Iteratoren voneinander abziehen, um die Entfernung zwischen ihren Positionen zu ermitteln, und Ähnliches.

Nach diesem Schnelldurchlauf in Iterator-Kunde stellen Sie sich sicherlich die Frage, was davon für Sie im Moment wichtig ist. Die folgenden Punkte sind bei der Anwendung der Algorithmen aus `<algorithm>` sicherlich wissenswert.

 Die STL kennt fünf Basistypen an Iteratoren, ausgehend von *Input-*, *Output-*, *Forward-*, *Bidirectional-* hin zu *Random-Access-*Iteratoren.

✔ Die Funktionen zur Realisierung eines Algorithmus verlangen als Parameter bestimmte Iteratortypen, damit sie ihre Operation ausführen können. In den Referenzlisten zu den Algorithmen der STL sind bei den Iteratorparametern jeweils die notwendigen Iteratortypen durch die so genannten *generischen Namen* aus Tabelle 21.1 dargestellt. Verlangt eine Funktion nach einem Typ `InIter`, so müssen Sie mindestens einen Input-Iterator anbieten.

✔ Sie können einen niederwertigen Iterator durch einen höheren ersetzen. Ein konkreter Fall: Wenn eine Funktion einen `OutIter`, einen Output-Iterator, verlangt und Ihr Container einen Random-Access-Iterator liefert, so können Sie diesen Iterator auch verwenden. Umgekehrt geht das nicht, wenn eine Funktion einen `RandIter` fordert und Ihr Container nur einen `BiIter` (Bidirectional-Iterator) liefern kann (wenn es zum Beispiel `list<T>` ist), dann kann diese Funktion auf den Container nicht angewendet werden.

✔ Sicherlich sind Sie neugierig, welcher Container welchen Iterator zurückliefert. `vector<T>::iterator` und `vector<T>::reverse_iterator` sind Random-Access-Iteratoren.

✔ `deque<T>::iterator` und `deque<T>::reverse_iterator` sind Random-Access-Iteratoren.

✔ `list<T>::iterator` und `list<T>::reverse_iterator` sind Bidirectional-Iteratoren.

✔ `map<Key, T>::iterator` und `map<Key, T>::reverse_iterator` sind Bidirectional-Iteratoren.

✔ `string::iterator` ist ein Random-Access-Iterator.

✔ Iteratoren können auch zusätzlich noch `const` sein, in diesem Fall kann über den Iterator nur gelesen werden. `vector<T>::const_iterator` liefert also einen konstanten Random-Access-Iterator, während `list<T>::const_iterator` einen konstanten Bidirectional-Iterator darstellt.

 Die Richtung eines Iterators, ob es sich also um einen `iterator` oder einen `reverse_iterator` handelt, hat keinen Einfluss darauf, welchem Iteratortyp er angehört. Über die Zugehörigkeit zu einem Iteratortyp entscheiden einzig die angebotenen Operationen.

 Sie können konstante Iteratoren nicht an Funktionen übergeben, die einen Output-Iterator erwarten.

✔ Zeiger auf statische Arrays – wie Sie es für `&lotto[0]` gesehen hatten – sind übrigens ebenfalls als Random-Access-Iteratoren verwendbar.

Das Genie beherrscht das Chaos

Wissen Sie, wie man effektiv sucht? Logisch, man wirft alles von einem Haufen auf den nächsten, und wenn einem dabei der gesuchte Gegenstand in die Hände fällt, hat man es gefunden. Ordentliche Leute räumen daher ihre Gegenstände immer auf, dann wird die Suche dramatisch einfacher. Falls Ihr Arbeitszimmer ungefähr so wie meines aussieht, stapeln sich an allen Ecken und Ende die Bücher. Dabei wurde doch im Kapitel *Angekettet!* eine Verwaltung von Büchern präsentiert – um in den vorhandenen Büchern noch besser suchen zu können, modifizieren Sie nun noch einmal die dort in der Datei BOOKMENU.CPP verwendete Suchmethode. Kopieren Sie zunächst die folgenden Dateien aus dem Kapitel *Angekettet!* um, da diese unverändert für das aktuelle Beispiel verwendet werden:

✔ KAP18/BOOK.H nach KAP20/BOOK.H

✔ KAP18/BOOK.CPP nach KAP20/BOOK.CPP

✔ KAP18/BOOKMENU.H nach KAP20/BOOKMENU.H

✔ KAP18/BOOKVIEW.H nach KAP20/BOOKVIEW.H

✔ KAP18/BOOKVIEW.CPP nach KAP20/BOOKVIEW.CPP

✔ KAP18/LIBMAIN.CPP nach KAP20/LIBMAIN.CPP

✔ KAP18/LIBRARY.H nach KAP20/LIBRARY.H

✔ KAP18/LIBRARYVIEW.H nach KAP20/LIBRARYVIEW.H

✔ KAP18/LIBRARYVIEW.CPP nach KAP20/LIBRARYVIEW.CPP

✔ KAP18/MENU.CPP nach KAP20/MENU.CPP

✔ KAP18/MENU.H nach KAP20/MENU.H

✔ KAP18/MENUITEM.H nach KAP20/MENUITEM.H

Die Veränderungen spielen sich alle in KAP20/BOOKMENU.CPP ab, die Datei ist nachstehend abgebildet.

```cpp
#include "bookmenu.h"
#include "bookview.h"
#include "libraryview.h"
#include <iostream>
#include <algorithm>
using namespace std;
void MIInput::action()
{
    if (m_pBookList)
    {
        Book newbook;
        BookView view(newbook);
        view.editAuthorTitle();
        Library newlib;
        newlib.push_back(newbook);
        m_pBookList->merge(newlib);
    }
}


void MIOutputList::action()
{
    if (m_pBookList)
    {
        LibraryView libview(*m_pBookList);
        libview.show();
        Library::iterator it = m_pBookList->begin();
        m_pBookList->sort();
        while (it != m_pBookList->end())
        {
            BookView view(*it);
            view.showAuthorTitle();
            ++it;
        }
    }
}
void MISearchAuthor::action()
{
    if (m_pBookList)
    {
        LibraryView libview(*m_pBookList);
        libview.show();
        if (m_pBookList->empty())
            return;
        Book searchBook(string("*"), string());
        BookView authorView(searchBook);
        authorView.editAuthor();
        Library::iterator it
            = find(m_pBookList->begin(), m_pBookList->end(), searchBook);
        if (it != m_pBookList->end())
```

```
          {
             BookView view(*it);
             view.showAuthorTitle();
          }
       }
   }
}
```

Listing 20.2: KAP20/BOOKMENU.CPP

Die wesentliche Veränderung ist, dass in der Funktion `MISearchAuthor::action()` nun die Funktion `find` aus `<algorithm>` verwendet wird, um nach dem Buch zu suchen. `find` sucht zwischen einem Start- und End-Iterator alle Elemente durch und prüft auf Übereinstimmung mit dem angegebenen Objekt `searchBook`. Wurde das Objekt nicht gefunden, wird der Rückgabewert (ein `OutIter`) auf den Wert des End-Iterators gesetzt.

Einen Nachteil hat die obige Lösung noch, es ist ja nicht verboten, dass ein Autor mehr als ein Buch schreibt. Mit obiger Suchmethode finden Sie aber immer nur das erste Vorkommen im Buchbestand, man muss also weiterforschen, ob der Autor mehr als einmal erfasst wurde.

Ändern Sie die Funktion `MISearchAuthor::action()` daher noch einmal ab

```
void MISearchAuthor::action()
{
   if (m_pBookList)
   {
      LibraryView libview(*m_pBookList);
      libview.show();

      if (m_pBookList->empty())
         return;

      Book searchBook(string("*"), string());
      BookView authorView(searchBook);
      authorView.editAuthor();
      typedef Library::iterator RandIter;
      typedef pair<RandIter, RandIter> Range;
      Range range = equal_range(m_pBookList->begin(),
                         m_pBookList->end(), searchBook);
      if (range.first != range.second)
      {
         for (RandIter it = range.first;
                    it != range.second; ++it)
         {
            BookView view(*it);
            view.showAuthorTitle();
         }
      }
   }
}
```

Listing 20.3: Modifikation von KAP20/BOOKMENU.CPP

Die Funktion `equal_range` sucht in einem sortierten Container nach einem Bereich gleicher Elemente und liefert ein Paar (`pair`) von Iteratoren auf Anfang und Ende dieses Bereichs zurück. Allerdings muss dazu der `operator<` korrekt implementiert sein. Danach kann man mit einer `for`-Schleife diesen Bereich durchlaufen und ausgeben. Die ganzen `typedef`-Anweisungen dienen hier der Vermeidung unübersichtlicher Typkonstruktionen.

Die Algorithmen der STL unterstützen gerade Operationen wie Suchen, Sortieren und Zählen besonders gut. Stehen Sie also vor einem solchen Problem, schlagen Sie vor eigenen Programmieraktionen immer erst einige Seiten weiter im Abschnitt *Ordnung ist das halbe Leben* nach, ob nicht ein geeigneter Algorithmus bereits zur Verfügung steht.

✔ Die Algorithmen arbeiten tatsächlich auf beliebigen (gültigen) Iteratorpositionen. Es ist nicht etwa so, dass ein Algorithmus immer von `begin()` bis `end()` laufen muss, es sind auch Operationen auf Teilen der Container jederzeit möglich. Sie sehen das daran, wie auf dem Ergebnis von `equal_range` eine eigene Schleife abläuft.

Die Algorithmen der STL bekommen häufig Intervalle von Iteratoren angegeben, so wie `find`:

```
template<class InIter, class T>
InIter find(InIter start, InIter end, const T& val);
```

Die Suche findet dabei im Intervall [`start`, `end`) statt. Falls Sie mit dieser mathematischen Schreibweise nicht vertraut sind, dies bedeutet, dass die Suche bei `start` (einschließlich) beginnt und vor `end` endet, das bei `end` liegende Elemente wird also *nicht* mehr untersucht. Dies ist ganz typisch für viele Algorithmen und eine Eigenschaft, die Sie sich unbedingt merken müssen.

Prüfen Sie einmal, ob man statt `find` nicht auch `search_n` hätte verwenden können. Hinweis: Die Liste der Bücher ist aufsteigend sortiert.

✔ Die Funktion `equal_range` sucht in einem sortierten Container nach einem Bereich gleicher Elemente und liefert ein `pair<It1, It2>` zurück, also ein Paar aus Iteratoren. Sind It1 und It2 gleich, wurden keine Elemente gefunden, ansonsten steht `pair<It1, It2>.first` auf dem ersten Element und `pair<It1, It2>.second` um 1 hinter dem letzten Element.

✔ Wenn Sie feststellen wollen, wie viele Treffer `equal_range` lieferte, können Sie dies mit einem `int count = distance(range.first, range.second);` ermitteln.

✔ Ganz heimlich, still und leise habe ich noch eine Modifikation in das Programm eingeschmuggelt, die sich auf den Container `list<Book>` bezieht. Wenn Sie sich die Funktion `void MIInput::action()` ansehen, stellen Sie bei genauem Hinsehen fest, dass das sortierte Einfügen ein wenig modifiziert wurde.

```
Library newlib;
newlib.push_back(newbook);
m_pBookList->merge(newlib);
```

Es wird zunächst eine neue Liste `newlib` angelegt, in der das neue Buchobjekt `newbook` eingefügt wird. Bekanntlich mischt die Memberfunktion `merge` von `list<T>` zwei sortierte Listen und entfernt alle Objekte aus der übergebenen Liste, `newlib` ist also nach dieser Aktion leer und `newbook` wurde in `m_pBookList` sortiert eingefügt.

 Manchmal gibt es einen Algorithmus sowohl als Funktion als auch als Memberfunktion. Nehmen Sie zum Beispiel `list<T>::merge` oder `list<T>::sort`. Es stellt sich dann die Frage, ob man lieber die Memberfunktion oder die Funktion aus den Algorithmen verwenden soll. Ein grundsätzlicher Ratschlag: Falls vorhanden, nehmen Sie immer die Memberfunktion des Containers, da diese besser auf das Innenleben des Containers abgestimmt ist. Sie wird also schneller und effizienter sein als die generelle Methode aus `<algorithm>`.

Wir wollen auch ein foreach haben

Falls Sie schon einmal mit Visual Basic oder mit C# programmiert haben, kennen Sie sicherlich die `for`-Schleife `for each`. Damit kann man sich die Angabe von Start und Ende sparen, wenn man etwas für alle Elemente eines Containers aufrufen will.

Das kann zum Beispiel die Ausgabe aller `int`-Werte eines Containers sein:

```
Containerklasse container;
foreach (int value in container)
{
    Console.Write("{0} ", Zahl);
}
```

So in etwa sieht der komplette Durchlauf durch den Container in C# aus. In C++ gibt es kein `foreach`-Schlüsselwort, man würde sich hier sicherlich über Iteratoren behelfen:

```
Containerklasse container;
for (container::iterator it = container.begin(),
     it != container.end(), ++it)
{
    cout << *it << endl;
}
```

Aber ich muss sagen, so ein wenig neidisch bin ich doch. Wer nun in einer Referenz von C++ ein wenig blättert, wird im alphabetischen Index irgendwo über den Eintrag `for_each` stolpern. Ja wie? Geht das nun etwa doch?

Zu `for_each` findet man – übrigens wieder mal in `<algorithm>` – den Prototyp einer Funktion

```
template<class InIter, class Func>
Func for_each(InIter start, InIter end, Func fn);
```

Das klingt schon recht logisch, die Funktion `for_each` wendet die Funktion `fn` auf alle Elemente im Bereich [`start, end`) an. Schauen Sie sich das Beispiel an und Sie werden erstaunt sein, was es so alles in C++ gibt.

```
#include <algorithm>
#include <iostream>
#include <vector>
using namespace std;
void showInt(int n)
{
    cout << n << endl;
```

```
}
int main()
{
    vector<int> array1(10);
    int array2[10];
    for (int i = 0; i < 10; i++)
    {
        array1[i] = i * 10;
        array2[i] = i * 10;
    }
    for_each(array1.begin(), array1.end(), showInt);
    for_each(&array2[0], &array2[10], showInt);
    return 0;
}
```

Listing 20.4: KAP20/FOREACH_DEMO.CPP

Im Beispiel werden zwei Arrays erstellt, einmal über Verwendung der Containerklasse vector<T> und zum anderen als statisches Array – dies soll Ihnen nur zeigen, dass man die Funktion auch auf klassische Arrays anwenden kann. Für jedes Element wird also die Funktion showInt aufgerufen und dieser der Wert an der aktuellen Position übergeben.

Fazit: C++ hat auch ein for_each.

✔ Die Funktion

```
template<class InIter, class Func>
Func for_each(InIter start, InIter end, Func fn);
```

wendet auf alle Elemente zwischen [start, end) die Funktion fn an. Die Funktion fn muss dazu in der Lage sein, ein Argument vom Typ der im Container gespeicherten Werte entgegenzunehmen. for_each gehört zum Namensraum std und liegt im Header <algorithm>.

✔ Sie können for_each auch auf Container anwenden, die Klassentypen verwenden. Allerdings sollte dann die Funktion als Argument eine Referenz T& oder konstante Referenz const T& übernehmen, damit keine unnötigen Objektkopien erzeugt werden. Verwenden Sie immer dann eine konstante Referenz, wenn Sie in der Funktion fn nur lesend auf das Objekt zugreifen wollen.

✔ for_each ist nur der Anfang einer ganzen Reihe von Funktionen der STL, die Funktionen auf die Elemente eines Containers anwenden können.

Die Familie der Funktionsobjekte

Spielen Sie immer noch erfolglos Lotto? Nun haben Sie vor einigen Seiten ein geniales Lottoprogramm mitbekommen und es klappt immer noch nicht? Also wirklich ... anscheinend muss das Programm noch verbessert werden. Wie wäre es, wenn Sie die Zahlen nicht aufsteigend, sondern absteigend sortieren würden?

Man muss ein wenig an der sort-Funktion drehen, das ist klar. Betrachtet man den Prototyp von sort genauer in einer Referenz, so sieht man, dass noch ein dritter Parameter angegeben werden kann – eine

Vergleichsfunktion. Gibt man keine an, wird der operator< verwendet, also müssen Sie gerade eine Funktion programmieren, die das Gegenteil von < als Ergebnis liefert und diese an sort mitgeben.

```cpp
#include <algorithm>
#include <iostream>
using namespace std;
bool notLess(int a, int b)
{
    return !(a < b);
}
int main()
{
    unsigned Lotto[49];
    for (int i = 0; i < 49; i++)
        Lotto[i] = i + 1;
    random_shuffle(&Lotto[0], &Lotto[49]);
    sort(&Lotto[0], &Lotto[6], notLess);
    cout << "Die Zahlen lauten: ";
    for (int j = 0; j < 6; j++)
        cout << Lotto[j] << '\t';
    cout << endl;
    return 0;
}
```

Listing 20.5: KAP20/LOTTO2.CPP

Sie können für den Vergleich zweier Objekte letztlich beliebig komplizierte Funktionen schreiben, was eben für den Vergleich notwendig ist. Wollten Sie den Lottotipp schon immer mal nach der Quersumme sortiert ausgeben?

Ergänzen Sie die Funktion

```cpp
bool qSum(int a, int b)
{
    int suma = a / 10 + a % 10;
    suma = suma / 10 + suma % 10;
    int sumb = b / 10 + b % 10;
    sumb = sumb / 10 + sumb % 10;
    return (suma < sumb);
}
```

und ändern Sie die sort-Funktion auf sort(&Lotto[0], &Lotto[6], qSum); ab. qSum bildet aus den Zahlen die Quersumme, aus 47 wird also 4 + 7 = 11, 1 + 1 = 2. Danach werden die Zahlen basierend auf ihren Quersummen verglichen, nichts ist unmöglich.

Denken Sie an dieser Stelle scharf nach, was Sie in der STL bereits alles gefunden haben – solche komplexen Gebilde mit Templates, Containern und Iteratoren – aber eine Funktion für den Vergleich zweier Zahlen muss man selbst bauen? Das glauben Sie mir nicht? Recht haben Sie. Natürlich stellt die STL keine Funktionen bereit, um Zahlen basierend auf ihrer Quersumme zu vergleichen. Aber die Funktion notLess hätten Sie nicht selbst schreiben müssen.

Im Header ⟨functional⟩ finden Sie so genannte *Funktionsobjekte*. Das sind Template-Klassen (wer hätte das gedacht), die den operator() überladen haben. Nehmen Sie eine solche Klasse zur Lösung unseres Sortierproblems, gut geeignet wäre doch das Funktionsobjekt (oder auch *functional*) greater_equal. Denn Größer-Oder-Gleich ist genau das Gegenteil vom operator<.

Nun muss dieses Funktionsobjekt noch für den Vergleich von int spezialisiert werden und schon können Sie die sort-Anweisung noch einmal modifizieren:

```
sort(&Lotto[0], &Lotto[6], greater_equal<int>());
```

Ach ja, inkludieren Sie bitte am Anfang des Programms noch den Header ⟨functional⟩. Kleiner Zwischenstopp.

Bei greater_equal⟨T⟩ handelt es sich um ein so genanntes *Funktionsobjekt* oder auch *functional*. Genau genommen ist greater_equal⟨T⟩ ein *binäres* Funktionsobjekt, weil es zwei Parameter übernimmt. Funktionsobjekte sind im Header ⟨functional⟩ definiert.

✔ Es gibt noch weitere Funktionsobjekte, die Sie im Abschnitt *Mehr Funktionsobjekte* kennen lernen werden.

✔ Ginge es nur um die Reihenfolge der Sortierung, könnte man natürlich auch einfach vector⟨int⟩ und einen reverse_iterator zusammen mit rbegin() und rend() nehmen. Aber dann lernen Sie die Familie Funktional nie kennen, und das wäre doch traurig.

Mehr Funktionsobjekte

Die folgende Tabelle 20.2 zeigt Ihnen einen Überblick über alle binären Funktionsobjekte der STL, in Tabelle 20.3 finden Sie die nicht so zahlreich vertretenen unären Funktionsobjekte.

Klasse	Bedeutung
divides	teilt den ersten Parameter durch den zweiten, liefert das Ergebnis
plus	addiert die beiden Parameter, liefert das Ergebnis
minus	subtrahiert die beiden Parameter, liefert das Ergebnis
multiplies	multipliziert die beiden Parameter, liefert das Ergebnis
modulus	berechnet den Modulus der beiden Parameter, liefert das Ergebnis
equal_to	bool, liefert true im Falle der Gleichheit
not_equal_to	bool, liefert true im Falle der Ungleichheit
greater	bool, liefert true wenn der erste Parameter größer ist
greater_equal	bool, liefert true wenn der erste Parameter größer oder gleich ist
less	bool, liefert true, wenn der erste Parameter kleiner ist
less_equal	bool, liefert true, wenn der erste Parameter kleiner oder gleich ist
logical_and	bool, liefert das Ergebnis der logischen UND-Verknüpfung der beiden Parameter
logical_or	bool, liefert das Ergebnis der logischen ODER-Verknüpfung der beiden Parameter

Tabelle 20.2: Binäre Funktionsobjekte

Klasse	Bedeutung
logical_not	bool, liefert die logische Negation des Parameters
negate	liefert den Parameter mit umgekehrtem Vorzeichen

Tabelle 20.3: Unäre Funktionsobjekte

Binäre Funktionsobjekte sind Funktionen mit Parametern der Form (const T& x, const T& y) die zwei Parameter übernehmen, während unäre Funktionsobjekte als Parameter nur ein (const T& x) besitzen.

Sie hatten im vorigen Abschnitt die ziemlich verrückte Vergleichsfunktion für die Quersumme zweier Zahlen gesehen, sicherlich verspüren Sie nun den unstillbaren Drang, auch einmal selbst so ein Funktionsobjekt zu programmieren. Kein Problem, auch das ist möglich. Nennen Sie das Funktionsobjekt qsum_less, es handelt sich um eine binäre Operation.

```
class qsum_less : binary_function<int, int, int>
{
public:
    result_type operator()(first_argument_type a, second_argument_type b)
    {
        int suma = a / 10 + a % 10;
        suma = suma / 10 + suma % 10;
        int sumb = b / 10 + b % 10;
        sumb = sumb / 10 + sumb % 10;
        return result_type(suma < sumb);
    }
};
```

Sie leiten Ihre Funktional-Klasse von binary_function ab und übergeben drei Template-Parameter in der Reihenfolge first_argument, second_argument und result_type, in Ihrem Falle als dreimal int. Die Funktion operator() wird überschrieben und danach kann die sort-Funktion der Lottozahlen in die Form

```
    sort(&Lotto[0], &Lotto[6], qsum_less());
```

gebracht werden. Nun werden die Tippzahlen wieder nach der Quersumme aufsteigend sortiert.

Das komplette Programm finden Sie als KAP20/LOTTO3.CPP im Download.

Wissenswert an den Funktionsobjekten sind die folgenden Dinge.

Um ein eigenes binäres Funktionsobjekt zu erzeugen, leitet man eine Klasse von binary_function<first_argument_type, second_argument_type, result_type> ab und überschreibt den operator() dieser Klasse. Der Operator hat zwei Parameter first_argument_type und second_argument_type und liefert als Ergebnis einen Wert des Typs result_type.

Für eigene unäre Funktionsobjekte leiten Sie die Klasse von unary_function<argument_ type, result_type> ab und überschreiben wieder den operator() der Klasse – dieser hat diesmal allerdings nur einen Parameter der Klasse argument_type.

✔ Funktionsobjekte sind gerade für Zahlenreihen ein mächtiges Hilfsmittel, um mit einem Schlag eine große Menge an Operationen auszuführen. Dafür ist vor allem die Funktion `transform` geeignet, die für binäre Funktionsobjekte die Form

```
OutIt transform(InIt1 first1, InIt1 last1, InIt2 first2,
                OutIt x, Binop bop);
```

besitzt. So kann man drei Vektoren `vector<double> a, b, c;` mit einem einzigen Aufruf addieren oder auch anders verknüpfen. Die Anweisung

```
transform(a.begin(), a.end(), b.begin(), c.begin(),
          plus<double>());
```

würde für alle Elemente von `c` die Operation `c[i] = a[i] + b[i]` ausführen. Die komplette Schleife und Verarbeitung ist da bereits fix und fertig enthalten.

✔ Sie sollten die fertigen Funktionsobjekte in Funktionen aus `<algorithm>` immer dann einsetzen, wenn die entsprechende Funktion bereits zur Verfügung steht.

Wenn Sie sich noch die Frage stellen, ob Sie lieber ein eigenes Funktionsobjekt (wie `qsum_less`) erzeugen oder eine klassische globale Funktion (wie `qSum`) verwenden sollen, so denken Sie an den entscheidenden Vorteil von Funktionsobjekten: Es sind Objekte. Die Funktionsobjekte können neben dem `operator()` noch Konstruktoren und weitere Funktionen besitzen, auch ist es möglich, dem Funktionsobjekt zusätzlich Membervariablen zu verpassen. Damit sind dann auch sehr komplexe Verarbeitungen möglich, die über das hinausgehen, was eine Funktion kann.

✔ Funktionsobjekte sind in der Regel performanter (ein schönes Wort für schneller) als Funktionszeiger, da der Compiler diese besser optimieren kann, zum Beispiel durch `inline`-Aufrufe.

✔ Lassen Sie sich noch kurz ein Beispiel geben, wie ein solches Funktionsobjekt mit Membervariablen aussehen kann:

```
class qsum_less : binary_function<int, int, int>
{
public:
    qsum_less()
        : m_value(0)
    {}
...
private:
    int m_value;
};
```

Nun können Sie im `operator()` auf `m_value` zugreifen und damit arbeiten. Allerdings ändert sich der Aufruf des Funktionsobjektes etwas, da man nun eine Instanz an den Algorithmus übergibt:

```
qsum_less ql;
sort(&Lotto[0], &Lotto[6], ql);
```

Sie könnten `m_value` nun beim Aufruf von `operator()` noch manipulieren und hinterher mit einer `get`-Methode auf den Wert zugreifen.

Merksatz: Setzen Sie Funktionsobjekte dann ein, wenn die im Algorithmus eingesetzte Funktion ein Gedächtnis braucht und sich Werte für den nächsten Aufruf merken muss.

Wenn Ihr Funktionsobjekt Membervariablen besitzt, so müssen Sie auf jeden Fall dafür sorgen, dass eine Objektkopie möglich ist, also entweder einen eigenen Copykonstruktor deklarieren oder sicherstellen, dass der automatische Copykonstruktor für dieses Objekt richtig funktioniert. Denken Sie zurück an das Kapitel *Die Kopiermaschine*.

✔ Hier noch ein kleines Beispiel für ein Funktionsobjekt mit Gedächtnis, das außerdem die Einzigartigkeit von `for_each` demonstriert – `for_each` ist der einzige Algorithmus der STL, der sein Funktionsobjekt auch zurückgibt.

```
struct Average
{
public:
    Average() : Count(0), Sum(0){}
    void operator()(int i)
    {
        ++Count;
        Sum += i;
    }
    double result()
    {
        return double(Sum) / Count;
    }
private:
    int Count, Sum;
};
int main()
{
    vector<int> Vec;
    for (int i = 0; i < 6; i++)
        Vec.push_back(i);
    Average avg = for_each(Vec.begin(), Vec.end(),
                            Average());
    cout << "Mittelwert: " << avg.result() << endl;
    return 0;
}
```

Ordnung ist das halbe Leben

Konkrete Beispiele für die Anwendung der Algorithmen kann ich Ihnen leider nicht aus dem Hut zaubern – das ist Ihr eigener Sprung ins kalte Wasser. Sie wissen, wie die Algorithmen und Container funktionieren, Sie können mit Iteratoren und Funktionsobjekten in den Grundlagen umgehen, einzig eine Aufstellung der vorhandenen Algorithmen wäre für Sie wohl noch hilfreich.

Um es noch ein wenig hilfreicher zu machen, sind die Funktionen nach Themengebieten sortiert.

Durchlaufen, zählen und suchen

Funktion	Beschreibung
for_each()	Wendet eine Funktion auf alle Elemente eines Bereichs an
count()	Zählt, wie viele Elemente innerhalb eines Bereichs gleich dem übergebenen Element sind
count_if()	Gibt die Anzahl der Elemente eines Bereichs zurück, für die eine übergebene Funktion erfüllt (true) ist
min_element()	Liefert einen Iterator auf das kleinste Element eines Bereichs zurück
max_element()	Liefert einen Iterator auf das größte Element eines Bereichs zurück
find()	Sucht in einem Bereich nach dem ersten Vorkommen des übergebenen Elements und liefert einen Iterator darauf zurück
find_if()	Sucht in einem Bereich nach dem ersten Element, für das die übergebene Funktion true ist
search_n()	Sucht in einer Folge nach n Elementen, die gleich dem übergebenen Element sind, und liefert, falls erfolgreich, einen Iterator auf diese Teilfolge zurück
search()	Sucht in einer Folge nach dem Vorkommen einer zweiten Folge und liefert true, falls die zweite Folge gefunden wurde
find_end()	Sucht in einer Folge nach dem Vorkommen einer zweiten Folge und liefert gegebenenfalls einen Iterator auf das letzte Vorkommen dieser zweiten Folge
find_first_of()	Sucht nach dem ersten Element in einer Folge, das mit einem der Elemente einer zweiten Folge übereinstimmt
adjacent_find()	Sucht nach benachbarten übereinstimmenden Elementen und liefert einen Iterator auf entsprechende Elemente
equal()	Stellt fest, ob zwei Folgen gleich sind
mismatch()	Findet die erste Abweichung zweier Folgen voneinander und liefert einen Iterator auf das erste abweichende Element
lexicographical_ compare()	Vergleicht zwei Folgen alphabetisch miteinander und liefert true, wenn die erste Folge kleiner ist als die zweite

Tabelle 20.4: Algorithmen zum Durchlaufen, Zählen und Suchen

Verändern, kopieren und erzeugen

Funktion	Beschreibung
copy()	Kopiert einen Bereich zwischen zwei Iteratoren an eine andere Stelle, die Bereiche dürfen sich allerdings nicht überlappen
copy_backward()	wie copy(), aber die Elemente werden in umgekehrter Reihenfolge kopiert
fill()	Füllt einen Bereich mit einem vorgegebenen Wert
fill_n()	Wie fill(), füllt mit genau n Elementen
for_each()	Wendet eine Funktion auf alle Elemente eines Bereichs an, die Elemente können dabei verändert werden
generate()	Weist jedem Element eines Bereichs einen Wert zu, der von einer Generatorfunktion erzeugt wird

Funktion	Beschreibung
generate_n()	Wie generate(), erzeugt aber genau n Elemente
merge()	Von merge() gibt es zwei Formen, diese vergleicht zwei Bereiche mit Hilfe einer Vergleichsfunktion und erzeugt daraus eine sortierte Ergebnissequenz
replace()	Ersetzt bestimmte Werte eines Bereichs durch einen neuen Wert
replace_copy()	Wie replace(), führt aber eine Kopie der Elemente durch, ohne das Original zu verändern
replace_copy_if()	Wie replace_if(), führt aber eine Kopie der Elemente durch, ohne das Original zu verändern
replace_if()	Ersetzt Werte eines Bereichs durch einen neuen Wert, wenn für den alten Wert die Bedingung der Bedingungsfunktion erfüllt ist
swap_ranges()	Vertauscht Elemente zweier Bereiche miteinander
transform()	Wendet eine Funktion auf alle Elemente eines Bereichs an und speichert das Ergebnis. Es gibt auch eine Form von transform(), in der *zwei* Bereiche mit einem binären Operator verknüpft und das Ergebnis in einem Ergebniscontainer gespeichert wird

Tabelle 20.5: Algorithmen zum Verändern, Kopieren und Erzeugen

Entfernen

Funktion	Beschreibung
remove()	Entfernt alle Elemente aus einem Bereich, die gleich einem bestimmten Wert sind
remove_if()	Entfernt alle Elemente aus einem Bereich, für die die übergebene Funktion true liefert
remove_copy()	Wie remove(), allerdings wird das Original ohne die entfernten Elemente in eine neue Sequenz kopiert, die Originalsequenz bleibt unverändert
remove_copy_if()	Wie remove_if(), allerdings wird das Original ohne die entfernten Elemente in eine neue Sequenz kopiert, die Originalsequenz bleibt unverändert
unique()	Entfernt in einem Bereich aufeinander folgende gleiche Elemente
unique_copy()	Wie unique(), aber kopiert das Ergebnis in eine neue Sequenz und lässt das Original unverändert

Tabelle 20.6: Algorithmen zum Entfernen von Elementen

Elemente vertauschen

Funktion	Beschreibung
reverse()	Vertauscht die Reihenfolge der Elemente in einem Bereich
reverse_copy()	Wie reverse(), allerdings wird die vertauschte Folge der Elemente in eine neue Sequenz kopiert, das Original bleibt unverändert
rotate()	Rotiert Elemente in einem Bereich links herum
rotate_copy()	Wie rotate(), allerdings wird das Ergebnis in eine neue Sequenz kopiert, das Original bleibt unverändert

Funktion	Beschreibung
next_permutation()	Erzeugt die nächste Permutation (Kombination) einer Sequenz. Geht aus von einer sortierten Sequenz und führt die Permutationen davon ausgehend durch.
prev_permutation()	Wie next_permutation(), aber permutiert in der anderen Richtung
random_shuffle()	Mischt die Elemente in einem Bereich zufällig

Tabelle 20.7: Algorithmen zum Vertauschen von Elementen

Sortieren und ordnen

Funktion	Beschreibung
sort()	Sortiert einen Bereich
stable_sort()	Sortiert einen Bereich, ändert dabei die Reihenfolge gleicher Elemente aber nicht
partial_sort()	Nach Angabe eines Bereichs und eines Iterators innerhalb des Bereichs sortiert die Funktion die Elemente so, dass nur die Elemente zwischen Anfang des Bereichs und Iterator sortiert sind
partial_sort_copy()	Wie partial_sort, aber die sortierten Elemente werden in eine neue Sequenz kopiert
nth_element()	Nach Angabe eines Bereichs und eines Elements wird die Folge so umgestellt, dass Elemente, die kleiner sind als dieses Vergleichselement, davor stehen und alle andere dahinter. Achtung: Die Elemente werden dadurch nicht sortiert, sondern die Folge wird geteilt in einen Bereich kleiner und einen Bereich größer als das Element
partition()	Sortiert Elemente in einem Bereich so um, dass alle Elemente, für die eine übergebene Funktion true ist, zuerst kommen, danach alle übrigen Elemente
stable_partition()	Wie partition(), aber für die beiden Bereiche bleibt die ursprüngliche Ordnung der Elemente erhalten
make_heap()	Erzeugt aus einem Bereich einen Heap
push_heap()	Legt Elemente ans Ende des Heaps
pop_heap()	Vertauscht Elemente auf dem Heap und baut diesen neu auf
sort_heap()	Sortiert den Heap in einem Bereich

Tabelle 20.8: Algorithmen zum Sortieren und Ordnen

Algorithmen für sortierte Container

Funktion	Beschreibung
binary_search()	Führt eine binäre Suche auf einem geordneten Bereich aus und sucht nach einem Wert, liefert true, falls gefunden
includes()	Prüft, ob eine Folge von Elementen alle Elemente einer zweiten Folge enthält und liefert true, falls dies erfüllt ist
lower_bound()	Findet das erste Element in einer angegebenen Folge von Elementen, das nicht kleiner als ein übergebener Wert ist
upper_bound()	Findet das letzte Element in einer angegebenen Folge von Elementen, das nicht größer ist als ein übergebener Wert

Funktion	Beschreibung
equal_range()	Sucht in einer Folge den Bereich, in dem man das neue Element einfügen kann, ohne die Ordnung zu stören. In einer geordneten Folge können auch gleiche Elemente hintereinander stehen, der Algorithmus findet genau den Bereich solcher gleicher Elemente
merge()	Fügt zwei geordnete Folgen zu einer neuen zusammen
set_union()	Erzeugt die Vereinigung zweier übergebener geordneter Folgen und liefert die Vereinigungsmenge zurück, die alle Elemente der beiden Mengen enthält
set_intersection()	Erzeugt die Schnittmenge zweier übergebener geordneter Folgen und liefert die Schnittmenge zurück, die nur Elemente enthält, die in beiden Folgen enthalten waren
set_difference()	Bildet eine Mengendifferenz, eine Menge wird von einer anderen abgezogen und es werden nur die Elemente in eine neue Folge geschrieben, die als Ergebnis der Subtraktion übrig bleiben
set_symmetric_ difference()	Bildet die Differenzen zweier Mengen A-B und B-A und erzeugt daraus die Vereinigungsmenge
inplace_merge()	Fügt innerhalb einer einzigen Folge zwei aufsteigend sortierte Bereiche zu einem einzigen sortierten Bereich zusammen

Tabelle 20.9: Algorithmen für sortierte Container

Numerische Algorithmen

Die folgenden numerischen Algorithmen befinden sich alle im Header ⟨numeric⟩. Sie sind für Container sinnvoll, die Zahlen enthalten, für die die üblichen Rechenoperationen wie Addition, Subtraktion und Multiplikation definiert sind.

Funktion	Beschreibung
accumulate()	Berechnet die Summe aller Elemente in einem Bereich und liefert das Ergebnis
inner_product()	Multipliziert die Elemente zweier Folgen paarweise miteinander und addiert die Summen – das ist auch bekannt als das Skalarprodukt zweier Vektoren
adjacent_difference()	Erzeugt eine neue Folge von Elementen, in der jedes Element die Differenz zweier benachbarter Elemente der Ausgangsfolge ist
partial_sum()	Summiert eine Folge von Werten, wobei die laufende Summe in jedes Element der neuen Folge geschrieben wird. Dies entspricht mathematisch der Reihenbildung über eine Folge von Zahlen.

Tabelle 20.10: Numerische Algorithmen in ⟨numeric⟩

Bleiben zum Abschluss noch einige Anmerkungen, die Ihnen bei der Suche nach dem passenden Algorithmus hilfreich sein sollten.

✔ Endet der Name einer Funktion aus ⟨algorithm⟩ mit einem _copy, so wird das Ergebnis der Operation in einen neuen Container kopiert.

✔ Alle Algorithmen, die Vergleiche durchführen, besitzen mindestens zwei Aufrufmöglichkeiten, bei einer kann immer explizit eine Vergleichsfunktion (in Form eines unären oder binären Funktionsobjektes) übergeben werden.

✔ Bei der Beschreibung der Funktionen in Online-Hilfen und Referenzen werden Sie oft im Zusammenhang mit Algorithmen auf die Begriffe *Prädikat* (oft abgekürzt als `Pred`), *Compare-Function* (`Comp`), *binäres Prädikat* (`BinPred`) und *unäres Prädikat* (`UnPred`) stoßen. Unter einem Prädikat versteht man dabei eine Funktion, die für eine Operation auf übergebenen Objekten eine Aussage (`true`/`false`) trifft. Bei einem unären Prädikat hat die Prädikatsfunktion einen Parameter, bei einem binären zwei. Eine Compare-Function führt einen Vergleich zwischen zwei Objekten durch.

✔ Falls Sie hinter den Begriffen im letzten Absatz letztlich unsere bereits bekannten Funktionsobjekte vermuten, liegen Sie relativ richtig.

✔ Man beachte bei Algorithmen, die auf zwei Sequenzen arbeiten, dass immer nur die erste Sequenz mit Anfang und Ende spezifiziert wird, die zweite nur noch mit Anfang. Es ist also Aufgabe des Programmierers, sicherzustellen, dass die zweite Sequenz mindestens so groß ist wie die erste.

Unter der Verwendung von numerischen Algorithmen kann man Summierungen wie zum Beispiel in einer Funktion zur Ermittlung des Mittelwerts stark vereinfachen:

```
#include <numeric>
using namespace std;
double average(const vector<int>& array)
{
    double avrg = 0.0;
    avrg = accumulate(array.begin(), array.end(), avrg);
    return avrg / array.size();
}
```

Eine sehr mächtige Funktion ist auch `transform`, womit man alle Elemente eines Containers mit einem Schlag bearbeiten kann. Die folgende Funktion multipliziert mit einem Schlag alle Elemente eines Vektors mit 2:

```
#include <algorithm>
using namespace std;
double multi2(double val)
{
    return val * 2;
}
void times2(vector<double>& array)
{
    transform(array.begin(), array.end(), array.begin(), multi2);
}
```

Es gibt noch eine zweite Form von `transform`, wo zwei Container miteinander verknüpft werden können. Zum Beispiel würde die folgende Funktion zwei Vektoren einfach elementweise addieren:

```
void add(const vector<double>& vec1,
        const vector<double>& vec2, vector<double>& sum)
{
    sum.clear();
    transform(vec1.begin(), vec1.end(), vec2.begin(),
            sum.begin(), plus<double>());
}
```

Da hüpft doch das Herz eines jeden, der häufiger mit Zahlenkolonnen rechnen muss, um einige Zehnerpotenzen nach oben.

Teil V

Kochrezepte für Gourmets

The 5th Wave By Rich Tennant

Re·al Pro·gram·mers

Wahre Programmierer schlafen nie - ihr System fährt manchmal nur zeitweise runter.

In diesem Teil ...

Schwerpunkte der Teile I bis IV waren bisher der objektorientierte Teil der Sprache C++, die Konstruktion von Abläufen innerhalb von Klassen und die zur Verfügung stehenden Hilfsmittel.

Dieser Abschnitt widmet sich dagegen mehr der Problemlösungsstrategie, wie Sie bestimmte Modellierungsprobleme mit Hilfe der in C++ vorhandenen Hilfsmittel realisieren können, wie letztlich diese ganzen Klassen in einem Verbund zusammenarbeiten.

Mehrfach angewendetes Hilfsmittel dazu werden die so genannten Entwurfsmuster sein, eine Sammlung von Kochrezepten, damit Sie gleich zu besseren und erprobten Klassenstrukturen greifen, statt diese immer wieder neu zu erfinden.

Denn bekanntlich gilt gerade in der Software-Entwicklung: »Zeit isst Geld«.

Einzelkinder

In diesem Kapitel

▷ Lernen Sie das Entwurfsmuster Singleton kennen

▷ Hören Sie neue Horrorstorys über globale Variablen

▷ Erfahren Sie, was man mit dem Singleton vermeiden kann

▷ Werden Funktionsweise und Nachteile des Singletons erklärt

»Wenn Architekten so bauen würden
wie Programmierer ihre Programme erstellen,
könnte ein einziger Specht ganze Städte zerstören.«

(Weisheit aus dem Internet)

Ein großes Problem in der Welt der Software-Entwicklung ist, dass so oft immer wieder für das gleiche Problem eine neue Lösung erfunden wird. Das wäre ja auch nicht schlimm, wenn jedes Mal die neue Lösung viel besser wäre. Wie Sie und ich wissen, ist das aber leider nur selten der Fall.

Wenn Sie nun denken, dass man eine Sammlung für die ganzen objektorientierten Problemfälle benötigt, in der die ganzen Ideen der zahllosen Entwickler gesammelt und katalogisiert werden, so muss ich Ihnen Folgendes mitteilen: Das gibt es schon. Schlecht für Sie, weil Sie nun mit dieser Idee kein Geld mehr verdienen können. Gut für Sie, weil Sie nun bereits auf diese gesammelten Entwurfsideen zurückgreifen können.

Gegen die Globalisierungsfalle!

Wie Sie sicherlich schon oft gehört haben, sind globale Variablen böse. Glauben Sie mir, das kann man überall nachlesen, also muss es wohl stimmen. Dabei geht manches Mal eine Tatsache verloren, dass bestimmte einzelne Werte oder auch Objekte

✔ nur einmal vorhanden und

✔ tatsächlich global sind.

Als *global* bezeichnet man ein Objekt dann, wenn es in der OO-Struktur auftaucht, ohne in seiner Existenz von anderen Objekten abzuhängen. Es wird also nicht von einem anderen Objekt konstruiert, sondern es existiert während der ganzen Laufzeit bis zum Programmende. Es wird benutzt und verändert, aber steht als eigenständiges »Ding« in der Welt der Objekte da.

Wenn es also im objektorientierten Modell des Programms globale Objekte oder Werte gibt, so sollte man diese auch global im Programm umsetzen. Es ist also nicht die Globalität als solche, die böse ist, sondern die Art und Weise, wie viele Programmierer globale Objekte umsetzen.

Nehmen Sie als Beispiel einen einfachen Zähler, der aus irgendwelchen Gründen global sein muss – wahrscheinlich, weil er an vielen Stellen gebraucht wird und weil er für diese Zählung eben die zentrale Instanz ist. Eine wirklich üble Implementation sieht dann so aus, dass irgendwo in einer Header-Datei steht:

```
extern unsigned counter;
```

Und nun wirbeln viele andere Memberfunktionen von Klassen des Programms mit dieser Variable herum, mal macht einer ein `counter++`, hier sieht man ein `counter -= 2`, dort steht ein `-counter`. Das ist furchtbar. Der einzige Trost für mich daran ist, dass Sie solche Dinge später beim Debuggen des Programms und bei der Suche nach Fehlern bitter bereuen werden. Und eines ist sicher, derart gestrickte Programme ziehen Fehler an wie das Licht die Mücken.

Der Grund dafür ist nämlich, dass Sie später keine Kontrolle über `counter` mehr haben. Jeder darf schreiben, jeder darf lesen, anywhere und everytime. Solche Variablen gehen oftmals Hand in Hand mit dem Problem, dass sich auf einmal der Wert geändert hat. Sie suchen nach einem Fehler im Programm und stellen fest, dass in `counter` plötzlich 0 steht. Nun suchen Sie mal schön mit dem Debugger, wo das geschehen konnte.

Die erste Abhilfe dafür ist bereits, den Zähler in eine eigene Klasse zu packen.

```
class Counter
{
public:
    Counter() : m_Counter(0) {}
    unsigned getValue() const
    {
        return m_Counter;
    }
    void inc()
    {
        m_Counter++;
    }
    void dec()
    {
        m_Counter--;
    }
private:
    unsigned m_Counter;
};
```

Wenn Sie nun für diese Klasse ein globales Objekt anlegen `Counter counter;` haben Sie zumindest die Gewissheit, dass niemand unbemerkt am Wert von `m_Counter` drehen kann. Durch Setzen von Breakpoints in `inc` oder `dec` können Sie beim Debuggen jederzeit mitbekommen, wer wann etwas ändert. Auch das Ihnen bereits bekannte `assert` liefert in einem solchen Fall großartige Dienste, da Sie ungültige Zustände abfangen können:

```
    void dec()
    {
        assert(m_Counter > 0);
        --m_Counter;
    }
```

Diese Schritte verbessern schon einmal Ihr Programm erheblich gegenüber der sturen Anwendung von globalen Variablen. Als Denkzettel bleibt also festzuhalten:

 Verwenden Sie niemals skalare Typen als globale Variablen. Kapseln Sie derartige Variablen von Typen wie `int`, `unsigned` oder Zeiger grundsätzlich in einer Klasse, die als Memberfunktionen auch nur ausgewählte Operationen zulässt.

Wenn Sie eine globale Variable nur innerhalb eines CPP-Files brauchen, so können Sie diese in einen *unnamed* `namespace` legen:

```
namespace
{
    int counter;
}
```

Damit stellen Sie sicher, dass nur innerhalb des CPP-Files auf `counter` zugegriffen wird. Allerdings bleibt dann nach wie vor ein bisschen fragwürdig, warum diese Variable global in dieser Datei sein muss und nicht etwa zu einer Klasse gehört.

Moderne Betriebssysteme ermöglichen alle grundsätzlich das so genannte Multithreading, dabei können mehrere Funktionen scheinbar gleichzeitig ablaufen. Verwendet Ihr Programm globale Variablen, die nicht in Klassen gekapselt sind, so ist es bereits an diesem Punkt strukturell nicht-multithreadingfähig, da man bei Multithreading den Zugriff auf einen Wert aus verschiedenen Threads heraus grundsätzlich synchronisieren muss. Dies geschieht üblicherweise in den `set`- und `get`-Methoden – wenn Sie diese aber nicht haben, lautet die Antwort »Pech gehabt«.

Das Problem der Kreuz- und Querzugriffe

Wenn Sie ein Umfeld untersuchen, um dieses nachher objektorientiert abzubilden, werden Sie irgendwann Objekte entdecken, die es nur einmal gibt. Häufige Beispiele dafür können zum Beispiel Kapselklassen für Hardware-Geräte sein, die es im System nur einmal gibt. So existiert nur ein einziger Drucker oder nur ein einziges Messgerät in diesem System. Sie kapseln dieses Gerät schön ordentlich in einer Klasse – perfekt.

Fast perfekt.

Es ist nämlich so, dass es weiterhin möglich sein wird, mehrere Objekte dieser Klasse zu erzeugen. Wie wollen Sie ein

```
Printer printer1;
Printer printer2;
```

wirkungsvoll verhindern?

Ähnliche Probleme treten in Programmen auf, die einen Datenbestand verwalten, erinnern Sie sich doch nur an das Beispiel `list<Book>`, das schon mehrfach Verwendung fand. Diese Buchliste, den eigentlichen Buchbestand, gibt es innerhalb des Programms nur ein einziges Mal. Um sicherzustellen, dass keine mehrfachen Kopien im Programm unterwegs sind, wurde das bisher so gelöst, dass innerhalb von `main` das Objekt angelegt wurde, und jedes andere Objekt bekommt Zeiger auf dieses Objekt mit auf den Weg.

Das sah dann so aus:

```
int main()
{
    Library library;
    Menu menu;
    menu.addItem(new MIInput(&library));
    menu.addItem(new MIOutputList(&library));
    menu.addItem(new MISearchAuthor(&library));

    menu.show();

    return 0;
}
```

Um dieses Modellierungsproblem sauber zu lösen, gibt es eine bestimmte feste Vorgehensweise, genannt *Singleton-Pattern*. Was einen neuen Begriff ins Spiel bringt, nämlich den Begriff des *Design-Pattern*, auf Deutsch auch *Entwurfsmuster*. Unter einem Entwurfsmuster versteht man eine Vorgehens-beschreibung, wie man ein bestimmtes Modellierungsproblem lösen kann. Im weitesten Sinne könnte man es als Kochrezept bezeichnen und ähnlich wie bei diesem können zwei verschiedene Köche aus dem gleichen Rezept ganz unterschiedliche Gerichte zaubern.

Damit unterscheidet sich ein Entwurfsmuster ganz wesentlich von einem Algorithmus, da dieser ganz genau beschreibt, in welcher Reihenfolge mit welchen Daten was gemacht wird. In einem Entwurfs-muster bleibt aber immer noch ein Teil Freiheit in der Anpassung an das tatsächliche Problem enthal-ten, so wie es auch in einem Kochrezept heißt: »Nach Belieben abschmecken«.

Es gibt sehr viele Entwurfsmuster, die nach Problemgruppen katalogisiert wurden und dafür jeweils einen Lösungsvorschlag enthalten. Der bekannteste Katalog an Entwurfsmustern stammt von einer Gruppe von vier Software-Entwicklern, die im Volksmund auch unter dem Namen *Gang of Four (GoF)* bekannt sind: Erich Gamma, Richard Helm, Ralph Johnson, John Vlissides.

 Unter einem *Entwurfsmuster* (*Design-Pattern*) versteht man einen Lösungsvorschlag, wie man ein bestimmtes Problem mit Hilfe von Klassen und Objekten modelliert. In der Regel umfasst der Lösungsvorschlag mehrere Klassen und Objekte und beschreibt, wie diese in-teragieren müssen, um den gewünschten Effekt zu erhalten. Die konkrete Anpassung eines Entwurfsmusters an die Aufgabenstellung ist aber weiterhin Aufgabe des Software-Ent-wicklers.

✔ Der Lösungsvorschlag des Design-Pattern ist zunächst einmal sprachneutral, das gleiche Entwurfs-muster kann es für C++, Java, SmallTalk und C# geben. Natürlich unterscheidet sich die sprachli-che Umsetzung, die Idee und Vorgehensweise unterscheidet sich dabei aber nicht.

✔ Anders als ein Algorithmus ist ein Design-Pattern viel ungenauer und gröber definiert und bezieht sich mehr auf das große Zusammenspiel von Klassen und Objekten.

✔ Das Singleton-Pattern ist eines der einfachsten Entwurfsmuster, aber auch sehr oft anwendbar. Da-her befassen sich die folgenden Seiten ausführlich damit.

»Es kann nur einen geben«

»Es kann nur einen geben« hat der gute Mann im Film immer geschrieen, nachdem er einige Köpfe abgehackt hatte. Und danach kamen jedes Mal Blitze vom Himmel. Ganz so spektakulär ist der Auftritt des Singleton leider nicht, auch wenn es ganz ähnliche Ziele verfolgt wie der gute Highlander.

Aufgabe des Singletons ist es, in einem Programm sicherzustellen, dass es von einer Klasse nur eine einzige Objektinstanz gibt. Womit es zwar Ähnlichkeiten zu einem globalen Objekt hat, aber gleichzeitig auch noch garantiert, dass es dieses Objekt wirklich nur einmal gibt und dass es für alle anderen Objekte im Modell frei verfügbar ist.

Das ist natürlich nun eine Knobelfrage, wie kann man sicherstellen, dass von einer Klasse nur eine Objektinstanz gebildet wird? Der Schlüssel zur Lösung ist der Konstruktor – machen Sie ihn doch einfach mal `protected` und sehen Sie, was dann passiert:

```
class Counter
{
protected:
   Counter() : ...
...
};
```

Eines steht fest, folgende Zeilen werden dadurch unmöglich:

```
Counter counter1;
Counter counter2;
```

Na ja, zumindest haben Sie es also schon geschafft, dass es nicht mehr als 0 Objektinstanzen gibt. Aber eine soll's dann schon sein. Die Idee des Singleton ist nun die Einführung statischer Methoden, die das Objekt erzeugen. Das bringt den gewünschten Durchbruch, weil eine statische Methode als Mitglied der Klasse auch auf den geschützten Konstruktor weiterhin zugreifen darf. Gleichzeitig kann man innerhalb der statischen Methode aber auch mitzählen und prüfen, ob das Objekt bereits einmal konstruiert wurde.

Betrachten Sie zunächst die Realisierung des Singleton-Pattern für die Klasse `Counter`.

```
#ifndef _COUNTER_H
#define _COUNTER_H
#include <memory>
class Counter
{
protected:
   Counter()
      : m_Counter(0) {}
   Counter(const Counter&);
   Counter& operator=(const Counter&);
public:
   ~Counter() {};
   static Counter& instance()
   {
      static Counter counter;
      return counter;
   }
```

```
   void inc()
   {
      m_Counter++;
   }
   void dec()
   {
      m_Counter--;
   }
   unsigned getValue() const
   {
      return m_Counter;
   }
private:
   unsigned m_Counter;
};
#endif
```

Listing 21.1: KAP21/COUNTER.H

Diese Implementation des Singleton nennt sich auch Scott-Meyers-Singleton nach dem gleichnamigen Scott Meyer, einem in der Szene sehr bekanntem C++-Guru. Betrachten Sie nun noch ein Beispiel, wie der Benutzer auf das Singleton-Objekt zugreifen kann.

```
#include <iostream>
#include "counter.h"
using namespace std;
void function()
{
   Counter::instance().inc();
}
int main()
{
   for (int i = 0; i < 100; i++)
   {
      function();
      cout << Counter::instance().getValue() << endl;
   }
   return 0;
}
```

Listing 21.2: KAP21/SINGLETEST.CPP

Um das Singleton auch in Zukunft anwenden zu können, merken Sie sich bitte die folgenden Punkte.

Das *Singleton-Pattern* stellt sicher, dass von einem Objekt genau eine einzige frei verfügbare Objektinstanz existiert. Der Aufrufer kann über die statische Methode instance() eine Referenz auf das Objekt erhalten und damit arbeiten, eine weitere Erzeugung des Objekts ist damit nicht möglich.

Interne Abläufe beim Scott-Meyer-Singleton

Wesentliche Aufmerksamkeit gilt der statischen Klassenfunktion

```
static Counter& instance()
```

Durch Aufruf dieser Methode wird eine Referenz auf ein `Counter`-Objekt zurückgeliefert. Im Inneren legt diese Methode ein statisches Objekt der Klasse `Counter` an

```
static Counter counter;
```

Damit ist sichergestellt, dass mindestens eine einzige Objektinstanz existiert. Der Zugriff auf den Konstruktor ist für die Funktion `instance()` gewährleistet, da diese zur gleichen Klasse gehört. Andere Funktionen außerhalb der Klasse können aber kein weiteres Objekt erzeugen. Unter dem Strich ist damit die Existenz genau einer einzigen Objektinstanz gesichert.

Wie Sie sich erinnern, werden `static`-Variablen innerhalb von Funktionen nur ein einziges Mal angelegt – beim allerersten Aufruf. Bei weiteren Aufrufen wird die Zeile ignoriert.

Um auch darauf zugreifen zu können, liefert die Funktion eine Referenz auf dieses Objekt. Da das Objekt statisch ist, bleibt es auch nach Ende der Funktion erhalten und die Referenz ist weiterhin gültig.

```
return counter;
```

Will man nun auf diese einzige Objektinstanz zugreifen, holt man sich die Referenz auf das Objekt und ruft eine Memberfunktion des Objekts auf:

```
Counter::instance().inc();
```

Der Konstruktor, der Copykonstruktor und der Zuweisungsoperator der Klasse müssen `protected` oder `private` sein. `protected` macht dann Sinn, wenn man sich die Möglichkeit offen halten will, von der Singleton-Klasse noch weitere Klassen abzuleiten, ansonsten können Sie diese Methoden auch `private` machen.

✔ Copykonstruktor und Zuweisungsoperator werden ohne Rumpf angelegt:

```
Counter(const Counter&);
Counter& operator=(const Counter&);
```

Sobald jemand darauf zugreift, wird bei der Erzeugung des Programms ein Linkerfehler ausgelöst. Was den Schlingel ganz deutlich daran erinnert, dass dies hier nicht erlaubt und gewünscht ist.

✔ Ein Kritikpunkt an dieser Form des Singletons nach Scott Meyer ist, dass der Destruktor der Klasse `Counter` `public` ist. Ein böswilliger Mensch könnte damit das statische Objekt der `instance`-Funktion über `delete &(Counter::instance())` löschen und so einen Programmabsturz hervorrufen. Da dies aber eigentlich nur mit Absicht und nicht aus Versehen geschehen kann, fällt das eher unter die Rubrik »Selbst in Schuld«. Im Download der Programmbeispiele finden Sie noch eine Implementation KAP21/COUNTER2.H, die entsprechend abgesichert ist und zusätzlich auch einen `protected` Destruktor besitzt.

Im Gegensatz zu statischen Objekten wird das Objekt `counter` innerhalb der `instance()`-Funktion tatsächlich nur bei dem ersten Aufruf erzeugt. Damit steht es im Gegensatz zu einem Wert `static int counter = 0`, der schon zur Compilezeit angelegt wird – also vor dem Start von `main`.

✔ Wesentlich ernster zu nehmen ist eine andere Kritik an dieser Implementationsform, man kann dieses Singleton nicht threadsicher erzeugen. In einer Multithreading-Applikation gibt es bei der Objekterzeugung eine Lücke und es ist nicht gewährleistet, dass nicht eventuell doch zwei Objekte erzeugt werden. Sollten Sie Singletons in Multithreading-Applikation einsetzen – wahrscheinlich also dann, sobald Sie mit grafischen Oberflächen experimentieren – sollten Sie sich mit dem »Singleton unter Verwendung des Double-Checked-Locking-Musters« befassen. Ich verweise an dieser Stelle auf die Suchmaschine Ihrer Wahl.

Falls Sie sich fragen, ob Sie nun lieber globale Objekte oder Singleton-Klassen einsetzen, so sollte Ihre Entscheidung immer zugunsten von Singletons ausfallen. Der Grund ist, dass hier auch die Konstruktion des Objekts von der Klasse überwacht wird, man bekommt also alles aus einer Hand geliefert.

✔ Es gibt auch andere Singleton-Implementationen, bei denen die Funktion `instance()` statt einer Referenz einen Zeiger auf das Objekt zurückliefert. Dies unterstreicht die Aussage, dass Entwurfsmuster Kochrezepte sind, die von Ihnen noch abgeschmeckt werden können.

✔ Je nach Autor und Artikel finden Sie auch noch andere Funktionsnamen für die statische Methode `instance()`, auch `construct()` ist immer wieder zu finden. Aber Namen sind bekanntlich Schall und Rauch, der Gedanke zählt.

Schwieriger wird die Situation, wenn mehrere Singletons in einem Programm vorkommen. Nicht während der normalen Programmlaufzeit, da läuft alles in geordneten Bahnen. Interessant wird die Sache bei der Zerstörung von Singletons, die sich gegenseitig benötigen, dort sind dann erweiterte Implementation mit definierter Zerstörungsreihenfolge notwendig. Man erreicht das zum Beispiel durch zusätzliche `kill()`-Methoden und andere Tricks. Im Internet werden Sie zum Thema »destruction of singletons« sehr viel Material und Lösungshinweise für dieses Problem finden.

Das Singleton in der Buchverwaltung

Sie erinnern sich sicherlich immer noch ganz dunkel an die Buchverwaltung aus dem Kapitel *Angekettet!*? Ein schöner Anwendungsfall für das Singleton in der freien Wildbahn.

Falls Sie auch wissen wollen, welches Objekt dafür in Frage kommt, klar wie Kloßbrühe, natürlich die Bücherliste, die den Kern der Bibliothek bildet. Der Grund ist klar, diese Basisliste gibt es im Programm nur ein einziges Mal, aber sie wird an von allen Menü-Aktionen zur Erledigung der Arbeiten benötigt. Das sind genau die Anforderungen, die das Singleton-Pattern auch erfüllt.

Sie können daher einige Dateien aus dem letzten Beispiel wieder unverändert übernehmen, dazu gehören

✔ KAP18/BOOK.H nach KAP21/BOOK.H

✔ KAP18/BOOK.CPP nach KAP21/BOOK.CPP

✔ KAP18/BOOKVIEW.H nach KAP21/BOOKVIEW.H

✔ KAP18/BOOKVIEW.CPP nach KAP21/BOOKVIEW.CPP

✔ KAP18/LIBRARYVIEW.H nach KAP21/LIBRARYVIEW.H

✔ KAP18/LIBRARYVIEW.CPP nach KAP21/LIBRARYVIEW.CPP

✔ KAP18/MENU.CPP nach KAP21/MENU.CPP

✔ KAP18/MENU.H nach KAP21/MENU.H

✔ KAP18/MENUITEM.H nach KAP21/MENUITEM.H

Betrachten Sie zunächst das künftige Hauptprogramm, wo bisher Zeiger auf die Library verteilt und gespeichert wurden – dies ist völlig aus der Parameterliste verschwunden.

```cpp
#include "menu.h"
#include "bookmenu.h"
#include <list>
using namespace std;
int main()
{
   Menu menu;
   menu.addItem(new MIInput);
   menu.addItem(new MIOutputList);
   menu.addItem(new MISearchAuthor);
   menu.show();
   return 0;
}
```

Listing 21.4: KAP21/LIBMAIN.CPP

Genau das war ja auch das Ziel, die von IMenuItem abgeleiteten Aktionsklassen sollen sich den Zugriff auf das Library-Objekt zukünftig selbst beschaffen. Demnach ändert sich auch der Header der abgeleiteten Menü-Klassen.

```cpp
#ifndef _BOOKMENU_H
#define _BOOKMENU_H
#include <list>
#include "menuitem.h"
class MIInput : public IMenuItem
{
public:
   MIInput()
   {}
   virtual std::string getCaption() const
   {
      return "Buchdaten eingeben";
   }
   virtual void action();
};
class MIOutputList : public IMenuItem
{
```

```
public:
   MIOutputList()
   {}
   virtual std::string getCaption() const
   {
       return "Buchliste ausgeben";
   }
   virtual void action();
};
class MISearchAuthor : public IMenuItem
{
public:
   MISearchAuthor()
   {}
   virtual std::string getCaption() const
   {
       return "Nach Autor suchen";
   }
   virtual void action();
};
#endif
```

Listing 21.5: KAP21/BOOKMENU.H

Wie Sie sehen können, ist die Membervariable zur Speicherung eines Zeigers auf die Buchliste verschwunden, ebenso der entsprechende Parameter im Konstruktor. Falls Sie neugierig sind, wie die Singleton-Klasse nun aussehen wird, hier kommt die Datei:

```
#ifndef _LIBRARY_H
#define _LIBRARY_H
#include <list>
#include "book.h"
typedef std::list<Book> BookList;
class Library : public BookList
{
protected:
   Library()
   {}
   Library(const Library&);
   Library& operator=(const Library&);
public:
   ~Library() {};
   static Library& instance()
   {
       static Library theLib;
       return theLib;
   }
};
#endif
```

Listing 21.6: KAP21/LIBRARY.H

Die Klasse `Library` wurde von `list<Book>` abgeleitet und wird gemäß dem Scott-Meyers-Singleton implementiert, genau so, wie Sie es einige Seiten vorher gesehen hatten. Abschließend kommt nun noch die Implementation der von `IMenuItem` abgeleiteten Klassen hinzu.

```cpp
#include "bookmenu.h"
#include "bookview.h"
#include "libraryview.h"
#include "library.h"
#include <iostream>
#include <algorithm>
using namespace std;
void MIInput::action()
{
   Book newbook;
   BookView view(newbook);
   view.editAuthorTitle();
   BookList newlib;
   newlib.push_back(newbook);
   Library::instance().merge(newlib);
}
void MIOutputList::action()
{
   Library& thelib = Library::instance();
   LibraryView libview(thelib);
   libview.show();
   Library::iterator it = thelib.begin();
   thelib.sort();
   while (it != thelib.end())
   {
      BookView view(*it);
      view.showAuthorTitle();
      ++it;
   }
}
void MISearchAuthor::action()
{
   Library& thelib = Library::instance();
   LibraryView libview(thelib);
   libview.show();
   if (thelib.empty())
      return;
   Book searchBook(string("*"), string());
   BookView authorView(searchBook);
   authorView.editAuthor();
   typedef Library::iterator RandIter;
   typedef pair<RandIter, RandIter> Range;
   Range range = equal_range(thelib.begin(), thelib.end(), searchBook);
   if (range.first != range.second)
   {
      for (RandIter it = range.first;
```

```
                    it != range.second; ++it)
   {
      BookView view(*it);
      view.showAuthorTitle();
   }
  }
}
```

Listing 21.7: KAP21/BOOKMENU.CPP

Im Vergleich zu früher sehen Sie als wesentliche Änderung, dass der Zeiger m_pBookList nicht mehr benötigt wird, die Funktionen holen sich mit Hilfe von Library::instance() jeweils immer eine Referenz auf das Library-Objekt. So wird aus einem

```
m_pBookList->merge(newlib);
```

eben ruckzuck ein

```
Library::instance().merge(newlib);
```

Bei den beiden anderen Action-Methoden wurde zur Verminderung des Tippaufwands der von Library::instance() zurückgelieferte Wert in einer lokalen Variablen gelagert:

```
Library& thelib = Library::instance();
```

Damit wird nun m_pBookList-> überall durch thelib ersetzt.

Einige zusätzliche Kleinigkeiten bleiben noch zu erwähnen, aber vorher starten Sie doch einmal kurz das Programm, um tatsächlich festzustellen, dass sich für den Benutzer das Verhalten in keinster Weise geändert hat.

✔ Beachten Sie, dass in der alten Implementation vor dem Zugriff auf m_pBookList immer ein

```
if (m_pBookList)
```

notwendig war, um sicherzustellen, dass der Zeiger auch wirklich existierte. Arbeiten Sie mit Singletons, so können Sie sicher sein, dass der von instance() zurückgelieferte Wert (also eine Referenz oder ein Zeiger auf die einzige Objektinstanz) immer existiert.

✔ Übrigens, auch das von diesem Beispielprogramm verwendete MVC-Modell ist eine Kombination von Entwurfsmustern – allerdings bereits sehr komplex.

✔ Speichern Sie die von einem Singleton mittels instance() gelieferte Referenz niemals in einer Membervariablen. Wenn Sie die Referenz benötigen, so holen Sie sich direkt mit Singleton::instance() die Referenz. Deswegen gibt es ja einen zentralen Zugriffspunkt, um genau diese mehrfachen Speicherungen von Referenzen zu vermeiden.

 Der Einsatz von Singletons hat auf Ihre Klassen die Wirkung eines Beruhigungsmittels – Sie werden rasch feststellen, dass die Anzahl der an Konstruktoren oder Memberfunktionen übergebenen Parameter dadurch schrumpft. Das ist gut, weil damit die Abhängigkeit der ganzen Klassen voneinander reduziert wird, es taucht nicht mehr jede Klasse in jedem Interface einer anderen Klasse auf, die Klasse selbst wird übersichtlicher.

Rate mal, wer heute zu Besuch kommt

In diesem Kapitel

▷ Lernen Sie Ihr zweites Design-Pattern kennen, das Visitor-Pattern

▷ Bekommen Sie damit die Möglichkeit, die Größe Ihrer Klassen im Griff zu behalten

▷ Wird Ihnen damit die Möglichkeit gegeben, Programme mit geringer Kohäsion zu schreiben

---

»Die Programmverwicklung wächst so lange, bis sie die Fähigkeiten des Programmierers übertrifft, der das Programm weiter entwickeln muss.«

(Internet-Weisheit)

Programmierer haben alle zu kleine Bildschirme, wussten Sie das? Denn eigentlich will man so eine Klasse komplett auf dem Bildschirm sehen, aber Sie wissen ja selbst, wie groß eine Klasse mit der Zeit werden kann. Man fügt da noch mal eine Memberfunktion ein, dort auch noch eine, und so geht das immer weiter. Nicht selten wird nur der Header einer Klasse im Laufe der Zeit einige 100 Zeilen groß.

Also muss ein größerer Bildschirm her, damit Sie den Überblick behalten. Falls Ihr Chef, Ihre Frau, Ihr Mann oder Ihre Eltern gerade nicht in Spendierlaune sind, haben Sie Pech gehabt.

Aber was wollen Sie machen? Damit die Klasse alle Aufgaben ausführen kann, muss sie doch 70 Memberfunktionen haben. Da wird das eben schon mal ein bisschen länger. Dagegen kann man nichts machen – außer, einen größeren Monitor zu kaufen.

Sollten Sie im vorigen Absatz Ironie entdecken, so liegen Sie richtig.

Zur Motivation

Um Sie ein bisschen für das Problemfeld zu motivieren, beginnen Sie mit einer kleinen Lagerverwaltung. Dieses Lager kann Packungen eines bestimmten Stoffes enthalten, wobei natürlich Größe und Gewicht der Packung mitgespeichert werden. Die Klasse Box stellt eine solche Packung dar.

```
#ifndef _BOX_H
#define _BOX_H
#include <string>
class Box
{
public:
    Box(const std::string& type,
        float length,
        float width,
        float height,
```

```
        float weight);
    Box(const std::string& type,
        float weight);
    float getLength() const {return m_Length;}
    float getWidth() const {return m_Width;}
    float getHeight() const {return m_Height;}
    float getVolume() const;
    float getWeight() const {return m_Weight;}
    std::string getType() const {return m_Type;}
private:
    const float m_Length;
    const float m_Width;
    const float m_Height;
    const float m_Weight;
    const std::string m_Type;
};
bool operator==(const Box& left,
                const Box& right);
bool operator<(const Box& left,
               const Box& right);
#endif
```

Listing 22.1: KAP22/BOX.H

Nicht sonderlich spektakulär; wie Sie allerdings an den Operatorfunktionen op== und op< bereits sehen können, wird Box bereits für die STL flott gemacht. Implementiert ist die Klasse dann so:

```
#include "box.h"
Box::Box(const std::string& type,
         float length,
         float width,
         float height,
         float weight)
  : m_Length(length), m_Width(width),
    m_Height(height), m_Weight(weight),
    m_Type(type)
{}
Box::Box(const std::string& type,
         float weight)
  : m_Length(0), m_Width(0), m_Height(0),
    m_Weight(weight),
    m_Type(type)
{}
float Box::getVolume() const
{
    return m_Length * m_Width * m_Height;
}
bool operator==(const Box& left,
                const Box& right)
{
```

```
   if ( (left.getWeight() == right.getWeight()) &&
        (left.getType() == right.getType()) )
      return true;
   else
      return false;
}
bool operator<(const Box& left,
               const Box& right)
{
   if (left.getType() < right.getType())
      return true;
   else if (left.getType() == right.getType())
   {
      if (left.getWeight() < right.getWeight())
         return true;
      else if (left.getWeight() == right.getWeight())
      {
         if (left.getVolume() < right.getVolume())
            return true;
      }
   }    return false;
}
```

Listing 22.2: KAP22/BOX.CPP

Anzumerken sind nur ein paar technische Details, unter anderem gibt es zwei Konstruktoren, einer davon erzeugt eine vollständige Packung, der andere nur eine Dummy-Packung – später wird im Lager nämlich nur nach dem Gewicht und dem Inhalt gesucht, die Abmessungen spielen keine Rolle. Der zweite Konstruktor kann solche Objekte untersuchen. Sortiert werden die Packungen zunächst nach Inhalt, danach nach Gewicht. Ist dies alles gleich, wird die Packung mit dem geringsten Volumen als kleiner eingestuft.

Gleich sind zwei Packungen, sobald Inhalt und Gewicht übereinstimmen. Fehlt nun eine Klasse, die solche Packungen verwalten kann.

```
#ifndef _BOXMANAGEMENT_H
#define _BOXMANAGEMENT_H
#include <list>
#include "box.h"
class BoxManagement
{
public:
   BoxManagement();
   void addBox(unsigned count,
               const std::string& type,
               float length,
               float width,
               float height,
               float weight);
   void addBoxes(std::list<Box>& boxes);
```

```
   unsigned isAvailable(const std::string& type,
                         float weight) const;
   const Box& searchBox(const std::string& type,
                        float weight) const;
   Box shipBox(const Box& box);
private:
   std::list<Box> m_Boxes;
};
#endif
```

Listing 22.3: KAP22/BOXMANAGEMENT.H

Betrachten Sie die Schnittstellen von BoxManagement, so können Sie im Wesentlichen neue Packungen hinzufügen (mit addBox) und nach Stoffen mit einem bestimmten Gewicht suchen. isAvailable liefert die Anzahl der Packungen eines Stoffes mit bestimmtem Gewicht zurück, während searchBox eine Referenz auf eine Packung liefert. Führen Sie letztlich shipBox aus, so wird eine Packung ausgehängt und aus dem Lager entfernt, sie bekommen diese zurückgeliefert.

Intern benutzt BoxManagement einen list<T>-Container zur Speicherung der Box-Objekte. Die Implementation von BoxManagement stützt sich relativ stark auf den Algorithmen der STL ab – wozu sonst haben Sie diese kennen gelernt?

```
#include <algorithm>
#include <cassert>
#include "boxmanagement.h"
using namespace std;
BoxManagement::BoxManagement()
{}
void BoxManagement::addBox(unsigned count,
                           const std::string& type,
                           float length,
                           float width,
                           float height,
                           float weight)
{
   typedef list<Box>::iterator RandIter;
   Box newbox(type,
              length, width, height,
              weight);
   RandIter pos =
      lower_bound(m_Boxes.begin(), m_Boxes.end(),
                  newbox);
   m_Boxes.insert(pos,
                  count, newbox);
}
void BoxManagement::addBoxes(std::list<Box>& boxes)
{
   m_Boxes.merge(boxes);
}
```

```
unsigned BoxManagement::isAvailable(
   const std::string& type,
   float weight) const
{
   Box findbox(type, weight);
   list<Box>::size_type num =
      count(m_Boxes.begin(), m_Boxes.end(), findbox);
   return num;
}
const Box& BoxManagement::searchBox(
   const std::string& type,
   float weight) const
{
   assert(isAvailable(type, weight) != 0);
   Box findbox(type, weight);
   list<Box>::const_iterator it =
      find(m_Boxes.begin(), m_Boxes.end(), findbox);
   return *it;
}
Box BoxManagement::shipBox(const Box& box)
{
   assert(isAvailable(box.getType(), box.getWeight())
         != 0);
   list<Box>::iterator it =
      find(m_Boxes.begin(), m_Boxes.end(), box);
   Box result = *it;
   m_Boxes.erase(it);
   return result;
}
```

Listing 22.4: KAP22/BOXMANAGEMENT.CPP

Die Methode addBox benutzt lower_bound, um herauszufinden, wo man die neue Packung newbox einhängen kann, ohne die Sortierung zu zerstören, danach erledigt insert das schmutzige Geschäft.

Ansonsten werden noch count, find und erase eingesetzt, um zu zählen, wie viele Packungen vorhanden sind, um eine Packung zu finden und auch zu löschen.

Ein zugehöriges Demoprogramm hängt einige Packungen ein (die Ameisen freuen sich über den vielen Zucker) und Sie können dann prüfen, ob eine gewisse Anzahl Pakete im Lager vorhanden ist und diese entfernen.

```
#include <iostream>
#include "boxmanagement.h"
using namespace std;
int main()
{
   BoxManagement boxes;
   boxes.addBox( 5, "Zucker", 10.0f, 10.0f, 10.0f,
                              15.0f);
```

```
boxes.addBox(10, "Zucker", 20.0f, 10.0f, 10.0f,
                              30.0f);
boxes.addBox(20, "Zucker",  5.0f, 10.0f, 10.0f,
                               7.5f);
cout << "Packungen: ";
unsigned packs;
cin >> packs;
cout << "Gewicht:     ";
float weight;
cin >> weight;
unsigned cnt =
    boxes.isAvailable("Zucker", weight);
if (cnt < packs)
    cout << "Sorry, ausverkauft" << endl;
else
{
    for (unsigned i = 0; i < packs; i++)
    {
        Box toship = boxes.shipBox(
                boxes.searchBox("Zucker", weight));
        cout << "Daten: " << toship.getType()
             << " " << toship.getWeight() << " kg"
             << " " << toship.getVolume() << " ccm"
             << endl;
    }
}
return 0;
}
```

Listing 22.5: KAP22/BOXTEST.CPP

Damit steht also der Anfang der Mini-Lagerverwaltung bereits, Ihr Chef ist sicherlich froh über diese Arbeitsersparnis – endlich keine Zettel mehr schreiben.

✔ Damit `assert` nicht völlig aus Ihrem Gedächtnis verschwindet, kommt es hier in der Klasse `BoxManagement` wieder vor. Bevor man Packungen aushängen oder sich Zugriff darauf verschaffen kann, wird geprüft, ob eine solche Packung auch im Lager vorhanden ist. `assert` lernten Sie im Abschnitt *Vor- und Nachbedingungen* kennen.

Natürlich ist die Angabe eines Gewichts in Kilogramm physikalisch falsch, aber wer kauft schon Zucker der Masse 500 Gramm? Astronauten vielleicht ...

✔ `10.0f` ist übrigens eine `float`-Konstante, `10.0` ist eine `double`-Konstante. Nur, falls Sie sich darüber gewundert haben.

✔ Solche Variablennamen wie `height`, `weight`, `width` und `length` lassen geniale Schreibfehler zu. Mal kommt das h vorm t, und dann wieder anders herum.

Das Problem der wuchernden Klasse

Nehmen wir mal kurz an, Sie heißen Karl. Falls Sie zufällig bereits Karl heißen, ändert sich für Sie nichts. Eines Tages wird Ihr Chef nun kommen und sagen:

>»Du, Karl, das mit der Lagerverwaltung ist ja prima, aber der Günther muss die Packlisten für den LKW immer noch von Hand zusammenstellen, könnte man das nicht automatisch machen?«

Im weiteren Gesprächsverlauf erfahren Sie, wie das ablaufen soll: Günther schaut im Kundenauftrag nach, welche Menge Zucker benötigt wird, danach nimmt er sich die größten Packungen und stellt diese so lange zusammen, bis sich die gewünschte Menge ergibt. Hinterher prüft er noch, ob das Volumen für den LKW nicht zu groß ist. Sie stellen natürlich sofort fest, dass die notwendigen Informationen im Lager vorhanden sind und beginnen, die Klasse `BoxManagement` zu erweitern.

```cpp
#ifndef _BOXMANAGEMENT_H
#define _BOXMANAGEMENT_H
#include <list>
#include "box.h"
class BoxManagement
{
public:
/* wie bisher */
   bool truckPacklist(std::list<Box>& packlist,
                      const std::string& type,
                      float totalweight,
                      float maxVolume);
private:
   std::list<Box> m_Boxes;
   class volumeSum :
       std::binary_function<float, const Box&, float>
   {
   public:
      result_type operator()(first_argument_type a,
                             second_argument_type b)
      {
         return a + b.getVolume();
      }
   };
};
#endif
```

Listing 22.6: Auszug aus KAP22/BOXMANAGEMENT2.H

Eine Neuigkeit ist die Funktion `truckPacklist`, die eine Liste (`list<Box>& packlist`) übernimmt und zu füllen versucht. Und zwar gibt man natürlich wieder den Stoff (`type`) an, dazu eine Gesamtmenge `totalweight`. `truckPacklist` sucht nun im Lager, ob aus den vorhandenen Päckchen die Lieferung zusammengestellt werden kann. Außerdem wird noch abgesichert, dass das Volumen der Lieferung auf den LKW passt. Neugierig auf diese Funktion?

```
#include <numeric>
/* der Rest ist wie bei boxmanagement.cpp */
bool BoxManagement::truckPacklist(
        std::list<Box>& packlist,
        const std::string& type,
        float totalweight,
        float maxVolume)
{
    float weight = totalweight;
    float sum = 0.0f;
    list<Box> templist;
    while (weight >= 0)
    {
        unsigned cnt = isAvailable(type, weight);
        if ( (cnt != 0) &&
            ((sum + weight) <= totalweight) )
        {
            templist.push_front(
                    shipBox(searchBox(type, weight)));
            sum += weight;
        }
        else
        {
            weight -= 0.5f;
        }
        if (sum >= totalweight)
            break;
    }
    sum = 0.0f;
    sum = accumulate(templist.begin(),
                    templist.end(),
                    sum,
                    volumeSum());
    packlist.clear();
    if (sum <= maxVolume)
        packlist.swap(templist);
    else
        m_Boxes.merge(templist);
    return !packlist.empty();
}
```

Listing 22.7: Auszug aus KAP22/BOXMANAGEMENT.CPP

Falls Sie sich für solche Optimierungsspielereien ein wenig interessieren, so lesen Sie im Abschnitt *Wie man LKWs belädt* mehr über die Funktionsweise von truckPacklist.

Wie man LKWs belädt

Grundidee ist hier, dass man mit möglichst schweren Packungen beginnt und danach immer kleinere sucht, um das Gesamtgewicht zu erreichen. Das größte mögliche Paket hat das Gewicht `totalweight`, was auch der Startwert von `weight` ist.

```
float weight = totalweight;
float sum = 0.0f;
```

In einer temporären Liste lagern wir die entnommenen Pakete zwischen

```
list<Box> templist;
```

Nun wird nachgesehen, ob für das aktuelle Gewicht `weight` Pakete im Lager sind und wie viele.

```
while (weight >= 0)
{
    unsigned cnt = isAvailable(type, weight);
```

Falls Pakete vorhanden sind und das Gewicht dieses Pakets mit dem bereits vorhandenen Gewicht noch kleiner als die zu liefernde Menge ist, wird das Päckchen entnommen und in der temporären Liste `templist` eingehängt. Und das Gesamtgewicht wird entsprechend angepasst. Da die Box-Objekte mit `push_front` eingehängt werden und ausgehend von höherem Gewicht gesucht wird, bleibt die Liste `templist` übrigens aufsteigend sortiert.

```
    if ( (cnt != 0) &&
        ((sum + weight) <= totalweight) )
    {
        templist.push_front(
                shipBox(searchBox(type, weight)));
        sum += weight;
    }
```

Falls dieses aktuelle Gewicht von der Stückelung her bereits zu groß ist oder gar kein Paket vorhanden war, wird die nächste Stufe genommen – es geht hier in 0,5-kg-Schritten abwärts.

```
    else
    {
        weight -= 0.5f;
    }
```

Ist die Gesamtmenge schon erreicht, braucht man nicht nach weiteren Paketen zu suchen.

```
    if (sum >= totalweight)
        break;
}
```

Nun wird mit Hilfe des Algorithmus `accumulate` und der Verwendung des Funktionsobjekts `volumeSum` das Gesamtvolumen der Ladung berechnet.

```
sum = 0.0f;
sum = accumulate(templist.begin(),
            templist.end(),
```

```
                    sum,
                    volumeSum());
    packlist.clear();
```

Falls das Volumen in Ordnung ist, werden die Pakete aus der temporären Liste in die Packliste umgeladen

```
    if (sum <= maxVolume)
        packlist.swap(templist);
```

Ansonsten mischen wir die Pakete aus der temporären Liste wieder ins Lager zurück.

```
    else
        m_Boxes.merge(templist);
```

merge kann man hier verwenden, weil templist ebenfalls aufsteigend sortiert ist.

```
    return !packlist.empty();
```

Fehlt Ihnen noch ein kleines Testprogramm?

```
#include <iostream>
#include "boxmanagement2.h"
using namespace std;
int main()
{
    BoxManagement boxes;
    boxes.addBox(10, "Zucker",
                 20.0f, 10.0f, 10.0f, 30.0f);
    boxes.addBox( 5, "Zucker",
                 10.0f, 10.0f, 10.0f, 15.0f);
    boxes.addBox(20, "Zucker",
                  5.0f, 10.0f, 10.0f,  7.5f);
    boxes.addBox(20, "Zucker",
                 10.0f,  1.0f, 10.0f,  1.0f);
    cout << "Gesamtmenge:  ";
    unsigned total;
    cin >> total;
    cout << "Max. Volumen: ";
    float maxVol;
    cin >> maxVol;
    list<Box> packlist;
    if (boxes.truckPacklist(packlist,
                     "Zucker", total, maxVol) )
    {
        list<Box>::const_iterator it
           = packlist.begin();
        while (it != packlist.end())
        {
            cout << "Daten: " << it->getType()
```

```
                   << " " << it->getWeight() << " kg"
                   << " " << it->getVolume() << " ccm"
                   << endl;
            ++it;
        }
    }
    else
    {
        cout << "Sorry, aber das geht nicht\n";
    }
    return 0;
}
```

Listing 22.8: KAP22/BOXTEST2.CPP

Sie sollten immer darauf achten, dass einige 1-kg-Packungen im Lager sind – sonst wird es schwierig, 123 kg zusammenzubekommen. Auf jeden Fall wird Ihr Chef Sie loben. »Gut gemacht, Karl«.

✔ Wundern Sie sich nicht über die `class volumeSum` innerhalb von `BoxManagement`. Verschachtelte Klassen sind erlaubt und auch sinnvoll – da `volumeSum` nur innerhalb einer Methode einer Klasse benutzt wird, sollte der Sichtbarkeitsbereich der Klasse auch nur `private` innerhalb von `BoxManagement` sein.

✔ Es wird nicht bei den Packlisten für den LKW bleiben, ab heute werden Sie immer weitere zusätzliche Aufgaben mit `BoxManagement` erledigen müssen. Und die Klasse wächst und wächst und wächst … an manchen Tagen denken Sie sich, dass `BoxManagement` inzwischen ein bisschen unübersichtlich geworden ist.

 Im Grunde sind Sie jetzt auf einen beliebten Fehler hereingefallen – zunächst haben Sie eine begründbare Klassenstruktur aufgestellt. Da war die OO-Welt noch in Ordnung. Mit der Zeit haben Sie aber begonnen, Funktionen zu ergänzen, die eigentlich gar nichts mit der eigentlichen Aufgabe der Klasse mehr zu tun haben. Oder können Sie mir erklären, wieso die Erstellung von LKW-Packlisten in einer Container-Klasse für Pakete gelandet ist?

Besucher zahlen keinen Eintritt

Wissen Sie, welche Fähigkeit einen guten Software-Entwickler auszeichnet? Lügen, ohne mit der Wimper zu zucken.

»Wann ist meine Software fertig?« »Morgen!«

»Könnt Ihr diese Funktion auch noch in die Software einbauen?« »Klar, kein Problem.«

»Da ist noch ein Fehler in der Software.« »Wir arbeiten bereits an einem Update.«

Sehen Sie, ist ganz einfach. Irgendwann geht einem das so in Fleisch und Blut über, dass man sogar seine Leser am Anfang eines Kapitels ganz frech anschwindelt. Natürlich können Sie etwas gegen diese wuchernden Klassen tun, ein größerer Bildschirm wird zwar auch immer wieder gerne genommen, aber *es gibt Lösungsmöglichkeiten für das Problem der wuchernden Klassen*.

Die Lösung dafür ist ein Design-Pattern, das auf den schönen Namen *Visitor-Pattern* (*Besucher-Muster*) hört.

Das Visitor-Pattern besitzt einige zentrale Ideen

✔ Operationen auf einer Klasse werden in einer anderen Visitor-Klasse gekapselt

✔ eine Klasse bietet eine neutrale Schnittstelle für Visitor-Klassen an

✔ um neue Operationen auf einer Klasse ablaufen zu lassen, muss die Original-Klasse nicht mehr geändert werden

Ziel wird es in diesem Abschnitt sein, die Operation »Ladeliste erstellen« aus der Klasse BoxManagement zu entfernen. Dazu muss zunächst an der Klasse BoxManagement ein kleiner Eingriff vorgenommen werden – allerdings der einzige und letzte Eingriff.

```cpp
#ifndef _BOXMANAGEMENT_H
#define _BOXMANAGEMENT_H
#include <list>
#include "box.h"
class Visitor
{
public:
    virtual ~Visitor() {};
    virtual void visit(
            class BoxManagement* pBoxManagement) = 0;
};
class BoxManagement
{
public:
    BoxManagement();
    void accept(Visitor& visitor)
    {
        visitor.visit(this);
    }
    void addBox(unsigned count,
                const std::string& type,
                float length,
                float width,
                float height,
                float weight);
    void addBoxes(std::list<Box>& boxes);
    unsigned isAvailable(const std::string& type,
                         float weight) const;
    const Box& searchBox(const std::string& type,
                         float weight) const;
    Box shipBox(const Box& box);
private:
    std::list<Box> m_Boxes;
};
#endif
```

Listing 22.9: KAP22/BOXMANAGEMENT3.H

Sie können übrigens die Datei KAP22/BOXMANAGEMENT.CPP direkt nach KAP22/BOXMANAGEMENT3.CPP um-kopieren, nur zu Beginn müssen Sie natürlich die #include-Direktive in

#include "boxmanagement3.h"

ändern.

Was ist also neu in BoxManagement? Die Visitor-Klasse mit dem griffigen Namen Visitor wurde er-gänzt, es handelt sich hierbei um eine abstrakte Klasse mit einer virtuellen visit-Methode, die einen Zeiger auf eine BoxManagement-Klasse übernimmt.

Kernstück ist nun die Erweiterung der Klasse BoxManagement um die Methode

```
void accept(Visitor& visitor)
{
    visitor.visit(this);
}
```

Dies ist der Schlüssel zur künftigen Erweiterung, denn um eine Operation auf BoxManagement durch-zuführen, leitet man eine Klasse von Visitor ab und überschreibt die Methode visit. Danach können verschiedene Operationen auf BoxManagement ablaufen:

```
BoxManagement boxes;
VonVisitAbgeleitet1 visitor1;
VonVisitAbgeleitet2 visitor2;
boxes.accept(visitor1);
boxes.accept(visitor2);
```

Die eigentliche Operation wird nun in Klassen gekapselt, ohne dass sich BoxManagement verändert oder erweitert wird. Ein Aufruf von accept mit der Übergabe eines Visitor-Objekts ruft die entspre-chende virtuelle Methode auf.

Betrachten Sie in Abbildung 22.1 die Klassenstruktur im UML-Diagramm.

Bevor Sie nun eine konkrete Besucher-Klasse implementieren, kommt noch eine Zusammenfassung des Zwischenstands.

 Das *Visitor-Pattern* kapselt eine auszuführende Operation als eigenes Objekt. Dadurch wird es möglich, für bestehende Klassen neue Operationen zu ergänzen, ohne die Klasse selbst zu ändern. Die Klasse muss dazu eine entsprechende Methode zum Aufruf des Visitor-Ob-jekts bereitstellen.

✔ Wieder mal erledigen virtuelle Methoden die Schmutzarbeit – je nachdem, welches Objekt man erzeugt, wird eine andere Funktion aufgerufen.

 Sie können BoxManagement dadurch erweitern, dass Sie von der Visitor-Klasse eigene konkrete Klassen ableiten und eine Instanz davon an accept übergeben.

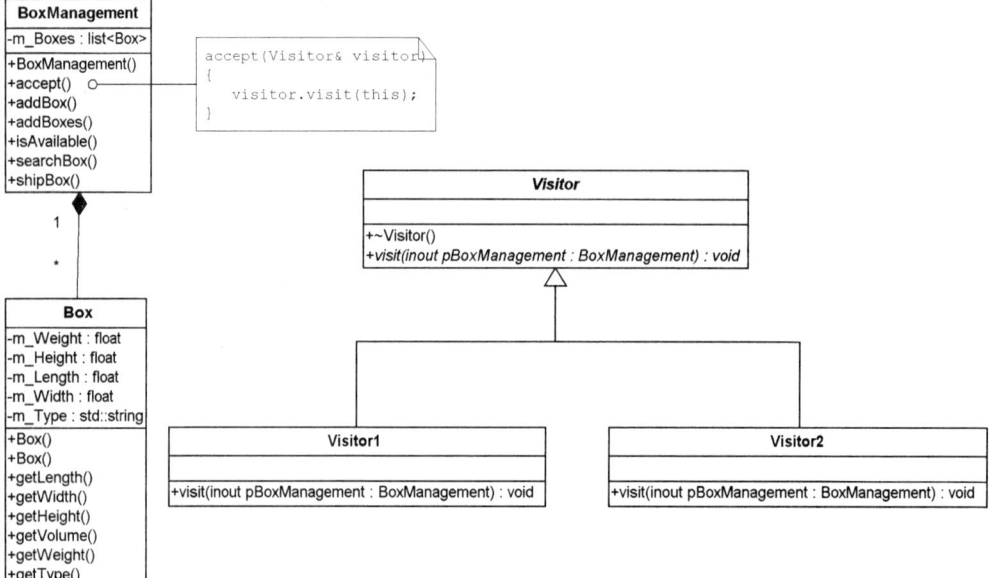

Abbildung 22.1: Das Visitor-Pattern im Zusammenspiel mit `BoxManagement`

Zur Sache

Wo waren wir stehen geblieben? Richtig, bei den Ladelisten für die LKWs. Also ergänzen Sie bitte eine konkrete Besucher-Klasse, die LKW-Ladelisten erstellen kann.

```
#include "boxmanagement3.h"
class Visitor_Trucklist : public Visitor
{
public:
   Visitor_Trucklist(std::list<Box>& packlist,
                     const std::string& type,
                     float totalweight,
                     float maxVolume)
      : m_packlist(packlist),
        m_type(type),
        m_totalweight(totalweight),
        m_maxVolume(maxVolume),
        m_success(false)
   {
   }
   virtual void visit(class BoxManagement* pBM);
   bool isSuccess() const
   {
      return m_success;
   }
```

```
private:
   std::list<Box>& m_packlist;
   std::string     m_type;
   float           m_totalweight;
   float           m_maxVolume;
   bool            m_success;
   class volumeSum :
      std::binary_function<float, const Box&, float>
   {
   public:
      result_type operator()(first_argument_type a,
                             second_argument_type b)
      {
         return a + b.getVolume();
      }
   };
};
```

Listing 22.10: KAP22/TRUCKLIST.H

Beachten Sie bitte dabei, wie die bei der konventionellen Form vorhandenen Parameter der Methoden nun zu Konstruktorparametern werden. Denn eine Sache steht fest, `BoxManagement::accept()` übernimmt keine Parameter außer dem `Visitor`-Objekt, die Parameter müssen folglich in der Instanz von `Visitor_Trucklist` gespeichert werden. Auch Rückgabewerte gibt es keine, da `accept` als `void` deklariert wurde – dafür wird eine Methode `isSuccess` ergänzt, so dass Sie nach Besuch der Klasse `BoxManagement` das Resultat prüfen können.

Die Implementation sollte nicht weiter überraschen, da der Ablauf innerhalb von `visit` identisch mit der früheren Methode `BoxManagement::truckPacklist` ist. Nur die Namen der Eingangsparameter haben sich geändert, da nun auf die Membervariablen der Klasse `Visitor_Trucklist` zugegriffen wird.

```
#include <numeric>
#include "trucklist.h"
using namespace std;
void Visitor_Trucklist::visit(
                    class BoxManagement* pBM)
{
   float weight = m_totalweight;
   float sum = 0.0f;
   list<Box> templist;
   while (weight >= 0)
   {
      unsigned cnt = pBM->isAvailable(m_type,
                                     weight);
      if ( (cnt != 0) &&
           ((sum + weight) <= m_totalweight) )
      {
         templist.push_front(
            pBM->shipBox(pBM->searchBox(m_type,
                                       weight)));
```

```
          sum += weight;
      }
      else
      {
          weight -= 0.5f;
      }
      if (sum >= m_totalweight)
          break;
   }
   sum = 0.0f;
   sum = accumulate(templist.begin(),
                    templist.end(),
                    sum,
                    volumeSum());
   m_packlist.clear();
   if (sum <= m_maxVolume)
      m_packlist.swap(templist);
   else
      pBM->addBoxes(templist);
   m_success = !m_packlist.empty();
}
```

Listing 22.11: KAP22/TRUCKLIST.CPP

Als Detail bleibt noch anzumerken, dass der früher mit return zurückgelieferte Wert nun in m_success gelagert wird. Auch die für das Funktionsobjekt volumeSum benötigte Klasse befindet sich jetzt in der Klasse Visitor_Trucklist, was natürlich viel konsequenter ist, als BoxManagement damit zu verschmutzen.

Fehlt nur noch ein Beispielprogramm – das haben Sie aber doch schon in KAP22/BOXTEST2.CPP geliefert bekommen. Damit Sie sehen, wie klein die Unterschiede sind, werden hier nur die Unterschiede aufgelistet.

```
#include "boxmanagement3.h"
/* ... */
   list<Box> packlist;
   Visitor_Trucklist visitor(packlist,
                             "Zucker",
                             total, maxVol);
   boxes.accept(visitor);
   if (visitor.isSuccess())
   {
/* ... */
   return 0;
}
```

Listing 22.12: Vollständiger Quelltext in KAP22/BOXTEST3.CPP

Das war aber einfach. Die Sache mit der Erzeugung einer Objektinstanz, um eine Funktion aufzurufen, klingt viel komplizierter, als sie tatsächlich ist.

Bevor das Kapitel geschlossen wird, lassen Sie sich noch einmal die folgenden Dos and Donts zum Thema Visitor-Pattern durch den Kopf gehen.

✔ Durch die Einführung von Visitor-Klassen verschmutzen Sie Ihre Datenklassen nicht mit Operationen und Methoden, die gar nicht zur ursächlichen Aufgabe gehören.

 Durch die Benutzung des Visitor-Pattern ersetzen Sie eine große und lange Klasse durch viele kleinere Klassen.

✔ Als Nebeneffekt wird übrigens die Kompilierung schneller, da nicht mehr jede Änderung im Header von `BoxManagement` dazu führt, dass alle abhängigen Klassen neu übersetzt werden.

✔ Nachteilig am Visitor-Pattern wirkt sich möglicherweise aus, dass der Klassendesigner einer Klasse das Interface bereits vorgesehen haben muss. In diesem Fall müssen Sie eventuell doch noch mal an der Klasse werkeln, um ihr das Visitor-Interface zu verpassen.

 Verloren haben Sie, wenn Sie für eine Visitor-Klasse Memberfunktionen benötigen, die die Klasse nicht zur Verfügung stellt – und Zugriff auf `private`- oder `protected`-Member haben Sie nicht. Die Operation Ihrer Visitor-Klasse kann nur auf `public`-Methoden zugreifen.

 Falls Sie allerdings selbst Herrscher über diese entsprechende Klasse sind, dann ergänzen Sie lieber die `public`-Methoden, als auf das Visitor-Pattern zu verzichten.

 Es tut nicht weh, einer Containerklasse mal vorab pauschal ein Interface für Visitor-Klassen zu spendieren. Falls man es nicht braucht, stört es nicht.

✔ Für das Software-Qualitätsmanagement (das soll's geben, manche Leute haben das schon mal lebendig gesehen) ergibt sich der schöne Vorteil, dass man neue Operationen einführen kann, ohne an der getesteten und funktionierenden Klasse `BoxManagement` rumrühren zu müssen.

✔ Ganz Mutige wandeln `BoxManagement` nun auch noch in eine Singleton-Klasse um.

✔ Es gibt noch wesentlich komplexere Organisationsformen des Visitor-Pattern, unter anderem kann man die Besucher-Klassen mehrere verschiedene Container nacheinander besuchen lassen. Die Literatur und auch das Internet sind voll von Beispielen zu diesem Thema.

✔ Das Visitor-Pattern eignet sich vor allem für sehr stabile Klassenhierarchien, in denen aber häufig neue Methoden ergänzt werden sollen und müssen.

✔ Falls Sie das Visitor-Pattern ein bisschen an Funktionsobjekte, Callback-Funktionen und die Algorithmen der STL erinnert – Sie haben damit Recht.

 Viele Objekte mit geringer gegenseitiger Abhängigkeit sind besser als wenige große Objekte, die sich alle gegenseitig kennen. Falls Sie komplexe Operationen in den Klassen direkt implementieren, werden sich mit der Zeit alle Klassen gegenseitig kennen und voneinander abhängen. Das Resultat: objektorientierter Spaghetti-Code.

✔ Sie fangen dann an, objektorientiert zu programmieren, wenn Sie bei neuen Funktionen denken: »Oh, dafür muss ich eine neue Klasse schreiben«.

Von virtuellen Konstruktoren, Objektfabriken und noch mehr Virtualität

In diesem Kapitel

▷ Lernen Sie, wie man erst zur Laufzeit entscheidet, welches Objekt man konstruieren will

▷ Hören Sie in diesem Zusammenhang von Fabrikmethoden

▷ Fällt der Begriff des virtuellen Konstruktors

▷ Erzeugen Sie für Dokumente die richtigen View-Objekte

Der Lebenslauf eines Objekts erscheint oftmals sehr stark vorgeschrieben zu sein. Irgendwo wird es erzeugt und an einer anderen Stelle zerstört. Große Variationsmöglichkeiten scheint es nicht zu geben. Wäre es nicht eine gute Idee, dass man das Programm selbst entscheiden lässt, welches Objekt es benötigt? Auf den ersten Blick ist dieses Feature in C++ nicht zu entdecken.

Das Leben ist nicht leicht für die armen Software-Entwickler, die als Programmierer Klassen und Objekte ohne diese Möglichkeit benutzen müssen.

Nun ja, Ernst beiseite, in diesem Kapitel werden Ihnen zwei weitere Design-Pattern näher gebracht, die vor allem zwei Dinge zeigen sollen:

1. Fast jedes Problem lässt sich lösen, indem man weitere Objektschichten einführt (*You can solve any problem with another level of indirection*).

2. Virtuelle Methoden sind ein elementares Hilfsmittel bei der Lösung objektorientierter Problemstellungen.

Ganz anders als bisher, wo eine Klasse ein Abbild eines realen Objekts war, werden nun immer stärker Klassen eingeführt, die ausschließlich einen technischen Zweck haben. Die also keine Klasse aus dem Modell der objektorientierten Analyse sind.

Die vorgestellten Entwurfsmuster sind diesmal etwas mehr im Katalogstil gehalten, dies entspricht auch der Vorgehensweise, wie Sie Pattern-Verzeichnisse im Web vorfinden. Damit später Ihre Umgewöhnung nicht so schwer wird.

Fabriken für Objekte

Gehen Sie mal von folgendem Fallbeispiel aus: Sie haben bestimmte Klassen, die Spielfiguren bezeichnen. Diese Spielfiguren können voneinander abgeleitet sein, zum Beispiel gibt's den Ritter und den Zauberer, beide abgeleitet von der Basisklasse Spielfigur. Ein gewöhnlicher Ansatz sieht so aus, dass Sie irgendwo im Programm nun die Spielfiguren erzeugen:

```
class Knight : public Player {};
class Sorcerer : public Player {};
Player* pPlayer;
if (something)
    pPlayer = new Knight();
else
    pPlayer = new Sorcerer();
```

Über virtuelle Methoden (zum Beispiel `virtual Player::fight() = 0`) können Sie den Figuren ein unterschiedliches Verhalten beibringen. Soweit ist die Sache klar und die meisten Leute machen dies auch genau so.

Nachteilig ist dies aber, wenn Sie modifizierte Klassen erzeugen wollen. Nehmen Sie den `Super-Knight()`, der künftig den `Knight()` ersetzen soll, dies führt sofort zu einer Umprogrammierung des Programmteils, der die Objekte erzeugt.

Ein alternativer Ansatz zur Erzeugung der Spielerklassen arbeitet so, dass man die Erzeugung in eine andere Klasse verlagert – derartige Klassen werden Fabrikklassen genannt. Betrachten Sie zunächst eine Sammlung von Spieler-Klassen

```
#ifndef _PLAYERS_H
#define _PLAYERS_H
#include <iostream>
class Player
{
public:
    virtual ~Player() {};
    virtual void fight() = 0;
};
class Knight : public Player
{
public:
    virtual void fight()
    {
        useSword();
    }
private:
    void useSword()
    {
        std::cout << "Schwertkampf\n";
    }
};
class Sorcerer : public Player
{
public:
    virtual void fight()
    {
        charm();
    }
private:
    void charm()
```

```
    {
        std::cout << "Fieser Zauberspruch\n";
    }
};
#endif
```

Listing 23.1: KAP23/PLAYERS.H

Der Zusammenhang ist völlig klar, je nach konkreter Spieler-Klasse führt die virtuelle Methode fight() eine andere Handlung aus. Die zugehörige Fabrikklasse PlayerFactory() besitzt insgesamt drei virtuelle Methoden zur Erzeugung von Player-Objekten.

```
#ifndef _PLAYERFACTORY_H
#define _PLAYERFACTORY_H
#include "players.h"
class PlayerFactory
{
public:
    virtual Player* doMakePlayer() const;
    virtual Knight* doMakeKnight() const;
    virtual Sorcerer* doMakeSorcerer() const;
};
#endif
```

Listing 23.2: KAP23/PLAYERFACTORY.H

Mit der zugehörigen Implementation:

```
#include "playerfactory.h"
Player* PlayerFactory::doMakePlayer() const
{
    if (rand() % 2)
        return doMakeKnight();
    else
        return doMakeSorcerer();
}
Knight* PlayerFactory::doMakeKnight() const
{
    return new Knight();
}
Sorcerer* PlayerFactory::doMakeSorcerer() const
{
    return new Sorcerer();
}
```

Listing 23.3: KAP23/PLAYERFACTORY.CPP

Es gibt also für jede Player-Klasse eine eigene virtuelle Erzeugungsmethode in PlayerFactory. Der Sinn ist bis zu diesem Zeitpunkt noch nicht exakt abzuschätzen, betrachten Sie daher das Hauptprogramm, das die Objekte erzeugt und aufruft.

```
#include <cstdlib>
#include <ctime>
#include "playerfactory.h"
using namespace std;
int main()
{
    srand( (unsigned)time( NULL ) );
    PlayerFactory playerFactory;
    Player* pPlayer = playerFactory.doMakePlayer();
    pPlayer->fight();
    delete pPlayer;
    return 0;
}
```

Listing 23.4: KAP23/GAME.CPP

Das Funktionsprinzip ist völlig selbsterklärend, die Fallunterscheidung, welches Objekt zu erzeugen ist, wird in die Methode doMakePlayer() verlagert. Wahrscheinlich sind Sie nun aber etwas kribbelig, was der ganze Aufwand soll. Sie haben Recht, bisher war dies alles nur Zusatzaufwand ohne Nutzen.

Vorteile von Fabrikmethoden treten dann auf, wenn Sie nun statt Objekten der Klasse Sorcerer lieber Objekte der Klasse WhiteSorcerer erzeugen wollen. Führen Sie zunächst diese neue Player-Klasse ein.

```
#ifndef _WHITESORCERER_H
#define _WHITESORCERER_H
#include "players.h"
class WhiteSorcerer : public Sorcerer
{
public:
    virtual void fight()
    {
        powerfull_charm();
    }
private:
    void powerfull_charm()
    {
        std::cout << "Erschaffe ein blendendes "
                    "Licht\n";
    }
};
#endif
```

Listing 23.5: KAP23/WHITESORCERER.H

Nun wird dazu eine Änderung in der Fabrikklasse durchgeführt, indem Sie eine neue Fabrikklasse PlayerFactory2 davon ableiten und die virtuelle Methode doMakeSorcerer() ändern.

```
#ifndef _PLAYERFACTORY2_H
#define _PLAYERFACTORY2_H
#include "playerfactory.h"
#include "whitesorcerer.h"
```

```
class PlayerFactory2 : public PlayerFactory
{
public:
    virtual Sorcerer* doMakeSorcerer() const
    {
        return new WhiteSorcerer();
    }
};
#endif
```

Listing 23.6: KAP23/PLAYERFACTORY2.H

Im Hauptprogramm verwenden Sie nun einfach PlayerFactory2 statt wie bisher PlayerFactory.

```
#include <cstdlib>
#include <ctime>
#include "playerfactory2.h"
using namespace std;
int main()
{
    srand( (unsigned)time( NULL ) );
    PlayerFactory2 factory;
    Player* pPlayer = factory.doMakePlayer();
    pPlayer->fight();
    delete pPlayer;
    return 0;
}
```

Listing 23.7: KAP23/GAME2.CPP

Wenn Sie das Programm einige Male starten, um verschiedene Zufallszahlen zu erhalten, werden Sie sehen, dass nun in der Tat Objekte WhiteSorcerer statt Sorcerer erzeugt werden. Im UML-Klassendiagramm sehen Sie noch einmal das Zusammenspiel der hier beteiligten Klassen.

Besonders wertvoll wird das Hilfsmittel der Fabrikklassen, wenn die Klasse PlayerFactory gar nicht Ihnen gehört, sondern Bestandteil von vorhandenen Klassen ist. Sie können hier gezielt Änderungen vornehmen und damit Einfluss darauf nehmen, welche konkreten Objekte die Oberklasse erstellt. Im nächsten Abschnitt *Weniger Mystik, mehr Papier* sehen Sie noch ein weiteres Beispiel für diese Anwendungen.

 Wenn eine Klasse nicht im Voraus weiß, welche konkreten Klassen sie erzeugen soll oder wenn Sie nachträglich den Typ der erzeugten Klassen abändern wollen, setzen Sie das so genannte *Fabrikmethode*-Muster (*factory method*) ein.

✔ Die Fabrikklasse besitzt für die von ihr erzeugten Objekte jeweils eine virtuelle Erzeuger-Methode, die das zugehörige Objekt mit new erzeugt und an den Aufrufer zurückliefert.

✔ Häufig ist die Fabrikklasse sogar abstrakt und überlässt Ihnen die konkrete Realisierung einer abgeleiteten Fabrikklasse. Sie finden solche Vorgehensweisen sehr oft im Document/View-Modell von Klassenbibliotheken wie der MFC (*Microsoft Foundation Classes*), VCL (*Visual Components*

Library des Borland C++-Builders) oder KDE (*K Desktop Environment*, eine Open-Source-Bibliothek für grafische Oberflächen unter Unix-Systemen).

 Wichtig ist, dass der Aufrufer die Kontrolle über das Objekt bekommt. Die Fabrikmethode erzeugt nur das Objekt, kümmert sich aber nicht um dessen Zerstörung. Dies ist Ihre Aufgabe, Sie müssen das Objekt später mit `delete` zerstören.

✔ Wenn Sie nicht auf Drachen, Ritter und Zauberer stehen, so können Sie sich das Beispiel entsprechend auch für Dokument-Klassen vorstellen. Eine `DocumentFactory` erzeugt je nach Filetyp (zum Beispiel über einen übergebenen Dateinamen) mal ein Objekt `TextDocument`, im anderen Fall ein `GraphicDocument`.

✔ Es ist sinnvoll, die Namensgebung der Klasse der Aufgabe entsprechend anzupassen, also zum Beispiel den Begriff `Factory` im Klassennamen zu verwenden. Für die Namen der Erzeugungsmethoden sind Bezeichnungen wie `produce()`, `construct()` oder `doMake()` gängig.

✔ Fabrikmethoden-Klassen sind oftmals auch als Singleton realisiert.

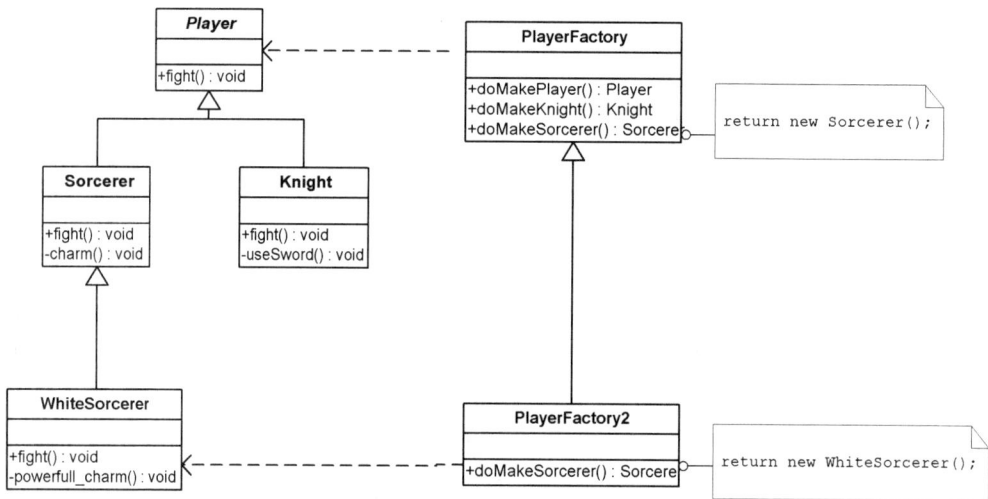

Abbildung 23.1: Zusammenspiel der Objektklassen mit den Fabrikklassen

Weniger Mystik, mehr Papier

Eine wichtige Erfahrung werden Sie vielleicht schon gemacht haben oder noch machen, auch so unterschiedliche Problemstellungen wie Zauberer oder Dokumentenerzeugung lassen sich mit gleichen Ideen, mit den gleichen Design-Pattern modellieren.

Verwalten Sie also Dokumente auf einem Server, so hat das unter der Haube vielleicht mehr mit einem Zauberwald eines Spiels gemeinsam, als Sie vielleicht denken. Kein Wunder, die User haben es schon immer geahnt – sowohl Dokumente auf Servern als auch Spielfiguren in Zauberwäldern neigen oftmals dazu, auf magische Art und Weise zu verschwinden.

Widmen Sie sich nun noch mal einem konkreteren Beispiel, der Erzeugung von View-Klassen zu zugehörigen Dokumentklassen. Mit dem MVC-Modell sind Sie im Laufe des Buches bereits mehrfach bekannt gemacht worden, dort wird die strikte Trennung von Datenklassen und Visualisierungsklassen gefordert. Nun gut, Sie wollen dieser Forderung auch gerne Folge leisten und für Ihre Daten und Views jeweils getrennt die Klassen modellieren. So wie in Abbildung 23.2 gezeigt.

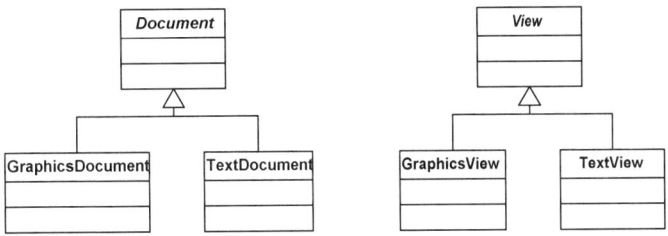

Abbildung 23.2: Klassenhierarchie der View- und der Document-Klassen

Das Problem sieht nun in der Praxis so aus, dass Sie einen Zeiger auf ein Document-Objekt haben

```
Document* pDoc;
```
und dafür soll nun das passende View-Objekt erzeugt werden. Also irgendwie so:

```
View* pView;
if (pDoc == "TextDocument")
    pView = new TextView(pDoc);
else
    pView = new GraphicsView(pDoc);
```

Auch hier ist die Problemstellung ganz ähnlich wie im vorigen Fall und es stellt sich die Frage, ob eine Fabrikmethode nicht ebenfalls hilfreich sein könnte.

Eine mögliche Lösung dieses Problems ist, dass man gleich zu Beginn der Fabrikklasse mitteilt, welche Dokumente und Views es denn insgesamt gibt. Und natürlich, wie diese zusammenhängen. Speichern kann man diese Informationen in einer Map, wobei man den Typ der Document-Klasse als Key verwendet. Maps wurden im Kapitel *Mehr Container und Adapter* ausführlich behandelt.

Allerdings benötigt man als zweites Element der Map natürlich noch eine Klasse, die den View erzeugen kann. Das kann wie folgt realisiert werden:

```
class ViewProducer()
{
public:
    View* doMakeView() {return new View;}
};
```
Schauen Sie sich zunächst einmal die Document- und die View-Klassen des Beispiels an.

```
#ifndef _DOCUMENTS_H
#define _DOCUMENTS_H
#include <string>
class Document
{
```

```
public:
   virtual ~Document() {}
};
class TextDocument : public Document
{
public:
   TextDocument(const std::string& str)
      : m_str(str)
   {}
   std::string getText() const
   {
      return m_str;
   }
private:
   std::string m_str;
};
class GraphicsDocument : public Document
{
public:
   GraphicsDocument(int val)
      : m_value(val)
   {}
   int getVal() const
   {
      return m_value;
   }
private:
   int m_value;
};
#endif
```

Listing 23.8: KAP23/DOCUMENTS.H

TextDocument und GraphicsDocument wurden mit leicht unterschiedlichen Daten (einmal string
und einmal int) ausgestattet. Dazu gehören dann die entsprechenden View-Klassen.

```
#ifndef _VIEW_H
#define _VIEW_H
#include "documents.h"
class View
{
public:
   View() {}
   virtual ~View() {}
   virtual void show() const= 0;
};
class TextView : public View
{
public:
   TextView(const Document& document)
```

```
   : m_TextDocument(
     dynamic_cast<const TextDocument&>(document))
   {}
   virtual void show() const;
private:
   const TextDocument& m_TextDocument;
};
class GraphicsView : public View
{
public:
   GraphicsView(const Document& document)
   : m_GraphicsDocument(
     dynamic_cast<const GraphicsDocument&>(document))
   {}
   virtual void show() const;
private:
   const GraphicsDocument& m_GraphicsDocument;
};
#endif
```

Listing 23.9: KAP23/VIEWS.H

Die abgeleiteten View-Klassen speichern jeweils die Referenz auf das übergebene Objekt, wobei der Typ des Objekts gleich in den gewünschten und benötigten Typ umgewandelt wird. Betrachten Sie nun die Factory-Klasse, die in der Lage ist, den Zusammenhang zu speichern.

```
#ifndef _FACTORY_H
#define _FACTORY_H
// folgende 3 Zeilen sind für den Visual C++ nötig
#ifdef _MSC_VER
   #pragma warning(disable:4786)
#endif
#include "views.h"
#include "producer.h"
#include <string>
#include <typeinfo>
#include <map>
class DocViewFactory
{
public:
   ~DocViewFactory() {}
   static DocViewFactory& instance()
   {
      static DocViewFactory docViewFactory;
      return docViewFactory;
   }
   virtual View* doMakeView(
      const Document& document);
   void registerProducer(
      const std::type_info& type,
```

```
         AbstractProducer* pProducer);
private:
   DocViewFactory() {}
   typedef std::map<const std::string,
                    AbstractProducer*> DocViewMap;
   DocViewMap m_Map;
};
#endif
```

Listing 23.10: *KAP23/FACTORY.H*

Hoppala, da kamen aber viele neue Sachen dazu. Der prinzipielle Ablauf wird im Abschnitt *Die Document-View-Fabrik* erklärt. Vorher erfahren Sie aber noch, was es mit der Klasse `AbstractProducer` auf sich hat.

```
#ifndef _PRODUCER_H
#define _PRODUCER_H
#include "views.h"
class AbstractProducer
{
public:
   virtual View* doMakeView(
            const Document& pDocument) const = 0;
};
template<class Product>
class Producer : public AbstractProducer
{
public:
   virtual View* doMakeView(
            const Document& pDocument) const
   {
      return new Product(pDocument);
   }
};
#endif
```

Listing 23.11: *KAP23/PRODUCER.H*

Eine Basisklasse `AbstractProducer` besitzt eine virtuelle Methode `doMakeView`, die ein `View`-Objekt zurückliefern kann. Davon abgeleitet werden Template-Klassen, die ein Objekt des übergebenen Template-Parameters erzeugen können.

Implementiert ist `DocViewFactory` letztlich wie folgt.

```
#include "factory.h"
#include <stdexcept>
#include <typeinfo>
using namespace std;
View* DocViewFactory::doMakeView(
                        const Document& document)
```

```
{
  DocViewMap::const_iterator it
    = m_Map.find(typeid(document).name());
  if (it != m_Map.end())
  {
    return it->second->doMakeView(document);
  }
  throw std::logic_error("no view for document");
  return NULL;
}
void DocViewFactory::registerProducer(
                      const std::type_info& type,
                      AbstractProducer* pProducer)
{
  m_Map.insert(make_pair(type.name(), pProducer));
}
```

Listing 23.12: KAP23/FACTORY.CPP

So, bevor Sie das Hauptprogramm noch ergänzen, ein wichtiger Hinweis. Damit `typeid` funktioniert und aktiv ist, muss im Compiler in Ihrem Projekt die Option *RTTI* (*runtime type identification*) aktiviert sein. Sie finden das zum Beispiel für Visual C++ unter PROJECT SETTINGS|C/C++|C++ LANGUAGE.

Die Document-View-Fabrik

Wesentliches Kernstück der Fabrikklasse ist eine map. Diese benutzt als Key-Element einen `std::string` und speichert einen Zeiger auf ein von `AbstractProducer` abgeleitetes Objekt. Zur Initialisierung der Fabrik muss man paarweise alle Document-Klassen mit der Erzeugerklasse für die jeweilige View registrieren, wozu die Funktion `registerProducer` dient. Als ersten Parameter erwartet diese ein Objekt vom Typ `std::type_info`, definiert im Header `<typeinfo>`.

Ein Objekt der Klasse `type_info` wird erzeugt, indem man für einen beliebigen Klassentyp `typeid` aufruft:

```
type_info tinfo = typeid(std::string);
```

`typeid` ist übrigens ein Schlüsselwort der Sprache C++. Danach kann man über `tinfo.name()` den Namen der Klasse erhalten oder mit `==` und `!=` zwei `type_info`-Objekte auf Gleichheit und Ungleichheit vergleichen.

Nach der Registrierung kann nun `doMakeView()` für ein konkretes Objekt aufgerufen werden, über die `typeid` des übergebenen Document-Objekts findet eine Suche nach dem `AbstractProducer`-Objekt statt. Wurde dieses gefunden, so wird das damit verkoppelte View-Objekt erzeugt und an den Aufrufer übergeben.

Realisiert ist die Fabrikklasse als Singleton, was ihrer Rolle im Programm Rechnung trägt – es gibt genau eine Stelle, wo man für ein Document-Objekt ein passendes View-Objekt erhalten kann.

Fehlt nun noch das Hauptprogramm, das die ganzen Sachen glücklich vereint.

```
#include "factory.h"
#include "register.h"
int main()
{
    TextDocument txtDoc("Hallo");
    View* pView1 =
        DocViewFactory::instance().doMakeView(txtDoc);
    pView1->show();
    GraphicsDocument gfxDoc(5);
    View* pView2 =
        DocViewFactory::instance().doMakeView(gfxDoc);
    pView2->show();
    delete pView1;
    delete pView2;
    return 0;
}
```

Listing 23.13: KAP23/MVC_DEMO.CPP

Wie Sie zunächst leicht feststellen können, klappt alles. Je nach vorliegendem Document-Objekt wird tatsächlich das richtige View-Objekt erzeugt. Vielleicht werfen Sie aber vorher noch einen kleinen Blick auf die folgende noch fehlende Datei:

```
#ifndef _REGISTER_H
#define _REGISTER_H
#include "producer.h"
void register_all()
{
    static Producer<TextView> producerTextView;
    static Producer<GraphicsView>
                            producerGraphicsView;
}
class RegisterViews
{
private:
    // Jede neue View-Klasse wird hier aufgenommen
    Producer<TextView>     m_producerTextView;
    Producer<GraphicsView> m_producerGraphicsView;
    // Die Klasse ist nicht instanziierbar!
    RegisterViews()
    {
        DocViewFactory::instance().registerProducer(
                    typeid(TextDocument),
                    &m_producerTextView);
        DocViewFactory::instance().registerProducer(
                    typeid(GraphicsDocument),
                    &m_producerGraphicsView);
    }
```

```
    static RegisterViews m_OneInstance;
};
RegisterViews RegisterViews::m_OneInstance;
#endif
```

Listing 23.14: KAP23/REGISTER.H

Was bisher fehlte, wird in der Klasse `RegisterViews` nachgeliefert, Sie müssen ja noch irgendwo die `Producer<T>`-Objekte und die `Document`-Objekte zusammenführen. Dies erledigt `RegisterViews` – für jedes vorkommende `Document`-`View`-Pärchen wird eine Instanz eines `Producer<T>`-Objekts angelegt. `private`, versteht sich.

Im Konstruktor `RegisterViews::RegisterViews` werden diese Objekte bei der `DocViewFactory` mit `registerProducer()` registriert. Da der Konstruktor von `RegisterView` `private` ist, kann niemand außerhalb von `RegisterViews` ein Objekt dieser Klasse anlegen, das einzige `RegisterViews`-Objekt wird als statische Klassenvariable in `RegisterViews` selbst erzeugt. Damit ist sichergestellt, dass es einen Ort gibt, wo die ganzen `Producer<T>`-Objekte für die gesamte Laufzeit des Programms zur Verfügung stehen.

Verschnaufpause und Zusammenfassung! Lesen Sie sich die beiden letzten Absätze noch einmal durch, um den Sinn dieser Konstruktion zu verstehen. Im letzten Kapitel dieses Teils machen Sie noch einmal Gebrauch von dieser Konstruktion.

Die so genannte *RTTI* (*runtime type identification*) ermöglicht es mit Hilfe des Schlüsselworts `typeid`, von einem Objekt herauszufinden, zu welcher Klasse es gehört. Also Ergebnis von `typeid` wird ein Objekt der Klasse `type_info` zurückgeliefert, womit man verschiedene `type_info`-Objekte vergleichen kann. Die Memberfunktion `type_info::name()` liefert einen String mit dem Namen der Klasse, `typeid(klasse).name()` könnte also `"class klasse"` liefern.

Weder Format noch Form des Namens, den `name()` liefert, sind vom Standard vorgegeben. Prinzipiell kann da alles rauskommen. Garantiert wird nur, dass Namen für Klassen eindeutig sind. Es gilt aber immer auf jeden Fall:

```
typeid(ClassA).name() == typedid(ClassA).name()
typeid(ClassA).name() != typedid(ClassB).name()
```

✔ Die Klasse `type_info` ist im Header `<typeinfo>` deklariert und liegt im Namensraum `std`.

Damit RTTI funktioniert, muss diese Compileroption aktiviert sein. Sie erhalten bei der Kompilierung eine Warnung, falls dies nicht der Fall ist. Schlagen Sie dazu in der Compilerhilfe nach, wo die Einstellung zu finden ist.

✔ Im Rahmen von Klassenhierarchien kommt es häufig vor, dass eine Funktion ein Objekt erzeugen soll, aber der Typ noch unbekannt ist. Dies ist hier bei `DocViewFactory::doMakeView` der Fall. In diesem Fall kapselt man die Erzeugung des Objekts (also den Aufruf von `new`) in einer Hilfsklasse, die mit einer virtuellen Methode das `new` stellvertretend ausführt. Durch die virtuellen Methoden ist es dann möglich, verschiedene Klassen mit `new` zu erzeugen.

423

✔ Das Fabrikmethode-Muster ist auch unter dem Namen *virtueller Konstruktor* bekannt, weil es damit möglich wird, in Abhängigkeit von virtuellen Methoden verschiedene Konstruktoren aufzurufen.

✔ Die Klasse `AbstractProducer` bzw. deren Ableitungen `Producer<Product>` erfüllen im vorliegenden Beispiel diesen Zweck. Auch hier handelt es sich um die Anwendung des Musters *virtueller Konstruktor*. Die Einführung einer abgeleiteten Template-Klasse `Producer<T>` erspart es einem, für jedes `View`-Objekt (also `TextView` und `GraphicsView`) eine eigene Erzeuger-Klasse zu schreiben. Stattdessen kann man direkt mit `Producer<TextView>` eine passende Erzeuger-Klasse automatisch generieren lassen.

✔ Beachten Sie, dass im vorliegenden Beispiel die Dokumente alle als konstante Referenzen verwaltet werden, dies ist natürlich kein Muss. Je nachdem können Sie die Dokumente auch über Zeiger verwalten; soll ein `View`-Objekt das Dokument auch verändern, kann das `const` ebenfalls entfallen. Die exakte Ausprogrammierung hängt von Ihrer ganz konkreten Situation ab, wie bei allen Pattern. Nur die Idee ist vorgegeben, nicht exakt jede Anweisung.

✔ Wenn Sie zusätzliche `Document`-Klassen ergänzen wollen, müssen Sie (natürlich) die `Document`-Klasse und eine zugehörige `View`-Klasse erstellen. In der Klasse `RegisterViews` müssen Sie dann die `Document`-Klasse zusammen mit dem zugehörigen `Producer<T>`-Objekt registrieren. Fertig, danach werden auch diese `View`-Objekte richtig erzeugt. Getrennt implementieren, an einer zentralen Stelle implementieren, das war's.

Die hier gezeigte Vorgehensweise realisiert die Forderungen des *OCP*, des *open-closed-principles*. Dieses Prinzip fordert, dass Klassenstrukturen offen gegenüber Erweiterungen, aber geschlossen gegenüber Änderungen sein sollen. Änderungen bestehender Klassenstrukturen sind schlecht, weil man am Fundament rüttelt. Erweiterungen sind aber notwendig, damit Sie auch neue Anforderungen abdecken können. Würde man `View`- und `Document`-Klassen fest im eigenen Programm an zentraler Stelle encodieren, führen Erweiterungen zu Änderungen – und das ist ungeschickt, wer weiß, ob man dadurch nicht plötzlich neue Fehler in funktionierende Teile einbringt.

Ist die Anzahl verwalteter Dokument-Klassen sehr groß oder werden sehr oft Views für die Dokumente erzeugt, so sollte für die `map` als Key-Element kein String verwendet werden, da die String-Vergleiche natürlich eine gewisse Zeit kosten. In diesem Fall kann man zu trickreicheren Verfahren greifen, die aus dem Namen der Dokument-Klasse eine eindeutige Zahl berechnen und mit dieser Zahl als Key-Element arbeiten. So genannte *Hashing*-Algorithmen erlauben die Berechnung weitgehend eindeutiger Zahlen aus einem String.

✔ Sie können die gezeigte Implementation der Fabrik-Methode natürlich auch verwenden, wenn es nicht um Dokumente und Views geht. Zum Beispiel könnte eine Klasse Jäger ein Tier entdecken – je nachdem, einen Elefanten oder einen Schmetterling. Der Jäger fragt nun bei einer Fabrik-Klasse nach der passenden Waffe, indem er angibt, welches Tier vorliegt. So erhält er für den Elefanten eine schwere Jagdbüchse, für den Schmetterling aber ein Netz.

Teil VI

Finale furioso

The 5th Wave

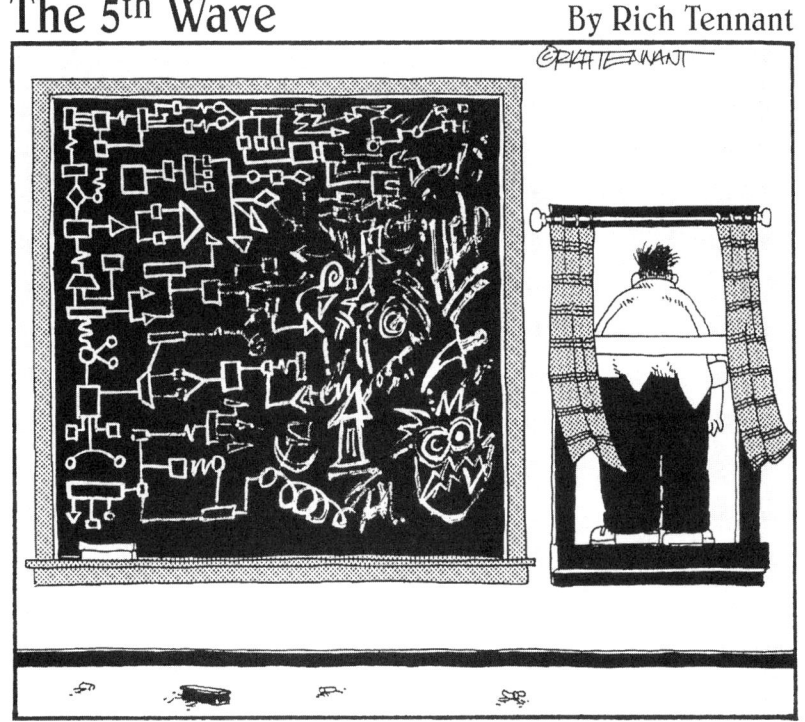

In diesem Teil ...

Dieser Teil fasst die auf Ihrer Reise durch die objektorientierte Programmierung mit C++ gewonnenen Kenntnisse und Fähigkeiten zusammen und endet mit einem kleinen Projekt, in dem viele Einzelteile noch einmal hervorgehoben und angewendet werden.

Zuvor erfahren Sie aber noch, wie man in Programmen seine Daten sinnvoll speichert und auch wieder lädt. Ein Blick über den Tellerrand wird kurz ein Schlaglicht auf den Begriff XML werfen, ein kleiner XML-Parser fällt als Bonbon für Sie ab, so dass Sie Ihre Daten nun auch unter Verwendung dieses Standards speichern können.

Im folgenden Kapitel kommt dann ein kleines, in sich geschlossenes Abschlussprojekt – es wird Ihnen gefallen, die Klasse Wolf kommt auch darin vor.

Und wenn man die Kiste ausschaltet, ist dann alles weg?

In diesem Kapitel

▷ Eerfahren Sie, wie man eine Hierarchie von Objekten persistent hält

▷ Lesen Sie, was der Begriff Persistenz bedeutet

▷ Lladen und speichern Sie Objektdaten

▷ Bekommen Sie einen Crashkurs in XML

*T*ypische Einsteigerbücher in die Welt der Programmierung legen massiv Daten an, sortieren, suchen und listen alles auf – und irgendwann kommt dann das Eingeständnis des Autors, dass man die ganzen Daten ja auch noch in einer Datei sichern muss, sonst ist nach Programmende alles weg. Von diesem Stereotyp will auch ich nicht abweichen; nachdem Sie vielleicht in der von uns gemeinsam entwickelten Buchverwaltung 350 Datensätze eingetippt haben, nur kurz eine Warnung: Beenden Sie das Programm nicht. Und schalten Sie Ihren Computer nie mehr aus. Es gibt nämlich noch keine Datenspeicherung im Programm.

Erfahrene Computernutzer kennen den Begriff der so genannten *Persistenz* bereits in der Form »Wollen Sie Ihre Daten wirklich speichern?« In der Regel folgen dieser Frage zwei Aktionen, ein rascher Klick auf »Nein« und dann ein lauter Aufschrei »Oh %.$)§)?*+:« ...

Widmen Sie sich nun dieser interessanten Thematik aus Sicht eines Software-Entwicklers.

Wer speichert was?

Unter *Persistenz von Objekten* versteht man, dass die Daten eines Objekts auch dann noch weiter bestehen, falls das Objekt bereits zerstört ist. Diese Definition lässt sich noch erheblich verfeinern und vertiefen, im vorliegenden Fall werden darunter aber im Wesentlichen zwei Dinge verstanden:

✔ Objektdaten lassen sich speichern.

✔ Aus gespeicherten Daten lassen sich wieder identische Objekte erzeugen.

In einer objektorientierten Welt liegt der Gedanke nahe, dass man die Aufgaben der Speicherung und der Wiedergeburt des Objekts den Objekten selbst überträgt. Das ist ein ganz wichtiger Punkt, der aber zu einem sehr übersichtlichen Aufbau der Lade- und Speicherroutinen beiträgt.

Nehmen Sie eine Klassenhierarchie, wie Sie in Abbildung 24.1 gezeigt wird. Die Klasse A besitzt neben eigenen Attributen noch zwei Objekte der Klassen B und D, wobei B wiederum einen ganzen Vektor aus Objekten von C besitzt. Jede Klasse besitzt eine save-Methode und einen Konstruktor, der das Objekt konstruieren kann. Abgelegt werden die Daten dann in einem so genannten Datenstrom oder auch *file stream*.

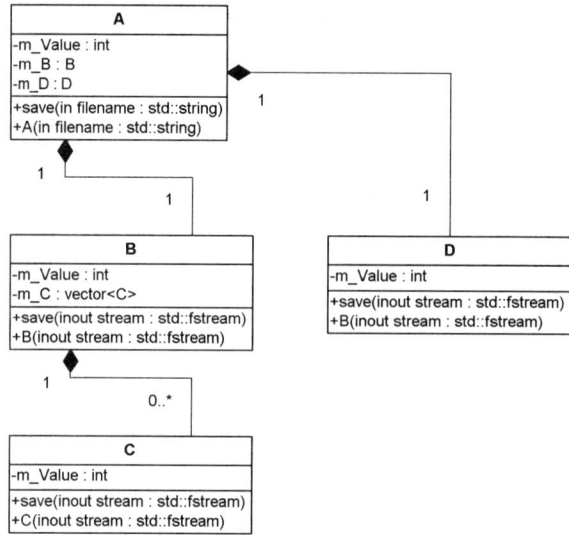

Abbildung 24.1: Beispiel für Klassenhierarchien

Wie die Daten in dem file stream abgelegt werden, sehen Sie in einer groben Darstellung in Abbildung 24.2.

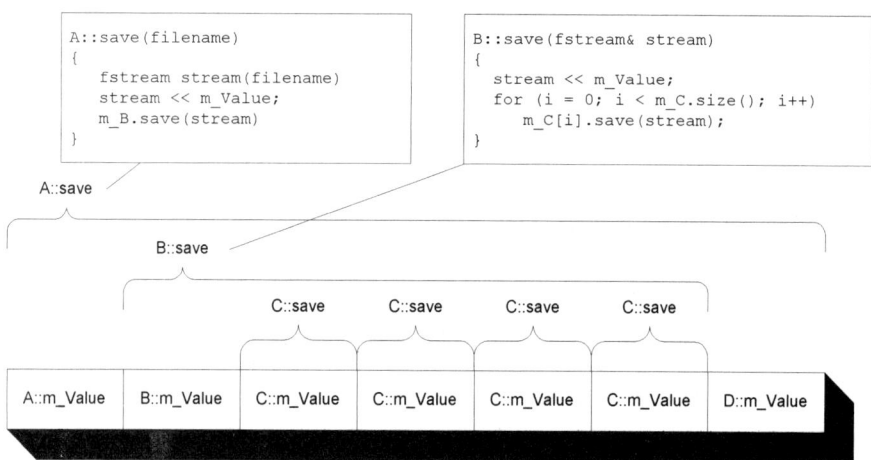

Abbildung 24.2: Ablauf bei der Speicherung eines Objekts

Die grundsätzliche Vorgehensweise zum Handling von Dateiobjekten mit Hilfe der Stream-Klassen der Standardbibliothek haben Sie bereits im Kapitel _Ausnahmezustand_ kennen gelernt.

Um Dateiformate zu erstellen, gibt es zwei grundsätzliche Vorgehensweisen:

✔ binär

✔ Textformat

Bei einem *binären* Dateiformat speichert man mehr oder weniger direkt den Speicherauszug eines Objekts in der Datei, das entspricht im Wesentlichen einem `memcpy` in eine Datei. Diese Vorgehensweise ist sehr beliebt, weil sie nicht viel Arbeit macht – zumindest für den leichtfertigen Betrachter. Vor allem die geringe Dateigröße wird von Befürwortern dieser Methode gerne als Pro-Argument genannt. Dagegen stehen aber einige schwer wiegende Nachteile:

✔ Das Datenformat wird abhängig vom Betriebssystem und sogar von der Prozessorfamilie; eine auf einem Intel-System erstellte Datei lässt sich nicht mehr ohne Probleme auf einem PowerPC-basierten System lesen. Dateien sind nur mühsam zwischen 16-, 32- und 64-Bit Systemen austauschbar.

✔ Ändert sich das Datenformat in Folge von Weiterentwicklungen des Programms, so müssen in jeder neuen Version Konvertierungsroutinen für die alten Formate mitgeschleppt werden.

✔ Sonderzeichenkonvertierungen zwischen verschiedenen Betriebssystemen müssen beachtet werden. ASCII umfasst schließlich nur die Zeichen bis zum Code 127, der Rest – insbesondere die ÄÖÜäöüß – kann beliebig viele Probleme bereiten.

✔ Tiefe Objekt-Hierarchien lassen sich nicht sonderlich schön binär speichern, da eine Speicherung von Objekten große Ähnlichkeit mit den Abläufen hat, die bei einer tiefen Kopie mit Hilfe von Copykonstruktoren oder Zuweisungsoperatoren geschehen.

Bleiben also als Alternative textbasierte Formate. Baut man ein solches Dateiformat richtig auf, so lassen sich die Nachteile binärer Formate elegant vermeiden. Leider schrecken die meisten Leute vor den Textformaten zurück, weil man sie zwar unheimlich leicht schreiben kann

```
stream << "Autor:" << m_Author << endl;
```

aber man zum Laden einen Parser schreiben muss, der die Zeilen zerlegt und die Daten wieder zuordnet.

Bevor Sie zu weiteren Erkenntnissen gelangen, eine kurze Zusammenfassung.

Objekt-Persistenz beschreibt die Fähigkeit von Objekten, ihre Daten dauerhaft über die Lebensdauer des Objekts hinaus zu sichern. Üblicherweise werden die Daten in Dateien aufgehoben.

✔ Objekt-Hierarchien speichert man zweckmäßigerweise so, dass jedes Objekt selbst weiß, wie es sich speichern und laden muss.

✔ Zur Speicherung von Objektdaten eignen sich vor allem textbasierte Dateiformate (»ASCII-Dateien«).

✔ Falls Sie zu dem Begriff der *tiefen Kopie* keine rechte Vorstellung mehr haben, so lesen Sie doch noch einmal die Kapitel *Die Kopiermaschine* und aus *Operatoroverloading* den Abschnitt *Der Zuweisungsoperator* durch. Die tiefe Kopie hat sehr große Ähnlichkeit mit den Abläufen bei der Speicherung von Objekten in Dateien, während die flache Kopie mehr der binären Variante entspricht.

Nachteilig an textbasierten Formaten ist die Notwendigkeit, dass man Parser schreiben muss und sich einige Gedanken über den Aufbau des Dateiformats machen muss. Der folgende Abschnitt *Ein modernes Dateiformat: XML* zeigt Ihnen, wie ein solches fertiges Dateiformat aussehen kann.

✔ Verwenden Sie binäre Dateiformate für die Speicherung von großen Datenmengen, wie sie für Audio-, Video- und Bilddateien anfallen. Dafür ist das auch gedacht.

✔ Das Zerlegen eines Objektzustands in einen Zeichenstrom nennt man auch *Serialisierung*. Dieses Konzept wird zum Beispiel von Java sehr intensiv verwendet.

✔ Das folgende kurze Programm zeigt, wie Sie in C++ Daten binär speichern können (auch als KAP25/ BINIO.CPP zu finden):

```
#include <iostream>
#include <fstream>
using namespace std;
int main()
{
    double fnum1[4] = {99.75, -34.4, 1776.0, 200.1};
    double fnum2[4] = {0.0, 0.0, 0.0, 0.0};
    ofstream out("number.dat", ios::out | ios::binary);
    if (out)
    {
        out.write((char*)&fnum1, sizeof(fnum1));
        out.close();
    }
    ifstream in("number.dat", ios::in | ios::binary);
    if (in)
    {
        in.read((char*)&fnum2, sizeof(fnum2));
        cout << in.gcount() << " Bytes gelesen\n";
        for (int i = 0; i < 4; i++)
            cout << fnum2[i] << " ";
        in.close();
    }
    return 0;
}
```

✔ Wenn Sie sich Sorgen um die Lesbarkeit Ihrer Dateien machen und Sie die Inhalte verstecken wollen, so verschlüsseln Sie lieber die Textdateien statt auf binäre Formate zuzugreifen. Gerade Texte lassen sich mit sehr vielen Möglichkeiten leicht und effizient unlesbar machen.

✔ Die Sorge um die Größe der Dateien sollte nicht an erster Stelle Ihrer Betrachtungen stehen. Viel wichtiger ist die Langzeitlesbarkeit der Daten und die Kompatibilität zwischen alten und neuen Programmversionen.

 Für erfahrene Entwickler: Wenn Sie eine Dialogbox einsetzen, um Daten zu speichern, so verwenden Sie jedes Mal eine andere Reihenfolge von »Ja« und »Nein«, legen Sie den »Speichern Ja«-Button mal nach links, mal nach rechts. Dies erhöht erheblich den Überraschungseffekt für den Benutzer und straft ihn ab, falls er Ihre wertvolle Software nicht sorgfältig genug bedient.

✔ Die Software-Ergonomen – das ist so etwas wie ein Physiotherapeut für Benutzeroberflächen – bezeichnen vorigen Tipp als »Erwartungskonformität des Benutzers«. Will sagen: Gehen Sie davon aus, dass sich der Benutzer wie ein dressierter Pudel verhält und immer an die gleiche Stelle klickt, wenn er die gleiche Aktion ausführen will.

Ein modernes Dateiformat: XML

Dieses ganze Dilemma mit verschiedenen Dateiformaten und Codierungen wurde vor allem bei Anwendungen rund um das Internet praktisch jedem Software-Entwickler bewusst. Irgendwie war nichts mit nichts kompatibel, aber gleichzeitig stieg die Anzahl der auszutauschenden Dateien extrem an. Daher befasste sich eine Arbeitsgruppe des *W3C* (*World Wide Web Consortium*) mit diesem Problem und entwickelte *XML*, die *eXtensible Markup Language*. Es handelt sich hierbei um eine Beschreibungssprache, die es ermöglicht, anzugeben, wie man Daten in einer Datei ablegt. Also genau geeignet für dieses drängende Problem in der Welt der Dateiformate. Auch wenn XML zunächst seine Ursprünge im Bereich des Webs und der Datenbanken hatte, wird es doch auch nun zunehmend wichtiger im Bereich von Desktop-Anwendungen.

Ohne in die volle Tiefe von XML abzutauchen – dies sprengt den Umfang dieses Abschnitts – sehen Sie hier ein XML-Dokument, das auf die im vorigen Abschnitt angesprochene Speicherung von Objekten der Klasse A genau passen könnte:

```
<?xml version="1.0"?>
<A>
    <value>1</value>
    <B>
        <value>2</value>
        <C>
            <value>31</value>
        </C>
        <C>
            <value>32</value>
        </C>
        <C>
            <value>33</value>
        </C>
    </B>
    <D>
        <value>4</value>
    </D>
</A>
```

Die hierbei gemachten Einrückungen sind optional und dienen nur der Hervorhebung der Hierarchie, man kann darauf auch verzichten. Sie werden sofort sehen, was dieses XML so pikant macht: Man schaut auf die Datei und versteht, was gemeint ist. Man kann sie lesen. Sieht man diese Datei und Abbildung 24.1, so erkennt man sofort, welche Objekt-Daten wo stehen.

Wesentliches Element sind die so genannten *Tags*, in spitzen Klammern stehende Schlüsselwörter. Daten können zwischen zwei Tags geschrieben werden, wobei zum Beispiel `<A>` das Starttag und `</A>` das Endtag ist. Sie kennen das möglicherweise von HTML, dort gibt es bestimmte Formatierungen, die genauso funktionieren. Tags können wiederum andere Tags enthalten.

Als weitere Vorteile sind zu nennen:

✔ Es gibt fertige Parser für das Lesen und Schreiben von XML-Dateien. Sie können also die Datei von einem fertigen Programm lesen lassen und gleich sagen »Ich will den nächsten Inhalt haben, der zu `<value>` gehört«.

✔ Sonderzeichen und Umlaute werden speziell codiert, vielleicht kennen Sie das bereits von HTML, auch bei XML wird zum Beispiel ein ä durch ein ä (a – Umlaut) dargestellt. Und zwar auf jedem System!

✔ Man kann sich die Tags selbst definieren und die Ebenen so zusammenstellen, dass das Dateiformat auf die zu speichernden Daten passt.

✔ Zu XML-Dateien lässt sich noch eine zweite Datei hinterlegen, in der genau steht, welche Tags mit welchen Daten in welcher Reihenfolge vorkommen dürfen – diese Datei nennt sich *DTD*. Damit wird es möglich, sofort vom Parser testen zu lassen, ob eine Datei gültige Daten enthält. Sie können diesen lästigen Job also vom Parser erledigen lassen.

Ziel dieses Kapitels wird es sein, das bereits bekannte Buchverwaltungsprogramm um Lade- und Speicherroutinen zu erweitern, so dass der Datenbestand in einer XML-Datei abgelegt werden kann. Und dass man ihn daraus auch lesen kann.

Im *Anhang* finden Sie dazu zwei Klassen oXMLStream und iXMLStream, die das Schreiben und Lesen von sehr (!) einfachen XML-Dateien erlauben. Die beiden Klassen befinden sich in der Datei TinyXML.h und liegen im Namensraum TinyXML.

Um eine XML-Datei demo.xml der Gestalt

```
<?xml version="1.0" encoding="ISO-8859-1"?>
<test>
  <value>3.14</value>
</test>
```

zu schreiben, sind nur die Zeilen

```
#include "tinyxml.h"
TinyXML::oXMLStream file("demo.xml");
file.writeTagOpen("test");
file.writeTagLine("value", 3.14);
file.writeTagClose("test");
```

notwendig. Die Umkehrung, das Laden, ist ähnlich kurz und schmerzlos:

```
#include "tinyxml.h"
TinyXML::iXMLStream file("tst.xml");
file.findTagOpen("test");
double val;
file.parseTagLine("value", val);
file.findTagClose("test");
```

Allerdings wurde hier für das Laden jegliche Fehlerprüfung außer Acht gelassen.

Mit Hilfe dieser beiden Klassen wird nun gleich der Bücherverwaltung beigebracht, ihre Daten als XML-Dateien zu laden und zu speichern.

XML – eXtensible Markup Language – ist eine Beschreibungssprache zur Speicherung von Daten in Dateiform. Es ist möglich, den Inhalt eines Dokuments genau zu beschreiben (dazu dient die so genannte *DTD = data type definition*) und dann Daten entsprechend dieser Beschreibung in der Datei abzulegen.

 XML-Dateien eignen sich sehr gut für Datencontainer, da sie anpassbar an viele verschiedene Datentypen, plattformunabhängig und leicht lesbar sind.

✔ Das Listing für `iXMLStream` und `oXMLStream` befindet sich im Anhang und ist ausführlich kommentiert.

 Der einfache XML-Parser aus dem Anhang kann sehr, sehr viele Dinge nicht, die in XML erlaubt sind, er kennt weder Attribute noch Entitäten, beherrscht keine Zeilenumbrüche und Aufteilung von Tags auf Zeilen, beherrscht die Tag-Verkürzung `<tag/>` nicht, kennt nur einen Zeichensatz und kann mit einer DTD nichts anfangen. Er ist wirklich nur ein allererster Schritt für uns Dummies.

✔ Die Namen von Tags innerhalb einer Datei müssen immer eindeutig sein.

 Im Internet gibt es zahllose sehr gute Open-Source-XML-Parser und -Writer, die Sie in Ihren Programmen verwenden können. Suchen Sie sich einen heraus, der *SAX* (*Simple API for XML*) unterstützt – dies wird für diese Zwecke zunächst völlig ausreichen.

 Behaupten Sie nie, dass Ihr Dateiformat nur von Ihnen gelesen werden muss. Mögen alle Programmierer in der Hölle rösten, die so gedacht haben und für deren Dateien man nun mühsam Importroutinen schreiben muss.

 Mehr Informationen zum XML-Format bekommen Sie zum Beispiel im Buch *XML für Dummies*.

✔ Die vollständige Spezifikation von XML befindet sich auf `www.w3c.org/xml`.

Die Bücherverwaltung lernt laufen

Der letzte Stand der Bücherverwaltung verwendete das Singleton-Pattern zu seiner Implementation, zu finden in *Das Singleton in der Buchverwaltung*. Nun kommen noch drei weitere Menüpunkte hinzu, die das Laden, Speichern und Anhängen von Dateien erlauben.

Implementieren Sie zunächst die `MenuItem`-Klassen – im folgenden Listing sind nur die neuen Klassen aufgeführt.

```cpp
class MISave : public IMenuItem
{
public:
    MISave()
    {}
    virtual std::string getCaption() const
    {
        return "Daten speichern";
    }
```

```
   virtual void action();
};
class MILoad : public IMenuItem
{
public:
   MILoad()
   {}
   virtual std::string getCaption() const
   {
      return "Daten laden";
   }
   virtual void action();
};
class MIAppend : public IMenuItem
{
public:
   MIAppend()
   {}
   virtual std::string getCaption() const
   {
      return "Daten laden und anhaengen";
   }
   virtual void action();
};
```

Listing 24.1: Auszug aus KAP24/MENUITEM.H

Dazu gehören die ausprogrammierten Methoden

```
void MISave::action()
{
   FileDialog dlg(FileDialog::SAVE);
   if (dlg.doModal())
      Library::instance().save(dlg.getFilename());
}
void MILoad::action()
{
   FileDialog dlg(FileDialog::LOAD);
   if (dlg.doModal())
      Library::instance().load(dlg.getFilename());
}
void MIAppend::action()
{
   FileDialog dlg(FileDialog::LOAD);
   if (dlg.doModal())
      Library::instance().append(dlg.getFilename());
}
```

Listing 24.2: Auszug aus KAP24/MENUITEM.CPP

Ihnen fällt sicherlich auf, dass hier eine neue Klasse FileDialog verwendet wird. Der Zweck ist offensichtlich, hier kann ein Dateiname eingegeben werden. Falls alles in Ordnung war, wird für die Singleton-Instanz des Library-Objekts die entsprechende Methode mit dem Dateinamen aufgerufen. Vergessen Sie nicht, am Anfang von MENUITEM.CPP ein #include "filedialog.h" zu ergänzen.

```
#ifndef _FILEDLG_H
#define _FILEDLG_H
#include <string>
class FileDialog
{
public:
   enum DLGTYPE {LOAD, SAVE};
   FileDialog(DLGTYPE dlgtype)
      : m_dlgtype(dlgtype), m_filename("")
   {}
   bool doModal();
   std::string getFilename() const
   {
      return m_filename;
   }
private:
   DLGTYPE      m_dlgtype;
   std::string m_filename;
};
#endif
```

Listing 24.3: KAP24/FILEDIALOG.H

Ein Dialogobjekt kann konstruiert werden, indem man über einen Wert angibt, ob ein Speichern- oder Laden-Dialog erzeugt werden soll. Bei einem Laden-Dialog prüft die Klasse FileDialog nämlich noch, ob die Datei überhaupt existiert.

```
#include "filedlg.h"
#include <iostream>
#include <fstream>
using namespace std;
bool FileDialog::doModal()
{
   bool success = false;
   string filename;
   while (!success)
   {
      cout << "Bitte Dateinamen eingeben: ";
      getline(cin, filename);
      if (filename.length() == 0)
         return false;
      if (m_dlgtype == LOAD)
      {
         ifstream file(filename.c_str());
         if (file.is_open())
```

```
            success = true;
        }
        else
            success = true;
    }
    m_filename = filename;
    return success;
}
```

Listing 24.4: KAP24/*FILEDIALOG.CPP*

Die Funktion doModal versucht – ziemlich hartnäckig, wie Sie an der Schleife sehen können – vom Benutzer einen Dateinamen zu erhalten. Handelt es sich um einen Dateinamen für einen Ladevorgang, so wird zudem geprüft, ob sich die Datei erfolgreich öffnen lässt. Apropos, die Datei wird beim Verlassen von doModal wieder geschlossen, da das Objekt file zerstört wird. Hand aufs Herz, das ist Ihnen doch sicherlich auch selbst aufgefallen?

Bezüglich der Darstellung fehlt noch das Hauptprogramm, das die neuen Menüpunkte einhängt.

```
#include "menu.h"
#include "bookmenu.h"
#include <list>
using namespace std;
int main()
{
    Menu menu;
    menu.addItem(new MIInput);
    menu.addItem(new MIOutputList);
    menu.addItem(new MISearchAuthor);
    menu.addItem(new MILoad);
    menu.addItem(new MIAppend);
    menu.addItem(new MISave);
    menu.show();
    return 0;
}
```

Listing 24.5: KAP24/*LIBMAIN.CPP*

In der Klasse Library müssen drei öffentliche Methoden ergänzt werden

```
class Library : public BookList
{
//...
public:
    void save(const std::string& filename) const;
    void load(const std::string& filename);
    void append(const std::string& filename);
//...
```

Listing 24.6: Auszug aus KAP24/*LIBRARY.H*

Bisher ist das zwar alles etwas länglich, aber vollständig selbsterklärend. Nun wird es aber langsam interessant, betrachten Sie, wie die Datei-Methoden von Library implementiert sind. Denken Sie daran, dass sich das Listing der XML-Klassen im Anhang befindet.

```
#include "tinyxml.h"
#include "library.h"
#include <fstream>
#include <algorithm>
#include <iostream>
using namespace std;
void Library::save(const std::string& filename) const
{
    try
    {
```

Zunächst wird das oXMLStream-Objekt erzeugt und dorthin das Anfangstag <library> geschrieben.

```
        TinyXML::oXMLStream file(filename);
        file.writeTagOpen("library");
```

In einer Schleife ruft nun das Library-Objekt für alle enthaltenen Book-Objekte deren save-Methode auf. Als Parameter wird immer das bereits offene Datei-Objekt übergeben, so dass sich das jeweilige Objekt immer an die aktuelle Stelle in der Datei schreiben kann:

```
        Library::const_iterator it = begin();
        while (it != end())
        {
            it->save(file);
            ++it;
        }
```

Im Anschluss folgt noch das Endtag </library> und durch das Verlassen des Scopes wird das Objekt file zerstört, die Datei geschlossen. Das war's.

```
        file.writeTagClose("library");
    }
    catch (TinyXML::XMLException& e)
    {
        cerr << e.what() << endl;
    }
}
```

Laden ist sehr einfach, man löscht alles, was da ist und hängt eine Datei an. Ein kleiner Trick, um doppelte Ausprogrammierung zu verhindern.

```
void Library::load(const std::string& filename)
{
    clear();
    append(filename);
}
1void Library::append(const std::string& filename)
{
    try
    {
```

Das Objekt `file` als Leseobjekt erstellen ...

```
TinyXML::iXMLStream file(filename);
```

... und los geht's. Falls das Starttag gefunden wurde ...

```
if (file.findTagOpen("library"))
{
```

... wird die Datei bis zu ihrem Ende ausgelesen oder bis das `</library>`-Tag kommt, je nachdem, was zuerst geschieht.

```
    while (!file.validateNextTag("/library") &&
           !file.eof())
    {
        try
        {
```

An der aktuellen Stelle wird nun versucht, ein `Book`-Objekt zu konstruieren, aber zur Sicherheit innerhalb eines `try`-Blocks. Kann ja sein, dass die Daten nicht stimmen und das `Book`-Objekt fehlerhaft ist. Hat alles geklappt, wird das neue Objekt in die Liste einsortiert.

```
            Book book(file);
            Library::iterator it =
                lower_bound(begin(), end(), book);
            insert(it, book);
        }
        catch (...)
        {
        }
    }
}
catch (TinyXML::XMLException& e)
{
    cerr << e.what() << endl;
}
}
```

Listing 24.7: KAP24/LIBRARY.CPP

Wie Sie sehen konnten, stützt sich `Library` auf zwei neuen Methoden von `Book` ab, einmal einem neuen Konstruktor und einer `save`-Methode. Ergänzen Sie zunächst die Klasse `Book` um die Deklarationen.

```
class Book
{
public:
// ...
    Book(TinyXML::iXMLStream& file)
        throw (std::invalid_argument);
    void save(TinyXML::oXMLStream& file) const;
```

```
// ...
};
```

Listing 24.8: Auszug aus KAP24/BOOK.H

Wesentlicher Unterschied zu Library ist, dass hier kein Dateiname übergeben wird, sondern dass das Objekt das jeweils bereits (geöffnete) Dateiobjekt als Referenz übernimmt. Das entspricht der Vorgehensweise, wie sie zu Beginn dieses Kapitels skizziert wurde – jedes Objekt weiß selbst, was es mit den Daten tun muss, und bekommt daher nur einen Lese- oder Schreibzeiger auf eine Stelle innerhalb einer Datei. Es ist übrigens eine gute Idee, am Anfang von BOOK.H noch ein #include "tinyxml.h" einzufügen.

Implementiert werden die Methoden ganz einfach in der Form:

```cpp
void Book::save(TinyXML::oXMLStream& file) const
{
    assert(file.is_open());
    file.writeTagOpen("book");
    file.writeTagLine("author", getAuthor());
    file.writeTagLine("title", getTitle());
    file.writeTagClose("book");
}
Book::Book(TinyXML::iXMLStream& file)
    throw (std::invalid_argument)
{
    assert(file.is_open());
    if (!file.findTagOpen("book"))
        throw std::invalid_argument("<book> expected");
    bool author = false;
    bool title = false;
    while (!file.validateNextTag("/book") &&
            !file.eof())
    {
        if (file.validateNextTag("author"))
            author =
                file.parseTagLine("author", m_Author);
        else if (file.validateNextTag("title"))
            title =
                file.parseTagLine("title", m_Title);
        else
            file.skipLine();
    }
    file.findTagClose("book");
    if (!author && !title)
        throw std::invalid_argument("missing tags");
}
```

Listing 24.9: Auszug aus KAP24/BOOK.CPP

Die restlichen Methoden von Book bleiben unverändert. Starten Sie nun das Programm, geben Sie einige Daten ein und speichern Sie die Daten zum Beispiel unter BOOKS.XML. Wenn Sie auf Ihrem System einen XML-fähigen Browser (wie den Internet Explorer oder Opera) installiert haben, können Sie sich mit diesem die Datei sofort ansehen. Erkennen Sie nun, was ich meinte, als ich von der Struktur von XML-Dateien sprach?

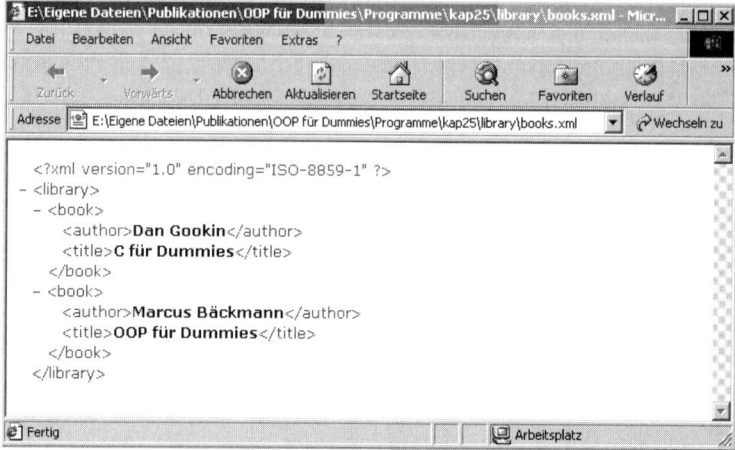

Abbildung 24.3: Eine XML-Beispieldatei einiger Bücher, Darstellung im Webbrowser

Zu der save-Methode muss man überhaupt nichts sagen – fire and forget. Der Konstruktor hangelt sich durch die Datei und prüft, ob das erwartete Tag mit dem gelieferten übereinstimmt. Sobald etwas schief läuft, bricht er mit einer Exception die Objekt-Erzeugung ab. Dieses Verfahren kennen Sie aus dem Kapitel *Ausnahmezustand*. Diese Implementation ist bereits ein bisschen komfortabler, schauen Sie sich zunächst eine Sparvariante an:

```
Book::Book(TinyXML::iXMLStream& file)
    throw (std::invalid_argument)
{
    assert(file.is_open());
    file.findTagOpen("book");
    file.parseTagLine("author", m_Author);
    file.parseTagLine("title", m_Title);
    file.findTagClose("book");
}
```

Diese Vorgehensweise geht davon aus, dass alles in der richtigen Reihenfolge kommt und Ihnen keiner einen Streich spielt. Die obige Implementation dagegen prüft, ob jedes gesuchte Tag vorgekommen ist, überspringt auch fremde Tags und beherrscht eine Vertauschung des <author>- und <title>-Tags. Testen Sie einmal beide Programmvarianten gegen die folgende modifizierte Datei:

```
<?xml version="1.0" encoding="ISO-8859-1"?>
<library>
  <book>
    <title>C für Dummies</title>
```

```
    <author>Dan Gookin</author>
  </book>
  <book>
    <author>Marcus Bäckmann</author>
    <title>OOP für Dummies</title>
    <date>10.03.2002</date>
  </book>
</library>
```

Listing 24.10: KAP24/SCREWED_BOOKS.XML

Nur die erste Implementation kommt auch mit dieser veränderten Datei noch klar. Denken Sie an solche Dinge, da sich Dateiformate im Laufe ihrer Programmentwicklung verändern können und eine neuere Version eventuell auch mal ältere Daten lesen muss. Und umgekehrt.

Studieren Sie noch ein wenig die Funktion der neuen Datei-Methoden, ansonsten würde ich sagen: Willkommen in der Welt von XML!

Versuchen Sie, als Dateiformat für Ihre Programme nach Möglichkeit XML zu verwenden. Es gibt hier vorhandene Bibliotheken und Standards, also nutzen Sie diese auch.

✔ Wenn Sie sich eine XML-Datei im Webbrowser ansehen, können Sie durch Klick auf die Tags das Dokument auf- und zufalten. Sie sehen hier wahrlich bildlich die Objektstruktur wiedergegeben.

✔ Die mit TinyXML erzeugbaren XML-Dokumente sind nur *wohlgeformt*, aber nicht unbedingt auch *gültig*.

✔ Editieren Sie von Hand mit einem Texteditor eine gespeicherte XML-Datei, verändern Sie die Daten oder fügen Sie einen neuen Datensatz ein. Laden Sie die Datei danach mit der Buchverwaltung wieder und stellen Sie fest, dass der Datenimport ganz einfach geklappt hat.

Kompatibilität zwischen alt und neu ist ein wichtiges Thema. Zum einen können inzwischen neue Tags ergänzt worden sein, die in alten Dateien fehlen. Schauen Sie sich den Datei-Konstruktor von Book einmal an, Sie hätten die Möglichkeit, an der folgenden Stelle

```
    if (!author && !title)
        throw std::invalid_argument("missing tags");
```

auch m_Author und m_Title mit Default-Werten zu belegen statt eine Exception zu werfen. Damit könnte also Ihr Programm ältere Dateien lesen, die noch nicht alle Tags im Schrank haben. Die Umkehrung ist, dass in der Datei noch Tags stehen, die es nicht mehr gibt. Dazu dienen innerhalb der while-Schleife im Konstruktor die Zeilen

```
    else
        file.skipLine();
```

Damit werden unbekannte Tags übersprungen.

Vorstehender Tipp ist der Grund, warum man Daten niemals einfach blind in eine Textdatei schreiben sollte. Haben Sie eine Datei der Form

```
1.0
1.5
```

und dann ändert sich das Format in

```
1.0
1.5
1.4
```

so können Sie beim Laden mal schön suchen, wer nun was ist.

Den kompletten Quellcode aller Beispiele finden Sie auf der Homepage `www.mitp.de/dummies/2984/2984.htm` unter KAP24.

✔ Auch wenn Sie nicht tiefer in die Welt von XML einsteigen, so können Sie doch den XML-Parser `TinyXML` für die Ablage Ihrer Daten verwenden. ini-Dateien und Registry waren gestern – XML ist heute.

Das Gras-Schaf-Wolf-Beispiel

In diesem Kapitel

▷ Realisieren Sie ein komplettes Programmbeispiel ausgehend von einer Idee

▷ Wenden Sie Entwurfsmuster und Container-Klassen in einem wirklichen Projekt an

▷ Bekommen Sie noch einmal einen Überblick über die objektorientierte Software-Entwicklung

▷ Lernen Sie sogar etwas über Biologie

Herzlichen Glückwunsch, dass Sie bis hierher durchgehalten haben. Sie besitzen nun Kenntnisse über wesentliche Elemente von C++, kennen sich in den Grundlagen des Programmdesigns aus. Das fehlende Element ist ein kleines Projekt, das diese Einzelteile zu einer Einheit zusammenführt. Passende Projekte kann man viele zaubern. Vielleicht ein Adressprogramm? Nö, zu langweilig. Sonst irgendwas mit Daten? Also wirklich, es darf ruhig auch mal was für den Spaß sein.

Daher entwickeln Sie in diesem Kapitel ein kleines Simulationsprogramm, das sich mit Wölfen und Schafen beschäftigt. Wenn Sie aufmerksam sind, können Sie daraus wesentliche Erkenntnisse über den Aufbau von Spielen ableiten, aber ebenso auch erfahren, wie man kleine Simulationen entwickelt. Ihre alten Bekannten Singleton, MVC-Modell, Fabrikmethoden und Containerklassen kommen auch darin vor – nur Rotkäppchen wird Ihnen nicht begegnen.

Und auf jeden Fall ist das Beispiel ökologisch wertvoll.

Die Idee

Das Originalprogramm hinter dieser Idee ist uralt, in den 80er-Jahren gab es in einer Computerzeitschrift ein BASIC-Projekt zur Simulation eines kleinen Lebensraumes, in dem Wölfe und Schafe leben. Ganz im Sinne der Nahrungspyramide fressen die Wölfe die Schafe, während sich diese wiederum von Gras ernähren. Neue Tiere werden geboren, andere verhungern oder sterben an Altersschwäche. Die genaue Zahl an Tieren verändert sich also ständig und unterliegt gewissen Schwankungen. Diese künstliche Welt soll also nun simuliert werden.

Halten Sie zunächst kurz die Anforderungen an das Programm fest:

✔ Wölfe fressen Schafe

✔ Schafe fressen Gras

✔ Wölfe und Schafe vermehren sich, falls sie genug Nahrung haben

✔ Wölfe und Schafe verhungern, falls sie keine Nahrung haben

✔ Wölfe und Schafe können an Altersschwäche sterben

✔ Gras wächst, falls anderes Gras in der Nähe ist

✔ Wird Gras gefressen, so wird es durch ein freies Feld ersetzt

✔ Stirbt ein Tier, so wird das zurückbleibende Feld frei

✔ Auf freien Flächen wächst Gras auch von alleine (Sie kennen das von Ihrer Hofeinfahrt, da wächst Gras auch, ohne dass Gras in unmittelbarer Nähe ist)

✔ Die Welt soll als Buchstabengrafik auf dem Bildschirm darstellbar sein

✔ Aus der Welt werden die Bewohner zufällig ausgewählt und es wird für den ausgewählten Bewohner eine Prüfung durchgeführt, ob in der Nachbarschaft Futter ist oder ob das Tier nicht schon längst verhungert ist

✔ Die Welt besteht aus einer rechteckigen Anordnung aus Feldern, auf denen jeweils nur genau ein Bewohner sitzen kann

✔ Pro Simulationszyklus wird genau ein Bewohner ausgewählt

✔ Die Tiere können nicht wandern, sondern bleiben immer an ihrem Fleck

✔ Es soll möglich sein, sofort die jeweils vorhandene Anzahl an Schafen, Wölfen und Grasflächen zu ermitteln, um eine kleine statistische Auswertung zu ermöglichen

✔ Vermehrung findet unter Vernachlässigung solcher biologischer Schweinereien wie Sex und Geschlechtszugehörigkeit statt

Damit sind also die Rahmenbedingungen für die Simulation abgesteckt.

Eine Aufstellung zur Ermittlung der Aufgaben eines Programms nennt man auch *Anforderungsliste*.

✔ Derartige Modelle nennt man auch »Räuber-Beute-Simulation«. Es gibt viele derartige Systeme, beliebt sind auch Raubfische und Forellen in einem Teich oder große und kleine Firmen in einem marktwirtschaftlichen System.

✔ Die Idee dieser Simulation kann auch als Ausgangsbasis eines kleinen Spiels dienen, Sie können als Jäger in die Welt eintreten und gezielt Jagd auf Wölfe machen.

Ermittlung der Objekte des Modells

In einem ersten Schritt müssen nun mögliche Objekte im Rahmen dieser Anforderungen ermittelt werden. Anonyme Objekte sind dabei – soweit offensichtlich – Wölfe und Schafe. Für das Gras wird man sich am besten darauf einigen, dass man das auf einer Zelle des Spielfelds stehende Gras jeweils als eine Einheit betrachtet – so eine Art Grasbüschel. In diesem Sinne sind auch die Grasbüschel Objekte. Dazu gehören die Klassen `Sheep`, `Grass` und `Wolf`.

Allen diesen Objekten ist gemeinsam, dass sie Bewohner einer Zelle des Spielfeldes sein können und an dem Simulationszyklus teilnehmen – das bedeutet, sie werden gemeinsame Eigenschaften oder Methoden besitzen müssen. Demnach führt man für die Klassen dieser Objekte eine gemeinsame abstrakte Oberklasse ein. Nennen Sie diese Creature.

Das Spielfeld wird dargestellt durch ein Objekt der Klasse World, hierbei handelt es sich um eine Kompositionsklasse, die eine gewisse Menge an Bewohnern (Objekten der Klasse Creature) verwaltet.

Interessanter ist die Frage, wie man freie Flächen des Spielfeldes verwaltet. Bisher hatte jedes von Creature abgeleitete Objekt eine konkrete reale Gestalt – eine freie Fläche dagegen ist nicht so nahe liegend greifbar, trotzdem ist auch eine freie Fläche ein »Bewohner« (wenn auch ein ziemlich ruhiger) einer Zelle. Also gehört auch die Klasse Ground in die Hierarchie der von Creature abgeleiteten Objekte. Den bisherigen Stand des Klassenentwurfs können Sie noch einmal Abbildung 25.1 entnehmen.

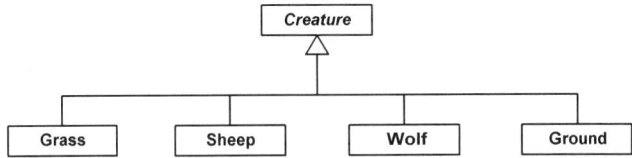

Abbildung 25.1: Erster Entwurf der Bewohner-Klassen

Wenn Sie sich aber noch einmal genau die Anforderungen ansehen, stellen Sie fest, dass es zwischen Schafen, Wölfen, Gras und den freien Flächen noch einen Unterschied gibt: Schafe und Wölfe können verhungern oder an Altersschwäche sterben. Für Gras ist das aber nicht gewollt, ebenso wenig macht das Sinn für die freien Flächen – einmal frei, immer frei. Die Tierklassen Sheep und Wolf müssen also Operationen anbieten, damit man prüfen kann, wie alt das Tier ist und ob es hungrig ist. Diese Gemeinsamkeit sollte in einer weiteren Oberklasse Animal realisiert werden, die zwischen den Klassen Sheep/ Wolf und Creature liegt.

Sie können nun bereits ein Modell zusammen mit der Klasse World aufstellen, das Sie als statisches UML-Klassendiagramm in Abbildung 25.2 sehen können.

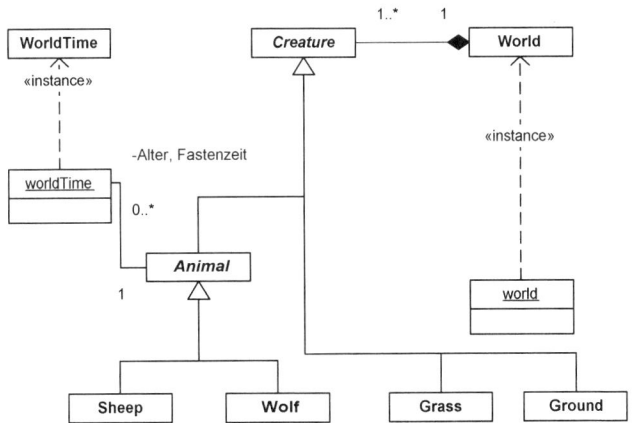

Abbildung 25.2: Zusammenspiel von Welt und Bewohnern

Ganz heimlich, still und leise hat sich auch noch die Klasse WorldTime in Abbildung 25.2 eingeschlichen. Oder haben Sie etwa gedacht, man kann das Alter der Tiere ohne eine Zeit bestimmen? Natürlich muss bei der Geburt eines Tieres die aktuelle Zeit gespeichert werden, sonst lässt sich später niemals das Alter und damit der Ablauf der Lebensspanne feststellen. Für den gleichen Zweck wird die Zeit auch benutzt, um testen zu können, wann ein Tier letztmalig gefressen hat.

Die explizite Instanziierung von WorldTime und World in Abbildung 25.2 deutet übrigens etwas an, was Sie vielleicht schon ahnen: Von diesen beiden Klassen gibt es jeweils nur ein einziges Objekt im Modell. Die Welt und die zugehörige Zeit sind selbstverständlich eindeutig.

Nachdem Sie sich über die Aufgabenstellung im Klaren sind, ermitteln Sie die notwendigen Objekttypen und deren Klassen. Fassen Sie dabei Klassen mit gemeinsamen Eigenschaften zu Oberklassen zusammen.

Technische Klassen

Betrachten Sie die bisher ermittelten Klassen, so können Sie gut erkennen, dass es sich hier nur um den Teil handelt, der zum *Model*-Bereich gehört. Alles, was den Bereich der eher technisch notwendigen Klassen für *View* und *Controller* umfasst, fehlt noch.

Jede von Creature abgeleitete Klasse bekommt eine eigene View-Klasse zugeordnet, ergänzen Sie also die Klassen GroundView, GrassView, SheepView und WolfView. Nicht weiter verwunderlich ist, dass diese Klassen alle von einer gemeinsamen Oberklasse CreatureView abstammen. Um während des laufenden Betriebs für ein Creature-Objekt die passende View zu ermitteln, setzen Sie selbstverständlich das im Abschnitt *Weniger Mystik, mehr Papier* des Kapitels *Von virtuellen Konstruktoren, Objektfabriken und noch mehr Virtualität* vorgestellte Dokument-View-Konzept ein. Na ja, eigentlich müsste es hier Creature-View-Konzept heißen. Aber wer wird denn so pingelig sein! Realisiert man das Dokument-View-Konzept im Rahmen dieses Projekts, treten neue Klassen auf den Plan: Eine Fabrikklasse CreatureViewFactory mit den Hilfsklassen ViewProducer<class T> ist notwendig, um dieses Entwurfsmuster konkret umzusetzen.

Auch um das Spielfeld zum Programmstart mit Creature-Objekten zu füllen, wird eine Factory-Klasse eingeführt. Diese liefert auf Anfrage ein zufällig ausgewähltes Creature-Objekt zurück. Die Vorgehensweise entspricht (welch ein Zufall) ziemlich genau dem Beispiel KAP23/PLAYERFACTORY.CPP aus dem Abschnitt *Fabriken für Objekte*.

Zusätzlich zu den offensichtlichen Klassen, wie man sie im Rahmen einer objektorientierten Analyse entdeckt, muss man dem Modell noch technische Klassen hinzufügen, die bestimmte Hilfs- oder Verwaltungsaufgaben erledigen.

✔ Bei der Umsetzung von Entwurfsmustern sind ebenfalls oftmals weitere Klassen zu ergänzen.

Implementations-Ideen

Bisher bezogen sich die Überlegungen auf die statischen Abhängigkeiten zwischen den Klassen und Objekten. Haben Sie sich schon Gedanken gemacht, wie der dynamische Ablauf des Programms aussehen muss?

1. Erzeugung des `World`-Objekts mit Hilfe der Factory-Klasse `CreatureFactory`

2. Abfrage nach einer Anzahl von Simulationsschritten

3. Beginn des Simulationszyklus, ein Feld des `World`-Objekts wird ausgewählt

4. Dem `Creature`-Objekt auf dem ausgewählten Feld wird mitgeteilt, welche Belegung seine Umgebung besitzt – daraus kann das `Creature`-Objekt dann entscheiden, ob es fressen kann oder nicht

5. Das `Creature`-Objekt teilt dem `World`-Objekt mit, ob es Nahrung in seiner Umgebung gefressen hat oder ob es Nachkommen gezeugt hat. Diese müssen im `World`-Objekt abgelegt werden

6. Falls noch nicht alle gewünschten Simulationsschritte ausgeführt wurden, wird wieder bei 3 fortgefahren

7. Es wird ein View-Objekt `WorldView` erzeugt und der aktuelle Zustand der Welt ermittelt

8. Und dann geht's weiter mit Nummer 2

Wenn ein `Creature`-Objekt nun die Belegung seiner näheren Umgebung mitgeteilt bekommen soll, ist es zweckmäßig, dafür eine eigene Klasse `Neighborhood` einzuführen. Man schaut also nach Norden, Süden, Osten und Westen und legt die Information über die dortige Zelle im Objekt `Neighborhood` ab. Dieses Objekt übergibt man an eine virtuelle Methode des `Creature`-Objekts, dieses kann die Umgebung nun auswerten, entsprechend seiner Art reagieren, die Umgebung verändern und eine neue Belegung der Umgebung zurückliefern. Ach so, Umgebung verändern heißt natürlich »fressen«.

Die `Creature`-Klasse besitzt also als zentrales Element eine virtuelle Methode

```
virtual Creature* lifeCycle(
    Neighborhood& neighborhood) = 0;
```

Das Objekt `neighborhood` ist die Umgebung vor und nach der Ausführung eines Simulationsschrittes. Als Rückgabewert besteht noch die Möglichkeit, der Welt mitzuteilen, ob das geliebte `Creature`-Objekt verstorben ist – Grund dafür kann bei den `Animal`-Objekten Altersschwäche oder Hunger gewesen sein.

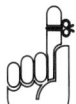 Bei der Vorbereitung der Implementation kommt es vor, dass man wiederkehrende Daten und darauf ausgeführte Operationen in zusätzliche Hilfsklassen packt. Es ist besser, ein Objekt zu übergeben als eine Sammlung von Einzelparametern.

✔ Falls Sie sich übrigens schon überlegt haben, wie Sie das `World`-Objekt implementieren, verwenden Sie die Template-Klasse `Matrix<T>` aus dem Kapitel *Template-Klassen für generische Datenstrukturen*. Als Typ `T` werden Zeiger auf `Creature`-Objekte, also `Creature*`, gespeichert.

✔ Die Welt wird durch eine Matrix dargestellt? Irgendwo habe ich diese Idee schon mal gehört. Sie auch?

Jetzt geht's los

Nach den ganzen Vorarbeiten beginnt nun die Implementation des Programms. Was Sie vielleicht überraschen wird, ist, dass das Programm insgesamt aus 24 Klassen besteht – eine recht hohe Zahl. Dafür sind aber die meisten Implementationen der Memberfunktionen eher kurz geraten. Das bestätigt eigentlich nur die schon früher gemachten Aussagen, dass objektorientierte Programme mehr in die Breite wachsen als in die Länge – wobei Breite hier mit »Anzahl der Klassen« zu übersetzen ist.

Das Hauptprogramm ist von eher schlichtem Gemüt:

```cpp
#include "controller.h"
#include <cstdlib>
#include <ctime>
#include <iostream>
using namespace std;
int main()
{
    srand( (unsigned)time( NULL ) );
    Controller controller;
    controller.run();
    return 0;
}
```

Listing 25.1: KAP25/MAIN.CPP

Die Klasse Controller steuert den Ablauf des Programms, wie er im Abschnitt *Implementations-Ideen* bereits skizziert wurde. Sehen Sie selbst:

```cpp
#ifndef _CONTROLLER_H
#define _CONTROLLER_H
class Controller
{
public:
    Controller() {};
    void run();
};
#endif
```

Listing 25.2: KAP25/CONTROLLER.H

und die zugehörige Implementation. Vor allem die Memberfunktion run() ist das Kernelement, führt sie doch den Ablauf der einzelnen Schritte aus.

```cpp
#include "controller.h"
#include "commanddlg.h"
#include "world.h"
#include "worldview.h"
void Controller::run()
{
    CommandDlg dlg;
    unsigned cycles = 0;
    {
        WorldView view(World::instance());
        view.show();
    }
    for (;;)
    {
        switch (dlg.getCommand())
        {
```

```
case CommandDlg::end:
    return;
case CommandDlg::repeat:
case CommandDlg::cycle:
    cycles = dlg.getLifecycles();
    break;
}
for (unsigned i = 0; i < cycles; i++)
{
    World::instance().doLife();
}
WorldView view(World::instance());
view.show();
}
}
```

Listing 25.3: KAP25/CONTROLLER.CPP

Die Menüführung wird hier über eine Dialogklasse CommandDlg abgewickelt. Der Benutzer wird jeweils gefragt, wie viele Simulationszyklen er ausführen lassen will und die Zahl lässt sich über CommandDlg::getLifecycles() ermitteln. Für den Benutzerkomfort wird dabei CommandDlg so ausprogrammiert, dass ein simpler Druck auf die ⏎-Taste (also eine leere Eingabe) gerade noch einmal so viele Simulationsschritte wiederholt. Gibt der Benutzer eine 0 ein, wird das Programm beendet.

```
#ifndef _COMMANDDLG_H
#define _COMMANDDLG_H
class CommandDlg
{
public:
    enum Command {repeat, end, cycle};
    Command getCommand();
    unsigned getLifecycles() const;
private:
    unsigned m_cycles;
};
#endif
```

Listing 25.4: KAP25/COMMANDDLG.H

```
#include "commanddlg.h"
#include <iostream>
#include <string>
#include <sstream>
using namespace std;
CommandDlg::Command CommandDlg::getCommand()
{
    cout << "Anzahl Zyklen: ";
    string inp;
    getline(cin, inp);
    if (inp.length() == 0)
```

```
      return repeat;
   stringstream sstr(inp);
   sstr >> m_cycles;
   if (m_cycles == 0)
      return end;
   else
      return cycle;
}
unsigned CommandDlg::getLifecycles() const
{
   return m_cycles;
}
```

Listing 25.5: KAP25/COMMANDDLG.CPP

Diese ersten fünf Dateien bilden bereits den Kern des Teils, der zum Controller-Teil der Applikation gehört.

✔ Wurde ein Problem mit Hilfe einer objektorientierten Vorgehensweise zerlegt, besitzt die höchste Ebene der Ablaufsteuerung meistens eine ganz kurze und übersichtliche Struktur. Sehen Sie sich die Funktion `Controller::run()` an, dort ist der gesamte Ablauf des Programms wiederzufinden. Die gesamte Komplexität des Problems versteckt sich in den Methoden der beteiligten Objekte.

 Versuchen Sie grundsätzlich, Eingaben von Benutzerdaten in eigene Dialogklassen zu packen. Diese sollten jederzeit mit gültigen Werten zurückkommen, so dass Sie im Hauptprogramm direkt mit Ergebnissen arbeiten können. Aber vermischen Sie den Kontrollfluss des Programms nicht mit irgendwelchen Eingabeprüfungen – das sind getrennte Aufgaben, also sollten das auch getrennte Programmteile übernehmen.

Eine Welt wird geboren

Die Klasse `World` besitzt als Kernelement eine Matrix aus `Creature`-Objekten – genauer gesagt aus Zeigern auf `Creature`-Objekte. Zudem sind Möglichkeiten vorhanden, die Größe der Welt herauszufinden, zu ermitteln, welches `Creature`-Objekt sich irgendwo an einer Stelle befindet und dieses natürlich auch zu verändern.

```
#ifndef _WORLD_H
#define _WORLD_H
#include "matrix.h"
#include "creature.h"
class World
{
public:
   static World& instance()
   {
      static World world(20, 60);
      return world;
   }
```

```
    ~World();
    void doLife();
    Creature* getAt(int x, int y) const;
    void setAt(int x, int y, Creature* pCreature);
    int getSizeX() const;
    int getSizeY() const;
private:
    World(unsigned sizex, unsigned sizey);
    World();
    World(const World&);
    World& operator=(const World&);
    Matrix<Creature*> m_Field;
};
#endif
```

Listing 25.6: KAP25/WORLD.H

```
#include "world.h"
#include "creaturefactory.h"
#include "neighborhood.h"
#include "worldtime.h"
#include <utility>
using namespace std;
World::World(unsigned sizex, unsigned sizey)
    : m_Field(sizex, sizey)
{
    for (unsigned x = 0; x < sizex; x++)
    {
        for (unsigned y = 0; y < sizey; y++)
        {
```

Die Erzeugung eines Bewohners einer Zelle erfolgt mit Hilfe einer `Factory`-Klasse.

```
            m_Field.setAt(x, y,
                CreatureFactory::instance().construct());
        }
    }
}
```

Beachten Sie, da Zeiger und nicht direkt die Objekte gespeichert werden, muss der Speicher von Hand aufgeräumt werden, sonst gibt es Speicherlöcher.

```
World::~World()
{
    for (int x = 0; x < m_Field.getM(); x++)
    {
        for (int y = 0; y < m_Field.getN(); y++)
        {
            delete m_Field.getAt(x, y);
        }
    }
```

```
}
void World::doLife()
{
```

Für einen Lebensschritt wird zunächst eine Zelle zufällig ausgewählt und ein Nachbarschaftsobjekt neighborhood um diesen Punkt herum erzeugt.

```
int x = rand() % getSizeX();
int y = rand() % getSizeY();
Neighborhood neighborhood(x, y);
```

Im Anschluss wird für den Bewohner dieser Zelle der Lebenszyklus aktiviert. Da der Bewohner neighborhood verändern kann, müssen im Anschluss Änderungen der Umgebung wieder in das World-Objekt übertragen werden.

```
Creature* pCreature =
    getAt(x, y)->lifeCycle(neighborhood);
neighborhood.replace(x, y);
```

Außerdem wird die ausgewählte Zelle mit dem durch den zurückgelieferten Zeiger bezeichneten Objekt belegt. Und die Simulationszeit wird weitergeschaltet.

```
setAt(x, y, pCreature);
WorldTime::instance().nextPeriod();
}
Creature* World::getAt(int x, int y) const
{
    return m_Field.getAt(x, y);
}
```

Falls sich der Zeiger geändert hat, entfernt setAt das alte vorhandene Objekt und speichert den übergebenen Zeiger an dieser Stelle.

```
void World::setAt(int x, int y, Creature* pCreature)
{
    if (pCreature != m_Field.getAt(x, y))
    {
        delete m_Field.getAt(x, y);
        m_Field.setAt(x, y, pCreature);
    }
}
int World::getSizeX() const
{
    return m_Field.getM();
}
int World::getSizeY() const
{
    return m_Field.getN();
}
```

Listing 25.7: KAP25/WORLD.CPP

Wesentlich schlichter fällt WorldTime aus, hier handelt es sich im Grunde nur um einen simplen Zähler.

```cpp
#ifndef _WORLDTIME_H
#define _WORLDTIME_H
class WorldTime
{
public:
    static WorldTime& instance()
    {
        static WorldTime worldTime;
        return worldTime;
    }
    void nextPeriod()
    {
        m_currentDate++;
    }
    unsigned getDate() const
    {
        return m_currentDate;
    }
    ~WorldTime() {}
protected:
    WorldTime()
        : m_currentDate(0) {}
private:
    WorldTime(const WorldTime&);
    WorldTime& operator=(const WorldTime&);
    unsigned  m_currentDate;
};
#endif
```

Listing 25.8: KAP25/WORLDTIME.H

Ort und Zeit für ein Überleben unserer Vierbeiner ist also nun sichergestellt.

✔ Wie schon zuvor angekündigt, werden die Klassen World und WorldTime als Singletons realisiert.

✔ Die Zeile

```cpp
    Matrix<Creature*> m_Field;
```

der Klasse World ist der Beweis: Die Erde ist doch eine Scheibe.

Die Genesis-Klasse

Wahrscheinlich ist den meisten Computerfreaks das Genesis-Projekt aus einer bekannten Science-Fiction-Filmreihe vertrauter als die Geschichte aus einem noch wesentlich älteren Buch. Wie auch immer, in beiden Szenarien dreht es sich um die Besiedelung einer Welt mit Lebewesen.

Hilfestellung für diese Aufgabe übernimmt im vorliegenden System die Klasse CreatureFactory, die auf Anfrage zufällig eines der Creature-Objekte erzeugt und zurückliefert.

```
#ifndef _CREATUREFACTORY_H
#define _CREATUREFACTORY_H
#include "wolf.h"
#include "sheep.h"
#include "grass.h"
#include "ground.h"
class CreatureFactory
{
public:
   static CreatureFactory& instance()
   {
      static CreatureFactory creatureFactory;
      return creatureFactory;
   }
   virtual ~CreatureFactory() {}
   virtual Creature* construct();
protected:
   CreatureFactory() {}
   CreatureFactory(const CreatureFactory&) {}
   CreatureFactory& operator=(const CreatureFactory&)
      {return *this;}
   virtual Ground* buildGround()
   {
      return new Ground();
   }
   virtual Grass* buildGrass()
   {
      return new Grass();
   }
   virtual Wolf* buildWolf()
   {
      return new Wolf();
   }
   virtual Sheep* buildSheep()
   {
      return new Sheep();
   }
};
#endif
```

Listing 25.9: KAP25/CREATUREFACTORY.H

```
#include "creaturefactory.h"
#include <cstdlib>
#include <ctime>
using namespace std;
Creature* CreatureFactory::construct()
{
   switch (rand() % 4)
   {
```

```
case 0:
   return buildGrass();
case 1:
   return buildGround();
case 2:
   return buildSheep();
case 3:
   return buildWolf();
}
return buildGround();
}
```

Listing 25.10: KAP25/CREATUREFACTORY.CPP

Diese Klasse ist bereits heute auf mögliche Ableitungsszenarien vorbereitet, sämtliche Erzeugungsfunktionen sind virtuell und ermöglichen also auch von außen her noch einen überschreibenden Eingriff.

✔ `CreatureFactory` ist ebenfalls als Singleton realisiert.

✔ Falls Sie mit der Funktionsweise dieser Klasse Verständnisschwierigkeiten haben, so lesen Sie sich noch einmal den Abschnitt *Fabriken für Objekte* aus dem Kapitel *Von virtuellen Konstruktoren, Objektfabriken und noch mehr Virtualität* durch. Dort waren es Zauberer und Ritter, die erzeugt wurden – die Vorgehensweise hier ist analog zu der dort in Abbildung 23.1 gezeigten.

Nachbarschaftshilfe

Nachbarn können lästig sein, keine Frage. Die Klasse `Neighborhood` speichert die Information über die Einwohner der Umgebung – und sie hilft auch ganz kräftig mit, wenn es um das Fressen von Zellenbewohnern geht. Gehen Sie also mal lieber nicht an die Tür, wenn es klingelt. Es könnte Ihr Nachbar sein.

```
#ifndef _NEIGHBORHOOD_H
#define _NEIGHBORHOOD_H
// für Visual C++ notwendig
#ifdef _MSC_VER
   #pragma warning(disable:4786)
#endif
#include <list>
#include <utility>
#include <functional>
class Neighborhood
{
public:
   enum Direction {north, south, west, east};
   typedef std::pair<Direction,
                     class Creature*> Neighbor;
   typedef std::list<Neighbor> Neighbors;
   Neighborhood() {}
   Neighborhood(int x, int y);
   void replace(int x, int y) const;
```

```
    void erase_ifnot(class Creature* pCreature);
    void clear();
    unsigned size() const;
    Neighbor getAt(unsigned pos) const;
    void insert(Neighbor neighbor);
    Neighborhood& operator=(
                    const Neighborhood& neighborhood);
private:
    Neighbors m_neighbors;
    class isNotCreatureType :
        std::unary_function<Neighbor, bool>
    {
    public:
        isNotCreatureType(class Creature* pCreature)
            : m_pCreature(pCreature)
        {}
        bool operator()(Neighbor neighbor);
    private:
        class Creature* m_pCreature;
    };
};
#endif
```

Listing 25.11: KAP25/NEIGHBORHOOD.H

Die Klasse deklariert verschiedene Typen, um die Übersicht zu erhöhen. Der Typ Neighbor ist ein Pärchen (pair<T1, T2>) aus einer Himmelsrichtung und einem Zeiger auf ein Creature-Objekt. Weiterhin definiert sie Neighbors als eine Liste aus diesem Neighbor-Typ.

Um bestimmte Algorithmen ausführen zu können, ist noch eine Hilfsklasse isNotCreatureType notwendig, die ein Functional realisiert. Eine Erklärung über Sinn und Zweck der einzelnen Memberfunktionen erhalten Sie bei der Implementation.

```
#include "neighborhood.h"
#include "world.h"
#include "creature.h"
#include <cassert>
#include <algorithm>
using namespace std;
```

Der Konstruktor liest für den Ort (x,y) alle benachbarten Creature-Objekte aus und speichert deren Zeiger sowie die zugehörige Himmelsrichtung in der internen Liste m_neighbors. Beachten Sie, dass an den Rändern keine vier Nachbarn, sondern entsprechend weniger existieren.

```
Neighborhood::Neighborhood(int x, int y)
{
    if (x > 0)
        m_neighbors.push_back(make_pair(west,
                World::instance().getAt(x - 1, y)));
    if (x < World::instance().getSizeX() - 1)
        m_neighbors.push_back(make_pair(east,
```

```
                World::instance().getAt(x + 1, y)));
   if (y > 0)
      m_neighbors.push_back(make_pair(south,
              World::instance().getAt(x, y - 1)));
   if (y < World::instance().getSizeY() - 1)
      m_neighbors.push_back(make_pair(north,
              World::instance().getAt(x, y + 1)));
}
```

replace() führt den umgekehrten Schritt des Konstruktors aus und schreibt den Inhalt von m_neighbors rund um den Ort (x,y) herum wieder in die Welt zurück.

```
void Neighborhood::replace(int x, int y) const
{
   Neighbors::const_iterator it =
      m_neighbors.begin();
   while (it != m_neighbors.end())
   {
      switch (it->first)
      {
      case north:
         World::instance().setAt(x, y + 1,
                                 it->second);
         break;
      case south:
         World::instance().setAt(x, y - 1,
                                 it->second);
         break;
      case west:
         World::instance().setAt(x - 1, y,
                                 it->second);
         break;
      case east:
         World::instance().setAt(x + 1, y,
                                 it->second);
         break;
      }
      ++it;
   }
}
```

Die Klasse isNotCreatureType liefert ein true, falls der Typ des übergebenen Nachbars ungleich dem Typ von m_pCreature ist. Beachten Sie, dass neighbor ein pair<Direction, Creature*-Objekt ist und daher das eigentliche Creature-Objekt über second adressiert werden muss.

```
bool Neighborhood::isNotCreatureType::operator()
              (Neighborhood::Neighbor neighbor)
{
   return *(neighbor.second) != *m_pCreature;
}
```

erase_ifnot() entfernt alle Creature-Objekte aus der Nachbarschaft, die *nicht* mit dem Typ des übergebenen pCreature-Objekts übereinstimmen. Übergeben Sie also zum Beispiel einen Zeiger auf ein Wolf-Objekt, so werden alle Ground-, Sheep- und Grass-Objekte entfernt. Der Algorithmus remove_if benutzt dabei die zuvor definierte Funktional-Klasse isNotCreatureType und den operator!= für Creature-Objekte.

```
void Neighborhood::erase_ifnot(class Creature* pCreature)
{
    assert(pCreature != NULL);
    isNotCreatureType isNot(pCreature);
    m_neighbors.erase(remove_if(m_neighbors.begin(),
                                m_neighbors.end(),
                                isNot),
                      m_neighbors.end() );
}
```

Die folgende Memberfunktion entfernt einfach alle Einträge aus der Nachbarschaft.

```
void Neighborhood::clear()
{
    m_neighbors.clear();
}
unsigned Neighborhood::size() const
{
    return static_cast<unsigned>(m_neighbors.size());
}
```

Eine Liste kennt keinen indizierten Zugriff, trotzdem realisiert getAt() den Zugriff auf das Element an der Stelle pos.

```
Neighborhood::Neighbor Neighborhood::getAt(
    unsigned pos) const
{
    Neighbors::const_iterator it =
        m_neighbors.begin();
    for (unsigned i = 0; i < pos; i++)
        ++it;
    return *it;
}
void Neighborhood::insert(Neighborhood::Neighbor neighbor)
{
    m_neighbors.push_front(neighbor);
}
Neighborhood& Neighborhood::operator=(const Neighborhood& neighborhood)
{
    if (this != &neighborhood)
        m_neighbors = neighborhood.m_neighbors;

    return *this;
}
```

Listing 25.12: KAP25/NEIGHBORHOOD.CPP

Die Klasse Neighborhood wird von allen Creature-Objekten benutzt, um sich in der Umgebung umzusehen.

✔ Falls Sie Probleme mit der Anwendung von Functionals (also der Klasse isNotCreatureType) haben, so lesen Sie sich bitte noch einmal die Abschnitte *Die Familie der Funktionsobjekte* und *Mehr Funktionsobjekte* aus dem Kapitel *Von der Arbeit* durch.

Falls Sie in einer Klasse Typen oder Enumerationen benötigen, so führen Sie die Deklaration immer innerhalb der Klasse in einem passenden Sichtbarkeitsbereich durch. Machen Sie derartige Typen und Enumerationen nicht global.

Achten Sie einmal darauf, dass im Header NEIGHBORHOOD.H für die Klasse Creature* immer class Creature* geschrieben wurde. Dies liegt daran, weil die Klasse Neighborhood die Klasse Creature benötigt und umgekehrt. Das ist eine Art Zirkel und würde eine gegenseitige Inkludierung erfordern. Daher verzichtet man in solchen Fällen in einem der beiden Header auf die Inkludierung und schreibt nur class Creature* – es handelt sich hierbei um eine so genannte *Forward-Deklaration*. Man teilt dem Compiler nur mit, dass man mit einer Klasse Creature arbeitet, aber nicht, wie sie definiert ist. Die genaueren Details erfährt der Compiler dann später, wenn er NEIGHBORHOOD.CPP übersetzt – und dort ist der Header CREATURE.H tatsächlich inkludiert.

Die Wüste lebt

Wahrscheinlich sind Sie schon relativ gespannt auf die Bewohner der virtuellen Landschaft. In Abbildung 25.2 konnten Sie bereits einen Blick auf die vorkommenden Klassen werfen, beginnen Sie also zunächst mit den abstrakten Klassen Creature und Animal.

```
#ifndef _CREATURE_H
#define _CREATURE_H
// für den Visual C++ notwendig
#ifdef _MSC_VER
    #pragma warning(disable:4786)
#endif
#include <list>
#include <string>
#include "neighborhood.h"
class Creature
{
public:
    Creature() {}
    virtual ~Creature() {}
    virtual Creature* lifeCycle(
        Neighborhood& neighborhood) = 0;
};
bool operator==(const Creature& left, const Creature& right);
bool operator!=(const Creature& left, const Creature& right);
#endif
```

Listing 25.13: KAP25/CREATURE.H

Die Gemeinsamkeit aller Zellenbewohner besteht wohl im Wesentlichen aus ihrer Möglichkeit zu leben, realisiert durch die virtuelle Methode lifeCycle. Wichtig ist noch, dass für den Vergleich zweier Creature-Objekte die Operatoren operator== und operator!= deklariert werden.

```
#include "ground.h"
#include "grass.h"
#include "wolf.h"
#include "sheep.h"
#include <typeinfo>
bool operator==(const Creature& left, const Creature& right)
{
    return typeid(left) == typeid(right) ?
                                      true : false;
}
bool operator!=(const Creature& left, const Creature& right)
{
    return !(left == right);
}
```

Listing 25.14: KAP25/CREATURE.CPP

Wie Sie sehen können, bedeutet Gleichheit zweier Creature-Objekte, dass sie zur gleichen Klasse gehören, mehr nicht. Das läuft dann nach dem Motto »Schaf zu Schaf gesellt sich gern«. Später wird das dazu dienen, zu prüfen, welche Tiere in der Nachbarschaft anzutreffen sind.

```
#ifndef _ANIMAL_H
#define _ANIMAL_H
#include "creature.h"
class Animal : public Creature
{
protected:
    Animal(unsigned lifespan, unsigned lifespanHungry);
    virtual ~Animal() {}
    virtual Creature* lifeCycle(Neighborhood& neighborhood) = 0;
protected:
    bool isLifetimeExceeded() const;
    void hadLunch();
private:
    unsigned m_lastMeal;
    const unsigned m_birthdate;
    const unsigned m_lifespan;
    const unsigned m_lifespanHungry;
};
#endif
```

Listing 25.15: KAP25/ANIMAL.H

Bei der Erzeugung eines Animal-Objekts wird die Lebensspanne übergeben, wie alt das Objekt werden und wie lange es ohne Nahrung überleben kann. Diese Zeitangabe wird in Simulationszyklen ausgedrückt. Die Methode isLifetimeExceeded() erlaubt einer abgeleiteten Klasse, zu prüfen, ob das Objekt seine Lebenszeit erreicht hat. Hat das Tier Nahrung zu sich genommen, so kann die abgeleitete Klasse mit `hadLunch()` diese Information vermerken.

Ausprogrammiert sehen die Funktionen dann so aus:

```cpp
#include "animal.h"
#include "worldtime.h"
Animal::Animal(unsigned lifespan,
               unsigned lifespanHungry)
   : m_lastMeal(WorldTime::instance().getDate()),
     m_birthdate(WorldTime::instance().getDate()),
     m_lifespan(lifespan),
     m_lifespanHungry(lifespanHungry)
{}
bool Animal::isLifetimeExceeded() const
{
   bool shouldBeDead = false;
   unsigned currentDate =
      WorldTime::instance().getDate();
   if ((currentDate - m_birthdate) > m_lifespan)
      shouldBeDead = true;
   if ((currentDate - m_lastMeal) > m_lifespanHungry)
      shouldBeDead = true;
   return shouldBeDead;
}
void Animal::hadLunch()
{
   m_lastMeal = WorldTime::instance().getDate();
}
```

Listing 25.16: KAP25/ANIMAL.CPP

Die Methoden machen mehrfach Gebrauch von der Singleton-Instanz der Klasse `WorldTime`, die das Datum der Miniaturwelt bereitstellt. Beachten Sie, dass zum Beispiel Daten wie der Geburtszeitpunkt des Tieres als konstante Attribute abgelegt werden. Kein Wunder, diese können später nicht mehr verändert werden.

 Die Einführung zusätzlicher Oberklassen erlaubt die Zusammenfassung gemeinsamer Eigenschaften von abgeleiteten Klassen. Es ist in diesem Falle sehr viel sinnvoller, die gemeinsamen Eigenschaften von `Sheep` und `Wolf` auszulagern als zweimal doppelt in `Sheep` und `Wolf` zu programmieren. Doppelte Ausprogrammierung sollte man grundsätzlich vermeiden, zu leicht driften die beiden Varianten dann mit der Zeit auseinander.

Gras, Schaf, Wolf - und die nackte Erde

Vier mögliche Bewohner werden in diesem System verlangt, die nun der Reihe nach implementiert werden.

Bodenständig

Beginnen Sie mit dem einfachsten Zellenbewohner, der freien Fläche, realisiert mit der Klasse Ground.

```
#ifndef _GROUND_H
#define _GROUND_H
#include "creature.h"
class Ground : public Creature
{
public:
    Ground() {}
    virtual ~Ground() {}
    virtual Creature* lifeCycle(
        Neighborhood& neighborhood);
private:
    Ground(const Ground&);
    Ground& operator=(const Ground&);
};
#endif
```

Listing 25.17: KAP25/GROUND.H

```
#include "ground.h"
#include "grass.h"
#include <cstdlib>
using namespace std;
Creature* Ground::lifeCycle(
    Neighborhood& neighborhood)
{
    neighborhood.clear();
    if ( (rand() % 100) < 20 )
    {
        return new Grass();
    }
    return this;
}
```

Listing 25.18: KAP25/GROUND.CPP

Der Lebenszyklus der freien Fläche ist nicht sonderlich aufregend. Keine Freunde, keine Besucher. Ob sich irgendwelche Nachbarn in der Nähe befinden, interessiert nicht, auch werden keine neuen Nachbarn erzeugt – dies wird durch das neighborhood.clear() verdeutlicht. Mit einer Wahrscheinlichkeit von 20 % wächst aber auf der freien Fläche Gras, in diesem Fall wird ein neues Grass-Objekt zurückgegeben, andernfalls der this-Pointer.

Da wächst Gras drüber

Die Klasse Grass besitzt bereits die Fähigkeit, ihre Umgebung zu verändern – falls eine freie Fläche vorhanden ist, wird diese von Gras überwuchert.

```
#ifndef _GRASS_H
#define _GRASS_H
#include "creature.h"
class Grass : public Creature
{
public:
   Grass();
   virtual ~Grass();
   virtual Creature* lifeCycle(
      Neighborhood& neighborhood);
   static unsigned getCount()
   {
      return m_count;
   }
private:
   Grass(const Grass&);
   Grass& operator=(const Grass&);
   static unsigned m_count;
};
#endif
```

Listing 25.19: KAP25/GRASS.H

```
#include "grass.h"
#include "ground.h"
#include <iostream>
using namespace std;
unsigned Grass::m_count = 0;
Grass::Grass()
{
   m_count++;
}
Grass::~Grass()
{
   m_count--;
}
Creature* Grass::lifeCycle(
   Neighborhood& neighborhood)
{
   Ground ground;
   neighborhood.erase_ifnot(&ground);
   Neighborhood newNeighbors;
   if (neighborhood.size() != 0)
   {
      for (unsigned i = 0; i < neighborhood.size();
         i++)
      {  // Gras wächst bekanntlich überall
         Neighborhood::Neighbor nbs =
            neighborhood.getAt(i);
         newNeighbors.insert(make_pair(nbs.first, new Grass()));
```

```
        }
    }
    neighborhood = newNeighbors;
    // Gras stirbt übrigens niemals aus
    return this;
}
```

Listing 25.20: KAP25/GRASS.CPP

Zunächst einmal entfernt neighborhood.erase_ifnot(&ground) alle Nachbarn, die keine freien Flächen (also Ground-Objekte) sind. Aus dem alten Objekt neighborhood werden nun die vorhandenen Ground-Objekte durch neue Grass-Objekte ersetzt, wobei dies in einem zweiten Neighborhood-Objekt newNeighbors gespeichert wird. Dieses wird durch die Zuweisung neighborhood = newNeighbors an den Aufrufer zurückgegeben – denken Sie daran, dass neighborhood eine Referenz ist! Da das Grass-Objekt selbst von sich aus immer unverändert bleibt, liefert es als return-Wert immer this.

Die Klasse Grass besitzt außerdem – übrigens genau wie auch Sheep und Wolf – einen statischen Objektzähler. Damit lässt sich immer der aktuelle Bevölkerungsstand ermitteln.

Die Rasenmäher-Klasse

Schaf müsste man sein, den ganzen Tag auf der Wiese stehen, Gras fressen und sich vermehren – wenn da nur nicht die verflixten Wölfe wären.

```
#ifndef _SHEEP_H
#define _SHEEP_H
#include "animal.h"
class Sheep : public Animal
{
public:
    Sheep();
    virtual ~Sheep();
    virtual Creature* lifeCycle(
        Neighborhood& neighborhood);
    static unsigned getCount()
    {
        return m_count;
    }
private:
    Sheep(const Sheep&);
    Sheep& operator=(const Sheep&);
    static unsigned m_count;
};
#endif
```

Listing 25.21: KAP25/SHEEP.H

```
#include "sheep.h"
#include "grass.h"
#include "ground.h"
using namespace std;
unsigned Sheep::m_count = 0;
Sheep::Sheep()
    : Animal(50000, 10000)
{
    m_count++;
}
Sheep::~Sheep()
{
    m_count--;
}
Creature* Sheep::lifeCycle(Neighborhood& neighborhood)
{
```

Zunächst wird geprüft, ob das Tier schon den Alterstod stirbt oder verhungert ist. Falls ja, wird ein neues Ground-Objekt zurückgeliefert und `neighborhood.clear()` zeigt an, dass keine Veränderungen der Umgebung stattfinden.

```
    if (isLifetimeExceeded())
    {
        neighborhood.clear();
        return new Ground();
    }
```

Schafe interessieren sich nur für Gras, also werden alle andere Nachbarn entfernt.

```
    Grass grass;
    neighborhood.erase_ifnot(&grass);
    Neighborhood newNeighbors;
```

Falls es Gras in der Umgebung gibt, ist `size()` ungleich 0.

```
    if (neighborhood.size() != 0)
    {
```

Aus den umgebenden Grasflächen wird nun eine zufällig ausgewählt und durch ein neues Schaf ersetzt – die Vermehrung findet also recht zügig statt.

```
        int select = rand() % neighborhood.size();
        Neighborhood::Neighbor nbs = neighborhood.getAt(select);
        newNeighbors.insert(make_pair(nbs.first, new Sheep()));
```

Außerdem wird der gefüllte Magen vermerkt, die Fastenzeit beginn nun von neuem.

```
        hadLunch();
    }
    neighborhood = newNeighbors;
    return this;
}
```

Listing 25.22: KAP25/SHEEP.CPP

Die Werte für die Lebenszeit und die maximale Hungerperiode von Sheep (50000 und 10000) sind übrigens ziemlich frei gewählt – je nach der Größe dieser Zahlen können Sie die Wachstumsgeschwindigkeit der Tiere verändern. Falls Sie die Werte aber zu klein machen, wird bald außer Gras nichts mehr in Ihrer Welt am Leben sein.

Der große böse Wolf

Da keine Jäger im Spiel sind, steht der Wolf an der Spitze der Nahrungspyramide.

```
#ifndef _WOLF_H
#define _WOLF_H
#include "animal.h"
class Wolf : public Animal
{
public:
    Wolf();
    virtual ~Wolf();
    virtual Creature* lifeCycle(
        Neighborhood& neighborhood);
    static unsigned getCount()
    {
        return m_count;
    }
private:
    Wolf(const Wolf&);
    Wolf& operator=(const Wolf&);
    static unsigned m_count;
};
#endif
```

Listing 25.23: KAP25/WOLF.H

```
#include "wolf.h"
#include "sheep.h"
#include "ground.h"
using namespace std;
unsigned Wolf::m_count = 0;
Wolf::Wolf()
    : Animal(80000, 15000)
{
    m_count++;
}
Wolf::~Wolf()
{
    m_count--;
}
Creature* Wolf::lifeCycle(Neighborhood& neighborhood)
{
    if (isLifetimeExceeded())
```

```
{
    neighborhood.clear();
    return new Ground();
}
// Wölfe interessieren sich nur für Schafe
Sheep sheep;
neighborhood.erase_ifnot(&sheep);
Neighborhood newNeighbors;
if (neighborhood.size() > 1)
{
    int select = rand() % neighborhood.size();
    Neighborhood::Neighbor nbs =
        neighborhood.getAt(select);
    newNeighbors.insert(make_pair(nbs.first,
                                  new Wolf()));
    hadLunch();
}
neighborhood = newNeighbors;
return this;
}
```

Listing 25.24: KAP25/WOLF.CPP

Der Ablauf sieht für den Wolf nicht viel anders aus als für das Schaf, nur benötigt der Wolf mindestens zwei Schafe (> 1) in seiner Nähe, damit er sich ernähren kann. So ein Wolf hat's eben ein bisschen schwerer als ein Schaf, schließlich kann das Gras nicht weglaufen. Die Lebenszeit für den Wolf ist etwas höher eingestellt als für die Schafe. Ob das realistisch ist? Da müssen Sie mal Ihren Biologielehrer fragen.

Der Auftritt der Hauptdarsteller

Haben Sie sich schon überlegt, wie ein View-Objekt für ein Schaf aussehen könnte? Leider müssen Sie Ihre Phantasie ein wenig bremsen, mehr als ein simples »s« für Schaf und ein »w« für Wolf ist nicht drin.

```
#ifndef _VIEWS_H
#define _VIEWS_H
class CreatureView
{
public:
    CreatureView()
    {}
    virtual void show() const = 0;
};
class GroundView : public CreatureView
{
public:
    GroundView()
    {}
    virtual void show() const;
};
```

```
class GrassView : public CreatureView
{
public:
   GrassView()
   {}
   virtual void show() const;
};
class SheepView : public CreatureView
{
public:
   SheepView()
   {}
   virtual void show() const;
};
class WolfView : public CreatureView
{
public:
   WolfView()
   {}
   virtual void show() const;
};
#endif
```

Listing 25.25: KAP25/VIEWS.H

Im Unterschied zu dem Beispiel der Document-View-Klassen aus *Weniger Mystik, mehr Papier* erhalten die View-Klassen diesmal keine Information über das zugehörige Creature-Objekt. Die View-Klassen hier haben nur die Aufgabe, je nach Typ des Objekts ein anderes Symbol zu malen, daher ist ein Zugriff auf Attribute des Creature-Objekts nicht erforderlich.

```
#include "views.h"
#include <iostream>
using namespace std;
void GroundView::show() const
{
   cout << ' ';
}
void GrassView::show() const
{
   cout << '.';
}
void SheepView::show() const
{
   cout << 's';
}
void WolfView::show() const
{
   cout << 'w';
}
```

Listing 25.26: KAP25/VIEWS.CPP

Die Gesamtheit des Lebensraums unserer Schafe und Wölfe wird bekanntlich mit Hilfe der Klasse World verwaltet, aus nahe liegenden Gründen gibt es also auch eine Klasse WorldView zur Darstellung der Dateninhalte.

```cpp
#ifndef _WORLDVIEW_H
#define _WORLDVIEW_H
#include "world.h"
class WorldView
{
public:
   WorldView(const World& world)
      : m_World(world)
   {}
   void show() const;
private:
   const World& m_World;
};
#endif
```

Listing 25.27: KAP25/*WORLDVIEW.H*

Die Implementation dieser View-Klasse besteht im Wesentlichen nur aus zwei verschachtelten Schleifen, die der Reihe nach für alle Felder die richtige View erzeugen und darstellen.

```cpp
#include "worldview.h"
#include "views.h"
#include "register.h"
#include "worldtime.h"
#include <iostream>
#include <iomanip>
using namespace std;
void WorldView::show() const
{
   cout << "\nDatum "
        << WorldTime::instance().getDate() << "\n\n";
   for (int x = 0; x < m_World.getSizeX(); x++)
   {
      for (int y = 0; y < m_World.getSizeY(); y++)
      {
         try
         {
            CreatureView* pView =
               CreatureViewFactory::instance().
                  doMakeView(m_World.getAt(x,y));
            pView->show();
            delete pView;
         }
         catch (logic_error&)
         {
         }
```

```
      }
      cout << '\n';
   }
   cout.setf(ios::right, ios::adjustfield);
   cout << "\nGras: " << setw(4)
        << Grass::getCount();
   cout << " Schafe: " << setw(4)
        << Sheep::getCount();
   cout << " Woelfe: " << setw(4)
        << Wolf::getCount();
   cout << "\n\n";
}
```

Listing 25.28: KAP25/WORLDVIEW.CPP

Die Erzeugung der passenden Views für ein Creature-Objekt wird an CreateViewFactory::doMakeView() übertragen, wodurch die gesamte show()-Funktion angenehm kurz wird.

✔ Übertragen Sie Fallunterscheidungen über die Auswahl bestimmter Objekte nach Möglichkeit immer an andere (Fabrik-)Klassen oder Funktionen. Ein großes switch oder ähnliche Kontroll-Strukturen verwirren und man verliert rasch den Überblick.

 Verinnerlichen Sie, dass die Auswahl der passenden Views zu einem Creature-Objekt nur drei Anweisungen benötigt, und achten Sie darauf, wie kurz und übersichtlich die Darstellung der Informationen über den Trick der Factory-Klasse wurde.

Welches Schaferl hätten's denn gern?

Die Realisierung von CreateViewFactory verläuft ganz analog zu dem früheren Beispiel für die Erzeugung des Document-View-Pärchens. Zur Erzeugung der View-Klassen wird das Entwurfsmuster des virtuellen Konstruktors benutzt, also eine Hilfsklasse AbstractViewProducer mit davon abgeleiteten ViewProducer<T>-Klassen verwendet.

Ganz schön beeindruckend, was Abbildung 25.3 zeigt. Die Klassendeklaration ist schon beinahe kürzer, als die Grafik es ahnen lässt.

```
#ifndef _CREATUREVIEWFACTORY_H
#define _CREATUREVIEWFACTORY_H
#include "views.h"
#include "creature.h"
#include <map>
#include <string>
class AbstractViewProducer
{
public:
   virtual CreatureView* doMakeProduct() = 0;
};
template<class product>
```

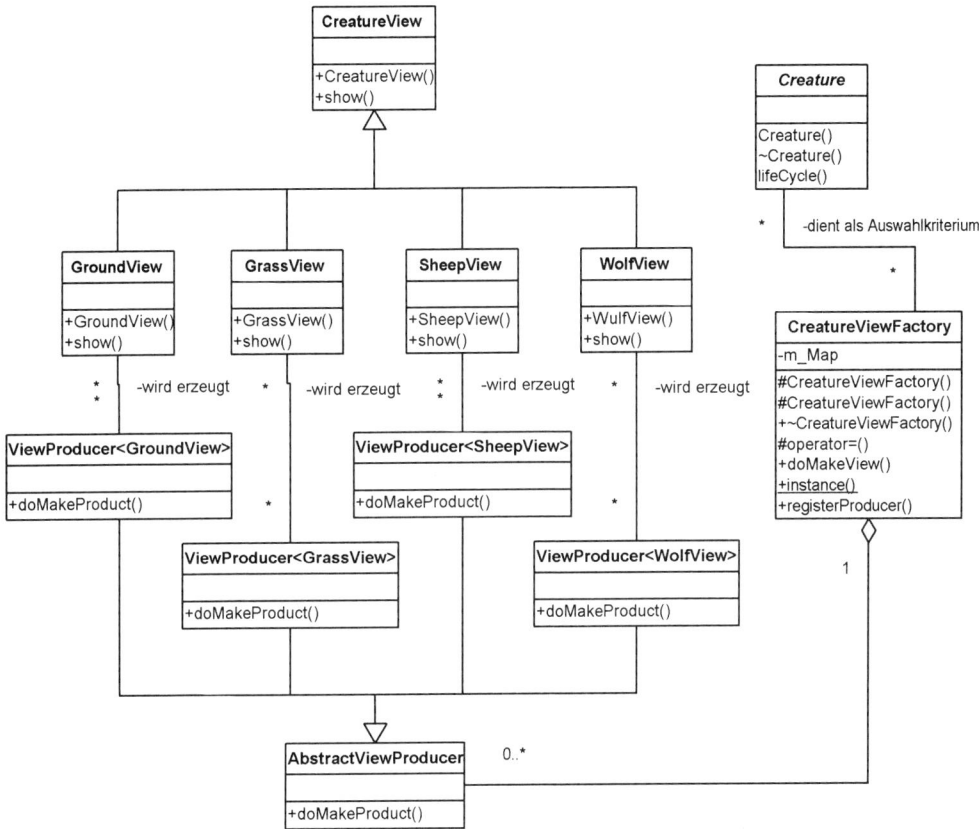

Abbildung 25.3: Die Erzeugung von View-*Objekten*

```
class ViewProducer : public AbstractViewProducer
{
public:
   virtual CreatureView* doMakeProduct()
   {
      return new product();
   }
};
class CreatureViewFactory
{
public:
   static CreatureViewFactory& instance()
   {
      static CreatureViewFactory creatureViewFactory;
      return creatureViewFactory;
   }
   virtual ~CreatureViewFactory() {}
```

```
   virtual CreatureView* doMakeView(
                   const Creature* creature);
   void registerProducer(const std::type_info& type,
                   AbstractViewProducer* pProducer);
protected:
   CreatureViewFactory() {};
   CreatureViewFactory(const CreatureViewFactory&) {}
   CreatureViewFactory& operator=(
         const CreatureViewFactory&) {return *this;}
private:
   typedef std::map<const std::string,
                   AbstractViewProducer*>
                                       CreatureViewMap;
   CreatureViewMap m_Map;
};
#endif
```

Listing 25.29: KAP25/CREATUREVIEWFACTORY.H

Die Factory-Klasse CreatureViewFactory ist ebenfalls als Singleton ausgeführt.

```
#include "creatureviewfactory.h"
#include <stdexcept>
#include <typeinfo>
using namespace std;
CreatureView* CreatureViewFactory::doMakeView(
   const Creature* creature)
{
   CreatureViewMap::const_iterator it =
     m_Map.find(typeid(*creature).name());
   if (it != m_Map.end())
   {
     return it->second->doMakeProduct();
   }
   else
     throw std::logic_error("no view for creature");
}
void CreatureViewFactory::registerProducer(
   const std::type_info& type,
   AbstractViewProducer* pProducer)
{
   m_Map.insert(make_pair(type.name(), pProducer));
}
```

Listing 25.30: KAP25/CREATEVIEWFACTORY.CPP

An einer Stelle im Programm müssen wieder die ViewProducer-Objekte mit den Creature-Klassen verbunden werden, damit später während der Ausführung des Programms eine Erzeugung möglich wird – sonst läuft das m_Map.find() in die Leere.

```
#ifndef _REGISTER_H
#define _REGISTER_H
#include "creatureviewfactory.h"
#include "ground.h"
#include "grass.h"
#include "sheep.h"
#include "wolf.h"
#include <typeinfo>
class RegisterViews
{
private:
   ViewProducer<GroundView> m_producerGround;
   ViewProducer<GrassView>  m_producerGrass;
   ViewProducer<SheepView>  m_producerSheep;
   ViewProducer<WolfView>   m_producerWolf;
   RegisterViews()
   {
      CreatureViewFactory& factory =
         CreatureViewFactory::instance();
      factory.registerProducer(typeid(Ground),
                               &m_producerGround);
      factory.registerProducer(typeid(Grass),
                               &m_producerGrass);
      factory.registerProducer(typeid(Sheep),
                               &m_producerSheep);
      factory.registerProducer(typeid(Wolf),
                               &m_producerWolf);
   }
   static RegisterViews m_OneInstance;
};
RegisterViews RegisterViews::m_OneInstance;
#endif
```

Listing 25.31: KAP25/REGISTER.H

Damit wäre der View-Teil des MVC-Modells erschöpfend abgehandelt.

✔ Falls Sie sich bei der Funktionsweise der Klasse CreateViewProducer unsicher sind, schlagen Sie noch einmal den Abschnitt *Weniger Mystik, mehr Papier* im Kapitel *Von virtuellen Konstruktoren, Objektfabriken und noch mehr Virtualität* auf. Das Programm KAP23/MVC_DEMO.CPP demonstrierte die gleiche Vorgehensweise, die genauen Abläufe sind dort ausführlich erklärt.

Äktschen!

Wie wäre es, damit das Programm zu starten? Geben Sie mal einige 100 bis 1.000 Zyklen ein und schauen Sie zu, wie sich die Population der Schafe und der Wölfe verändert. Ausgehend von der zufälligen Anfangsverteilung werden Sie sehr bald eine »Cluster-Bildung« erkennen können, es bilden sich Herden bzw. Rudel bei den Schafen und Wölfen aus. Und zwar ganz von alleine, nur bedingt durch die programmierten Lebensbedingungen. Eine mögliche Ausgabe zeigt Abbildung 25.4.

```
Datum 245000

SSSSSSS SSSSSSSW....SSSSSSSSS.......WWSSWSS..WW.WWW  S ......
SSSSSSS SSSWWWWW.SSSSSSSSSSS. ....WWWWWSWWWWWWSWWW.......
WWWWSSSWSSSSWWW...SSWSSSSSSSSSW.WS.WWWWWSW.WWWWWSW WWWSS....
..WW.SSWWWWWWWSW.SSWWSSWWW.S...WSSSS WWW.WWWWWW SSSSS.W.
.WWWWWWWWWWWWW.W.WWSSSWWWW..WWS.WWWW  WWSWWWW.WW WSWWW
WWWWWWWSWSWW WWWWWWWWWSSS.WWS.. WWWWWWWWWWWW..... .WS
S WWWW.WWWSWWWW . WWW.WWW.W W .WWWWWWWWWW.SWWW....WS
WW..WWWWWSWWWW. WWWSSW ...W WWWWWWWWWWSWWS WWW.....WW.WS
....WWSSWWWWSWW WWWWWWW . WWWWWWWWWWWWWW . WWWWWWW...WW
W......WWWWWSSSSSSSSWWSS .WW..SSWWW.WWWWWWSWWSW ......SSW
........WWSSSSSSSS WWWSSSSS.W.WWSWSWWSSSWWWWWWWSS....SW.
.....S..WWSSSWWW .SSSSS SS.WWWWSSSWW WWWWSSSSWWWSSSSS...WWW
..SSSSWWSSSSSSW...SSSSSWSSW.WWSSSSWWWS. SSSSWWSSSWWW.WSS
..SSSSWWWSSSSSS.......SSSSSS.WWWWW.WWW... SSSSSWWSSWWWWSS
.SSSSSSSSSSSSS.W...SSSSSWSSWWWW.WW.WW. SSSSSSWSSWWWWWW
...SSSSSSSSSSSSSW.....SSSSWSWWWWWWWWWWW SWWSSSWWWWW WWW
WW..WWWWSSSS.SS......W.SSSSW. WS...WW W WWWWSSSSSWWWWWWWW
....WSSSSSSSS.S......W....WWWWSSSS.WWSWWWWWWWSSSSSWSWSWWSS
....WSSSS SS...........WWSSSSSSSSSWSWSWWSSS WSSSSSSSWWSWWWS

Gras:  252 Schafe:  382 Woelfe:  514

Anzahl Zyklen:
```

Abbildung 25.4: Eine mögliche Entwicklung der simulierten Welt

Nach all der Arbeit und dem Programmieren sollten Sie ruhig einige Runden mit der Welt spielen – vielleicht wird aus Ihnen noch ein Biologe, der Bioinformatik sagt man ja eine große Zukunft voraus.

✔ Achten Sie mal darauf, dass die Population von Schafen und Wölfen im Laufe der Zeit wechselseitig schwankt. Eine starke Zunahme einer Population führt immer zu einer sehr starken Abnahme der anderen, worauf die stärkere in der Bevölkerungszahl stark abnimmt. Nun kann wieder die andere wachsen. Eine sehr schöne Darstellung des »Circle of Life«.

✔ In den 80er-Jahren gab es noch eine andere Variante solcher kleiner Experimentierspielchen, die bekannteste nannte sich »Life« und simulierte nach einigen einfachen Regeln Zellwachstum. Gehen Sie mal im Internet danach auf die Suche.

 Die Welt lädt zu weiteren Veränderungen ein, eine einfache Modifikation wäre zum Beispiel die Einführung von Jahreszeiten, der Winter könnte zum Beispiel das Wachstum von Gras verhindern oder auch die Fortpflanzung hemmen, während dann im Frühjahr auf jeder freien Fläche Gras wächst. Oder Sie können den Tieren beibringen, auf Nachbarfelder zu wandern.

Mir wird's zu bunt!

Wie Sie wissen, besitzt C++ nach dem ISO-Standard keinerlei Bibliotheken zur Darstellung von Farben auf dem Bildschirm, zum Löschen des Bildschirms oder zur Veränderung der Cursor-Position. Dadurch bedingt ist die bisherige Programmversion natürlich ein wenig langweilig, da man die Darstellung der Welt weder in Farbe noch animiert durchführen kann. Das Abbild der Welt wird in der Anzeige nach jedem Ende der Simulationszyklen einfach neu in die Anzeige geschrieben und der alte Zustand rollt nach oben aus dem Bild.

Schöner wäre es, wenn die Welt auf dem Bildschirm fest stehen bleiben würde und neue Inhalte einfach die alten überschreiben würden.

Auf der Homepage des Buches können Sie eine Windows-Version laden (zu finden in KAP25/ VER2), die ein bisschen Farbe in die Konsole bringt. Außerdem besitzt diese Programmversion noch eine Statistik, so dass am unteren Bildschirmrand drei »Fieberkurven« immer die aktuelle Populationsgröße für Schafe, Wölfe und Gras anzeigen. Noch ein paar Anmerkungen dazu:

✔ Die farbige Darstellung wurde dadurch erreicht, indem die View-Klassen `GroundView`, `GrassView`, `SheepView`, `WolfView` und `WorldView` verändert wurden. Diese benutzen nun einfach zusätzliche Funktionen aus einer speziellen Bibliothek und schon läuft das identische Programm mit anderer Darstellung. Ein Hipp-Hipp-Hurra dem MVC-Modell, dessen Philosophie genau so was ermöglicht.

Sie können diese Bibliothek für farbige Darstellungen unter Windows mit dem Namen *Improved Console* auch in anderen Programmen verwenden. Sie finden diese als Download unter `http://www.c-plusplus.de/code/improved_console`.

✔ Auch für die Linux-User gibt es natürlich eine farbige Darstellung, diese verwendet die Bibliothek CURSES.H. Sie finden diese Version ebenfalls als Download im Verzeichnis KAP25/LINUX. Auch diese Modifikation wird erreicht, indem einfach die View-Klassen ausgetauscht und spezifisch implementiert werden.

Vergleichen Sie unbedingt einmal die Windows- und die Linux-Version miteinander, um festzustellen, wo bei solchen Anpassungen tatsächlich die Unterschiede liegen.

✔ Die Statistik der Version 2 wird mit zwei zusätzlichen Klassen `Statistic` und `StatisticView` ermöglicht. `Statistic` enthält im Kern eine Queue, bei der hinten immer die aktuelle Anzahl für die drei Arten Schaf, Wolf und Gras angehängt und vorne dafür ein Wert herausgenommen wird. `StatisticView` erledigt nur noch die grafische Darstellung.

✔ Ganz Mutige unter Ihnen – und den Mutigen gehört bekanntlich die Welt – können das Programm auch auf eine grafische Oberfläche umsetzen. Aus `Views` werden dann Bitmaps, die Controller-Komponente wird vom Framework übernommen und die Simulationszyklen werden über einen Timer aufgerufen. Und dennoch werden Sie feststellen, dass Sie zum Beispiel an den `Creature`-Klassen nichts verändern müssen – diese laufen unverändert auch unter einer grafischen Oberfläche. Das ist tatsächlich *plattformangepasstes* Programmieren.

✔ Heutige moderne Anwendungen arbeiten nur noch selten mit der Konsole, Mäuse und Fenster beherrschen die Welt. Doch gerade im Umfeld dieser mächtigen Frameworks gilt nach wie vor, dass Sie Daten und Darstellung so strikt wie nur möglich trennen müssen. Sie haben nun einen ganzen Werkzeugsatz in der Hand, um dies zu verwirklichen, also machen Sie etwas daraus.

✔ Sind Sie der Erste, der eine grafische Version der Schaf-Wolf-Simulation für die MFC, die VCL oder KDE entwickelt? Falls Sie die erste lauffähige Version für eines dieser Frameworks mit Quellcode an mich schicken, bekommt Ihr Code einen Ehrenplatz auf `c-plusplus.de`. Das ist versprochen.

Teil VII

Der Top-Ten-Teil

The 5th Wave   By Rich Tennant

Re·al Pro·gram·mers

Wahre Programmierer hassen entkoffeinierten Kaffee.

In diesem Teil ...

Gehören Sie auch zu den Leuten, die Bücher immer hinten beginnen? Eigentlich schade, schließlich haben Sie da zu Beginn den Aufbau des Spannungsbogens verpasst. Dafür erfahren Sie nun aber, ob der Gärtner wirklich der Mörder ist.

In diesem Teil fassen wir mal ein bisschen zusammen, was Sie an Erkenntnissen und schnellen Tipps aus dem Buch zusammenklauben können. Dazu gehört über die wichtigsten Tipps zur Fehlersuche und Fehlervermeidung und wo Sie im Internet fündig werden. Falls das alles nichts für Sie ist, dann gibt es noch ein Bonuskapitel *Die zehn Methoden zum Schreiben unlesbarer Programme* zum Download, das Sie sich nicht entgehen lassen sollten.

Die zehn nützlichsten Internet-Adressen zu C++

26

In diesem Kapitel

▷ Stehen die wichtigsten URLs, die man als C++-Entwickler kennen sollte

Auch wenn das meine Lektorin niemals zugeben wird – es gibt auch gute Informationen im Web in Form elektronischer Nachschlagewerke, Referenzen oder Diskussionsforen. Manchmal reicht eben ein Buch nicht aus, daher finden Sie hier 10 wichtige URLs rund um die objektorientierte Programmierung und C++.

Cetus Links

http://www.cetus-links.org

Eine riesige Sammlung um das Thema »Objects and Components« mit ca. 20.000 Einträgen in der Datenbank. Englischsprachig.

{codepage}

http://www2.iro.umontreal.ca/~ratib/code/

Eine Linksammlung zu diversen objektorientierten Sprachen, mit dem Themenkreis Software-Entwicklung, Tutorials und Bibliotheken für Quelltexte. Englischsprachig.

A Programmer's Heaven

http://www.programmersheaven.com/

Einfach himmlisch, diese Seite. Für zahllose Programmiersprachen Quellcode, Tutorials und Programmiertipps, so weit das Auge reicht. Auch mit umfangreicher Sektion zu C++. Englischsprachig.

Codeguru.com

http://www.codeguru.com/

Wer unter Windows mit Visual C++ und MFC programmiert, wird hier fündig werden. Zahllose Tipps rund um die Windows-Programmierung, Oberflächenentwicklung und großes Forum rund um MFC und Windows. Englischsprachig.

Planet Sourcecode

http://www.planet-source-code.com/

Noch eine Seite für die armen (?) Leute, die sich mit der Software-Entwicklung unter Windows plagen müssen. Quellcodes, Entwicklertipps und fertige Lösungen. Englischsprachig.

Dinkum C++ Library

http://www.dinkumware.com/htm_cpl/index.html

Eine Online-Referenz der C++-Standardbibliothek. Alle Funktionen sind über die Headerdateien mit Hilfe von Hyperlinks zu finden, alphabetische Listen und Sortierungen, mit Beispielen. Englischsprachig.

Standard Template Library Programmer's Guide

http://www.sgi.com/tech/stl/

Die Firma sgi – Silicon Graphics Inc. – wird normalerweise wahrscheinlich nicht so oft mit C++ in Verbindung gebracht, sondern eher mit Grafikworkstations oder OpenGL. Da geht doch fast unter, dass sgi eine Rolle bei der Entwicklung der STL gespielt hat – hier wird von sgi eine Online-Referenz zur STL gegeben, mit Index, Verzeichnissen, Beispielen, alles schön sortiert und mit Hyperlinks versehen. Englischsprachig.

djgpp

http://www.delorie.com/djgpp/

Die Linux-User haben es hier einfacher, ist doch bei jeder Distribution ein GNU-C++-Compiler enthalten. Unter Windows muss man bei der Suche nach kostenlosen Compilern schon mehr Phantasie und Zeit aufwenden. DJGPP ist die Umsetzung des bekannten GNU-C++-Compilers, um damit 32-Bit-Anwendungen für DOS zu erstellen. Englischsprachig.

Borland Freeware-Compiler

http://www.borland.com/bcppbuilder/freecompiler/

Noch eine Adresse für einen kostenlosen C++-Compiler. Die Firma Borland hat eine lange Tradition in der Entwicklung von Compilern und Programmierwerkzeugen, die allerdings immer kommerzielle Produkte waren. Erstmalig hat Borland nun den aktuellen C++-Compiler für Windows kostenlos zum Download angeboten, es handelt sich um einen voll funktionsfähigen Compiler für die Kommandozeile. Englischsprachig.

Die C/C++-Ecke

http://www.c-plusplus.de

Sammelpunkt deutschsprachiger Entwickler und Programmierer um die Sprachen C und C++, mit Online-Informationen, Infos zu den Compilern, Tutorials, Links und großem Forum.

Die zehn Tipps zur Fehlervermeidung

In diesem Kapitel

▷ Erfahren Sie kurz und knapp 10 typische Fehler, die bei der
Programmierung von Klassen gerne gemacht werden

*E*igentlich ist es seltsam, dass die Leute eine gewisse Vorliebe für immer die gleichen Fehler haben. Als Buchautor weist man wie alle anderen Buchautoren immer wieder auf die gleichen Sachen hin und trotzdem sind diese Dinge nachher die beliebtesten Fehler bei Programmabstürzen. Sollte ich also auf die Fehler nicht hinweisen, damit sie nicht gemacht werden? Oder weise ich doch darauf hin und sie werden gemacht? Verstehen Sie die letzten beiden Sätze? Ich nicht. Fangen wir also an.

Ungeschützter Datenverkehr

Wie wir wissen, ist der ungeschützte Datenverkehr gefährlich. Wie in der realen Welt schützen wir die Daten unserer Klassen durch das Schlüsselwort `private` oder bei abgeleiteten Klassen durch `protected`. Daten sind niemals niemals niemals `public`. Stattdessen wird für jedes Datenelement einer Klasse, das lesbar oder beschreibbar sein soll, eine `get`- oder `set`-Methode implementiert – diese ist dann `public`.

```
class Book
{
private:
   string m_Title;
public:
   void setTitle(const string& Title)
   {
      m_Title = Title;
   };
};
```

Sie stellen damit sicher, dass niemand unbemerkt den Titel eines Objekts ändern kann. Es ist ganz klar: Wenn sich mal im Programmlauf ein Titel ändert, dann wurde `setTitle` aufgerufen. Denken Sie daran, welchen Vorteil dies beim Debugging bringt: Einfach einen Breakpoint in diese Methode setzen und jeder muss an Ihnen vorbei. Falls außerdem später die Klasse erweitert wird und mit dem Setzen des Titels noch eine weitere Hilfsvariable gesetzt werden soll, haben Sie mit `public`-Daten ein echtes Problem am Hals:

```
class Book
{
private:
   string m_Title;
   char m_FirstLetter;
public:
```

```
void setTitle(const string& Title)
{
   m_Title = Title;
   m_FirstLetter = Title[0];
};
};
```

Machen Sie *das* mal ohne setTitle-Methode, wenn der Titel an 328 Stellen im Programm geändert wird! Zusätzlich wird auch die Überprüfung des Wertebereichs zum Kinderspiel, angenommen, Sie wollen sicherstellen, dass niemals ein leerer String als Titel gesetzt werden kann:

```
void setTitle(const string& Title)
{
   assert(Title.length() != 0);
   m_Title = Title;
};
```

Wenn Sie diese Beispiele immer noch nicht überzeugt haben, dann versuchen Sie es doch mal mit was Leichterem, z.B. Java. Oh. Auch in Java sind die Daten immer private. Aber gegenüber am Kiosk suchen die noch einen Würstchenbrater.

Nicht jedes Attribut einer Klasse braucht auch wirklich eine set- oder get-Methode. Sie sollten diese Methoden nur für die Attribute bereitstellen, die auch tatsächlich vom Aufrufer benötigt werden. Denn sonst geht Ihnen irgendwann der Effekt verloren, dass der Aufrufer nicht wissen soll, wie Sie Ihre Klasse implementiert haben.

new ohne delete

Was auch immer wieder gerne genommen wird – Speicher allokieren und dann nicht wieder freigeben. Als Personen mit moralisch unantastbarem Lebenswandel wissen wir doch: Wenn man was ausleiht, muss man es zurückgeben.

```
int main()
{
   Book* pBook = new Book();
   pBook->setTitle("Karl Napf");
   return 0;
}
```

So kann das nicht angehen ... vor das return gehört selbstverständlich ein delete, das das Buch wieder freigibt:

```
delete pBook;
```

Ganz spitzfindige Leser – und die gibt es immer wieder – würden jetzt einwerfen, dass doch ein modernes Betriebssystem (Sorry an die Linux-User, das funktioniert sogar unter Windows) am Programmende ganz von selbst sämtlichen allokierten Speicher freigibt. Das delete wäre also für obiges Beispiel nicht wirklich notwendig. Stimmt! Aber new ohne delete ist eine üble Angewohnheit, die in 95 % der Fälle ins Auge geht – daher nehmen wir auf die übrigen 5 % keine Rücksicht. Vor allem weiß niemand, was ein Book-Objekt sonst noch an Ressourcen anfordert, die in seinem Destruktor freigegeben werden. Ein Speicherloch mag dank moderner Betriebssysteme nicht mehr auftreten, ein Ressourcenleck (offene Datenbankverbindung, Dateihandles, Synchronisationsobjekte, Timer, Fensterhandles ...) kann aber dennoch auftreten.

Rufen Sie mal folgende Funktion

```
void doSomething(const int Value1)
{
   int* pValue = new int;
   *pValue = Value1 * 2;
   return *pValue;
}
```

einfach 100.000-mal auf, dann wissen Sie, warum ein new ohne delete tödlich sein kann. Wenn Ihr Programm länger als zwei Stunden laufen soll oder muss, ist die ordnungsgemäße Speicherfreigabe ein Muss.

Java und C# besitzen aus diesem Grund einen so genannten Garbage-Collector, das ist ein im Hintergrund laufender Programmteil, der immer den nicht mehr länger benötigten Speicher automatisch freigibt. Verfechter von Java und C# stellen dies in der Regel als größten Vorteil gegenüber C++ hin. Nun wissen Sie also auch, was Sie für eine weitere Verbreitung von C++ tun können: Immer new mit delete – denn dann haben die Jungs von der Java- und C#-Fraktion keine Argumente mehr.

Wenn ein Konstruktor für Membervariablen mit new Speicher allokiert, sollte die Freigabe übrigens im Destruktor stattfinden.

Das falsche delete genommen

Ein häufiger Fehler, den man schon fast als Tippfehler einstufen muss, ereignet sich bei der Speicherallokation ebenfalls sehr gerne. Bekanntlich kann ja mit new ein ganzes Array aus gleichen Objekten allokiert werden, um zum Beispiel ein dynamisches Array zu erstellen:

```
int main()
{
   unsigned size;
   cout << "Wie viele Elemente? ";
   cin >> size;
   Book* pBooks = new Book[size];
   /* und hier geschehen nun tolle Dinge mit unseren
      Büchern */
   // welche Zeile ist hier richtig?
}
```

Quizfrage: Welche der beiden Zeilen würden Sie oben einfügen?

```
1. delete pBooks;
2. delete[] pBooks;
```

Richtig ist natürlich nur die Zeile mit delete[]. Ich weiß, das ist gemein und tückisch, die eckigen Klammern [] geraten doch allzu leicht unter die Räder. Aber mit new wurde ein Array aus Objekten reserviert, also muss ein Array freigegeben werden. Ein delete ohne eckige Klammern würde nur ein einziges Objekt freigeben – und da bleiben noch eine Menge Dinge im Speicher als Karteileichen zurück.

delete aus Versehen übersprungen

Nun glaubt man, alles sei richtig, und dann geht's doch in die Hose. Es geht weiterhin um new und delete ... eigentlich ist alles paarweise richtig gemacht, sogar auf new[] und delete[] haben Sie geachtet. Und doch kann mal ein bisschen Speicher über Bord gehen. Solche Fallen baut man gerne auf, wie hier:

```
void encryptString(const char* pText)
{
    char* pEncrypted = new char[strlen(pText) + 1];
    if (strlen(pText) == 0)
        return;
    for (int i = 0; i < strlen(pText); i++)
        pEncrypted[i] = pText[i] + 1;
    cout << pEncrypted << endl;
    delete[] pEncrypted;
}
```

Okay, die Verschlüsselung ist ein wenig primitiv. Darum geht es auch gar nicht. Achten Sie auf den Effekt: Es wird in der Funktion Speicher mit new allokiert und auch sauber wieder freigegeben – falls, ja, falls nicht der String leer war. In diesem Falle wird nämlich unser delete[] einfach ausgelassen. Im Grunde ist das ein goto-Problem! Sie springen nämlich vorzeitig aus dem Programmfluss heraus und überrennen damit die Deinitialisierung. Noch tückischer, weil man den Sprung nicht so leicht sieht:

```
void doSomething(const int size)
{
    try
    {
        int* pBuffer = new int[size];
        /* wilde Rechnungen, die eine Exception
            auslösen können */
        delete[] pBuffer;
    }
    catch(...)
    {
        // Fehlerhandling
        delete[] pBuffer; // extrem wichtig
    }
}
```

Wie leicht wird hier das delete[] pBuffer im Exceptionhandler vergessen – der Speicher ist weg. Noch schlimmer wird dies, wenn Sie gar keinen Exceptionhandler haben und die Exception zum Aufrufer nach oben durchwandert ... der weiß ja gar nichts von Ihrem Speicher. Und daher gibt ihn auch keiner mehr frei.

Versehentlicher Aufruf des Copykonstruktors

Den folgenden Effekt können Sie sich ganz leicht einfangen, nehmen Sie eine bereits bekannte Book-Klasse, die diesmal einen Zeiger auf einen String verwaltet.

```
class Book
{
private:
   string* m_pAuthor;
public:
   Book(const string Author)
   {
      m_pAuthor = new string(Author);
   }
   ~Book()
   {
      delete m_pAuthor;
   }
};
```

Ich gebe zu, das Beispiel ist ein klein bisschen fragwürdig, schließlich würde man so einen String eher direkt als Memberobjekt implementieren. Aber was zählt, ist das Prinzip, und Sie können dieses Beispiel auf jeden Fall übertragen, in dem eine Klasse Zeiger auf Objekte verwaltet.

Nehmen wir nun ein Bücherregal, das auf einer list<class T> beruht:

```
void fillShelf(list<Book>& Bookshelf)
{
   Book dummies("Marcus Bäckmann");
   Bookshelf.push_front(dummies);
}
list<Book> Bookshelf;
fillShelf(Bookshelf);
```

So harmlos können Programmierfehler aussehen. Eine kurze Skizze des Ablaufs:

1. Im Objekt dummies besitzt der Zeiger m_pAuthor einen Wert, sagen wir 0x00ce0000. Dort liegt ein string-Objekt.

2. push_front ruft intern – da ja Objekte der Klasse Book gespeichert werden – den Copykonstruktor auf. Da kein Copykonstruktor deklariert ist, wird der Default-Copykonstruktor verwendet.

3. Der Default-Copykonstruktor macht eine *flache Kopie*, der Speicher wird einfach kopiert. Das neue Objekt der Klasse Book hat ebenfalls den Wert 0x00ce0000 in m_pAuthor stehen.

4. Sobald nun dummies zerstört wird, ist der Zeiger ab 0x00ce0000 freigegeben.

5. Jemand greift auf die Liste zu und holt sich das erste Objekt zurück, der Zeiger auf den Autor ist aber nun ungültig.

Es gibt natürlich einen einfachen Weg, dies zu vermeiden, man ergänzt einen Copykonstruktor:

```
class Book
{
/* der Rest wie oben */
public:
   Book(const Book& Source)
   {
      m_pAuthor = new string(Source.m_pAuthor);
   }
};
```

Das ist schön und gut für Klassen, die nur Daten und Objekte enthalten. Dort wird man ohnehin einen Copykonstruktor definieren oder den automatischen Copykonstruktor verwenden. In allen anderen Klassen sollte man aber ebenfalls immer einen privaten Copykonstruktor erzeugen, auch wenn Kopien zunächst gar nicht geplant sind.

```
class Book
{
/* der Rest wie oben */
private:
   Book(const Book&);
};
```

Im Rumpf passiert gar nichts! Der einzige Zweck dieses Copykonstruktors ist, zu verhindern, dass der Compiler selbstständig den Default-Copykonstruktor aufruft. Falls im Programmlauf nun eine Kopie nötig ist, wird nämlich ein Compilerfehler erzeugt, da der private Copykonstruktor nicht aufrufbar ist. Eine alte Regel: Fehler nach Möglichkeit bereits beim Kompilieren verhindern, nicht erst beim Kunden.

Fünf Regeln zum Copykonstruktor gibt es:

1. Jede Klasse muss einen funktionsfähigen Copykonstruktor besitzen.

2. Falls eine Kopie der Objekte nicht erforderlich ist, wird ein leerer Copykonstruktor erzeugt, der `private` ist.

3. Der automatische Copykonstruktor darf nur verwendet werden, wenn eine flache Kopie der Membervariablen ausreichend ist.

4. Es gibt keine Klasse ohne funktionsfähigen Copykonstruktor.

5. Wenn Regel 1 nicht gilt, so gilt Regel 4.

Versehentlicher Aufruf des Zuweisungsoperators

Dieser Fehler ist nahe verwandt mit dem vorigen fehlerhaften Aufruf des Default-Copykonstruktors, der in gleicher Form auch für den Zuweisungsoperator (`=operator`) gilt. Wenn der Compiler bei einer Objektkopie keinen `=operator` findet, so nimmt er die Default-Variante, die aber keine Zeiger und anderen komplexen Kopien durchführt. Noch tückischer wird es, weil hier zu allem Überfluss auch noch Speicherlöcher auftreten können. Ausgehend von der zuvor vorgestellten `Book`-Klasse kopieren wir ein bisschen:

```
Book dummies1("Marcus Bäckmann");
Book dummies2("Dan Gookin");
dummies2 = dummies1;
```

Zwei Fehler auf einen Streich. Zunächst mal teilen sich nach dieser Zuweisung dummies1 und dummies2 den gleichen Zeiger auf den Autor, nämlich den von dummies1. Und der alte Zeiger von dummies2 wird einfach überschrieben, es ist kein delete mehr von diesem string-Objekt möglich. Richtig muss der =operator so aussehen:

```
class Book
{
/* der Rest wie zuvor */
public:
    Book& operator=(const Book& Source)
    {
        if (this == &Source)
            // eine Zuweisung der Form a = a verhindern
            return *this;
        string* pTemp =   new string(Source.m_pAuthor);
        delete m_pAuthor;
        m_pAuthor = pTemp;
        return *this;
    };
};
```

Alternativ dazu verbieten Sie einfach eine Kopie – so was ist zum Beispiel bei Singleton-Objekten auf jeden Fall zu empfehlen. Wenn jemand ein Objekt derartiger Klassen kopiert, hat er eine falsche Überlegung im Kopf. Also lassen wir den Compiler die Bremse ziehen:

```
class Book
{
/* der Rest wie zuvor */
private:
    Book& operator=(const Book& Source);
};
```

Eine Kopie der Form dummies2 = dummies1 ist hierdurch bereits gar nicht erst kompilierbar.

Fünf Regeln zum Zuweisungsoperator (=operator) gibt es:

1. Jede Klasse besitzt einen funktionsfähigen Zuweisungsoperator.

2. Der automatische Zuweisungsoperator darf nur verwendet werden, wenn eine flache Kopie ausreichend ist.

3. Falls eine Zuweisung von Objekten nicht erforderlich ist, wird ein leerer Zuweisungsoperator erzeugt, der private ist.

4. Es gibt keine Klasse ohne funktionsfähigen Zuweisungsoperator.

5. Wenn Regel 1 nicht gilt, so gilt Regel 4.

Der Destruktor ist nicht virtual

Greifen wir noch mal kurz auf das geraffte Beispiel der beliebten »Form-Klassen« zurück:

```
class Shape
{
public:
   Shape();
   ~Shape();
   virtual double calculateArea() = 0;
};
class Rectangle : public Shape
{
public:
   Rectangle(const double m_Width,
             const double m_Height);
   ~Rectangle();
   virtual double calculateArea();
};
class Circle : public Shape
{
public:
   Circle(const double m_Radius);
   ~Circle();
   virtual double calculateArea();
};
```

Das binden wir ein in ein kleines Demoprogrämmchen, das ein Array aus zufällig ausgewählten Formen speichert, nachher die Flächen berechnet und alles wieder löscht:

```
enum {MAX_SHAPES = 10};
int main()
{
   Shape* shapes[MAX_SHAPES];
   int i;
   for (i = 0; i < MAX_SHAPES; i++)
   {
      if (rand() % 2)
         shapes[i] = new Rectangle(100, 50);
      else
         shapes[i] = new Circle(50);
   }
   double area = 0.0;
   for (i = 0; i < MAX_SHAPES; i++)
   {
      area += shapes[i]->calculateArea();
   }
   for (i = 0; i < MAX_SHAPES; i++)
   {
      delete shapes[i];
```

```
   }
   return 0;
}
```

Sieht doch prima aus, oder? Denkste. Es fehlt etwas dramatisch Wichtiges. Welche Objekte werden in der Liste gespeichert? Instanzen der Klassen Rectangle und Circle, ganz klar. Also welchen Destruktor sollten wir jeweils für das Objekt aufrufen? Natürlich den Destruktor von Rectangle oder Circle. Aber was rufen wir stattdessen auf? Immer den Destruktor von Shape – es wird also nur der Teil der Basisklasse aufgeräumt, nicht das ganze Objekt. Der Fehler ist, dass der Destruktor virtual sein muss – ändern wir das ganz kurz (reicht ja bekanntlich in der Oberklasse aus, alle anderen überschreibenden Funktionen in den abgeleiteten Klassen sind dann automatisch virtual):

```
   virtual ~Shape();
```

Geschafft – nun würde für jedes Objekt je nach Typ der richtige Destruktor ~Rectangle() oder ~Circle() aufgerufen, womit eine saubere Freigabe der Objekte sichergestellt ist.

 Sobald Sie eine Klasse in einer Ableitungshierarchie haben, die virtuelle Methoden verwendet, dann machen Sie *immer* den Destruktor der Oberklasse virtual. Es schadet nie – aber es tut weh, wenn Sie es vergessen.

Fehlende Überprüfung von Wertebereichen

Bauen wir eine Funktion, die für einen übergebenen Betrag die Mehrwertsteuer berechnet. Seien wir mal zukunftssicher und gehen wir gleich von einem Satz von 21 % aus.

```
double calculateVAT(const double netValue)
{
   return netValue * 1.21;
}
```

Prima, oder? Eine simple Funktion ... trotzdem nicht so ganz perfekt. Gehen wir davon aus, dass doch eigentlich nur für positive Zahlen die Berechnung einen Sinn macht – oder kosten bei Ihnen die Bananen -1,23 € das Kilo?

Wieso überprüfen wir das nicht? Rufen wir einfach diese Funktion in einem kleinen Programm auf, nachdem wir mit dem Makro assert eine Werteprüfung eingeführt haben, und sehen Sie selbst:

```
#include <cassert>
using namespace std;
double calculateVAT(const double netValue)
{
   assert(netValue > 0.0);
   return netValue * 1.21;
}
int main()
{
```

```
    double value = calculateVAT(-1.23);
    return 0;
}
```

Wie Sie sehen, muss der Header `<cassert>` eingebunden werden, damit `assert` zur Verfügung steht. `assert` liegt im Namensraum `std`. Unser Programm weigert sich nun standhaft, für negative Zahlen eine Berechnung durchzuführen.

Weitere Beispiele für die Anwendung von `assert` sind vor allem:

1. Indexgrenzen, gerade wenn es um Arrays geht

2. Übergebene Zeiger

Dies sieht in der praktischen Anwendung so aus:

```
void drawVector(const Bitmap* pBitmap)
{
    assert(pBitmap != NULL);
    pBitmap->clear();
}
```

Stellen Sie sich das mal ohne `assert` vor, wenn der Zeiger versehentlich 0 ist – das riecht nach einem klassischen *BUMM*. Programmabsturz. Mit dem `assert` schreit unser gequältes Programm wenigstens auf.

```
class Dummy
{
private:
    enum {SIZE = 50};
    int m_ImportantData[SIZE];
public:
    void setValue(const int Index, const int Value)
    {
        assert((Index >= 0) && (Index < SIZE));
        m_ImportantData[Index] = Value;
    };
};
```

Auch hier der gleiche Grund, ohne `assert` kann der Benutzer alles übergeben, bei Werten außerhalb des Definitionsbereichs kommt außer einem Absturz aber nicht viel rüber. Der Ausdruck im `assert` kann beliebig komplex sein, Sie können dort auch Variablen oder andere Dinge einfließen lassen, z.B., wenn man sicherstellen will, dass ein String mindestens ein Zeichen enthält:

```
string text;
assert(text.length() >= 1);
```

Gehen Sie von folgender Faustregel aus: Praktisch jeder Parameter in einer Funktion ist nur innerhalb eines eingeschränkten Wertebereichs gültig. Prüfen Sie das grundsätzlich mit `assert`. Als Resultat werden Sie während der Entwicklung häufiger mit den Meldungen des unzufriedenen `assert` beaufschlagt, sicherlich, das ist lästig. Aber denken Sie daran: Jedes `assert` ist schließlich ein entdeckter Fehler.

Die Performance-Freaks fragen da natürlich gleich nach – zusätzliche Abfragen, das kostet doch Zeit. Natürlich. `assert` ist ein Makro, das so definiert ist: Wenn das Makro `NDEBUG` gesetzt wurde, werden alle `assert`-Anweisungen im Programmcode entfernt und nicht mehr übersetzt. Arbeiten Sie also während der Entwicklungs- und Testphase mit `assert` und schalten Sie in dem Endprodukt das Makro `NDEBUG` ein – Sie können dies bei jedem Compiler bei den Projektoptionen einstellen. Einige Entwicklungssysteme wie Visual C++ machen das schon automatisch, wenn das Programm als »Release«-Version übersetzt wird, ist dort `NDEBUG` gesetzt, in der »Debug«-Version nicht.

Noch eine Anmerkung am Rande. `assert` kann auch noch zu einer Gefahr werden, falls Sie dort Zuweisungen ausführen – diese Zuweisung wird in der Release-Version ja weggelassen, in der Debug-Version aber ausgeführt. Vermeiden Sie also solche Konstrukte:

```
assert(i++);
```

Rückgabe von Referenzen und Zeigern auf lokale Variablen

Gerade diese Woche hatte ich diesen Fehler in einem Projekt ... seit drei Wochen stürzte ein Programm immer wieder an verschiedenen Stellen ab. Mein Kollege war deswegen schon reichlich genervt, bis wir merkten, dass in einem mitgelieferten Treiber ein fürchterlicher Fehler war – der ungefähr so aussah:

```
int* initSerialInterface()
{
    int buffer[200];
    /* hier tat das Programm allerlei Dinge, um die
       serielle Schnittstelle zu starten */
    return buffer;
}
```

Okay, lassen wir uns das auf der Zunge zergehen (apropos, Herr XY, wenn Sie das Buch mal lesen – ja, SIE sind gemeint – bei so viel, wie wir dafür bezahlt haben, hätte das nicht passieren dürfen): Es wird ein Puffer lokal angelegt – auf dem Stack. Das Programm reicht nun einen Zeiger auf den lokalen Puffer zurück, also eine Adresse. Doch was geschieht nun? Der Stack wird nach dem `return` aufgeräumt, `buffer` wird freigegeben. Der Zeiger zeigt ins Nirvana – und das kann ein bisschen gut gehen, aber nicht sehr lange. Irgendwann kräscht das Programm. Dies kann man dadurch lösen, dass man die lokale Variable `static` macht, aber nur, wenn Sie sicher sein können, dass Sie mit einem einzigen Buffer auskommen:

```
int* initSerialInterface()
{
    static int buffer[200];
    /* hier tat das Programm allerlei Dinge, um die
       serielle Schnittstelle zu starten */
    return buffer;
}
```

C++ bietet dazu noch eine tückischere Variante an, die auf Referenzen auf Objektinstanzen beruht. Betrachten wir das folgende Programm, das aus einem String »Hallo Welt« ein »copy of Hallo Welt« macht:

```
string& addCopyOfToString(const string Text)
{
   string strWithCopy = "copy of ";
   strWithCopy += Text;
   return strWithCopy;
}
```

Hierzu muss man daran denken, dass eine Referenz auch nur ein Zeiger ist – und das lokale Objekt wird am Ende der Funktion entfernt.

 Wenn Sie mal wieder mit einem Java-Programmierer über Java und C++ diskutieren und er Ihnen erklärt, dass Java besser ist, weil es im Gegensatz zu C++ keine Zeiger kennt, dann werfen Sie trocken ein: »Auch wenn ihr das Referenz nennt, so bleibt es doch ein Zeiger. Oder wieso gibt es in Java die Null-Pointer-Exception?«

In dieser Reihenfolge nimmt das Verhängnis seinen Lauf:

1. `return` legt die Adresse von `strWithCopy` in ein Register.

2. Destruktor von `strWithCopy` wird aufgerufen – damit ist unser String verloren.

3. Programmlauf wird an alter Adresse fortgesetzt.

4. Stack wird aufgeräumt / Register werden wiederhergestellt.

5. Der Aufrufer versucht nun, auf das Stringobjekt an der übergebenen Adresse zuzugreifen *autsch*.

Zwei Lösungsansätze gibt es dafür:

```
string addCopyOfToString(const string Text)
{
   string strWithCopy = "copy of ";
   strWithCopy += Text;
   return strWithCopy;
}
```

Sie sehen es? Einfach eine Kopie zurückgeben und fertig ist der Lack. Puristen werfen nun – zu Recht – ein, dass wir hier aber doch noch mal eine zusätzliche Stringkopie ausführen. Das kostet wieder mal Rechenzeit. Wenden Sie daher den folgenden Trick an und zwingen Sie den Aufrufer, bereits selbst ein `string`-Objekt mitzubringen:

```
string& addCopyOfToString(string& Destination,
                          const string Text)
{
   Destination = "copy of ";
   Destination += Text;
   return Destination;
}
// dies wäre der Aufruf:
string NewName;
string Text = "liesmich.txt";
cout << addCopyOfToString(NewName, Text) << endl;
```

Der Trick wirkt zweifach: Sie legen das Ergebnis im mitgebrachten Stringobjekt `NewName` ab, d.h., der Speicher ist gültig. Gleichzeitig wird eine Referenz auf das übergebene Objekt geliefert, damit können Sie die Funktion trotzdem sehr elegant dort einsetzen, wo Sie gleich mit dem Rückgabewert weiterarbeiten wollen, zum Beispiel in Ausdrücken.

Setzen Sie hier Ihren Lieblingsfehler ein

Es gibt sicherlich noch viele andere schlimme Dinge ... aber die obigen Punkte musste ich auf jeden Fall loswerden. Wenn Sie die obigen neun Punkte beachten, fallen mit einem Schlag 50 % Ihrer Fehler weg, ganz ehrlich. Damit Sie noch einen eigenen Fehler als Lieblingsfehler anfügen können, habe ich hier Platz gelassen – schreiben Sie einfach das hierher, was Sie gerne und immer wieder falsch machen. Sozusagen als gelbe Karte.

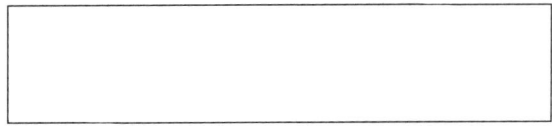

Abbildung 27.1: Schreiben Sie hier Ihren Lieblingsfehler hinein.

Fast zehn wichtige Elemente des statischen Klassendiagramms der UML

In diesem Kapitel

▷ Werden die wichtigsten grafischen Elemente aus den UML-Klassendiagrammen vorgestellt

Manchmal sind Programme so komplex, dass man sich die Klassenstrukturen nicht mehr richtig vorstellen kann. Kennen Sie bereits? Was tut man da? Entweder kauft man sich für mehrere 1.000 Euro eines der hochwertigen Designtools einer bekannten Firma oder man opfert zwei Euro und kauft sich Papier und Bleistift. Und beginnt mit einer Zeichnung. Falls Ihnen die Grafik wichtig ist, scannen Sie das Blatt ein und heben Sie es auf – fertig ist der wichtigste Teil der Software-Dokumentation.

Klasse

Book
-m_Title : String
-m_ID : unsigned long = 1
+Book()
+Book(in Title : String)
+getTitle() : String
+getID() : unsigned long

Abbildung 29.1: Darstellung einer Klasse. Statische Elemente sind unterstrichen. + bedeutet public, *- bedeutet* private, *# bedeutet* protected.

Instanz und Objekt

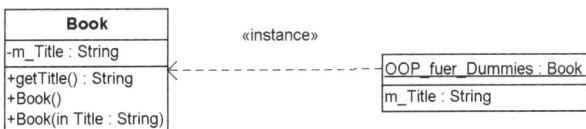

Abbildung 29.2: Eine Instanz der Klasse Book

Komposition

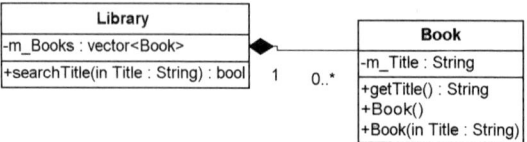

Abbildung 29.3: Darstellung einer Komposition, Library enthält 0.. Book-Objekte. Book kann nur zu 1 Library gehören. Library ist für die Book-Objekte verantwortlich (ansonsten wäre die Raute nicht ausgefüllt).*

Assoziation

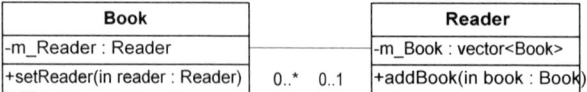

Abbildung 29.4: Darstellung einer Assoziation, Book hat eine Beziehung zu 0..1 Reader-Objekten, ein Reader hat eine Beziehung zu 0.. Book-Objekten. Eine Assoziation drückt keinen Besitz aus.*

Assoziationsklasse

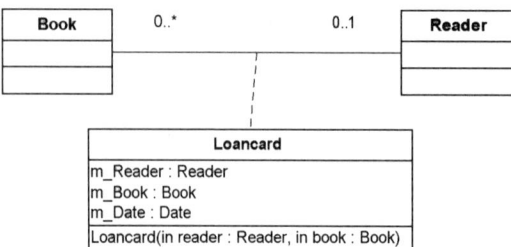

Abbildung 29.5: Besitzt eine Assoziation zusätzliche Eigenschaften, die die Verbindung zwischen den Klassen besitzt, wird eine Assoziationsklasse eingeführt.

Vererbung

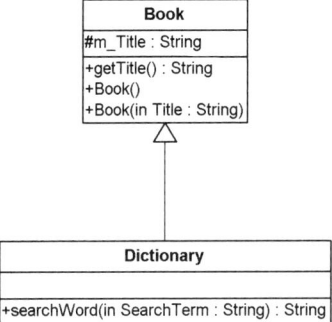

Abbildung 29.6: Eine Ableitungsbeziehung, `Dictionary` *ist von* `Book` *abgeleitet.*

Abstrakte Basisklassen

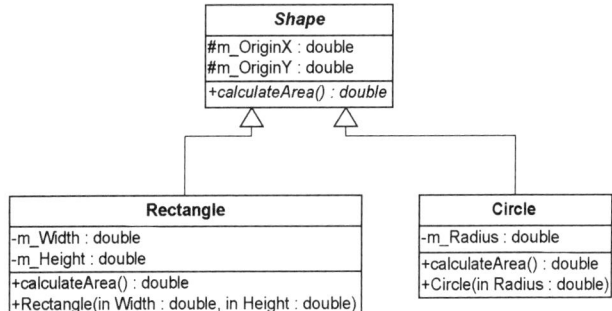

Abbildung 29.7: Namen abstrakter Basisklassen werden kursiv dargestellt, ebenso von Interface-Klassen. Namen rein virtueller Funktionen (`calculateArea` *) werden ebenfalls kursiv dargestellt.*

Template-Klassen

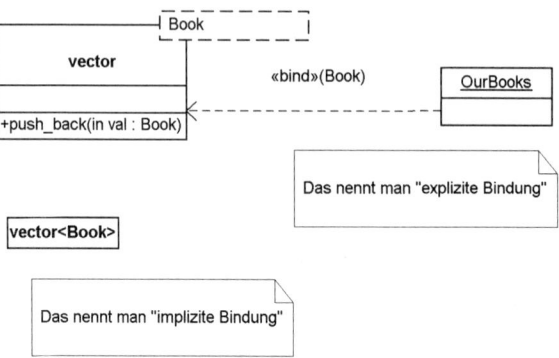

Abbildung 29.8: Für Template-Klassen gibt es die Darstellung als implizite oder explizite Bindung. Explizite Bindung entspricht dem Fall, wenn die Template-Klasse direkt verwendet wird, implizite Bindung dem Fall, wenn von dem parametrisierten Template ein eigener Typ gebildet wird.

Stichwortverzeichnis

E

F

G

H

I

J

K

Objektorientierte Programmierung für Dummies - Schummelseite

Wichtige Container-Klassen der Standard Template Library (STL)

Container	Beschreibung	zugehöriger Header
bitset	Eine Menge von Bits	`<bitset>`
deque	Warteschlange mit zwei Enden	`<deque>`
list	Lineare Liste	`<list>`
map	Speicherung von Paaren aus Schlüssel und Wert, jeder Schlüssel besitzt genau einen Wert	`<map>`
multimap	Wie map, aber jedem Schlüssel können zwei oder mehr Werte zugeordnet sein	`<map>`
multiset	Eine Menge, in der bestimmte Elemente mehrfach vorkommen können	`<set>`
priority_queue	Eine Prioritäts-Warteschlange	`<queue>`
queue	Eine Warteschlange	`<queue>`
set	Eine Menge, in der jedes Element nur einmal vorkommen kann	`<set>`
stack	Ein Stack	`<stack>`
vector	Ein dynamisches Array	`<vector>`

Memberfunktionen der Template-Klasse vector<class T>

Memberfunktion	Beschreibung
vector	Erzeugt ein leeres Objekt
vector(size_type n, const T& v = T())	Erzeugt einen Vektor mit n Elementen, die alle mit einer Kopie des übergebenen Objekts vom Typ T initialisiert werden. Falls kein Objekt angegeben wird, werden die Objekte mit dem Defaultkonstruktor initialisiert.
vector(const vector& x)	Der Copykonstruktor
vector(const_iterator first, const_iterator last)	Erstellt einen neuen Vektor, indem die Elemente zwischen den beiden Iteratoren first und last - 1 kopiert werden
size_type size() const	Gibt die Anzahl der Elemente im Vektor zurück
bool empty() const	Liefert true, wenn das Array leer ist
T& at(size_type pos)	Liefert eine Referenz auf das Objekt an der Position pos, führt eine Bereichsüberprüfung durch
T& operator[size_type pos]	Liefert eine Referenz auf das Objekt an der Position pos
T& front()	Liefert eine Referenz auf das erste Objekt im Container zurück
T& back()	Liefert eine Referenz auf das letzte Objekt im Container zurück
void push_back(const T& x)	Hängt ein Objekt vom Typ T am Ende des Arrays ein und vergrößert dieses
void pop_back()	Entfernt ein Objekt am Ende des Arrays, falls dies möglich ist
void assign(const_iterator first, const_iterator last)	Weist dem Vektor die Elemente zwischen den Iteratoren first und last -1 zu
vector& operator=(const vector& x)	Weist dem aktuellen Vektor-Objekt eine Kopie der Elemente des Vektors x zu
void insert(iterator it, const_iterator first, const_iterator last)	Fügt die Elemente zwischen den Iteratoren first und last - 1 an der Stelle des Iterators it ein
iterator insert(iterator it, const T& x= T())	Fügt an der Position it ein neues Element ein, das eine Kopie von x ist. Wird kein Objekt übergeben, so wird das neue Objekt mit dem Defaultkonstruktor von T initialisiert. Liefert einen Iterator auf das eingefügte Objekt zurück.
iterator erase(iterator it)	Löscht das Element an der Stelle it und liefert einen neuen Iterator auf die aktuelle Position zurück oder end, falls der Vektor danach leer ist
iterator erase(iterator first, iterator last)	Löscht alle Elemente zwischen den Iteratoren first und last - 1 und liefert danach einen Iterator auf das erste Element vor dem gelöschten Bereich zurück. Oder end, falls der Vektor nach dem Löschen leer ist
void clear()	Löscht das Array und ruft für alle Elemente den Destruktor auf
void swap(vector x)	Tauscht den Inhalt des aktuellen Vektor-Objekts mit x aus

Objektorientierte Programmierung für Dummies - Schummelseite

Memberfunktionen der Template-Klasse list<class T>

Element	Beschreibung
list()	Initialisiert eine leere Liste
list(size_type n, const T& v = T())	Erstellt eine Liste mit n Elementen, die Kopie des Elements v sind. Falls kein Objekt v angegeben wurde, werden die Elemente mit dem Defaultkonstruktor von T initialisiert
list(const list& x)	Copykonstruktor, kopiert alle Elemente der Liste x
list(const_iterator first, const_iterator last)	Erstellt eine neue Liste und kopiert alle Elemente zwischen den Iteratoren first und last einer anderen Liste
void resize(size_type n, T x = T())	Die Liste besitzt danach n Elemente, muss die Liste dazu vergrößert werden, werden die neuen Elemente mit Kopien von T oder dem Defaultkonstruktor von T initialisiert
size_type size() const	Gibt die Anzahl der Elemente in der Liste zurück
bool empty() const	Liefert true, falls die Liste leer ist
reference front()	Liefert eine Referenz auf das erste Element der Liste
reference back()	Wie front für das letzte Element der Liste
void push_front(const T& x)	Hängt eine Kopie des Elements x am Anfang der Liste ein
void pop_front()	Entfernt das erste Element der Liste
void push_back(const T& x)	Hängt eine Kopie des Elements x am Ende der Liste ein
void pop_back()	Entfernt das letzte Element der Liste
void assign(const_iterator first, const_iterator last)	Weist dem aktuellen Listenobjekt die Kopien der Elemente zwischen first und last einer anderen Liste zu
void assign(size_type n, const T& x = T())	Weist dem aktuellen Listenobjekt n Elemente als Kopie von x zu oder initialisiert diese mit dem Defaultkonstruktor
iterator insert(iterator it, const T& x = T())	Fügt an der Stelle it eine Kopie des Elements x ein oder initialisiert das Element mit dem Defaultkonstruktor, falls kein Element angegeben wurde
void insert(iterator it, size_type n, const T& x)	Fügt n Kopien von x an der Stelle it ein
void insert(iterator it, const T* first, const T* last)	Fügt die Kopien der Elemente zwischen first und last an der Stelle it ein
iterator erase(iterator it)	Löscht das Element an der Stelle it und liefert einen Iterator auf das erste Element vor dem gelöschten Element zurück
iterator erase(iterator first, iterator last)	Löscht alle Elemente zwischen first und last und liefert einen Iterator auf das erste Element vor dem gelöschten Element zurück
void clear()	Löscht die gesamte Liste
void swap(list x)	Tauscht den Inhalt von x und der aktuellen Liste aus
void splice(iterator it, list& x)	Wie insert, aber das Element wird aus x entfernt
void splice(iterator it, list& x, iterator first)	Entfernt alle Elemente aus der Liste x ab der Position first und hängt diese ab it ein
void splice(iterator it, list& x, iterator first, iterator last)	Entfernt alle Elemente zwischen first und last aus der Liste x und hängt diese ab it im aktuellen Listen-Objekt ein
void remove(const T& x)	Entfernt alle Objekte aus der Liste, die gleich x sind
void unique()	Entfernt alle Elemente aus der Liste, die gleich ihrem Vorgänger sind
void merge(list &x)	Entfernt alle Elemente aus x und hängt diese sortiert in die aktuelle Liste ein, diese muss ebenfalls sortiert sein
void sort()	Sortiert die aktuelle Liste
void reverse()	Kehrt die Reihenfolge der Liste um